# Demonstrações Contábeis
## Estrutura e análise

www.editorasaraiva.com.br

Arnaldo Carlos de Rezende Reis

# Demonstrações Contábeis
## Estrutura e análise

Totalmente adaptado às alterações introduzidas pela
Lei n. 11.638/07 e regulamentações posteriores

3ª edição

Rua Henrique Schaumann, 270
Pinheiros – São Paulo – SP – CEP: 05413-010
**PABX** (11) 3613-3000

**SAC**
0800-0117875
De 2ª a 6ª, das 8h30 às 19h30
www.editorasaraiva.com.br/contato

| | |
|---|---|
| Direção editorial | Flávia Alves Bravin |
| Coordenação editorial | Rita de Cássia S. Puoço |
| Editorial Universitário | Luciana Cruz |
| | Patricia Quero |
| Editorial de Negócios | Gisele Folha Mós |
| Produção editorial | Daniela Nogueira Secondo |
| | Rosana Peroni Fazolari |
| | William Rezende Paiva |
| Produção digital | Nathalia Setrini Luiz |
| Suporte editorial | Najla Cruz Silva |
| Arte e produção | Crayon Editorial |
| Capa | Alberto Mateus |
| Produção gráfica | Liliane Cristina Gomes |
| Impressão e acabamento | Gráfica Paym |

ISBN 978-85-02-07889-5

**CIP-BRASIL. CATALOGAÇÃO NA FONTE**
**SINDICATO NACIONAL DOS EDITORES DE LIVROS, RJ.**

R298d
3.ed.

Reis, Arnaldo Carlos de Rezende
   Demonstrações contábeis : estrutura e análise / Arnaldo Carlos de Rezende Reis. – 3. ed. – São Paulo : Saraiva, 2009.
   Contém exercícios
   "Totalmente adaptado às alterações introduzidas pela lei n. 11.638/07 e regulamentações posteriores"
   ISBN 978-85-02-07889-5

   1. Balanços (Contabilidade).  2. Contabilidade. I. Título.

09-0096                                                      CDD: 657.3
                                                             CDU: 657.3

Copyright © Arnaldo Carlos de Rezende Reis
2009 Editora Saraiva
Todos os direitos reservados.

**3ª edição**
1ª tiragem: 2009
2ª tiragem: 2011
3ª tiragem: 2014
4ª tiragem: 2014

Nenhuma parte desta publicação poderá ser reproduzida por qualquer meio ou forma sem a prévia autorização da Editora Saraiva. A violação dos direitos autorais é crime estabelecido na lei nº 9.610/98 e punido pelo artigo 184 do Código Penal.

351.626.003.004

# PREFÁCIO À TERCEIRA EDIÇÃO

## Adaptação à Lei n. 11.638/07

Em 28 de dezembro de 2007, foi editada a Lei n. 11.638, que alterou, revogou e introduziu novos dispositivos à Lei n. 6.404/76 – *Lei das Sociedades por Ações*, especialmente em relação ao capítulo que trata das demonstrações financeiras (contábeis).

Nesta terceira edição, o texto do livro, assim como os testes e exercícios, foram reformulados e estão totalmente adaptados aos dispositivos da Lei n. 11.638/07 e das regulamentações posteriores:

- O *Balanço Patrimonial* sofreu várias alterações em sua estrutura.
- A *Demonstração do Resultado* também foi contemplada com algumas mudanças.
- A *Demonstração dos Lucros ou Prejuízos Acumulados* e a *Demonstração das Mutações do Patrimônio Líquido* tiveram alteração em sua estrutura para atender, principalmente, à eliminação da conta de *Lucros Acumulados*.
- Tendo em vista sua importância e as perspectivas de se tornarem obrigatórios – o que agora se concretizou –, os *Fluxos de Caixa* e a *Demonstração do Valor Adicionado* já foram objetos de estudo nas edições anteriores.
- A *Demonstração das Origens e Aplicações de Recursos*, apesar de não mais ser obrigatória, foi mantida, em função de sua inegável importância para fins de gerenciamento das empresas e também como subsídio fundamental para as análises.

## Didática

Assim como nas edições anteriores, a grande preocupação foi o aspecto didático, com a apresentação da matéria de forma clara e concisa, com linguagem simples e objetiva, acessível até mesmo aos leigos em contabilidade.

Para atingir esse objetivo, contamos com um trunfo muito importante: o abandono das tradicionais explicações de "ativo" e "passivo" e de "débito" e "crédito" em termos de algo "positivo" ou "negativo", substituindo-as por um conceito muito mais genérico e intuitivo para o leitor, pois faz parte de sua experiência cotidiana: "origem" e "aplicação" de recursos.

## Conteúdo

Nos dois primeiros capítulos são apresentados os conceitos básicos de Contabilidade e o processo de encerramento do exercício, noções absolutamente necessárias para que o leitor possa acompanhar e entender com mais facilidade o restante da matéria.

A seguir, nos Capítulos de 3 a 10, mostramos, com detalhes e com acompanhamento de um exemplo prático, as características e a estrutura básica de todos os demonstrativos contábeis (financeiros).

Nos Capítulos de 12 a 16 tratamos de evidenciar aspectos a ser considerados no processo de análise e, principalmente, de detalhar e comentar as fórmulas dos vários indicadores e seus aspectos peculiares.

A interpretação conjunta dos resultados da análise, aplicada à mais correta avaliação possível da situação patrimonial, financeira e de resultados, constitui o tema dos capítulos finais, inclusive com a apresentação de um relatório sobre a empresa que serviu de exemplo nos cálculos e na interpretação dos índices.

## Público-alvo

Esta obra está adequada para ser usada como livro-texto ou como bibliografia complementar por professores e alunos dos cursos de Ciências Contábeis, Administração e Economia, nas cadeiras de Contabilidade Geral (Introdutória ou Básica) e de Análise de Balanços ou de Análise das Demonstrações Contábeis (ou Financeiras).

Atende, também, a administradores, instituições financeiras, fornecedores, investidores e todos aqueles que, por motivos relevantes, necessitem conhecer melhor a situação econômico-financeira, além do ritmo e do resultado dos negócios de determinada empresa.

## Testes e exercícios

Com o objetivo de possibilitar a revisão da matéria, a avaliação do aprendizado do aluno e de disponibilizar material para trabalhos em classe ou extraclasse, foram colocados, ao final de cada capítulo, testes de múltipla escolha e exercícios.

## Outros pontos diferenciais

- Inclusão, em apêndice, de um demonstrativo que, apesar de não ser obrigatório, está tendo rápida disseminação: o *Balanço Social*.
- Estudo mais detalhado e aprofundamento da discussão sobre alguns aspectos polêmicos e controvertidos da análise dos demonstrativos contábeis, como: *vantagens aparentes da alavancagem financeira, divergências nos resultados dos índices em função da escolha do critério de cálculo das médias de valores-base para os prazos de rotação e conceitos e interpretações consagrados, porém muitas vezes equivocados, sobre os índices de liquidez.*

## Subsídio para o professor

O site do livro foi criado pela Saraiva a fim de fornecer ao professor subsídios para facilitar e enriquecer suas aulas. Nesse sentido, estão colocados nesse site:

- Manual de orientação.
- Gabarito comentado de todos os testes do livro.
- Solução de todos os exercícios do livro.
- Banco de testes contendo 500 testes extras (com gabarito).
- Exercícios extras (com solução).
- Casos práticos de demonstrativos publicados, para trabalhos individuais ou em grupo.
- Conjunto de slides abrangendo toda a matéria, para exposição em aula ou para palestras.

## Comunicação professor–autor–editora

- Para acessar o site do livro e receber um exemplar desta terceira edição, o professor da área ou de área correlata deve se cadastrar no site <www.saraivauni.com.br>.
- Para se comunicar com o autor para esclarecimentos ou sugestões, o professor deve enviar e-mail para: arnaldoreis@editorasaraiva.com.br.
- Caso surjam, por parte dos órgãos reguladores, novas mudanças que afetem a estrutura dos demonstrativos, providenciaremos as alterações necessárias, remetendo-as aos professores cadastrados ou disponibilizando-as no site do livro.

O AUTOR

# Sumário

CAPÍTULO 1
## INTRODUÇÃO

**1.1 Registro contábil** . . . . . . . . . . . . . . . . . . . . . . . . . . . . . . . . 2
    1.1.1 Princípio básico: origem e aplicação . . . . . . . . . . . . . . . 2
    1.1.2 Débito e crédito . . . . . . . . . . . . . . . . . . . . . . . . . . . . 3
    1.1.3 Método de registro . . . . . . . . . . . . . . . . . . . . . . . . . . 3
**1.2 Contas — Lançamentos** . . . . . . . . . . . . . . . . . . . . . . . . . . . . 4
    1.2.1 Conceito de conta . . . . . . . . . . . . . . . . . . . . . . . . . . 4
    1.2.2 Contas devedoras e contas credoras . . . . . . . . . . . . . . 4
    1.2.3 Lançamento . . . . . . . . . . . . . . . . . . . . . . . . . . . . . . 5
**1.3 Balancete** . . . . . . . . . . . . . . . . . . . . . . . . . . . . . . . . . . . . . 6
    1.3.1 Saldos das contas . . . . . . . . . . . . . . . . . . . . . . . . . . 6
    1.3.2 Saldos devedores = Saldos credores . . . . . . . . . . . . . . 6
    1.3.3 Cada conta só pode ter um tipo de saldo . . . . . . . . . . . 6
    1.3.4 Balancete = Relação de origens e aplicações . . . . . . . . . 7
    1.3.5 Enigmas decifrados . . . . . . . . . . . . . . . . . . . . . . . . . 7
    1.3.6 O balancete da pessoa física . . . . . . . . . . . . . . . . . . . 8
**1.4 Patrimônio** . . . . . . . . . . . . . . . . . . . . . . . . . . . . . . . . . . . . 9
    1.4.1 Patrimônio e balancete . . . . . . . . . . . . . . . . . . . . . . . 9
    1.4.2 Balanço Patrimonial . . . . . . . . . . . . . . . . . . . . . . . . . 11
    1.4.3 Demonstração do resultado . . . . . . . . . . . . . . . . . . . . 13
    1.4.4 Contas patrimoniais e de resultado . . . . . . . . . . . . . . . 14
    1.4.5 Princípio básico e único . . . . . . . . . . . . . . . . . . . . . . 15
    1.4.6 Como entender os termos "débito" e "crédito" . . . . . . . . 15
RESUMO . . . . . . . . . . . . . . . . . . . . . . . . . . . . . . . . . . . . . . . . . 17
TESTES . . . . . . . . . . . . . . . . . . . . . . . . . . . . . . . . . . . . . . . . . . 18
EXERCÍCIOS . . . . . . . . . . . . . . . . . . . . . . . . . . . . . . . . . . . . . . 23

CAPÍTULO 2
## ENCERRAMENTO DO EXERCÍCIO

**2.1 Noções preliminares** . . . . . . . . . . . . . . . . . . . . . . . . . . . . . 28
    2.1.1 Exercício social . . . . . . . . . . . . . . . . . . . . . . . . . . . . 28
    2.1.2 Balanço . . . . . . . . . . . . . . . . . . . . . . . . . . . . . . . . . 28
    2.1.3 Objetivos do encerramento . . . . . . . . . . . . . . . . . . . . 28
    2.1.4 Passos necessários . . . . . . . . . . . . . . . . . . . . . . . . . . 28

**2.2 Providências iniciais** . . . . . . . . . . . . . . . . . . . . . . . . . . . . . . . . . 29

2.2.1 Levantamento de um balancete. . . . . . . . . . . . . . . . . . . . . 29

2.2.2 Conferências e ajustes. . . . . . . . . . . . . . . . . . . . . . . . . . . . 29

2.2.3 Regime de competência . . . . . . . . . . . . . . . . . . . . . . . . . . .30

2.2.4 Limitações do balancete . . . . . . . . . . . . . . . . . . . . . . . . . . .30

**2.3 Apuração do "CMV"**. . . . . . . . . . . . . . . . . . . . . . . . . . . . . . . . . . . 32

2.3.1 Vendas = custo + lucro bruto . . . . . . . . . . . . . . . . . . . . . . . 32

2.3.2 Apuração do estoque atual . . . . . . . . . . . . . . . . . . . . . . . . . 32

2.3.3 Custo das mercadorias vendidas (CMV). . . . . . . . . . . . . . . 33

2.3.4 Ajustes no balancete (I) . . . . . . . . . . . . . . . . . . . . . . . . . . . 34

**2.4 Provisões para ajustes** . . . . . . . . . . . . . . . . . . . . . . . . . . . . . . . . 35

2.4.1 Conceito. . . . . . . . . . . . . . . . . . . . . . . . . . . . . . . . . . . . . . . 35

2.4.2 Tipos de provisões. . . . . . . . . . . . . . . . . . . . . . . . . . . . . . . . 35

2.4.3 Depreciação . . . . . . . . . . . . . . . . . . . . . . . . . . . . . . . . . . . . 35

2.4.4 Amortização . . . . . . . . . . . . . . . . . . . . . . . . . . . . . . . . . . . . 37

2.4.5 Devedores duvidosos . . . . . . . . . . . . . . . . . . . . . . . . . . . . .38

2.4.6 Outras provisões . . . . . . . . . . . . . . . . . . . . . . . . . . . . . . . .38

2.4.7 Ajustes no balancete (II) . . . . . . . . . . . . . . . . . . . . . . . . . . .39

**2.5 Apuração do resultado**. . . . . . . . . . . . . . . . . . . . . . . . . . . . . . . . .40

2.5.1 Resultado antes do Imposto de Renda . . . . . . . . . . . . . . . .40

2.5.2 Imposto de Renda – cálculo . . . . . . . . . . . . . . . . . . . . . . . . 41

2.5.3 Outras participações de terceiros . . . . . . . . . . . . . . . . . . . . 42

2.5.4 Apuração do resultado líquido . . . . . . . . . . . . . . . . . . . . . . 42

2.5.5 Ajustes no balancete (III). . . . . . . . . . . . . . . . . . . . . . . . . . 42

**2.6 Destinação dos lucros**. . . . . . . . . . . . . . . . . . . . . . . . . . . . . . . . .44

2.6.1 Transferência para conta transitória. . . . . . . . . . . . . . . . . .44

2.6.2 Transferência para reservas de lucros . . . . . . . . . . . . . . . .44

2.6.3 Remuneração dos sócios. . . . . . . . . . . . . . . . . . . . . . . . . . . 45

2.6.4 Saldo remanescente. . . . . . . . . . . . . . . . . . . . . . . . . . . . . .46

2.6.5 Ajustes no balancete (IV) . . . . . . . . . . . . . . . . . . . . . . . . . .46

2.6.6 Saldos do razão. . . . . . . . . . . . . . . . . . . . . . . . . . . . . . . . . 47

2.6.7 Balancete final – Balanço. . . . . . . . . . . . . . . . . . . . . . . . . .48

RESUMO . . . . . . . . . . . . . . . . . . . . . . . . . . . . . . . . . . . . . . . . . . . . . . . .49

TESTES. . . . . . . . . . . . . . . . . . . . . . . . . . . . . . . . . . . . . . . . . . . . . . . . .50

EXERCÍCIOS . . . . . . . . . . . . . . . . . . . . . . . . . . . . . . . . . . . . . . . . . . . . . 53

CAPÍTULO 3
# DEMONSTRAÇÕES CONTÁBEIS

**3.1 Noções gerais** . . . . . . . . . . . . . . . . . . . . . . . . . . . . . . . 56

    3.1.1 Conceito . . . . . . . . . . . . . . . . . . . . . . . . . . . . . . 56

    3.1.2 Obrigatoriedade . . . . . . . . . . . . . . . . . . . . . . . . . 56

    3.1.3 Objetivos . . . . . . . . . . . . . . . . . . . . . . . . . . . . . 57

**3.2 Diretrizes e princípios** . . . . . . . . . . . . . . . . . . . . . . . . . 58

    3.2.1 Diretrizes . . . . . . . . . . . . . . . . . . . . . . . . . . . . . 58

    3.2.2 Princípios contábeis . . . . . . . . . . . . . . . . . . . . . . . 60

**3.3 Notas explicativas** . . . . . . . . . . . . . . . . . . . . . . . . . . . . 62

    3.3.1 Complemento . . . . . . . . . . . . . . . . . . . . . . . . . . . 62

    3.3.2 Conteúdo . . . . . . . . . . . . . . . . . . . . . . . . . . . . . 62

RESUMO . . . . . . . . . . . . . . . . . . . . . . . . . . . . . . . . . . . . . 64

TESTES . . . . . . . . . . . . . . . . . . . . . . . . . . . . . . . . . . . . . . 65


CAPÍTULO 4
# BALANÇO PATRIMONIAL

**4.1 Noções gerais** . . . . . . . . . . . . . . . . . . . . . . . . . . . . . . . 68

    4.1.1 Conceito . . . . . . . . . . . . . . . . . . . . . . . . . . . . . . 68

    4.1.2 Estrutura: origens e aplicações . . . . . . . . . . . . . . . . . 68

    4.1.3 Ativo = Passivo . . . . . . . . . . . . . . . . . . . . . . . . . . 69

    4.1.4 Critérios de apresentação . . . . . . . . . . . . . . . . . . . . 70

**4.2 Ativo — Estrutura (Lei n. 6.404, alterada pela Lei n. 11.638)** . . . . 71

TESTES . . . . . . . . . . . . . . . . . . . . . . . . . . . . . . . . . . . . . . 78

**4.3 Passivo — Estrutura (Lei n. 6.404, alterada pela Lei n. 11.638)** . . . 81

RESUMO . . . . . . . . . . . . . . . . . . . . . . . . . . . . . . . . . . . . . 89

TESTES . . . . . . . . . . . . . . . . . . . . . . . . . . . . . . . . . . . . . . 90

EXERCÍCIOS . . . . . . . . . . . . . . . . . . . . . . . . . . . . . . . . . . . 94


CAPÍTULO 5
# DEMONSTRAÇÃO DO RESULTADO DO EXERCÍCIO

**5.1 Objetivos e importância** . . . . . . . . . . . . . . . . . . . . . . . . . 98

**5.2 Estrutura** . . . . . . . . . . . . . . . . . . . . . . . . . . . . . . . . . . 98

**5.3 Lucro real** . . . . . . . . . . . . . . . . . . . . . . . . . . . . . . . . . 106

    5.3.1 Lucro real = Lucro tributável . . . . . . . . . . . . . . . . . 106

    5.3.2 Cálculo . . . . . . . . . . . . . . . . . . . . . . . . . . . . . . 106

    5.3.3 Livro de Apuração do Lucro Real — LALUR . . . . . . . . . . 106

RESUMO . . . . . . . . . . . . . . . . . . . . . . . . . . . . . . . . . . 108
TESTES. . . . . . . . . . . . . . . . . . . . . . . . . . . . . . . . . . 109
EXERCÍCIOS. . . . . . . . . . . . . . . . . . . . . . . . . . . . . . 112

CAPÍTULO 6
## DEMONSTRAÇÃO DOS LUCROS OU PREJUÍZOS ACUMULADOS

**6.1 Noções gerais** . . . . . . . . . . . . . . . . . . . . . . . . . . . 116
    6.1.1 Considerações preliminares. . . . . . . . . . . . . . 116
    6.1.2 Objetivos . . . . . . . . . . . . . . . . . . . . . . . . . . . 116
    6.1.3 Opção. . . . . . . . . . . . . . . . . . . . . . . . . . . . . 117
    6.1.4 Dividendo por ação . . . . . . . . . . . . . . . . . . 117
**6.2 Estrutura** . . . . . . . . . . . . . . . . . . . . . . . . . . . . . 117
RESUMO . . . . . . . . . . . . . . . . . . . . . . . . . . . . . . . . . . 121
TESTES . . . . . . . . . . . . . . . . . . . . . . . . . . . . . . . . . . 122
EXERCÍCIOS. . . . . . . . . . . . . . . . . . . . . . . . . . . . . . 123

CAPÍTULO 7
## DEMONSTRAÇÃO DAS MUTAÇÕES DO PATRIMÔNIO LÍQUIDO

**7.1 Noções gerais** . . . . . . . . . . . . . . . . . . . . . . . . . . . 126
    7.1.1 Objetivo. . . . . . . . . . . . . . . . . . . . . . . . . . . 126
    7.1.2 Facultativa ou obrigatória?. . . . . . . . . . . . . 126
**7.2 Estrutura**. . . . . . . . . . . . . . . . . . . . . . . . . . . . . . 126
    7.2.1 Engloba a DLPA . . . . . . . . . . . . . . . . . . . . . 126
    7.2.2 Influência no total do Patrimônio Líquido . . . . . . . . . 127
    7.2.3 Variações que afetam a capacidade operacional. . . . . 128
RESUMO . . . . . . . . . . . . . . . . . . . . . . . . . . . . . . . . . . 130
TESTES . . . . . . . . . . . . . . . . . . . . . . . . . . . . . . . . . . 130
EXERCÍCIOS . . . . . . . . . . . . . . . . . . . . . . . . . . . . . . 132

CAPÍTULO 8
## DEMONSTRAÇÃO DAS ORIGENS E APLICAÇÕES DE RECURSOS

**8.1 Noções gerais**. . . . . . . . . . . . . . . . . . . . . . . . . . . 134
    8.1.1 Conceito. . . . . . . . . . . . . . . . . . . . . . . . . . . 134
    8.1.2 Objetivo . . . . . . . . . . . . . . . . . . . . . . . . . . . 134
    8.1.3 Movimentação líquida . . . . . . . . . . . . . . . . 134
    8.1.4 Grupos Circulante e Não Circulante . . . . . . 135
**8.2 Origens de recursos**. . . . . . . . . . . . . . . . . . . . . . 138
**8.3 Aplicações de recursos**. . . . . . . . . . . . . . . . . . . . 144

**8.4 Observações finais** . . . . . . . . . . . . . . . . . . . . . . . . 146

8.4.1 Verbas não consideradas no demonstrativo . . . . . . . . . . 146

8.4.2 Ajustes de exercícios anteriores . . . . . . . . . . . . . . . 147

8.4.3 Esquema — Resumo . . . . . . . . . . . . . . . . . . . . . 147

8.4.4 Demonstração da "ABC" . . . . . . . . . . . . . . . . . . 148

RESUMO . . . . . . . . . . . . . . . . . . . . . . . . . . . . . . . 150

TESTES . . . . . . . . . . . . . . . . . . . . . . . . . . . . . . . . 151

EXERCÍCIOS . . . . . . . . . . . . . . . . . . . . . . . . . . . . . 154

CAPÍTULO 9

# DEMONSTRAÇÃO DOS FLUXOS DE CAIXA

**9.1 Conceito e objetivos** . . . . . . . . . . . . . . . . . . . . . . . 158

9.1.1 Conceito . . . . . . . . . . . . . . . . . . . . . . . . . . . 158

9.1.2 Fluxos de caixa × Fluxo de fundos . . . . . . . . . . . . . . 158

9.1.3 Conceito de "Caixa" . . . . . . . . . . . . . . . . . . . . . 158

9.1.4 Objetivos . . . . . . . . . . . . . . . . . . . . . . . . . . . 159

**9.2 Segregação dos fluxos** . . . . . . . . . . . . . . . . . . . . . . 160

**9.3 Esquema geral do demonstrativo** . . . . . . . . . . . . . . . . 163

**9.4 Ajustes preliminares** . . . . . . . . . . . . . . . . . . . . . . 163

**9.5 Formas de apresentação** . . . . . . . . . . . . . . . . . . . . 165

9.5.1 Método direto . . . . . . . . . . . . . . . . . . . . . . . . 165

9.5.2 Método indireto . . . . . . . . . . . . . . . . . . . . . . . 166

9.5.3 Diferenças e semelhanças . . . . . . . . . . . . . . . . . . 166

**9.6 Fase preliminar — Cia. ABC** . . . . . . . . . . . . . . . . . . 166

9.6.1 Demonstrativos básicos . . . . . . . . . . . . . . . . . . . 166

9.6.2 Cálculos (ajustes) preliminares . . . . . . . . . . . . . . . 168

**9.7 Modelo do método direto** . . . . . . . . . . . . . . . . . . . . **169**

**9.8 Modelo do método indireto** . . . . . . . . . . . . . . . . . . . **170**

TESTES . . . . . . . . . . . . . . . . . . . . . . . . . . . . . . . . 172

EXERCÍCIOS . . . . . . . . . . . . . . . . . . . . . . . . . . . . . 175

CAPÍTULO 10

# DEMONSTRAÇÃO DO VALOR ADICIONADO

**10.1 Noções gerais** . . . . . . . . . . . . . . . . . . . . . . . . . 180

10.1.1 Conceito e objetivos . . . . . . . . . . . . . . . . . . . . 180

10.1.2 Importância . . . . . . . . . . . . . . . . . . . . . . . . . 180

10.1.3 Custo externo × Custo interno . . . . . . . . . . . . . . . 181

**10.2 Valor adicionado ou valor agregado** . . . . . . . . . . . . . . . . . . . . . 181
    10.2.1 Conceito . . . . . . . . . . . . . . . . . . . . . . . . . . . . . . . . 181
    10.2.2 PIB — Produto Interno Bruto . . . . . . . . . . . . . . . . . . . . 182
    10.2.3 Formas de cálculo do valor adicionado. . . . . . . . . . . . . . 182
    10.2.4 Depreciação. . . . . . . . . . . . . . . . . . . . . . . . . . . . . . 183
    10.2.5 Impostos indiretos. . . . . . . . . . . . . . . . . . . . . . . . . . 183
    10.2.6 Receitas externas. . . . . . . . . . . . . . . . . . . . . . . . . . . 184
    10.2.7 Conceito final de valor adicionado . . . . . . . . . . . . . . . . 184
**10.3 Estrutura da "DVA"** . . . . . . . . . . . . . . . . . . . . . . . . . . . **185**
    10.3.1 Modelo . . . . . . . . . . . . . . . . . . . . . . . . . . . . . . . . 185
**10.4 Exemplo prático da "DVA"** . . . . . . . . . . . . . . . . . . . . . . . . **186**
    10.4.1 Demonstração do Resultado da Cia. ABC . . . . . . . . . . . . 186
TESTES . . . . . . . . . . . . . . . . . . . . . . . . . . . . . . . . . . . . . . . 189
EXERCÍCIOS . . . . . . . . . . . . . . . . . . . . . . . . . . . . . . . . . . . . 191

CAPÍTULO 11
# ANÁLISE DAS DEMONSTRAÇÕES CONTÁBEIS

**11.1 Considerações gerais.** . . . . . . . . . . . . . . . . . . . . . . . . . . . **194**
    11.1.1 Aspectos estático e dinâmico. . . . . . . . . . . . . . . . . . . . 194
    11.1.2 Situação econômico-financeira . . . . . . . . . . . . . . . . . . 194
    11.1.3 Objetivos . . . . . . . . . . . . . . . . . . . . . . . . . . . . . . . 194
    11.1.4 Confiabilidade. . . . . . . . . . . . . . . . . . . . . . . . . . . . 195
**11.2 Métodos de análise** . . . . . . . . . . . . . . . . . . . . . . . . . . . . **195**
    11.2.1 Quocientes. . . . . . . . . . . . . . . . . . . . . . . . . . . . . . 195
    11.2.2 Subtração . . . . . . . . . . . . . . . . . . . . . . . . . . . . . . 196
    11.2.3 Análise vertical . . . . . . . . . . . . . . . . . . . . . . . . . . . 197
    11.2.4 Análise horizontal . . . . . . . . . . . . . . . . . . . . . . . . . 197
**11.3 Índices padrões** . . . . . . . . . . . . . . . . . . . . . . . . . . . . . . **197**
    11.3.1 Padrões de comparação . . . . . . . . . . . . . . . . . . . . . . 197
    11.3.2 Padrões setoriais . . . . . . . . . . . . . . . . . . . . . . . . . . 198
    11.3.3 Padrões históricos . . . . . . . . . . . . . . . . . . . . . . . . . 198
**11.4 Fase preliminar.** . . . . . . . . . . . . . . . . . . . . . . . . . . . . . . **199**
    11.4.1 Peças indispensáveis . . . . . . . . . . . . . . . . . . . . . . . . 199
    11.4.2 Subsídios. . . . . . . . . . . . . . . . . . . . . . . . . . . . . . . 199
    11.4.3 Exame das verbas. . . . . . . . . . . . . . . . . . . . . . . . . . 200
**11.5 Ajustes para análise** . . . . . . . . . . . . . . . . . . . . . . . . . . . . **201**
    11.5.1 Duplicatas descontadas . . . . . . . . . . . . . . . . . . . . . . 201
    11.5.2 Ativo fictício . . . . . . . . . . . . . . . . . . . . . . . . . . . . 202

11.5.3 Resultados de Exercícios Futuros . . . . . . . . . . . . . . . . . . . . 203

11.5.4 Despesas do exercício seguinte . . . . . . . . . . . . . . . . . . . . 204

RESUMO . . . . . . . . . . . . . . . . . . . . . . . . . . . . . . . . . . . . 206

TESTES . . . . . . . . . . . . . . . . . . . . . . . . . . . . . . . . . . . . 208

CAPÍTULO 12

# ANÁLISES VERTICAL E HORIZONTAL

**12.1 Análise vertical** . . . . . . . . . . . . . . . . . . . . . . . . . . **210**

12.1.1 Conceito . . . . . . . . . . . . . . . . . . . . . . . . . . . . . . 210

12.1.2 Objetivo . . . . . . . . . . . . . . . . . . . . . . . . . . . . . . 210

12.1.3 Cálculo . . . . . . . . . . . . . . . . . . . . . . . . . . . . . . 211

12.1.4 Demonstração do Resultado . . . . . . . . . . . . . . . . . . . 212

**12.2 Análise horizontal** . . . . . . . . . . . . . . . . . . . . . . . . **212**

12.2.1 Conceito . . . . . . . . . . . . . . . . . . . . . . . . . . . . . . 212

12.2.2 Objetivo . . . . . . . . . . . . . . . . . . . . . . . . . . . . . . 213

12.2.3 Relatividade . . . . . . . . . . . . . . . . . . . . . . . . . . . . 213

12.2.4 Cálculo . . . . . . . . . . . . . . . . . . . . . . . . . . . . . . 214

12.2.5 Interpretação . . . . . . . . . . . . . . . . . . . . . . . . . . . 214

**12.3 Comentários sobre a análise vertical da Cia. ABC** . . . . . . **218**

12.3.1 Análise da estrutura das aplicações (Ativo) . . . . . . . . . . . 218

12.3.2 Análise da estrutura das origens (Passivo) . . . . . . . . . . . 219

12.3.3 Análise do resultado operacional . . . . . . . . . . . . . . . . 219

TESTES . . . . . . . . . . . . . . . . . . . . . . . . . . . . . . . . . . . . 220

EXERCÍCIOS . . . . . . . . . . . . . . . . . . . . . . . . . . . . . . . . . 222

CAPÍTULO 13

# ÍNDICES DE ESTRUTURA PATRIMONIAL

**13.1 Patrimônio** . . . . . . . . . . . . . . . . . . . . . . . . . . . . **228**

13.1.1 Patrimônio Bruto . . . . . . . . . . . . . . . . . . . . . . . . . 228

13.1.2 Patrimônio Líquido . . . . . . . . . . . . . . . . . . . . . . . . 229

**13.2 Estrutura das origens de recursos** . . . . . . . . . . . . . . . **230**

13.2.1 Origens dos recursos . . . . . . . . . . . . . . . . . . . . . . . 230

13.2.2 Índices de origem de capitais . . . . . . . . . . . . . . . . . . 231

13.2.3 Índice-padrão . . . . . . . . . . . . . . . . . . . . . . . . . . . 236

**13.3 Estrutura das aplicações de recursos** . . . . . . . . . . . . . **237**

13.3.1 Aplicações de recursos . . . . . . . . . . . . . . . . . . . . . . 237

13.3.2 Índices de aplicações de capitais . . . . . . . . . . . . . . . . 238

13.3.3 Índices-padrão . . . . . . . . . . . . . . . . . . . . . . . . . . .241

**13.4 Estrutura do capital próprio** . . . . . . . . . . . . . . . . . . . . . . . . **242**

13.4.1 Capital de giro próprio . . . . . . . . . . . . . . . . . . . . . . . . . 242

13.4.2 Grau de imobilização do capital próprio. . . . . . . . . . . . . 244

RESUMO . . . . . . . . . . . . . . . . . . . . . . . . . . . . . . . . . . . . . . . . . . . 246

TESTES . . . . . . . . . . . . . . . . . . . . . . . . . . . . . . . . . . . . . . . . . . . . 248

EXERCÍCIOS . . . . . . . . . . . . . . . . . . . . . . . . . . . . . . . . . . . . . . . . 252

CAPÍTULO 14

# ÍNDICES DE ROTATIVIDADE

**14.1 Índices de eficiência e produtividade.** . . . . . . . . . . . . . . . . **256**

14.1.1 Rotação do investimento total . . . . . . . . . . . . . . . . . . . . 256

14.1.2 Rotação do Ativo Permanente . . . . . . . . . . . . . . . . . . . . 260

14.1.3 Rotação do Imobilizado + Intangível . . . . . . . . . . . . . . . 261

**14.2 Prazo médio de rotação dos estoques** . . . . . . . . . . . . . . . . . **262**

14.2.1 Estoque médio . . . . . . . . . . . . . . . . . . . . . . . . . . . . . . . . 262

14.2.2 Giro dos estoques. . . . . . . . . . . . . . . . . . . . . . . . . . . . . . 263

**14.3 Prazo médio de recebimento de vendas.** . . . . . . . . . . . . . . . **266**

14.3.1 Dados imprescindíveis . . . . . . . . . . . . . . . . . . . . . . . . . . 266

14.3.2 Método dos prazos médios . . . . . . . . . . . . . . . . . . . . . . . 266

14.3.3 Método da soma retroativa . . . . . . . . . . . . . . . . . . . . . . 270

14.3.4 Resumo dos resultados . . . . . . . . . . . . . . . . . . . . . . . . . 273

**14.4 Retorno do Ativo Circulante** . . . . . . . . . . . . . . . . . . . . . . . **274**

14.4.1 Ativo circulante. . . . . . . . . . . . . . . . . . . . . . . . . . . . . . . 274

14.4.2 Ciclo operacional → Prazo do giro dos negócios . . . . . . . 274

**14.5 Prazo médio de pagamento das compras.** . . . . . . . . . . . . . . **275**

14.5.1 Cálculo das compras . . . . . . . . . . . . . . . . . . . . . . . . . . . 275

14.5.2 Método das médias . . . . . . . . . . . . . . . . . . . . . . . . . . . . 276

14.5.3 Resumo dos resultados . . . . . . . . . . . . . . . . . . . . . . . . . 278

14.5.4 Necessidade de capital de giro → Ciclo de caixa . . . . . . . 279

RESUMO . . . . . . . . . . . . . . . . . . . . . . . . . . . . . . . . . . . . . . . . . . . 280

TESTES . . . . . . . . . . . . . . . . . . . . . . . . . . . . . . . . . . . . . . . . . . . . 281

EXERCÍCIOS . . . . . . . . . . . . . . . . . . . . . . . . . . . . . . . . . . . . . . . . 285

CAPÍTULO 15

# ÍNDICES DE RENTABILIDADE

**15.1 Introdução** . . . . . . . . . . . . . . . . . . . . . . . . . . . . . . . . . . . . . **288**

15.1.1 Rentabilidade e remuneração . . . . . . . . . . . . . . . . . . . . . 288

15.1.2 Conceitos de lucro . . . . . . . . . . . . . . . . . . . . . . . . . . . . . 288

**15.2 Índices de rentabilidade** . . . . . . . . . . . . . . . . . . . . . . . .**293**
    15.2.1 Margem de lucro . . . . . . . . . . . . . . . . . . . . . . . . . . . . 293
    15.2.2 Rentabilidade (retorno) do investimento total. . . . . . . . . . . 294
    15.2.3 Margem de lucro × rotatividade . . . . . . . . . . . . . . . . . . . 295
    15.2.4 Rentabilidade do capital próprio . . . . . . . . . . . . . . . . . . . 296
    15.2.5 Rentabilidade do capital alheio . . . . . . . . . . . . . . . . . . . . 297
**15.3 Alavancagem operacional.** . . . . . . . . . . . . . . . . . . . . . . .**299**
    15.3.1 Custos fixos e custos variáveis . . . . . . . . . . . . . . . . . . . . 299
    15.3.2 Aumento percentual das vendas × Aumento
        percentual dos lucros . . . . . . . . . . . . . . . . . . . . . . . . . .300
**15.4 Ponto de equilíbrio.** . . . . . . . . . . . . . . . . . . . . . . . . . . .**301**
    15.4.1 Conceito. . . . . . . . . . . . . . . . . . . . . . . . . . . . . . . . . . 301
    15.4.2 Margem de contribuição . . . . . . . . . . . . . . . . . . . . . . . . 302
    15.4.3 Margem de segurança. . . . . . . . . . . . . . . . . . . . . . . . . . 303
    15.4.4 Cálculo pelo número de unidades . . . . . . . . . . . . . . . . . . 304
    15.4.5 Aumento das vendas → duplamente importante. . . . . . . . . 305
**15.5 Índices de remuneração (retorno).** . . . . . . . . . . . . . . . . . .**305**
    15.5.1 Conceito e base de cálculo. . . . . . . . . . . . . . . . . . . . . . . 305
    15.5.2 Retorno do capital próprio . . . . . . . . . . . . . . . . . . . . . . 306
    15.5.3 Retorno do capital realizado . . . . . . . . . . . . . . . . . . . . .306
    15.5.4 LPA – Lucro por Ação. . . . . . . . . . . . . . . . . . . . . . . . . . 307
    15.5.5 Índice preço/lucro (P/L). . . . . . . . . . . . . . . . . . . . . . . . 307
    15.5.6 "Dividendo por Ação". . . . . . . . . . . . . . . . . . . . . . . . . .308
**15.6 Alavancagem financeira (pela substituição de capital
alheio por capital próprio)** . . . . . . . . . . . . . . . . . . . . . .**309**
    15.6.1 Conceito. . . . . . . . . . . . . . . . . . . . . . . . . . . . . . . . . .309
    15.6.2 Cálculo. . . . . . . . . . . . . . . . . . . . . . . . . . . . . . . . . . . 310
    15.6.3 Efeito contrário no retorno sobre o investimento . . . . . . . 311
**15.7 Alavancagem financeira (pela segregação – na "DRE" – das
despesas financeiras).** . . . . . . . . . . . . . . . . . . . . . . . .**312**
    15.7.1 Conceito e cálculo. . . . . . . . . . . . . . . . . . . . . . . . . . . . 312
    15.7.2 Outra ilusão matemática . . . . . . . . . . . . . . . . . . . . . . . 313
    15.7.3 Alavancagem financeira — dois conceitos diferentes. . . . . . 315
RESUMO . . . . . . . . . . . . . . . . . . . . . . . . . . . . . . . . . . . . . . . 317
TESTES . . . . . . . . . . . . . . . . . . . . . . . . . . . . . . . . . . . . . . . 318
EXERCÍCIOS . . . . . . . . . . . . . . . . . . . . . . . . . . . . . . . . . . . . 324

CAPÍTULO 16

# ÍNDICES DE LIQUIDEZ

**16.1 Liquidez corrente** . . . . . . . . . . . . . . . . . . . . . . . . . . . **328**

    16.1.1 Objetivo . . . . . . . . . . . . . . . . . . . . . . . . . . . . . 328

    16.1.2 Fórmula e interpretação . . . . . . . . . . . . . . . . . . . 328

    16.1.3 Índice-padrão . . . . . . . . . . . . . . . . . . . . . . . . . 328

    16.1.4 Casos especiais . . . . . . . . . . . . . . . . . . . . . . . . 329

    16.1.5 Ativo Circulante Líquido . . . . . . . . . . . . . . . . . . . 330

    16.1.6 Capital de giro próprio . . . . . . . . . . . . . . . . . . . . 331

**16.2 Liquidez seca** . . . . . . . . . . . . . . . . . . . . . . . . . . . . . **331**

    16.2.1 Objetivo . . . . . . . . . . . . . . . . . . . . . . . . . . . . . 331

    16.2.2 Fórmula e interpretação . . . . . . . . . . . . . . . . . . . 332

    16.2.3 Índice-padrão . . . . . . . . . . . . . . . . . . . . . . . . . 333

    16.2.4 Proporção dos estoques . . . . . . . . . . . . . . . . . . . 333

**16.3 Liquidez geral** . . . . . . . . . . . . . . . . . . . . . . . . . . . . . **334**

    16.3.1 Objetivo . . . . . . . . . . . . . . . . . . . . . . . . . . . . . 334

    16.3.2 Fórmula e interpretação . . . . . . . . . . . . . . . . . . . 334

    16.3.3 Índice-padrão . . . . . . . . . . . . . . . . . . . . . . . . . 334

RESUMO . . . . . . . . . . . . . . . . . . . . . . . . . . . . . . . . . . . 335

TESTES . . . . . . . . . . . . . . . . . . . . . . . . . . . . . . . . . . . . 336

EXERCÍCIOS . . . . . . . . . . . . . . . . . . . . . . . . . . . . . . . . . 340

EXERCÍCIOS (REVISÃO) . . . . . . . . . . . . . . . . . . . . . . . . . . 341


CAPÍTULO 17

# ESTUDO DA SITUAÇÃO ECONÔMICA

**17.1 Situação econômica × Situação financeira** . . . . . . . . . . . . . **346**

**17.2 Capital próprio — valor absoluto** . . . . . . . . . . . . . . . . . . **347**

    17.2.1 Patrimônio Líquido . . . . . . . . . . . . . . . . . . . . . . 347

    17.2.2 Capital próprio . . . . . . . . . . . . . . . . . . . . . . . . . 347

**17.3 Capital próprio — valor relativo** . . . . . . . . . . . . . . . . . . **348**

    17.3.1 Participação do capital próprio . . . . . . . . . . . . . . . 348

    17.3.2 Garantia . . . . . . . . . . . . . . . . . . . . . . . . . . . . . 348

    17.3.3 Ponderação . . . . . . . . . . . . . . . . . . . . . . . . . . . 349

**17.4 Capital próprio — evolução** . . . . . . . . . . . . . . . . . . . . . **349**

    17.4.1 Fatores . . . . . . . . . . . . . . . . . . . . . . . . . . . . . . 349

    17.4.2 Evolução real . . . . . . . . . . . . . . . . . . . . . . . . . . 350

    17.4.3 Evolução nominal . . . . . . . . . . . . . . . . . . . . . . . 350

    17.4.4 Evolução potencial . . . . . . . . . . . . . . . . . . . . . . . 351

**17.5 Rentabilidade** . . . . . . . . . . . . . . . . . . . . . . . . . . . **351**

    17.5.1 Margem de lucro e rotatividade . . . . . . . . . . . . . . . . . . . 351

    17.5.2 Aumento da Receita Líquida . . . . . . . . . . . . . . . . . . . . 352

    17.5.3 Ponto de equilíbrio . . . . . . . . . . . . . . . . . . . . . . . . . 353

**17.6 Conclusões** . . . . . . . . . . . . . . . . . . . . . . . . . . . . . . **353**

    17.6.1 Objetivos do estudo . . . . . . . . . . . . . . . . . . . . . . . . 353

    17.6.2 Situação favorável . . . . . . . . . . . . . . . . . . . . . . . . . 354

    17.6.3 Caso em estudo . . . . . . . . . . . . . . . . . . . . . . . . . . 354

RESUMO . . . . . . . . . . . . . . . . . . . . . . . . . . . . . . . . . . . 355

TESTES . . . . . . . . . . . . . . . . . . . . . . . . . . . . . . . . . . . . 356

CAPÍTULO 18
# ESTUDO DA SITUAÇÃO FINANCEIRA

**18.1 Capacidade de pagamento** . . . . . . . . . . . . . . . . . . . . **360**

    18.1.1 Situação financeira . . . . . . . . . . . . . . . . . . . . . . . . 360

    18.1.2 Capacidade de pagamento a curto prazo . . . . . . . . . . . . . 360

    18.1.3 Capacidade de pagamento geral . . . . . . . . . . . . . . . . . 362

    18.1.4 Grau de endividamento . . . . . . . . . . . . . . . . . . . . . . 363

**18.2 Capacidade de pagamento — fatores determinantes** . . . . . . . **363**

    18.2.1 Causas e efeitos . . . . . . . . . . . . . . . . . . . . . . . . . . 363

    18.2.2 Retorno do Ativo Circulante . . . . . . . . . . . . . . . . . . . 363

    18.2.3 Prazo de pagamento das compras . . . . . . . . . . . . . . . . 364

    18.2.4 Diferença de prazos . . . . . . . . . . . . . . . . . . . . . . . . 365

    18.2.5 Financiamentos complementares — Ciclo de caixa . . . . . . . 366

    18.2.6 Capital de giro próprio . . . . . . . . . . . . . . . . . . . . . . 368

    18.2.7 Natureza dos financiamentos complementares . . . . . . . . . 368

    18.2.8 Rentabilidade . . . . . . . . . . . . . . . . . . . . . . . . . . . 369

    18.2.9 Círculo vicioso . . . . . . . . . . . . . . . . . . . . . . . . . . . 370

**18.3 Conclusões** . . . . . . . . . . . . . . . . . . . . . . . . . . . . . **371**

    18.3.1 Resumo . . . . . . . . . . . . . . . . . . . . . . . . . . . . . . 371

    18.3.2 Situação desfavorável . . . . . . . . . . . . . . . . . . . . . . . 372

    18.3.3 Análise comparativa . . . . . . . . . . . . . . . . . . . . . . . . 372

    18.3.4 Atividades especiais . . . . . . . . . . . . . . . . . . . . . . . . 373

    18.3.5 Índices × Realidade . . . . . . . . . . . . . . . . . . . . . . . . 373

**18.4 Liquidez → ressalvas e equívocos** . . . . . . . . . . . . . . . . . **374**

    18.4.1 Dados estáticos . . . . . . . . . . . . . . . . . . . . . . . . . . 374

    18.4.2 Valor de liquidação × Fluxo das operações . . . . . . . . . . . . 375

    18.4.3 Liquidez × Fluxo de caixa . . . . . . . . . . . . . . . . . . . . . 375

18.4.4 Caso hipotético elucidativo. . . . . . . . . . . . . . . . . . . . . . 376

18.4.5 Liquidez operacional — Diferença de prazos . . . . . . . . . . 378

18.4.6 Conclusões. . . . . . . . . . . . . . . . . . . . . . . . . . . . . . . . 379

RESUMO . . . . . . . . . . . . . . . . . . . . . . . . . . . . . . . . . . . . . . . . 381

TESTES . . . . . . . . . . . . . . . . . . . . . . . . . . . . . . . . . . . . . . . . . 382

CAPÍTULO 19
# CONSIDERAÇÕES FINAIS

**19.1 Ponderações necessárias** . . . . . . . . . . . . . . . . . . . . . . . . . **386**

19.1.1 Interpretação conjunta. . . . . . . . . . . . . . . . . . . . . . . . . 386

19.1.2 Reflexos . . . . . . . . . . . . . . . . . . . . . . . . . . . . . . . . . . . 386

19.1.3 Validade dos dados. . . . . . . . . . . . . . . . . . . . . . . . . . . . 387

19.1.4 Fatores externos. . . . . . . . . . . . . . . . . . . . . . . . . . . . . . 387

**19.2 Valores deflacionados.** . . . . . . . . . . . . . . . . . . . . . . . . . . . **388**

19.2.1 Inflação . . . . . . . . . . . . . . . . . . . . . . . . . . . . . . . . . . . 388

19.2.2 Coeficiente deflator . . . . . . . . . . . . . . . . . . . . . . . . . . . 389

19.2.3 Valores reais . . . . . . . . . . . . . . . . . . . . . . . . . . . . . . . . 389

**19.3 Fluxo dos problemas econômico-financeiros** . . . . . . . . . . . . **390**

19.3.1 Esquema . . . . . . . . . . . . . . . . . . . . . . . . . . . . . . . . . . 390

19.3.2 Fluxo financeiro . . . . . . . . . . . . . . . . . . . . . . . . . . . . . 390

19.3.3 Fluxo econômico. . . . . . . . . . . . . . . . . . . . . . . . . . . . . 391

**19.4 Análise conjunta dos índices da ABC** . . . . . . . . . . . . . . . . . **393**

19.4.1 Estudo da situação econômica. . . . . . . . . . . . . . . . . . . . 394

19.4.2 Estudo da situação financeira . . . . . . . . . . . . . . . . . . . . 395

19.4.3 Conclusões . . . . . . . . . . . . . . . . . . . . . . . . . . . . . . . . . 396

EXERCÍCIOS . . . . . . . . . . . . . . . . . . . . . . . . . . . . . . . . . . . . . . 397

APÊNDICE
# BALANÇO SOCIAL

**1. Conceito e objetivos.** . . . . . . . . . . . . . . . . . . . . . . . . . . . . . **404**

**2. Natureza e evidenciação das informações.** . . . . . . . . . . . . . . **404**

**3. Os beneficiários** . . . . . . . . . . . . . . . . . . . . . . . . . . . . . . . . **404**

**4. Modelo-Ibase** . . . . . . . . . . . . . . . . . . . . . . . . . . . . . . . . . . **407**

**5. Instruções para o preenchimento** . . . . . . . . . . . . . . . . . . . . **410**

# Capítulo 1

## INTRODUÇÃO

REGISTRO CONTÁBIL

CONTAS – LANÇAMENTOS

BALANCETE

PATRIMÔNIO

# 1.1 Registro contábil

## 1.1.1 Princípio básico: origem e aplicação

Quando compramos ou vendemos algum bem, pagamos uma dívida ou uma despesa, recebemos um rendimento ou, ainda, tomamos dinheiro emprestado ou o emprestamos a outras pessoas, estamos realizando operações que podem ser analisadas de dois ângulos nitidamente distintos:

- *De onde vieram os recursos necessários à concretização da operação?*
- *Onde esses mesmos recursos foram aplicados?*

Note que, na primeira pergunta, estamos preocupados com a *fonte* ou a *origem* dos recursos, enquanto na segunda a preocupação recai sobre a natureza da *aplicação* efetuada.

Esses dois aspectos — origem e aplicação — nunca podem deixar de estar presentes, pois a ausência de qualquer um deles impossibilita a concretização da operação.

Alguns exemplos nos ajudarão a entender melhor esse raciocínio.

**1** Se comprarmos um carro por $ 10.000, metade à vista e metade a prazo, essa operação pode ser analisada da seguinte forma:

**a. aplicação** (Onde os recursos foram aplicados?)
- compra de um carro no valor de $ 10.000;

**b. origem** (De onde se originaram esses recursos?)
- uma parte, do dinheiro disponível em nosso bolso ou em nossa conta bancária ($ 5.000);
- outra parte, do crédito concedido pelo vendedor, representado, neste caso, por dois títulos de crédito (2 x $ 2.500 = $ 5.000).

**2** Na ocasião do pagamento de um desses títulos, raciocinaríamos:

**a. aplicação** • pagamento parcial da dívida ($ 2.500);

**b. origem** • dinheiro ou saldo bancário ($ 2.500).

**3** Se, mais tarde, vendermos esse mesmo carro por $ 12.000, à vista, faremos a seguinte análise:
a. **aplicação** • $ 12.000, guardados no bolso ou no cofre;
b. **origem** • venda de um carro que custou $ 10.000;
  • lucro obtido na transação ($ 2.000).

### 1.1.2 Débito e crédito

Em linguagem contábil, **débito** é o nome dado à parte da operação que registra onde os recursos são *aplicados*, e **crédito** designa a parte da operação que registra a *origem* desses recursos.

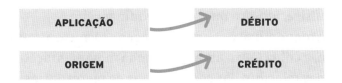

### 1.1.3 Método de registro

O sistema que registra o duplo aspecto das operações — *débito* ou *aplicação*, de um lado, e *crédito* ou *origem*, de outro — é denominado **método das partidas dobradas**. Ele é chamado assim porque o mesmo valor é registrado duas vezes, uma a débito e outra a crédito. Os valores são registrados duas vezes para que fique consignado onde os recursos foram *aplicados* (débito) e de onde se *originaram* (crédito). Assim, o valor total debitado é sempre igual ao creditado, pois em toda operação há sempre obrigatoriedade de equivalência monetária entre o total das *origens* e o das *aplicações*.

Podemos deduzir que o método em pauta não é, como parece à primeira vista, artificial, arbitrário e desnecessariamente complicado, fruto do "estalo" de algum gênio. Muito pelo contrário, é um método natural, lógico e intuitivo, decorrente da própria essência das operações registradas.

Você mesmo pode analisar suas operações de compra, venda, pagamento, recebimento etc. dessa ótica de origem e aplicação de recursos. Você vai perceber como é fácil determinar, em cada operação, o que representou origem de recursos (crédito) e o que representou aplicação (débito).

## 1.2 Contas – Lançamentos

### 1.2.1 Conceito de conta

Podemos observar que os valores envolvidos nas operações citadas — dinheiro, saldo bancário, títulos de crédito, veículo e lucro — divergem nos mais variados aspectos.

Para que esses valores e muitos outros, no curso das operações da empresa, possam ser mais facilmente identificados, e para que se possa também totalizá-los separadamente, é necessário que eles sejam *intitulados*, recebendo uma denominação particular, imutável e caracterizadora de sua natureza física, jurídica ou econômico-financeira.

Para essa denominação, em linguagem técnica, usa-se a palavra **conta**. Assim, a conta *Caixa* abrangeria toda movimentação de dinheiro, todas as dívidas relacionadas com compras de mercadorias ou matérias-primas a prazo seriam agrupadas na conta *Duplicatas a Pagar* (ou *Fornecedores*), e assim por diante.

### 1.2.2 Contas devedoras e contas credoras

Na análise de cada operação, as contas intituladoras dos valores representativos das **origens** dos recursos são denominadas **contas credoras**, enquanto as intituladoras dos valores representativos das **aplicações** são chamadas **contas devedoras**.

Assim, podemos estabelecer as seguintes relações:

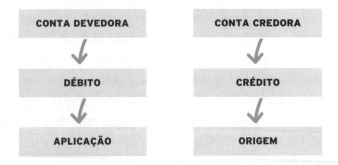

### 1.2.3 **Lançamento**

O registro contábil efetuado nos livros ou fichas adequados, de acordo com normas específicas, denomina-se **lançamento**. Assim, quando quisermos fazer um lançamento, identificaremos:

**a.** o *débito* ou as *contas devedoras*, apontando e intitulando os valores no qual foram aplicados os recursos;

**b.** o *crédito* ou as *contas credoras*, apontando e intitulando os valores representativos da *origem* ou *fonte* dos recursos.

Nos exemplos já apresentados, teremos:

**1** Compra de um carro por $ 10.000, metade à vista ($ 5.000) e metade a prazo (duas notas promissórias de $ 2.500 cada):

Conta devedora (aplicação):
- Veículos.................................................... $ 10.000

Contas credoras (origens):
- Caixa (ou Bancos, conta Movimento) ...... $ 5.000
- Títulos a Pagar............................. $ 5.000 ...... $ 10.000

**2** Pagamento de um dos títulos representativos da dívida:

Conta devedora (aplicação):
- Títulos a Pagar.............................................. $ 2.500

Conta credora (origem):
- Caixa (ou Bancos, conta Movimento) ........................ $ 2.500

**3** Venda do mesmo carro por $ 12.000 (com lucro de $ 2.000):

Conta devedora (aplicação):
- Caixa ...................................................... $ 12.000

Contas credoras (origens):
- Veículos........................... $ 10.000
- Lucro na venda de veículos...... $ 2.000 ................ $ 12.000

# 1.3 Balancete

### 1.3.1 Saldos das contas

Uma conta que em uma operação figura como fonte de recursos (crédito), em outra pode representar aplicação de recursos (débito).

Dessa forma, para sabermos, em determinado momento, o saldo de uma conta, temos de somar, separadamente, os valores lançados a débito e os valores lançados a crédito e apurar a diferença.

Quando o montante do crédito for maior, teremos um *saldo credor*. Em caso contrário (montante do débito maior), o saldo será *devedor*.

### 1.3.2 Saldos devedores = Saldos credores

Em decorrência da equivalência, em cada operação registrada, entre o total das aplicações (débito) e o total das origens (crédito), haverá sempre rigorosa igualdade entre a soma dos saldos devedores e a dos saldos credores.

### 1.3.3 Cada conta só pode ter um tipo de saldo

Pelos exemplos já apresentados e por raciocínio análogo em outras operações, notamos que a conta Caixa, em determinados casos, funciona como aplicação de recursos e é, por isso, debitada; em outros casos, funciona como origem de recursos e é creditada.

Entretanto, seu saldo será sempre devedor (excesso dos débitos em relação aos créditos). Isso se explica pelo fato de essa conta não poder originar (crédito) um volume maior de recursos do que o que foi aplicado (débito) nela. Seguindo esse mesmo raciocínio, apresentarão sempre saldo devedor as contas representativas das aplicações em:

- *Bens* – móveis, utensílios, estoques, máquinas, veículos etc.
- *Direitos* – duplicatas a receber, saldos bancários, aplicações financeiras etc.
- *Despesas* – salários, juros, impostos, fretes, aluguéis etc.

A conta *Títulos a Pagar*, por seu turno, é creditada quando *origina* recursos (no ato do empréstimo), e é debitada quando a empresa *aplica* recursos para liquidação da dívida.

Nessas condições, o saldo dessa conta só pode ser *credor*, pois a empresa não iria aplicar na liquidação dos títulos um montante maior de recursos do que o originário do levantamento do empréstimo. Apresentarão sempre *saldo credor* as contas típicas de origem de recursos:

- *Obrigações* – duplicatas a pagar, impostos a recolher, empréstimos bancários etc.
- *Receitas* – juros ativos, dividendos recebidos, receitas de aluguéis etc.
- *Patrimônio Líquido* – capital, lucros e reservas.

### 1.3.4 Balancete = Relação de origens e aplicações

À relação que apresenta todas as contas com seus respectivos saldos denominamos **balancete**.

De um lado (o esquerdo), aparecem todas as aplicações de recursos feitas pela empresa (saldos devedores); de outro (o direito), todas as origens de recursos (saldos credores) que possibilitaram aquelas aplicações.

### 1.3.5 Enigmas decifrados

Agora, já temos condições de entender certos aspectos do balancete e dos saldos das contas que pareciam, pelas explicações habituais, aparentemente incoerentes.

- Por que as contas de despesas (que têm uma conotação negativa) aparecem do mesmo lado que as contas representativas dos bens ou dos direitos (que têm uma conotação positiva)?
  **Simplesmente porque as despesas, assim como os bens e os direitos, representam aplicação de recursos, e, sob esse aspecto, passam a ser valores de natureza homogênea.**

- Por que as obrigações (que têm conotação negativa) aparecem do mesmo lado que as contas representativas do patrimônio líquido e das receitas (contas que têm conotação positiva)?

**Porque todos esses valores representam origem de recursos e, sob esse prisma, passam a ser valores de natureza homogênea.**

**Quadro 1.1** ESQUEMA GERAL DO BALANCETE (APLICAÇÕES E ORIGENS DE RECURSOS)

**BALANCETE DE VERIFICAÇÃO**

| SALDOS DEVEDORES (Aplicações) | SALDOS CREDORES (Origens) |
|---|---|
| **BENS** | **OBRIGAÇÕES** |
| · Imóveis<br>· Veículos<br>· Mercadorias<br>· Móveis etc. | · Duplicatas a Pagar<br>· Empréstimos Bancários<br>· Contas a Pagar<br>· Impostos a Recolher etc. |
| **DIREITOS** | **PATRIMÔNIO LÍQUIDO** |
| · Duplicatas a Receber<br>· Adiantamentos a Receber<br>· Bancos, conta Movimento<br>· Aplicações Financeiras etc. | · Capital<br>· Lucros<br>· Reservas |
| **DESPESAS** | **RECEITAS** |
| · Juros Pagos<br>· Aluguéis Pagos<br>· Impostos<br>· Salários e Encargos<br>· Seguros etc. | · Juros Recebidos<br>· Aluguéis Recebidos<br>· Comissões Recebidas<br>· Lucro sobre Vendas<br>· Dividendos Recebidos etc. |

## 1.3.6 O balancete da pessoa física

A possibilidade de levantar um balancete não é privilégio da empresa. Nós também — vide Figura 1.1 — aplicamos recursos na compra de *bens* (eletrodomésticos, motocicletas, automóveis, casa etc.), na formação de *direitos* (conta bancária, poupança etc.) e, também e principalmente, no pagamento de *despesas* (aluguel, alimentação, educação etc.). E as nossas fontes de recursos também são as *obrigações* assumidas (empréstimos bancários, financiamentos na compra de bens etc.) e as nossas *receitas* (principalmente o salário).[1]

---

[1] A única fonte de recursos que a empresa tem e nós (pessoas físicas) não temos é o capital social.

Assim, qualquer um de nós — alunos, professores, empresários, empregados etc. — pode, a qualquer momento, relacionar, de um lado, todos seus bens e direitos, e de outro, todas as suas dívidas (obrigações). A diferença entre esses dois totais será o nosso patrimônio líquido, que, como fonte de recursos, será colocado junto com o outro grupo que representa também origem de recursos, ou seja, as obrigações. Teremos em mãos, então, um balancete como o do sr. Silva, apresentado no Quadro 1.2 (p. 10).

**Figura 1.1** ORIGENS E APLICAÇÕES DE RECURSOS DE UM INDIVÍDUO

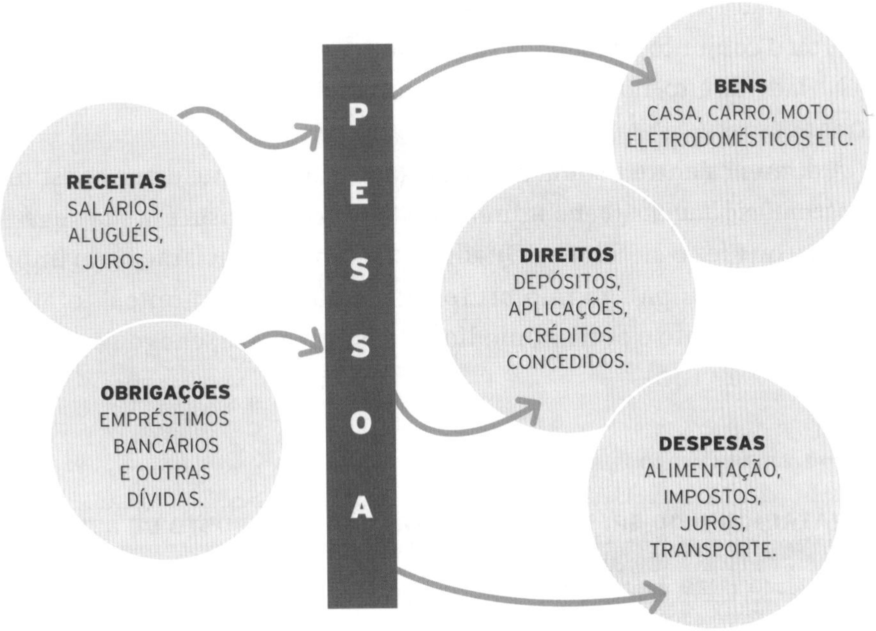

## 1.4 Patrimônio

### 1.4.1 Patrimônio e balancete

A diferença básica entre o *patrimônio* e o *balancete* é que no **balancete** aparecem todas as despesas (como aplicação) e todas as receitas (como origem), enquanto no **patrimônio** só é considerada a diferença líquida entre os totais das receitas e das despesas, consubstanciada no lucro ou no prejuízo. Essa diferença líquida vai ser incorporada ao valor do patrimônio líquido, aumentando-o — em caso de lucro — ou diminuindo-o — em caso de prejuízo (veja Quadro 1.4).[2]

O patrimônio é, na realidade, um conceito corriqueiro e bem familiar a qualquer um de nós. Todos temos um patrimônio que pode ser calculado a qualquer momento. Pegue uma folha de papel e divida-a em duas colunas.

No lado esquerdo, relacione todos os seus *bens*, como dinheiro, casa, moto, carro e eletrodomésticos, e todos os seus *direitos*, como saldo bancário, poupança, empréstimos a outras pessoas e aplicações financeiras.

O somatório desses valores seria o seu *patrimônio* (bruto), ou seja, seu *Ativo*, ou o conjunto de todas as suas aplicações em bens e direitos.

No lado direito, relacione todas as suas dívidas ou obrigações para com outras pessoas.

A diferença entre a soma dos dois lados é justamente o que constitui o seu *patrimônio líquido* {(bens + direitos) − (obrigações)}, isto é, a sua *riqueza*.

Foi o que fez o sr. Silva — Quadro 1.2 — em sua declaração do Imposto de Renda. Seu patrimônio bruto (Ativo ou bens e direitos) totalizou $ 65.450, enquanto o patrimônio líquido (sua riqueza) chegou a $ 48.350 ($ 65.450 – $ 17.100).

**Quadro 1.2** PATRIMÔNIO DO SR. SILVA

| PATRIMÔNIO DO SR. SILVA – DECLARAÇÃO DO IMPOSTO DE RENDA | |
| --- | --- |
| A. RELAÇÃO DE BENS E DIREITOS | |
| Casa na Rua 10, nº 128, em Araraquara - SP | $ 40.000 |
| Terreno no J. Imperador, em Araraquara - SP | $ 10.000 |
| Carro marca Fiat-Uno, ano 2000 | $ 7.000 |
| Moto Honda, 250 cc, ano 1999 | $ 3.000 |
| Ações da Cia. Alfa | $ 700 |
| Empréstimo feito ao sr. José Santos | $ 800 |
| Aplicações em fundos de renda fixa | $ 2.500 |
| Depósitos bancários | $ 1.100 |
| Dinheiro em caixa | $ 350 |
| | **$ 65.450** |

*continua*

---

2   Nesta altura, já podemos entender por que a conta "lucros acumulados" ou "lucros a destinar" tem saldo credor: ela representa um excesso de origens, representadas pelas receitas, sobre as aplicações feitas em despesas {origens (créditos) > aplicações (débitos) = saldo credor}.
Por outro lado, o saldo devedor da conta "prejuízos acumulados" é justificado pelo excesso de aplicações em despesas sobre a origem representada pelas receitas {aplicações (débitos) > origens (créditos) = saldo devedor}.

*continuação*

| PATRIMÔNIO DO SR. SILVA – DECLARAÇÃO DO IMPOSTO DE RENDA | |
|---|---|
| **B. RELAÇÃO DE DÍVIDAS E ÔNUS\*** | |
| Caixa Econômica: **empréstimo** hipotecário | $ 12.600 |
| Financeira Beta: **financiamento** do carro | $ 3.200 |
| Banco Delta S.A.: **empréstimo** pessoal | $ 1.300 |
| | $ 17.100 |
| **C. PATRIMÔNIO LÍQUIDO\*\* (A - B)** | |
| | $ 48.350 |

\* Os itens A e B foram extraídos da declaração do imposto de renda do sr. Silva.

\*\* O item C foi apurado assim: (bens + direitos) – obrigações.

## 1.4.2 Balanço Patrimonial

O patrimônio é apresentado em um demonstrativo denominado **Balanço Patrimonial**, no qual são discriminadas as aplicações efetuadas em "bens" e "direitos" (no Ativo) e as origens dos recursos que possibilitaram a aplicação nos bens e direitos do Ativo (no Passivo).

No caso do sr. Silva, teríamos, sinteticamente, a seguinte apresentação:

**Quadro 1.3** BALANÇO PATRIMONIAL DO SR. SILVA

| BALANÇO PATRIMONIAL DO SR. SILVA[3] | | | | |
|---|---|---|---|---|
| **ATIVO (Aplicações)** | | **PASSIVO (Origens)** | |
| **BENS** | | **OBRIGAÇÕES** | |
| Caixa | 350 | Empréstimo hipotecário | 12.600 |
| Imóveis | 50.000 | Financiamento | 3.200 |
| Veículos | 10.000 | Empréstimo pessoal | 1.300 |
| | **60.350** | | **17.100** |
| **DIREITOS** | | **PATRIMÔNIO LÍQUIDO** | |
| Devedores diversos | 800 | Sobras acumuladas | 48.350 |
| Ações | 700 | | **48.350** |
| Fundos de renda | 2.500 | | |
| Depósitos bancários | 1.100 | | |
| | **5.100** | | |
| **TOTAL DO ATIVO** | **65.450** | **TOTAL DO PASSIVO** | **65.450** |

[3] Para transformar este demonstrativo num autêntico Balanço Patrimonial, basta agrupar as contas e classificá-las dentro de seus grupos respectivos consoante critérios que serão expostos oportunamente (ver Capítulo 4).

Assim, podemos dizer que no Balanço Patrimonial do sr. Silva (ou de qualquer um de nós) estão relacionadas, de um lado, todas as aplicações feitas em bens e direitos (ou seja, o total de seu patrimônio bruto). Esse lado é chamado de **Ativo**, porque é com esses valores que o sr. Silva movimenta suas atividades e satisfaz suas necessidades, ou seja, são os valores "ativos", que totalizam $ 65.450.

É importante que o sr. Silva saiba, também, a origem dos recursos que ele tem à sua disposição no Ativo, ou seja, seu **Passivo**. Esse lado é chamado de "passivo" porque nele não encontramos nenhum valor com o qual o sr. Silva (ou qualquer empresa) possa trabalhar; encontramos apenas mera indicação das fontes de financiamento do Ativo. Olhando o Quadro 1.3, verificamos que o sr. Silva obteve o montante de $ 65.450 de bens e direitos utilizando $ 17.100 de recursos emprestados de bancos e financeiras e $ 48.350 de sua sobra acumulada.[4]

Aliás, se o sr. Silva não tiver, no ano seguinte, algum rendimento excepcional — doação, herança, prêmio de loteria etc. —, a única maneira de aumentar seu patrimônio líquido é com a diferença entre as receitas habituais e as despesas, ou seja, com a sobra líquida.

Na empresa, essa sobra acumulada corresponde aos "lucros não destinados" e às "reservas de lucros". Da mesma forma que o sr. Silva (ou qualquer um de nós), se a empresa não contar com rendimentos excepcionais ou com novos capitais trazidos pelos sócios, a única maneira de aumentar seu patrimônio líquido e, conseqüentemente, o nível operacional, será contando com o lucro líquido, ou seja, a diferença líquida entre o total de suas receitas e o total de suas despesas.

Agora, já podemos afirmar categoricamente que todos os conceitos básicos da Contabilidade, desde a análise das operações a serem registradas e os respectivos lançamentos, passando pela determinação e compreensão dos saldos das contas até chegar aos demonstrativos contábeis, são estruturados em função do princípio da origem e aplicação de recursos (ver Figura 1.2).

---

[4] Essa sobra acumulada seria a diferença entre o que ele obteve de receita e o que ele pagou de despesas ao longo de vários anos (desde que começou a receber alguma remuneração).

**Figura 1.2** ORIGEM E APLICAÇÃO – PRINCÍPIO GERAL (DO LANÇAMENTO AO BALANÇO)

### 1.4.3 Demonstração do resultado

A **demonstração do resultado** também não deixa de ser um simples balanceamento entre as origens de recursos, representadas pelas *receitas*, e as aplicações feitas em *despesas*.

Pelo Quadro 1.4, observamos que o líquido desse balanceamento vai ser incorporado ao grupo patrimônio líquido do Balanço Patrimonial na forma de *lucro* — excesso das origens, representadas pelas receitas, sobre as aplicações em despesas — ou de *prejuízo* — excesso de aplicações em despesas sobre as origens representadas pelas receitas.

**Quadro 1.4** TRANSFORMAÇÃO DO BALANCETE (HIPOTÉTICO) NOS DOIS DEMONSTRATIVOS BÁSICOS

| BALANCETE | | BALANÇO PATRIMONIAL | |
|---|---|---|---|
| **S. DEVEDORES** | **S. CREDORES** | **ATIVO** | **PASSIVO** |
| Bens = 150 | Obrigações = 80 | Bens = 150 | Obrigações = 80 |
| Direitos = 90 | Patrimônio líquido = 120 | Direitos = 90 | Patrimônio líquido = 120 |
| | | | + 40 |
| Despesas = 100 | Receitas = 140 | | |

| DEM. DO RESULTADO |
|---|
| Receitas ..........................................140 |
| (–) Despesas ............................100 |
| = Lucro líquido......................... 40 |

## 1.4.4 Contas patrimoniais e de resultado

Assim, conforme mostrou o Quadro 1.4:

- Os bens, direitos, obrigações e patrimônio líquido formarão o Balanço Patrimonial e, por isso, as contas representativas desses valores são chamadas **contas patrimoniais**.
- As receitas e as despesas formarão a demonstração do resultado do exercício e, por isso, as contas representativas são chamadas **contas de resultado**, ou, por provocarem modificação para mais (receita) ou para menos (despesa) no patrimônio líquido, **contas diferenciais**.
- O lucro líquido será incorporado ao patrimônio líquido no Balanço Patrimonial.

### 1.4.5 **Princípio básico e único**

Observando as Figuras 1.2 e 1.3, podemos notar como o mesmo princípio — *origem e aplicação de recursos* — serve de fundamento para *todos* os princípios básicos da Contabilidade:

- Toda operação é sempre dividida em duas partes facilmente identificáveis: *origem* e *aplicação*.
- Para fazer o registro contábil de uma operação, basta denominar de *débito* a parte que engloba os valores representativos da *aplicação de recursos*, e de *crédito* a parte que registra a *origem* dos valores aplicados.
- As contas vão sendo *debitadas* e *creditadas* e terão, em determinado momento, certo saldo, que será devedor para aquelas contas em que as *aplicações* (débitos) foram maiores do que as *origens* (créditos), e credor para aquelas contas em que ocorreu o contrário.[5]
- À relação que discrimina, de um lado, as contas típicas de aplicação (com saldo devedor), e, de outro, as contas típicas de origem (com saldo credor), denominamos *balancete de verificação*.
- Balanceando as *receitas* (origens) com as *despesas* (aplicações) apuramos o *resultado líquido (lucro,* se houver excesso das origens representadas pelas receitas, ou *prejuízo,* se houver excesso das aplicações em despesas).
- Com as contas patrimoniais que sobraram no balancete (eliminadas as contas de resultado) mais o saldo do resultado líquido, podemos montar o Balanço Patrimonial — nada mais, nada menos que um demonstrativo que relaciona, de um lado (Ativo), todas as *aplicações* de recursos feitas pela empresa até aquela determinada data e, de outro (Passivo), a *origem* dos recursos que possibilitaram as aplicações no Ativo.

### 1.4.6 **Como entender os termos "débito" e "crédito"**

Alguns autores (seguindo a escola norte-americana) defendem a tese de que os termos "débito" e "crédito" não têm significado algum, sendo mera convenção.

---

[5] Ou seja, o saldo será devedor para aquelas contas típicas de aplicação de recursos (bens, direitos e despesas) e será credor para aquelas contas típicas de origem de recursos (obrigações, patrimônio líquido e receitas).

Pelo que foi exposto neste capítulo e resumido na seção anterior, o leitor pode entender que, raciocinando em termos de "origem" e "aplicação", todos os termos básicos da contabilidade — débito e crédito, saldos devedores e saldos credores, Ativo e Passivo — passam a ter um **significado** claro, lógico e intuitivo.

O leitor poderia, entretanto, questionar por que "aplicação" é sinônimo de "débito" e "origem" é sinônimo de "crédito" e não o contrário. Para justificar (e entender) essa escolha, temos de nos valer das contas pessoais (de direitos e de obrigações). (a) Se a empresa **aplica** recursos emprestando para outra pessoa, essa pessoa se torna **devedora** da empresa. (b) Se outra pessoa **origina** recursos para a empresa emprestando-lhe, é lógico que essa pessoa se torna **credora** da empresa. Por analogia e para fins de homogeneidade, esses mesmos raciocínios foram estendidos para os demais valores: bens, despesas (a) e patrimônio líquido e receitas (b).

**Figura 1.3** ORIGEM E APLICAÇÃO – DA "OPERAÇÃO" AO "BALANÇO PATRIMONIAL"

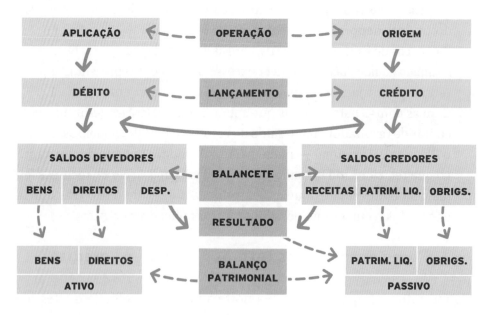

# RESUMO

1 Toda operação realizada por pessoa física ou jurídica pode ser analisada de um duplo aspecto: **origem** e **aplicação** de recursos.

2 A parte da operação que reúne os valores representativos da origem de recursos é chamada de **crédito**, e os valores envolvidos, de **contas credoras**.

3 A parte da operação que reúne os valores representativos da **aplicação** de recursos é chamada de **débito**, e as contas envolvidas, de **contas devedoras**.

4 Se em operações isoladas determinada conta pode ora funcionar como **aplicação** de recursos (**débito**), ora como **origem** de recursos (**crédito**), o certo é que seu saldo será sempre da mesma natureza (devedor ou credor) conforme o valor representado pela conta seja tipicamente representativo de **origem** de recursos (saldo **credor**) ou tipicamente representativo de **aplicação** (saldo **devedor**).

5 São contas típicas de **aplicação** de recursos e, portanto, com saldo devedor: **bens, direitos e despesas**.

6 São contas típicas de **origem** de recursos e, portanto, com saldo credor: **obrigações, patrimônio líquido e receitas**.

7 O **balancete** constitui-se num demonstrativo que relaciona, do lado esquerdo, todas as aplicações de recursos feitas pela empresa em bens, direitos e despesas (saldos devedores) e, do lado direito, todas as origens de recursos que possibilitaram aquelas aplicações: obrigações, patrimônio líquido e receitas (saldos credores).

8 Confrontando, na **demonstração do resultado**, todas as origens de recursos representadas pelas **receitas** do período com todas as aplicações feitas em despesas no mesmo período, obtemos o **resultado líquido do período**, que tanto pode ser excesso de origens (= lucro = saldo credor) como pode ser excesso de aplicações em despesas (= prejuízo = saldo devedor).

9 Transportando o resultado líquido do período para o grupo patrimônio líquido, teremos a representação do **patrimônio**: conjunto de bens, direitos, obrigações e patrimônio líquido de uma entidade.

10 Para passar do conceito de **patrimônio** para o de **Balanço Patrimonial**, basta classificarmos e agruparmos as contas representativas das aplicações (saldos devedores) do lado esquerdo, chamado de **Ativo**, e as contas representativas das origens (saldos credores) do lado direito, chamado de **Passivo**. Os critérios para classificação e agrupamento das contas serão vistos oportunamente.

# TESTES

**1** Complete:

"Qualquer operação pode ser dissociada (separada) em dois aspectos: .............................................. e ...................................................... de recursos."

**2** Complete:

"Em linguagem contábil, .................................................. corresponde à parte da operação que registra em que os recursos foram aplicados, e .............. ............................. corresponde à parte da operação que registra a origem ou a fonte desses recursos."

**3** O sr. Oswaldo recebeu o salário do mês por meio de crédito bancário. Podemos correlacionar:

**a.** Origem.  ( ) Salário.
**b.** Aplicação.  ( ) Conta-corrente bancária.

**4** Na contabilidade do sr. Oswaldo, a conta credora seria:

**a.** Receita de Salário.
**b.** Despesa de Salário.
**c.** Caixa.
**d.** Bancos, conta Movimento.
**e.** Empréstimo Bancário.

**5** Na contabilidade da firma que pagou o salário do sr. Oswaldo e dos demais funcionários, a conta devedora seria:

**a.** Receitas de salário.
**b.** Caixa.
**c.** Empréstimos Concedidos.
**d.** Bancos, conta Movimento.
**e.** Despesas de Salário.

**6** Representa uma operação típica de origem de recursos:

**a.** recebimento de um crédito.
**b.** entrada de dinheiro no caixa.
**c.** pagamento de despesas.
**d.** pagamento de uma dívida.
**e.** depósito em conta-corrente bancária.

**7** Na compra de escrivaninhas, à vista, a conta devedora (aplicação) será:
**a.** Caixa.
**b.** Móveis e Utensílios.
**c.** Imóveis.
**d.** Títulos a Pagar.
**e.** Depósitos Bancários à Vista.

**8** Se a compra de escrivaninhas tivesse sido a prazo, a conta credora (origem) seria:
**a.** Caixa.
**b.** Móveis e Utensílios.
**c.** Imóveis.
**d.** Títulos a Pagar.
**e.** Títulos a Receber.

**9** Na venda de um terreno a prazo, as contas devedora (aplicação) e credora (origem) serão, respectivamente:
**a.** Caixa e Imóveis.
**b.** Imóveis e Caixa.
**c.** Títulos a receber e Imóveis.
**d.** Imóveis e Títulos a pagar.
**e.** Títulos a pagar e Imóveis.

**10** Em determinadas operações, a conta Caixa é creditada porque funciona como origem de recursos; em outras, é debitada porque representa aplicação de recursos. Nessas condições, o saldo dessa conta:
**a.** deverá ser sempre credor ou nulo.
**b.** deverá ser sempre nulo.
**c.** deverá ser sempre devedor ou nulo.
**d.** poderá ser, ora credor, ora devedor, ora nulo, conforme a natureza das operações realizadas.
**e.** representará o lucro obtido nas transações de entrada e saída de numerário.

**TESTES**

**11** Indique a operação que corresponde ao seguinte lançamento:
(débito ou aplicação) Títulos a pagar
(crédito ou origem) Caixa
**a.** Pagamento de despesa.
**b.** Recebimento de receita.
**c.** Recebimento de crédito.
**d.** Compra de mercadorias.
**e.** Pagamento de dívida.

**12** No recebimento de uma duplicata, com juros, tem-se como origem de recursos:
**a.** Caixa.
**b.** Despesas de juros e Duplicatas a pagar.
**c.** Receitas de juros e Duplicatas a receber.
**d.** Caixa e Juros ativos.
**e.** Despesas de juros e Duplicatas a receber.

**13** Quando compramos um bem, pagando em cheque, podemos dizer que a origem dos recursos foi:
**a.** o dinheiro em caixa.
**b.** o saldo existente no banco.
**c.** o bem adquirido.
**d.** o crédito obtido junto ao fornecedor.
**e.** o empréstimo concedido pelo banco.

**14** Representam genuína aplicação de recursos e, portanto, só admitem saldo devedor:
**a.** bens, direitos e obrigações.
**b.** bens, obrigações e receitas.
**c.** obrigações e despesas.
**d.** obrigações, patrimônio líquido e receitas.
**e.** bens, direitos e despesas.

**15** Certa firma apresentava em seu Balanço Patrimonial:
•Bens: $ 500 •Direitos: $ 400 •Obrigações: $ 350
O valor de seu patrimônio líquido era:
**a.** $ 900      **b.** $ 1.250      **c.** $ 150      **d.** $ 500      **e.** $ 550

# INTRODUÇÃO

**16** Faça a correlação:

**a.** Bens.     **b.** Direitos.     **c.** Obrigações.

( ) Mercadorias.

( ) Adiantamentos a empregados.

( ) Depósitos bancários.

( ) Empréstimos bancários.

( ) Adiantamentos de clientes.

( ) Máquinas e equipamentos.

**17** Faça a correlação:

**a.** Conta patrimonial.

**b.** Conta de resultado – receita.

**c.** Conta de resultado – despesa.

( ) Juros pagos.

( ) Descontos obtidos.

( ) Móveis e utensílios.

( ) Títulos a pagar.

( ) Lucro na venda de mercadorias.

**18** Uma firma adquiriu um caminhão no valor de $ 90.000, pagando 1/3 à vista (em cheque) e 2/3 a prazo (assinando uma nota promissória). Com relação ao patrimônio dessa firma, ocorreu:

**a.** aumento dos bens em $ 30.000.

**b.** redução dos direitos em $ 30.000.

**c.** aumento das obrigações em $ 90.000.

**d.** aumento do patrimônio líquido em $ 90.000.

**e.** aumento dos direitos em $ 60.000.

**19** Se você vendeu por $ 500 um terreno que lhe custou $ 700, o seu "PL":

**a.** diminuiu em $ 700.

**b.** aumentou em $ 500.

**c.** aumentou em $ 200.

**d.** não se alterou.

**e.** diminuiu em $ 200.

**20** Em uma data, certo patrimônio apresentava:

| Bens | $ 230 | Obrigações | $ 190 |
|---|---|---|---|
| Direitos | $ 110 | Patrimônio Líquido | $ 150 |

No dia seguinte, passou a apresentar:

| Bens | $ 230 | Obrigações | $ 150 |
|---|---|---|---|
| Direitos | $ 66 | Patrimônio Líquido | $ 146 |

A operação realizada foi:

**a.** recebimento de uma duplicata de $ 40, em cheque, com juros de 10%.

**b.** pagamento de uma duplicata de $ 40, em cheque, com juros de 10%.

**c.** pagamento de uma duplicata de $ 40, em cheque, com desconto de 10%.

**d.** recebimento de uma duplicata de $ 40, em cheque, com desconto de 10%.

**e.** recebimento de uma duplicata de $ 34.

INTRODUÇÃO

# EXERCÍCIOS

**1** Baseado na relação das contas abaixo e raciocinando em termos de origem (crédito) e aplicação (débito), arme um *balancete de verificação*. Lembre-se de que o total dos saldos devedores deve ser igual ao dos saldos credores:

| BALANCETE DE VERIFICAÇÃO | SALDOS 31.12.x1 | SALDOS | |
|---|---|---|---|
| | | DEVEDORES | CREDORES |
| Capital | 1.300 | | |
| Duplicatas a Receber | 230 | | |
| Depósitos Bancários | 170 | | |
| Duplicatas a Pagar | 200 | | |
| Empréstimos Bancários | 403 | | |
| Caixa | 100 | | |
| Imóveis | 700 | | |
| Despesas Administrativas | 122 | | |
| Mercadorias em Estoque | 420 | | |
| Despesas de Juros | 20 | | |
| Reservas Estatutárias | 355 | | |
| Veículos | 190 | | |
| Receitas de Aluguéis | 54 | | |
| Adiantamentos a Fornecedores | 360 | | |
| TOTAL | ------ | | |

**2.a** Complete os balancetes a seguir, raciocinando em termos de origem (crédito) e aplicação (débito) – as contas já estão discriminadas no balancete:
30/01 – a empresa iniciou atividades com um capital de $ 500, realizado em dinheiro:

| SALDOS DEVEDORES | | SALDOS CREDORES | |
|---|---|---|---|
| Caixa | | Capital | |
| Total (Aplicações) | $ 500 | Total (Origens) | $ 500 |

**DEMONSTRAÇÕES CONTÁBEIS**

31/01 – no dia seguinte, transferiu $ 400 para sua conta no Banco X:

| SALDOS DEVEDORES | | SALDOS CREDORES | |
|---|---|---|---|
| Caixa | | Capital | |
| Bancos, conta Movimento | | | |
| Total (Aplicações) | $ 500 | Total (Origens) | $ 500 |

15/04 – comprou escrivaninhas e cadeiras por $ 80, à vista, em cheque:

| SALDOS DEVEDORES | | SALDOS CREDORES | |
|---|---|---|---|
| Caixa | | Capital | |
| Bancos, conta Movimento | | | |
| Móveis e Utensílios | | | |
| Total (Aplicações) | $ 500 | Total (Origens) | $ 500 |

30/04 – comprou $ 300 de mercadorias, sendo 2/3 a prazo e o restante em cheque:

| SALDOS DEVEDORES | | SALDOS CREDORES | |
|---|---|---|---|
| Caixa | | Duplicatas a Pagar | |
| Bancos, conta Movimento | | Capital | |
| Móveis e Utensílios | | | |
| Mercadorias | | | |
| Total (Aplicações) | $ 700 | Total (Origens) | $ 700 |

10/5 – vendeu, a prazo, 60% dessas mercadorias, com lucro de 50%:

| SALDOS DEVEDORES | | SALDOS CREDORES | |
|---|---|---|---|
| Caixa | | Duplicatas a Pagar | |
| Bancos, conta Movimento | | Capital | |
| Móveis e Utensílios | | Lucro na Venda de Mercadorias | |
| Mercadorias | | | |
| Duplicatas a Receber | | | |
| Total (Aplicações) | $ 790 | Total (Origens) | $ 790 |

25/5 – Pagou 75% de sua dívida com fornecedores, em cheque, com 10% de juros:

| SALDOS DEVEDORES | | SALDOS CREDORES | |
|---|---|---|---|
| Caixa | | Duplicatas a Pagar | |
| Bancos, conta Movimento | | Capital | |

*continua*

*continuação*

| | | | |
|---|---|---|---|
| Móveis e Utensílios | | Lucro na Venda de mercadorias | |
| Mercadorias | | | |
| Duplicatas a Receber | | | |
| Despesas de Juros | | | |
| **Total (Aplicações)** | **$ 640** | **Total (Origens)** | **$ 640** |

10.06 – Pagou, em dinheiro, $ 44 de impostos e taxas municipais:

| SALDOS DEVEDORES | | SALDOS CREDORES | |
|---|---|---|---|
| Caixa | | Duplicatas a Pagar | |
| Bancos, conta Movimento | | Capital | |
| Móveis e Utensílios | | Lucro na Venda de Mercadorias | |
| Mercadorias | | | |
| Duplicatas a Receber | | | |
| Despesas de Juros | | | |
| Impostos e Taxas | | | |
| **Total (Aplicações)** | **$ 640** | **Total (Origens)** | **$ 640** |

25.06 – Recebeu duplicatas no valor de $ 180, com juros de 10%:

| SALDOS DEVEDORES | | SALDOS CREDORES | |
|---|---|---|---|
| Caixa | | Duplicatas a Pagar | |
| Bancos, conta Movimento | | Capital | |
| Móveis e Utensílios | | Lucro na Venda de Mercadorias | |
| Mercadorias | | Receita de Juros | |
| Duplicatas a Receber | | | |
| Despesas de Juros | | | |
| Impostos e Taxas | | | |
| **Total (Aplicações)** | **$ 658** | **Total (Origens)** | **$ 658** |

30/6 – Transferiu $ 200 para o Banco X, sendo $ 145 para conta-corrente e $ 55 para aplicação em fundos de renda fixa:

| SALDOS DEVEDORES | | SALDOS CREDORES | |
|---|---|---|---|
| Caixa | | Duplicatas a Pagar | |
| Bancos, conta Movimento | | Capital | |
| Móveis e Utensílios | | Lucro na Venda de Mercadorias | |
| Mercadorias | | Receita de Juros | |
| Duplicatas a Receber | | | |

*continua*

*continuação*

| | | | |
|---|---|---|---|
| Despesas de juros | | | |
| Impostos e taxas | | | |
| Fundos de renda fixa | | | |
| **Total (aplicações)** | **$ 658** | **Total (origens)** | **$ 658** |

**2.b** Apure o resultado (receitas – despesas):

| SALDOS DEVEDORES | | SALDOS CREDORES | |
|---|---|---|---|
| Despesas de juros | | Lucro na venda de mercadorias | |
| Impostos e taxas | | Receita de juros | |
| **Total (despesas)** | | **Total (receitas)** | |
| | | LUCRO LÍQUIDO | $ 49 |

**2.c** Transfira o lucro líquido para a conta Lucro do exercício:

| SALDOS DEVEDORES | | SALDOS CREDORES | |
|---|---|---|---|
| **ATIVO**<br>(= Aplicações = Saldos devedores) | | **PASSIVO**<br>(= Origens = Saldos credores) | |
| Caixa | | Duplicatas a pagar | |
| Bancos, conta Movimento | | Capital | |
| Móveis e utensílios | | Lucro do exercício | |
| Mercadorias | | | |
| Duplicatas a receber | | | |
| Fundos de renda fixa | | | |
| **Total (Aplicações)** | **$ 599** | **Total (Origens)** | **$ 599** |

Obs.: No item 2.c, temos a discriminação, de um lado (Ativo), de todas as aplicações de recursos feitas em bens e direitos e, de outro (Passivo), a discriminação de todas as fontes de recursos que possibilitaram as aplicações no Ativo. Para transformar o quadro supra num autêntico Balanço Patrimonial bastaria classificar e agrupar as contas contidas ali.

# Capítulo 2

## ENCERRAMENTO DO EXERCÍCIO

NOÇÕES PRELIMINARES

PROVIDÊNCIAS INICIAIS

APURAÇÃO DO "CMV"

PROVISÕES PARA AJUSTES

APURAÇÃO DO RESULTADO

DESTINAÇÃO DOS LUCROS

## 2.1 Noções preliminares

### 2.1.1 Exercício social

Corresponde ao período de tempo – normalmente de um ano, que habitualmente coincide com o ano civil – durante o qual se processam as atividades normais da empresa.

### 2.1.2 Balanço

Em sentido genérico, **balanço** consiste no conjunto de providências de ordem contábil necessárias ao encerramento do exercício e que vão gerar os demonstrativos contábeis do final do período.

### 2.1.3 Objetivos do encerramento

- Apurar o resultado final — lucro ou prejuízo — decorrente das operações realizadas no período.
- Demonstrar a situação patrimonial em determinada data: natureza e valor dos bens, direitos, obrigações e as contas representativas da situação líquida.
- Fornecer outras informações importantes para administradores, acionistas, financiadores e investidores, como: natureza e valor monetário dos recursos movimentados pela empresa, dividendo distribuído, lucro reinvestido, participações em outras empresas, forma de aumento do capital social etc.

### 2.1.4 Passos necessários

a. Providências iniciais:
- levantamento de um balancete de verificação;
- levantamento físico e monetário dos estoques;
- inventário dos bens, direitos e obrigações;
- diferimentos e apropriações de contas de resultado;

- verificação da exatidão dos saldos do balancete;
- processamento de eventuais acertos e ajustes.

**b.** Apuração do *custo da receita líquida* e contabilização do *estoque final*.

**c.** Cálculo e contabilização das *provisões* retificativas dos bens e direitos.

**d.** Encerramento das contas de resultado — receitas e despesas —, inclusive do custo da receita líquida e das provisões retificativas do Ativo.

**e.** Cálculo e contabilização da *provisão para Imposto de Renda* e de outras eventuais participações de terceiros.

**f.** Transferência do *Resultado Líquido do Exercício* para a conta *Lucros ou Prejuízos Acumulados* (ou outra conta de natureza transitória).

**g.** Transferência (para encerramento) da conta *Lucros ou Prejuízos Acumulados* (ou outra conta de natureza transitória) para outras contas, como *Reservas de Lucros* e *Dividendos a Distribuir*.

**h.** Levantamento de um balancete final.

**i.** Elaboração das demonstrações contábeis.

## 2.2 Providências iniciais

### 2.2.1 Levantamento de um balancete

A primeira providência a ser tomada no encerramento do exercício é apurar e relacionar os saldos de todas as contas do livro Razão. Os objetivos básicos de tal levantamento são:

- verificar a exatidão do saldo das contas;
- servir como ponto de partida para a apuração do resultado;
- fornecer os dados finais para a elaboração dos demonstrativos contábeis.

### 2.2.2 Conferências e ajustes

Os saldos constantes do balancete deverão ser conferidos por meio de:

- confronto com os registros auxiliares: livro Caixa, registros de contas-correntes (fornecedores, clientes etc.), fichas ou sistemas eletrônicos de controle de bens de uso e de estoques etc.;

- inventários físicos dos bens de uso e, principalmente, dos estoques;
- conferência de Caixa;
- extratos bancários e outras posições fornecidas por terceiros.

Os saldos eventualmente em desacordo com a realidade deverão ser retificados por meio de lançamentos de ajuste (estornos, complementos etc.).

### 2.2.3 Regime de competência

O **regime de competência** é um dos princípios contábeis mais importantes para o analista de balanço: "As receitas e as despesas devem ser incluídas na apuração do resultado do período em que ocorrerem, independentemente do recebimento ou pagamento."

Deverão ser feitos, portanto, se necessários, os ajustes decorrentes da adaptação ao regime de competência:

- diferimento de despesas pagas ou de receitas recebidas antecipadamente;
- contabilização de despesas relativas ao exercício que está sendo encerrado, mas que só serão pagas no exercício seguinte;
- apropriação de despesas ou de receitas diferidas no exercício anterior.

### 2.2.4 Limitações do balancete

Podemos observar que o balancete de verificação apresentado no Quadro 2.1 (assim como outro qualquer) — mesmo depois de ter suas contas conferidas e ajustadas — ainda não está preparado para servir de base à elaboração das demonstrações contábeis, pois:

- a conta Estoques (ou similares) não registra o valor do estoque atual, mas sim o do início do período;
- a conta Receita de Vendas engloba o custo da mercadoria vendida (CMV) e o lucro bruto;
- certos custos operacionais do período — como as provisões retificativas dos bens e direitos — ainda não estão incluídos;[1]

---

[1] Alguns contadores fazem o cálculo da depreciação mensalmente. Nesses casos, o balancete de verificação, no final do ano, já deverá acumular toda a depreciação do período.

## ENCERRAMENTO DO EXERCÍCIO

- certas obrigações deverão surgir no processo de apuração do resultado, como Provisão para Imposto de Renda e Dividendos a pagar.

Somente após a aplicação desses procedimentos de ordem contábil é que os saldos das várias contas — patrimoniais e de resultado — apresentarão valores reais, em condições de servir de base para o levantamento dos demonstrativos contábeis.

**Quadro 2.1** BALANCETE DE VERIFICAÇÃO DA CIA. ABC, EM 31/12/X1

### BALANCETE DE VERIFICAÇÃO DA CIA. ABC - EM 31/12/X1

| CONTAS DEVEDORAS | | CONTAS CREDORAS | |
|---|---|---|---|
| Caixa | 200 | Duplicatas a pagar | 46.700 |
| Bancos, conta Movimento | 7.800 | Títulos descontados | 14.800 |
| Duplicatas a receber | 33.300 | Adiantamentos de clientes | 5.400 |
| Seguros a vencer | 500 | Financiamentos | 18.000 |
| Capital a realizar | 15.000 | Contribuições a recolher | 2.900 |
| Estoques (em 31/12/X0)[a] | 80.000 | Capital | 60.000 |
| Adiantamentos a fornecedores | 8.600 | Ágio na emissão de ações | 9.800 |
| Débitos de coligadas | 3.800 | Lucros antecipados | 2.100 |
| Depósitos judiciais | 5.500 | Reserva legal | 3.400 |
| Ações de coligadas | 11.600 | Reserva para aumento de capital[c] | 8.500 |
| Incentivos fiscais | 2.600 | Amortização acumulada | 1.600 |
| Imóveis | 28.500 | Depreciação acumulada | 15.400 |
| Móveis e utensílios | 6.200 | Receita bruta de vendas | 395.000 |
| Veículos | 20.700 | Dividendos recebidos | 1.000 |
| Fundo de comércio | 600 | | |
| Despesas pré-operacionais | 4.000 | | |
| Compras[b] | 200.000 | | |
| Prejuízo na venda de ações coligadas | 6.200 | | |
| Comissões passivas | 6.100 | | |
| Despesas gerais | 8.600 | | |
| Despesas de pessoal | 33.000 | | |
| Despesas financeiras líquidas | 6.800 | | |
| Devoluções, cancelamentos e abatimentos | 30.000 | | |
| ICMS sobre vendas | 65.000 | | |
| **Total** | **584.600** | **Total** | **584.600** |

(a) Estoque do início do exercício de x1 (ou do final do exercício de x0); no processo de apuração do CMV, será substituído pelo estoque final de x1 (ver Quadro 2.1.a).

(b) Conta que será encerrada no processo de apuração do CMV.

(c) A conta "Reserva para Aumento de Capital" sofreu a seguinte movimentação (ver DLPA — Capítulo 6 ou DMPL — Capítulo 7) durante o ano de x1:
- saldo em 1/1/x1 . . . . . . . . . . . . . . . . . . . . . 18.000
- (–) transferência para Capital . . . . . . . . . . . . . . 9.500
- saldo no levantamento do balancete . . . . . . . . 8.500

# 2.3 Apuração do "CMV"

### 2.3.1 Vendas = custo + lucro bruto

O ideal seria que o contador pudesse separar, em cada venda realizada, os valores do custo e do lucro, a fim de que ambos pudessem ser contabilizados separadamente. Nessas condições, o contador lançaria o estoque pelo valor de custo (tanto na compra como na venda) e o lucro em uma conta especial (de resultado). Assim, no final do período, o estoque estaria atualizado e o lucro estaria totalizado separadamente.

Mas isso, na prática, raramente acontece. É quase impossível separar, no total das vendas do dia, a parcela do custo e a parcela do lucro. Pense, por exemplo, no caso de um supermercado que trabalha com milhares de itens de mercadorias.

O que se faz, nessas circunstâncias, é lançar as vendas pelo total e, no final do período, levantar o *estoque final* e apurar, pelo método que descreveremos em outra seção, *o custo da mercadoria vendida*.

### 2.3.2 Apuração do estoque atual

O levantamento dos estoques, ao final do período, teria os seguintes objetivos:

- conferir a exatidão dos registros de controle de estoque (se houver);
- atualizar, na contabilidade, o valor do estoque;
- possibilitar a apuração do custo da mercadoria vendida (e do lucro bruto).

Nas empresas comerciais, esse levantamento relaciona-se exclusivamente com as mercadorias adquiridas para revenda. Nas industriais, procede-se à contagem das matérias-primas, dos produtos acabados e dos produtos em fase de processamento.

Como poderemos perceber no próximo item, a superavaliação dos estoques eleva artificialmente o resultado das vendas (pois reduz seu custo), ao passo que a subavaliação reduz o mesmo resultado.

O método de avaliação dos estoques denominado PEPS — primeiro a entrar, primeiro a sair — determina que as saídas sejam lançadas pelos valores mais antigos, o que pode, principalmente em regime inflacionário, provocar uma superavaliação dos estoques finais e, conseqüentemente, a redução do custo da mercadoria vendida (e, logicamente, aumento do lucro do período). O método UEPS — último a entrar, primeiro a sair — tem efeito contrário.

Na Cia. ABC, a contagem dos estoques apurou um montante de $ 70.000.

---

Estoque da Cia. ABC em 31/12/X1: $ 70.000

---

### 2.3.3 Custo das mercadorias vendidas (CMV)

Embora não seja contabilizado durante o ano (por razões de ordem prática, como já comentamos), o *custo da mercadoria vendida* (ou *custo da receita líquida*) pode ser deduzido, no final do período, por meio de um raciocínio bem simples:

- o que a empresa tinha no início do período
  (*estoque inicial*) .................... $   80.000  →  **EI**
- + (mais) o que *comprou* no período .... $ 200.000  →  **C**
- =(é igual) ao que teve à sua disposição
  para venda no período ............... $ 280.000  →  **EI + C**
- desse total, tirando (–) o que não foi
  vendido (*estoque final*) ............... $   70.000  →  **EF**
- o restante é igual ao que vendeu (venda
  avaliada pelo custo ou *CMV*) ......... $ 210.000  →  **CMV**

Desse raciocínio, extraímos a seguinte fórmula:

> Custo da mercadoria vendida
> = (Estoque inicial + Compras) - Estoque final

> CMV da Cia. ABC em 31/12/X1: $ 210.000

## 2.3.4 Ajustes no balancete (I)[2]

- Conta *encerrada*: Compras.
- Conta com *saldo alterado*: Estoques (de $ 80.000 para $ 70.000).
- Conta *nova*: Custo da mercadoria vendida ($ 210.000).

**Quadro 2.1.a** BALANCETE DE VERIFICAÇÃO DA CIA. ABC, EM 31/12/X1*

### BALANCETE DE VERIFICAÇÃO (AJUSTADO Nº 1) DA CIA. ABC - EM 31/12/X1

| CONTAS DEVEDORAS | | CONTAS CREDORAS | |
|---|---|---|---|
| Caixa | 200 | Duplicatas a Pagar | 46.700 |
| Bancos, conta Movimento | 7.800 | Títulos Descontados | 14.800 |
| Duplicatas a Receber | 33.300 | Adiantamentos de Clientes | 5.400 |
| Seguros a Vencer | 500 | Financiamentos | 18.000 |
| Capital a Realizar | 15.000 | Contribuições a Recolher | 2.900 |
| Estoques (em 31/12/X1)[a] | 70.000 | Capital | 60.000 |
| Adiantamentos a Fornecedores | 8.600 | Ágio na Emissão de Ações | 9.800 |
| Débitos de Coligadas | 3.800 | Lucros Antecipados | 2.100 |
| Depósitos Judiciais | 5.500 | Reserva Legal | 3.400 |
| Ações de Coligadas | 11.600 | Reserva p/Aumento de Capital | 8.500 |
| Incentivos Fiscais | 2.600 | Amortização Acumulada | 1.600 |
| Imóveis | 28.500 | Depreciação Acumulada | 15.400 |
| Móveis e Utensílios | 6.200 | Receita Bruta de Vendas | 395.000 |
| Veículos | 20.700 | Dividendos Recebidos | 1.000 |
| Fundo de Comércio | 600 | | |
| Despesas Pré-Operacionais | 4.000 | | |
| Prejuízo na Venda de Ações de coligadas | 6.200 | | |

\* Ajustado pelo CMV (b) e pela atualização dos estoques (a)

*continua*

---

[2] Vide Quadros 2.1 e 2.1.a.

*continuação*

**BALANCETE DE VERIFICAÇÃO (AJUSTADO Nº 1) DA CIA. ABC – EM 31/12/X1**

| CONTAS DEVEDORAS | | CONTAS CREDORAS | |
|---|---|---|---|
| Comissões Passivas | 6.100 | | |
| Despesas Gerais | 8.600 | | |
| Despesas de Pessoal | 33.000 | | |
| Despesas Financeiras Líquidas | 6.800 | | |
| Devoluções, Cancelamentos... | 30.000 | | |
| ICMS sobre Vendas | 65.000 | | |
| Custo da Mercadoria Vendida[b] | 210.000 | | |
| **Total** | **584.600** | **Total** | **584.600** |

# 2.4 Provisões para ajustes

## 2.4.1 Conceito

Provisões são custos operacionais estimados ou previstos, destinados a registrar a redução de valor eventualmente sofrida pelos bens ou pelos direitos da empresa.

## 2.4.2 Tipos de provisões

- **Acumulativas**: Neste tipo de provisão, o valor contabilizado no ano é acrescido aos valores já totalizados de anos anteriores; é o caso típico da *depreciação*, da *exaustão* e da *amortização*.
- **Reversíveis**: Quando a perda provável estimada para o ano anterior não ocorre, o valor respectivo deve ser estornado, e uma nova provisão pode ser feita em novas bases (se julgado necessário): provisões para devedores duvidosos, para ajuste de estoques, para perdas em investimentos etc.

## 2.4.3 Depreciação

Os bens de uso da empresa — máquinas, móveis, veículos etc. — estão sujeitos a perder valor, pelo natural *desgaste* resultante de seu uso ou pela *obsolescência*, ou seja, pelo aparecimento de bens mais modernos e mais produtivos.

Essa diminuição de valor dos bens de uso, resultante de desgaste ou de obsolescência, é denominada *depreciação*.

O custo operacional resultante da depreciação dos bens de uso deve ser calculado periodicamente e lançado em uma conta de resultado que pode ser denominada *Despesas de depreciação*. Essa conta de despesa será considerada, com as demais contas de resultado, no processo de apuração do lucro do período (como veremos na Seção 2.5).

O mais lógico seria que, em contrapartida, essa perda de valor fosse lançada diretamente nas contas representativas dos bens de uso, reduzindo seu valor. Entretanto, não é isso que ocorre.

A depreciação relativa aos bens de uso vai sendo acumulada em uma conta denominada *Depreciação Acumulada*, e o valor atual (ou líquido) dos bens de uso é dado pela diferença entre o seu valor contábil (de custo) e o montante da depreciação acumulada respectiva.

Quando o valor da depreciação de determinado bem atingir o seu valor contábil, ambos serão baixados, desaparecendo, portanto, o bem e a sua depreciação. É lógico que, se o bem ainda for útil para a empresa, poderá permanecer na contabilidade, registrado por um valor residual simbólico.

As taxas mensais ou anuais de depreciação levam em conta o tempo de vida útil do bem. Assim, se uma máquina tem um tempo de vida útil estimado em dez anos, sua depreciação anual será de 10% (100% ÷ dez anos).

Muito embora cada caso possa comportar uma estimativa diferente, costuma-se aplicar aos bens de uso as seguintes taxas anuais de depreciação:

- Imóveis, construções, benfeitorias etc. → 4% (25 anos).
- Máquinas, móveis e utensílios → 10% (dez anos).
- Veículos e máquinas especiais → 20% (cinco anos).

Há casos de equipamentos, como os de processamento de dados, que se depreciam com uma velocidade assombrosa. Certos equipamentos, para algumas empresas, podem tornar-se inúteis em cerca de apenas um a dois anos. No caso da ABC, podemos calcular:

- Imóveis . . . . . . . . . 4% sobre $ 28.500 =   $ 1.140
- Móveis e utensílios . . 10% sobre $ 6.200 =   $   620
- Veículos . . . . . . . . . 20% sobre $ 20.700 =   $ 4.140
                                                         $5.900

> Despesas de depreciação da Cia. ABC
> no ano de X1: $ 5.900 (*)

*A serem acrescidas ao saldo de Depreciação Acumulada.*

## 2.4.4 Amortização

As despesas efetuadas pela empresa em fase pré-operacional, ou com a intenção de elevar seu nível futuro de operações, devem ser amortizadas paulatinamente em vários exercícios subseqüentes.

Há casos em que uma firma faz um montante expressivo de despesas na fase de instalação de suas atividades comerciais, industriais ou de prestação de serviços, quando as atividades operacionais ainda não haviam sido iniciadas e não poderia haver, portanto, receitas para cobertura dessas despesas. Nessas circunstâncias, a política correta é repartir o montante desses gastos por vários exercícios subseqüentes.

No caso da ABC, supondo que as despesas pré-operacionais devam ser amortizadas no prazo de dez anos — ou seja, 10% ao ano — teríamos: 10% de $ 4.000 = $ 400.

> Despesas de amortização da
> Cia. ABC no ano de X1 = $ 400

*A serem acrescidas ao saldo de Amortização Acumulada*

O processo de amortização pode incidir, também, sobre os chamados *bens intangíveis* — marcas, patentes, fundo de comércio etc. —, quando esses bens estiverem sujeitos a perder o valor com o passar do tempo.

A diferença básica é que a amortização das *despesas amortizáveis* — como o próprio nome diz — é obrigatória, enquanto a dos *bens intangíveis* é facultativa.

A amortização, assim como a depreciação, não é lançada diretamente como redutora da despesa que está sendo amortizada. Ela é acumulada anualmente em uma conta denominada *Amortização Acumulada*. Quando o valor acumulado atingir o valor contabilizado da despesa, ambas as contas serão baixadas e desaparecerão.

## 2.4.5 Devedores duvidosos

A provisão para devedores duvidosos — também chamada *Provisão para créditos de liquidação duvidosa* — destina-se a cobrir eventuais prejuízos com o não-recebimento dos créditos relacionados com as vendas a prazo.

Ao contrário da depreciação e da amortização (e também da exaustão), essa provisão não é cumulativa, ou seja, ao final de cada ano o saldo anterior não utilizado para a cobertura de prejuízos com clientes deverá ser revertido, constituindo-se, a seguir, se julgado necessário, uma nova provisão.

Apesar de o empresário poder e dever lançar como despesa todo prejuízo que julgar inevitável, a legislação do Imposto de Renda não admite essa provisão como despesa dedutível.

Como a ABC não está prevendo nenhum prejuízo com clientes no próximo ano, não fará esse tipo de provisão no presente exercício.

## 2.4.6 Outras provisões

Outras provisões, também retificadoras de bens e de direitos, poderão ser calculadas, como:

a. **Provisão para ajuste de títulos e valores mobiliários**: destinada a compensar eventual perda quando o valor de mercado estiver inferior ao valor de aquisição.

b. **Provisão para ajuste de estoques**: deve ser constituída nos casos em que o preço de aquisição tenha sido superior ao atual preço de mercado.

ENCERRAMENTO DO EXERCÍCIO

c. **Provisão para perdas em investimentos**: constituída para cobrir perdas — efetivas ou potenciais — na realização de participações societárias de natureza permanente.

d. **Exaustão acumulada**: os recursos florestais e minerais — minas, jazidas, florestas, pedreiras — esgotam-se (exaurem-se) à medida que vão sendo explorados, e, com isso, as aplicações feitas para adquirir o direito de explorá-los vão, ano após ano, tendo seu valor original reduzido.

## 2.4.7 Ajustes no balancete (II)[3]

- Contas *com saldo alterado*:
    - Depreciação Acumulada (de $ 15.400 para $ 21.300).
    - Amortização Acumulada (de $ 1.600 para $ 2.000).
- Contas *novas*:
    - Despesas de Depreciação ($ 5.900).
    - Despesas de Amortização ($ 400).

**Quadro 2.1.b** BALANCETE DE VERIFICAÇÃO DA CIA. ABC, EM 31/12/X1

| BALANCETE DE VERIFICAÇÃO (AJUSTADO Nº 2) DA CIA. ABC – EM 31/12/X1 | | | |
|---|---|---|---|
| **CONTAS DEVEDORAS** | | **CONTAS CREDORAS** | |
| Caixa | 200 | Duplicatas a Pagar | 46.700 |
| Bancos, conta Movimento | 7.800 | Títulos Descontados | 14.800 |
| Duplicatas a Receber | 33.300 | Adiantamentos de Clientes | 5.400 |
| Seguros a Vencer | 500 | Financiamentos | 18.000 |
| Capital a Realizar | 15.000 | Contribuições a Recolher | 2.900 |
| Estoques[a] | 70.000 | Capital | 60.000 |
| Adiantamentos a Fornecedores | 8.600 | Ágio na Emissão de Ações | 9.800 |
| Débitos de Coligadas | 3.800 | Lucros Antecipados | 2.100 |
| Depósitos Judiciais | 5.500 | Reserva Legal | 3.400 |
| Ações de Coligadas | 11.600 | Reserva p/Aumento de Capital | 8.500 |
| Incentivos Fiscais | 2.600 | **Amortização Acumulada**[b] **(1.600 + 400)** | 2.000 |
| Imóveis | 28.500 | **Depreciação Acumulada**[b] **(15.400 + 5.900)** | 21.300 |
| Móveis e Utensílios | 6.200 | | |
| Veículos | 20.700 | Receita Bruta de Vendas | 395.000 |
| Fundo de Comércio | 600 | | |

*continua*

[3] Vide Quadros 2.1, 2.1.a e 2.1.b.

DEMONSTRAÇÕES CONTÁBEIS

*continuação*

### BALANCETE DE VERIFICAÇÃO (AJUSTADO Nº 2) DA CIA. ABC – EM 31/12/X1

| CONTAS DEVEDORAS | | CONTAS CREDORAS | |
|---|---|---|---|
| Despesas Pré-Operacionais | 4.000 | Dividendos Recebidos | 1.000 |
| Prejuízo na Venda de Ações de Coligadas | 6.200 | | |
| Comissões Passivas | 6.100 | | |
| Despesas Gerais | 8.600 | | |
| Despesas de Pessoal | 33.000 | | |
| Despesas Financeiras | 6.800 | | |
| ICMS sobre Vendas | 65.000 | | |
| Devoluções, Cancelamentos | 30.000 | | |
| Custo da Mercadoria Vendidaª | 210.000 | | |
| Despesas de Depreciaçãoᵇ | 5.900 | | |
| Despesas de Amortizaçãoᵇ | 400 | | |
| **Total** | **590.900** | **Total** | **590.900** |

(a) Ajustados (no Quadro 2.1.a) pelo CMV e pela atualização dos estoques.

(b) Ajustados (no quadro atual) pelas despesas de depreciação e amortização (que irão reduzir o lucro do período) e, em contrapartida, pelo lançamento dessas parcelas a crédito das respectivas provisões (que funcionarão, no balanço patrimonial, como ajustes dos valores do Ativo).

# 2.5 Apuração do resultado

## 2.5.1 Resultado antes do Imposto de Renda

A seguir, apuraremos o *resultado antes do Imposto de Renda*, assim chamado por servir de base para o cálculo do Imposto de Renda, da Contribuição Social sobre o lucro e de, eventualmente, outras participações de terceiros no resultado.

| | | |
|---|---|---|
| • Receita Bruta de Vendas | 395.000 | (*) |
| (-) ICMS sobre Vendas | 65.000 | (*) |
| (-) Devoluções, Cancelamentos e Abatimentos | 30.000 | (*) |
| = Receita Líquida de Vendas | 300.000 | |
| (-) Custo da Mercadoria Vendida | 210.000 | (*) |
| = Lucro Bruto | 90.000 | |
| (+) Dividendos Recebidos | 1.000 | (*) |
| (-) Comissões Passivas | 6.100 | (*) |
| (-) Despesas Gerais | 8.600 | (*) |

*continua*

*continuação*

| | | |
|---|---:|---|
| (-) Despesas de Pessoal | 33.000 | (*) |
| (-) Despesas Financeiras | 6.800 | (*) |
| (-) Despesas de Depreciação | 5.900 | (*) |
| (-) Despesas de Amortização | 400 | (*) |
| = Lucro Operacional | 30.200 | |
| (-) Prejuízo na Venda de Ações de Coligadas | 6.200 | (*) |
| = Lucro antes do Imposto de Renda | 24.000 | |

* Todas as contas de resultado constantes do balancete 2.1.b serão eliminadas[4] (as contas de receitas, que têm saldo credor, serão debitadas, e as de despesas, que têm saldo devedor, serão creditadas) e não aparecerão no balancete 2.1.c. A contrapartida será a conta transitória Resultado do exercício.

## 2.5.2 Imposto de Renda – cálculo

a.  **Lucro real**: é o resultado líquido antes do Imposto de Renda, ajustado pelas adições ou exclusões prescritas pela legislação tributária.

b.  **Livro de Apuração do Lucro Real**: livro de natureza fiscal (LALUR) no qual são feitos os ajustes determinados pela legislação do Imposto de Renda, apurando-se, assim, extracontabilmente o lucro-base para fins de tributação.

c.  **Provisão para Imposto de Renda**: Apesar de essa provisão variar constantemente, vamos adotar o percentual de 15%[5] sobre o lucro real[6], que, na falta de elementos para proceder aos ajustes, consideraremos como sendo o lucro antes do Imposto de Renda:
    - 15% sobre $ 24.000 = $ 3.600

d.  **Contribuição Social sobre o Lucro**: é calculada na base de 8% sobre o lucro real:
    - 8% sobre $ 24.000 = $ 1.920

---

[4]  Juros a vencer é considerado um direito realizável da empresa e não uma despesa (ver Seção 4.2.I.e). As despesas pré-operacionais são gastos que gerarão resultados em outros exercícios e, nessas condições, devem ser amortizadas paulatinamente (ver Seção 4.2.III.IV).

[5]  A Lei n. 9.249/95, que fixou esses percentuais, como medida mais importante, revogou a correção monetária das demonstrações financeiras, inclusive para fins societários.

[6]  Como não sabemos quais os ajustes que serão determinados pela legislação do Imposto de Renda, vamos considerar o "lucro antes do Imposto de Renda" como sendo o "lucro real".

> Na Cia. ABC em 31/12/X1:
> (C) Provisão para Imposto de Renda: $ 3.600
> (C) Provisão para contribuição social: $ 1.920

*A débito do Resultado do Exercício*

### 2.5.3 Outras participações de terceiros

- **Empregados**: participam de forma direta (remuneração em espécie ou em bens) ou indireta (contribuições para clubes, fundos de previdência, fundos de assistência etc.).
- **Diretores**: recebem uma porcentagem estatutariamente fixada sobre os lucros.
- **Credores especiais**: são os portadores de *debêntures* ou de *partes beneficiárias*.[7]

### 2.5.4 Apuração do resultado líquido

Voltando ao quadro de apuração anterior, vamos partir do resultado antes do Imposto de Renda e deduzir o Imposto de Renda e a contribuição social:

| | |
|---|---:|
| = Lucro antes do Imposto de Renda | 24.000 |
| (–) Imposto de Renda* | 3.600 |
| (–) Contribuição social sobre o lucro* | 1.920 |
| **= Lucro líquido do período**\** | **18.480** |

\* Contas de participação no resultado, redutoras do lucro líquido. As provisões, em contrapartida, vão aparecer como obrigações.

\** Saldo a ser transferido para uma conta intermediária (que pode ser Lucros ou prejuízos acumulados) e posteriormente destinado a reservas, aumento de capital, distribuição de dividendos e/ou compensação de prejuízos acumulados.

### 2.5.5 Ajustes no balancete (III)

- Contas *encerradas*:
  - Receita Bruta de Vendas

---

[7] Ver Seção 5.2.k.4.

- ICMS sobre Vendas
- Devoluções, Cancelamentos e Abatimentos
- Custo da Mercadoria Vendida
- Dividendos Recebidos
- Comissões Passivas
- Despesas Gerais
- Despesas de Pessoal
- Despesas Financeiras
- Despesas de Depreciação
- Despesas de Amortização
- Prejuízo na Venda de Ações de Coligadas
- Contas novas:
  - Provisão para Imposto de Renda ($ 3.600)
  - Provisão para Contribuição Social ($ 1.920)
  - Lucro líquido do Exercício ($ 18.480)

**Quadro 2.1.c** BALANCETE DE VERIFICAÇÃO DA CIA. ABC, EM 31/12/X1*

### BALANCETE DE VERIFICAÇÃO (AJUSTADO Nº 3) DA CIA. ABC – EM 31/12/X1

| CONTAS DEVEDORAS | | CONTAS CREDORAS | |
|---|---|---|---|
| Caixa | 200 | Duplicatas a Pagar | 46.700 |
| Bancos, conta Movimento | 7.800 | Títulos Descontados | 14.800 |
| Duplicatas a Receber | 33.300 | Adiantamentos de Clientes | 5.400 |
| Seguros a Vencer | 500 | Financiamentos | 18.000 |
| Capital a Realizar | 15.000 | Contribuições a Recolher | 2.900 |
| Estoques | 70.000 | Capital | 60.000 |
| Adiantamentos a Fornecedores | 8.600 | Ágio na emissão de Ações | 9.800 |
| Débitos de Coligadas | 3.800 | Lucros Antecipados | 2.100 |
| Depósitos Judiciais | 5.500 | Reserva Legal | 3.400 |
| Ações de Coligadas | 11.600 | Lucro Líquido do Exercício | 18.480 |
| Incentivos Fiscais | 2.600 | Reserva p/Aumento de Capital | 8.500 |
| Imóveis | 28.500 | Amortização Acumulada | 2.000 |
| Móveis e Utensílios | 6.200 | Depreciação Acumulada | 21.300 |
| Veículos | 20.700 | Provisão para Imposto de Renda | 3.600 |
| Fundo de Comércio | 600 | Provisão para contribuição social | 1.920 |
| Despesas Pré-Operacionais | 4.000 | | |
| **Total** | **218.900** | **Total** | **218.900** |

* Ajustado pelo CMV e pela atualização dos estoques (Quadro 2.1.a).

* Ajustado pelas provisões retificativas do Ativo (Quadro 2.1.b).

* Ajustado pelo balanceamento das despesas e receitas e pela contabilização do resultado líquido do exercício (quadro atual).

DEMONSTRAÇÕES CONTÁBEIS

# 2.6 Destinação dos lucros

## 2.6.1 Transferência para conta transitória

A primeira providência contábil após a apuração do resultado líquido é a sua transferência para a conta Lucros ou Prejuízos Acumulados (ou conta similar de natureza provisória):

> Na Cia. ABC, lançaremos (*):
> (C) Lucros ou Prejuízos Acumulados: $ 18.480

*(*) A débito da conta Resultado do Exercício (para encerramento).*

**Obs.** A Lei n. 11.638, ao suprimir do Balanço Patrimonial a conta Lucros Acumulados, mantendo, contudo, a conta Prejuízos Acumulados, criou uma situação *sui generis* para os saldos que a conta Lucros ou Prejuízos Acumulados pode apresentar no balancete final:

a. Saldo "zero" (nem devedor, nem credor) indicando que todo o lucro do exercício — mais as eventuais reversões de reservas e ajustes de exercícios anteriores — foi destinado para a formação de reservas, aumento do capital social, distribuição de dividendos e, se for o caso, compensação parcial ou total de prejuízos de períodos anteriores. Nesse caso, a conta Lucros ou Prejuízos Acumulados não aparecerá no balancete final e no Balanço Patrimonial, mesmo porque o seu saldo é "zero".

b. Saldo devedor indicando que, apesar do lucro utilizado para compensação dos prejuízos anteriores ou, até mesmo, por força do prejuízo apurado no período, ainda resta um saldo que deve aparecer no balancete final e no Balanço Patrimonial como "Prejuízos Acumulados".

## 2.6.2 Transferência para reservas de lucros

São parcelas transferidas (da conta transitória de Lucros ou Prejuízos Acumulados) para contas especiais (reservas) a fim de assegurar a integridade do patrimônio da empresa, ou seja, evitar que o lucro possa ser totalmente distribuído para os sócios.

a. **Reserva Legal**. É a reserva mais comum nas sociedades anônimas. A lei determina que ela seja calculada na base de 5% do lucro líquido do exercício, até atingir um montante equivalente a 20% do capital realizado. Na ABC, calcularíamos: 5% de $ 18.480 = $ 924.

> Na Cia. ABC, lançaremos (*):
> (C) Reserva Legal: + $ 924

*(*) a débito da conta Lucros ou Prejuízos Acumulados (ou similar).*

b. **Outras reservas**. Reserva para contingências, Reserva para planos de investimento, Reserva para aumento de capital etc.

## 2.6.3 Remuneração dos sócios

O lucro líquido do período — agora contido na conta Lucros ou Prejuízos Acumulados (ou conta similar) — pode ser distribuído total ou parcialmente entre os sócios da empresa.

- **Dividendo mínimo.** Nas companhias, a distribuição do lucro é feita por meio de dividendos. Nesses casos, a lei prevê que, se os estatutos forem omissos, os acionistas terão o direito de receber dividendos na base de 25% a 50% do lucro líquido do exercício, ajustado pela exclusão das parcelas destinadas à formação da *Reserva Legal*, para contingência e para lucros a realizar.

Primeiro, tiramos do lucro líquido a parcela destinada para Reserva Legal:

- $ 18.480 – $ 924 = $ 17.556; 25% de $ 17.556 = $ 4.389 (creditados aos acionistas, como dividendos a pagar).

DEMONSTRAÇÕES CONTÁBEIS

> Na Cia. ABC, lançaremos (*):
> (C) Dividendos a pagar: $ 4.389

(*) a débito da conta Lucros ou Prejuízos Acumulados (ou similar).

### 2.6.4 Saldo remanescente

- Considerando que a Lei n. 11.638/07 determinou que todo o lucro do exercício deva ter uma destinação, a direção da ABC decidiu que o saldo remanescente (000 + 18.480 – 924 – 4.389 = 13.167) fosse transferido para a conta "Reserva para Aumento de Capital":

> Na Cia. ABC, lançaremos (*):
> (C) Reserva para aumento de capital: $ 13.167

(*) a débito da conta Lucros ou Prejuízos Acumulados (ou similar).

### 2.6.5 Ajustes no balancete (IV)

**a.** Conta transitória (aberta e encerrada):

| LUCROS OU PREJUÍZOS ACUMULADOS (OU CONTA SIMILAR) | |
|---|---|
| • Saldo inicial | 000 |
| + Lucro líquido do exercício, ajustado | 18.480 |
| – Reserva legal | (924) |
| – Dividendos a pagar | (4.389) |
| – Reserva para aumento de capital | (13.167) |
| = Saldo final | 000 |

**b.** Contas com saldo alterado:
- Reserva Legal (de $ 3.400 para $ 4.324; → + $ 924).
- Reserva para Aumento de Capital: (de $ 8.500 para $ 21.667; → + $ 13.167).

**c.** Conta nova:
- Dividendos a Pagar ($ 4.389).

ENCERRAMENTO DO EXERCÍCIO

**Quadro 2.1.d –** BALANCETE FINAL DA CIA. ABC, EM 31/12/X1.*

### BALANCETE FINAL DA CIA. ABC – EM 31/12/X1

| CONTAS DEVEDORAS | | CONTAS CREDORAS | |
|---|---|---|---|
| Caixa | 200 | Duplicatas a Pagar | 46.700 |
| Bancos, conta Movimento | 7.800 | Títulos Descontados | 14.800 |
| Duplicatas a Receber | 33.300 | Adiantamentos de Clientes | 5.400 |
| Seguros a Vencer | 500 | Financiamentos | 18.000 |
| Capital a Realizar | 15.000 | Contribuições a Recolher | 2.900 |
| Estoques | 70.000 | Capital | 60.000 |
| Adiantamentos a Fornecedores | 8.600 | Ágio na Emissão de Ações | 9.800 |
| Débitos de Coligadas | 3.800 | Lucros Antecipados | 2.100 |
| Depósitos Judiciais | 5.500 | Reserva Legal (3.400 + 924) (v. Seção 2.6.2.a) | 4.324 |
| Ações de Coligadas | 11.600 | | |
| Incentivos Fiscais | 2.600 | Reserva p/Aumento de Capital (8.500 + 13.167) (v. Seção 2.6.4) | 21.667 |
| Imóveis | 28.500 | | |
| Móveis e Utensílios | 6.200 | Amortização Acumulada | 2.000 |
| Veículos | 20.700 | Depreciação Acumulada | 21.300 |
| Fundo de Comércio | 600 | Provisão para Imposto de Renda | 3.600 |
| Despesas Pré-Operacionais | 4.000 | Provisão para Contribuição Social | 1.920 |
| | | Dividendos a Pagar (v. Seção 2.6.3) | 4.389 |
| **Total** | **218.900** | **Total** | **218.900** |

* Ajustado pelo CMV e pela atualização dos estoques (Quadro 2.1.a).

* Ajustado pelas provisões retificativas do Ativo (Quadro 2.1.b).

* Ajustado pelo balanceamento das despesas e receitas e pela apuração do Lucro líquido do exercício (quadro 2.1.c).

* Ajustado pela transferência do Lucro Líquido do Exercício (na conta provisória de Lucros ou Prejuízos Acumulados ou similar) para Reserva Legal ($ 924), para Dividendos a Pagar ($ 4.389) e do saldo restante ($ 13.167) para "Reserva para Aumento de Capital" (quadro atual).

## 2.6.6 Saldos do razão

**a.** Contas com saldo encerrado

- Compras
- Receita Bruta de Vendas
- Devoluções, Cancelamentos e Abatimentos
- ICMS sobre Vendas
- Comissões Passivas
- Prejuízo na Venda de Ações de Coligadas
- Despesas Gerais

- Despesas de Pessoal
- Despesas Financeiras
- Dividendos Recebidos

**b.** Contas abertas e encerradas
- Custo da Mercadoria Vendida
- Despesas de Depreciação
- Despesas de Amortização
- Lucros ou Prejuízos Acumulados → (+ Lucro Líquido; – Dividendos; – Reserva Legal; – Reserva para Aumento de Capital)

**c.** Contas com saldo alterado
- Estoques → (trocou o inicial pelo final)
- Depreciação Acumulada → (+ quota do período)
- Amortização Acumulada → (+ quota do período)
- Reserva Legal → (+ transferência de Lucros ou prejuízos acumulados)
- Reserva para Aumento de Capital → (+ transferência de Lucros ou Prejuízos Acumulados)

**d.** Contas novas
- Dividendos a Pagar → (transferência de Lucros ou Prejuízos Acumulados)
- Provisão para Imposto de Renda
- Provisão para Contribuição Social

## 2.6.7 Balancete final — Balanço

Com os novos saldos das contas do Razão (Quadro 2.1.d → Balancete final), a ABC dispõe de todos os elementos para a montagem do Balanço Patrimonial (ver Figura 1.3 e Quadro 1.4).

# RESUMO

1 Levantamento do **balancete de verificação**.
2 Conferência dos saldos das contas (e eventuais acertos).
3 Ajustes ao **regime de competência** (diferimentos e apropriações).
4 Levantamento do **estoque final**.
5 Apuração do **custo da mercadoria vendida**.
6 Apuração do **lucro bruto**.
7 Cálculo das **provisões** (depreciação, devedores duvidosos etc.).
8 Apuração do **resultado antes do Imposto de Renda** (transferência e encerramento das contas de resultado).
9 Cálculo do **Imposto de Renda** e de outras participações de terceiros no resultado.
10 Apuração do **resultado líquido**.
11 Transferência para **Lucros ou Prejuízos Acumulados** (ou outra **conta transitória**).
12 Destinação dos **resultados** (para **dividendos** ou para **reservas**).
13 Levantamento do **balancete final.**

# TESTES

**1** Correlacione:

**a.** Vendas – custo da mercadoria vendida.

**b.** Total das receitas – total das despesas.

**c.** (Estoque inicial + compras) – estoque final.

**d.** Estoque inicial + compras.

( ) Lucro líquido.

( ) Mercadorias à disposição para venda.

( ) Lucro bruto.

( ) Custo da mercadoria vendida.

**2** Numere, na ordem de execução, as etapas relacionadas com o processo de encerramento do exercício:

( ) Cálculo e contabilização das provisões retificativas dos bens e direitos.

( ) Transferência do lucro líquido para Lucros Acumulados (ou conta similar).

( ) Cálculo e contabilização da provisão para Imposto de Renda.

( ) Levantamento de um balancete de verificação.

( ) Destinação dos lucros (na conta provisória) para distribuição de dividendos e para formação de reservas de lucros.

( ) Contagem física dos estoques.

( ) Apuração do "custo da mercadoria vendida".

( ) Levantamento do balancete final.

( ) Encerramento das contas de resultado e apuração do lucro líquido.

( ) Conferência dos saldos do balancete e eventuais acertos ou diferimentos.

**3** Uma empresa apresentou, no final do período, os seguintes dados:

- Estoque em 1º de janeiro de 2008: $ 800
- Estoque em 31 de dezembro de 2008: $ 650
- Compras durante o ano de 2008: $ 2.300
- Vendas durante o ano de 2008: $ 4.000

Calcule:

**a.** Custo da mercadoria vendida: $ ........................................................

**b.** Lucro bruto (resultado sobre as vendas): $ ...........................................

**4** Uma empresa reduziu em $ 100.000 o valor do inventário final de um exercício, tomando esse valor reduzido como inventário inicial do exercício seguinte. Tal procedimento provocou no resultado (positivo) dos dois exercícios:

**a.** aumento do lucro do primeiro exercício e redução do lucro do segundo.

**b.** redução do lucro do primeiro exercício e acréscimo do lucro do segundo.

**c.** aumento do lucro dos dois exercícios.

**d.** redução do lucro dos dois exercícios.

**e.** redução do lucro e do custo das mercadorias vendidas do primeiro exercício.

**5** Determinada firma apresentou o seguinte fluxo de receitas e despesas:

- receitas recebidas em março, relativas a abril = $ 110
- receitas relativas a abril, recebidas em maio = $ 270
- receitas recebidas em abril, relativas a maio = $ 630
- receitas relativas a abril, recebidas em abril = $ 510
- despesas relativas a abril, pagas em abril = $ 450
- despesas pagas em março, relativas a abril = $ 120
- despesas relativas a maio, pagas em abril = $ 540
- despesas pagas em maio, relativas a abril = $ 360

Supondo-se que essa firma contabiliza suas operações atendendo o princípio da competência, o resultado líquido do mês de abril será:

**a.** – $ 40       **b.** + $ 150       **c.** + $ 50       **d.** – $ 210       **e.** – $ 150

**6** Faça a correlação:

( ) Bens de comércio.

( ) Bens de uso intangíveis.

( ) Participações em coligadas.

( ) Títulos da dívida pública.

( ) Bens de uso tangíveis.

( ) Obrigações estimadas.

1. Depreciação acumulada.
2. Provisão para perdas em investimentos.
3. Provisão para ajuste de estoques.
4. Provisão para dividendos.
5. Provisão para ajuste de valores mobiliários.
6. Amortização acumulada.

**TESTES**

**7** Um bem que tem uma vida útil de 20 anos, deve ser depreciado à taxa de:
**a.** 20% a.a.
**b.** 10% a.a.
**c.** 5% a.a.
**d.** 4% a.a.
**e.** 100% a.a.

**8** Uma firma apresentou os seguintes prejuízos com o não-recebimento de clientes, nos últimos três anos: $ 200 (2006), $ 150 (2007) e $ 400 (2008). Poderá, no encerramento de 2009, constituir uma Provisão para créditos de liquidação duvidosa no total de:
**a.** $ 1.350
**b.** $ 250
**c.** $ 450
**d.** $ 400
**e.** $ 275

**9** Um bem que está sendo depreciado à taxa de 12,5% ao ano, teve sua vida útil estimada em:
**a.** 12,5 anos.
**b.** 10 anos.
**c.** 8 anos.
**d.** 7,5 anos.
**e.** 125 anos.

**10** Diga se é falsa ou verdadeira cada uma das afirmações a seguir:
( ) **a.** A utilização do método UEPS aumenta o lucro líquido do exercício.
( ) **b.** O lucro líquido pode ser distribuído aos sócios e/ou reinvestido nos negócios da empresa.
( ) **c.** Serão encerradas, no processo de apuração do resultado, todas as contas patrimoniais.
( ) **d.** A transferência de lucros para contas de reservas tem por finalidade preservar a integridade do patrimônio da empresa.
( ) **e.** O dividendo corresponde à participação do acionista no lucro do período.

# EXERCÍCIOS

**a.** Faça os ajustes nos quadros a seguir e, depois, preencha o balancete final (com o saldo das contas remanescentes).

| CONTAS | 1º BALANCETE | | BALANCETE FINAL | |
|---|---|---|---|---|
| | SALDO DEVEDOR | SALDO CREDOR | SALDOS DEVEDORES | SALDOS CREDORES |
| Caixa | 120 | | | |
| Duplicatas a Receber | 330 | | | |
| Fornecedores | | 350 | | |
| Duplicatas Descontadas | | 160 | | |
| Estoque [1] [2] | [1] 200 | | [2] | |
| Incentivos Fiscais | 30 | | | |
| Móveis e Utensílios [*] | 300 | | | |
| Depreciação Acumulada | | 60 | | [3] |
| Capital | | 760 | | |
| Reserva para Planos de Investimento | | 140 | | [4] |
| Imóveis de Uso [*] | 500 | | | |
| Receitas Diversas | | 50 | | [5] - - - |
| Despesas Administrativas | 360 | | [5] - - - | |
| Impostos e Taxas | 80 | | [5] - - - | |
| Vendas | | 2.000 | | [5] - - - |
| Compras | 1.600 | | [5] - - - | |
| Provisão para Imposto de Renda [6] | | - - - | | [6] |
| TOTAL | 3.520 | 3.520 | | |

\* Bens de uso, sujeitos à depreciação.

(1) Estoque inicial (vai ser substituído pelo estoque final).

(2) Estoque final = 650.

(3) Saldo a ser acrescido da depreciação calculada para o período.

(4) Vai receber o saldo do lucro líquido do exercício.

(5) Contas de receitas e de despesas que serão encerradas no processo de apuração do resultado do exercício.

(6) Conta nova (participação do governo no lucro da empresa).

**DEMONSTRAÇÕES CONTÁBEIS**

| A. CÁLCULO DA DEPRECIAÇÃO | |
|---|---|
| 10% sobre móveis e utensílios | $ |
| 4% sobre imóveis de uso | $ |
| = Depreciação do período | $ |

| B. APURAÇÃO DO CMV | | |
|---|---|---|
| O que tinha em 1/1...(EI) | $ | → será trocado por EF |
| + o que comprou...(C) | $ | → encerrada |
| − o que sobrou em 31/12...(EF) | $ | → entra no balancete final |
| = ao que vendeu (CMV)... | $ | → apuração do resultado |

| C. APURAÇÃO DO LUCRO LÍQUIDO | | |
|---|---|---|
| Vendas | $ | encerrada |
| − CMV | $ | aberta/encerrada |
| = Lucro bruto | $ | (subtotal) |
| + Rendas diversas | $ | encerrada |
| − Impostos e taxas | $ | encerrada |
| − Despesas administrativas | $ | encerrada |
| − Depreciação | $ | → + Depreciação Acumulada |
| = Lucro antes do Imposto de Renda(*) | $ | (subtotal) |
| − Provisão para Imposto de Renda (*) | $ | → conta nova |
| = Lucro líquido | $ | → a destinar (ver item b.V) |

\* 20% sobre o lucro antes do Imposto de Renda.

**b.** Monte o balancete final:
  **I.** eliminando as contas de resultado (já encerradas);
  **II.** substituindo o estoque inicial pelo final;
  **III.** introduzindo a conta Provisão para Imposto de Renda;
  **IV.** acumulando a depreciação do período, na conta Depreciação Acumulada;
  **V.** transferindo o lucro líquido para Reserva para Planos de Investimento.

# Capítulo 3

## DEMONSTRAÇÕES CONTÁBEIS

NOÇÕES GERAIS

DIRETRIZES E PRINCÍPIOS

NOTAS EXPLICATIVAS

# 3.1 Noções gerais

## 3.1.1 Conceito

> As **demonstrações contábeis (financeiras)** consistem num conjunto de demonstrativos, previstos por lei ou consagrados pela prática, normalmente elaborados ao final do exercício social.

A Lei n. 6.404/76, alterada pela Lei n. 11.638/07, definiu a maioria dos demonstrativos que veremos neste capítulo. Alguns são obrigatórios em qualquer circunstância, outros facultativos e outros, ainda, obrigatórios em circunstâncias especiais.

A legislação fiscal estendeu os dispositivos básicos da Lei n. 6.404/76, relativos às demonstrações contábeis, para todo tipo de sociedade que estiver enquadrada no regime de tributação pelo lucro real.

**Quadro 3.1** DEMONSTRAÇÕES FINANCEIRAS (CONTÁBEIS)

| DEMONSTRAÇÕES FINANCEIRAS (CONTÁBEIS) |
| --- |
| (BÁSICAS) |
| Balanço Patrimonial |
| Demonstração do resultado do exercício |
| (COMPLEMENTARES) |
| Demonstração dos lucros ou prejuízos acumulados |
| Demonstração das mutações do patrimônio líquido |
| Demonstração das origens e aplicações de recursos (ver Obs. 3) |
| Demonstração do valor adicionado |
| Demonstração dos fluxos de caixa |

## 3.1.2 Obrigatoriedade

a. Demonstrativos obrigatórios para todas as sociedades por ações e para as demais empresas sujeitas ao regime de tributação pelo lucro real:
   - Balanço Patrimonial.
   - Demonstração do Resultado do Exercício.
   - Demonstração dos Lucros ou Prejuízos Acumulados (v. Obs. 1 e 2).

**b.** Demonstrativo obrigatório para as companhias abertas e para as companhias fechadas com patrimônio líquido igual ou superior a R$ 2 milhões:
- Demonstração dos Fluxos de Caixa (ver Obs. 3).

**c.** Demonstrativos obrigatórios somente para as companhias abertas:
- Demonstração das Mutações do Patrimônio Líquido (ver Obs. 1).
- Demonstração do Valor Adicionado.

**Obs. 1** A Demonstração das Mutações do Patrimônio Líquido não é obrigatória para a maioria das empresas, mas, se for apresentada, dispensará a apresentação da Demonstração dos Lucros ou Prejuízos Acumulados.

**Obs. 2** A Lei n. 11.638/07 extinguiu a conta Lucros Acumulados, mas manteve a Prejuízos Acumulados, mantendo, também, a Demonstração dos Lucros ou Prejuízos Acumulados (ver Seção 6.1.1).

**Obs. 3** A Lei n. 11.638/07 substituiu a obrigação de elaborar a Demonstração das Origens e Aplicações de Recursos pela obrigação de elaborar a Demonstração dos Fluxos de Caixa (ver item "b" da Seção 3.1.2).

## 3.1.3 Objetivos

De modo geral, podemos dizer que o objetivo básico das demonstrações financeiras — ou demonstrativos contábeis, como queiram — é fornecer informações para a correta gestão dos negócios e para a correta avaliação dos resultados operacionais.

Proporcionam, portanto, elementos que possibilitam aos empresários e administradores o planejamento e o controle do patrimônio da empresa e das atividades sociais.

As informações emanadas dos demonstrativos contábeis interessam, também, às pessoas que, por qualquer motivo, mantenham relações com a empresa: credores, investidores em potencial e o fisco.

**a.** *Balanço Patrimonial*
Procura evidenciar, em determinada data, a natureza dos valores que compõem o patrimônio da empresa — bens e direitos — e a origem desses valores — obrigações e patrimônio líquido. Põe em evidência, assim, a posição patrimonial e a posição financeira da empresa (ver Seção 4.1.1).

**b.** *Demonstração do Resultado do Exercício*

Apresenta o resultado do período — lucro ou prejuízo — e os seus fatores determinantes (ver Seção 5.1).

**c.** *Demonstração dos Lucros ou Prejuízos Acumulados*

Mostra a variação na conta Lucros ou Prejuízos Acumulados de um período para o outro. Evidencia, principalmente, a destinação do resultado do período e de períodos anteriores (ver Obs. 2 e Seção 6.1.2).

**d.** *Demonstração das Mutações do Patrimônio Líquido*

Mostra as variações em todas as contas do grupo Patrimônio Líquido (inclusive dos Lucros ou Prejuízos Acumulados) e os fatores determinantes dessas variações (ver Obs. 1 e Seção 7.1.1).

**e.** *Demonstração das Origens e Aplicações de Recursos*

Evidencia a variação do Ativo circulante líquido de um período para o outro e a entrada e saída de recursos que afetaram os grupos circulantes no último período, que, portanto, determinaram a variação ocorrida no Ativo circulante líquido (ver Obs. 3 e Seção 8.1.2).

**f.** *Demonstração dos Fluxos de Caixa*

Apresenta, de forma ordenada, a movimentação de entrada e saída de numerário em determinado período (ver Obs. 3 e Seção 9.1.4).

**g.** *Demonstração do Valor Adicionado*

Destaca a parcela de riqueza acrescentada pela empresa ao seu produto final (bens ou serviços) e a forma como essa riqueza foi distribuída entre os vários fatores de produção envolvidos (mão-de-obra, capital etc.) (ver Seção 10.1.1).

# 3.2 Diretrizes e princípios

## 3.2.1 Diretrizes

A Lei n. 6.404/76 e os dispositivos legais posteriores determinaram algumas diretrizes de ordem geral, importantíssimas para que as demonstrações contábeis possam ser uniformizadas e para que possam atingir os seus objetivos.

**a.** *Escrituração*
"A escrituração da companhia será mantida em registros permanentes, com obediência aos preceitos da legislação comercial e desta lei e aos princípios de contabilidade geralmente aceitos, devendo observar métodos ou critérios contábeis uniformes no tempo [...]"

**b.** *Demonstrações comparadas*
"As demonstrações de cada exercício deverão ser acompanhadas dos valores correspondentes do exercício anterior."

**c.** *Milhares de unidades monetárias*
Os valores poderão ser apresentados em milhares de unidades monetárias.

**d.** *Contas semelhantes*
As contas de natureza semelhante poderão ser agrupadas.

**e.** *Pequenos saldos*
Pequenos saldos poderão ser agrupados, desde que indicada a sua natureza e que não ultrapassem 10% do total do grupo respectivo.

**f.** *Designações genéricas*
"Vedada a utilização de expressões genéricas, inexpressivas, tais como: diversas contas ou contas correntes."

**g.** *Regime de competência*
"A escrituração deve observar o regime de competência do exercício."[1]

**h.** *Exercício social*
"Deverá ter, normalmente, a duração de um ano, ou um prazo maior se fixado em estatuto."

---

[1] Ver *Princípio da competência*, na seção seguinte.

**i.** *Balanços consolidados*
"Os grupos de sociedades devem publicar, também, balanços consolidados."

**j.** *Dividendo*
"As sociedades anônimas devem informar o lucro líquido e o dividendo por ação."

**k.** *Reajustes*
Poderão ser reajustados, pelo processo de equivalência patrimonial, os investimentos de natureza permanente.

**l.** *CVM e auditores independentes*
"As demonstrações financeiras das companhias abertas estarão observando, ainda, as normas expedidas pela Comissão de Valores Mobiliários, e serão obrigatoriamente auditadas por auditores independentes registrados na mesma Comissão."

## 3.2.2 Princípios contábeis

Trata-se de uma série de normas definidas pelo Conselho Federal de Contabilidade[2], com o intuito de padronizar os procedimentos e as análises contábeis.

Mencionaremos apenas aquelas que estão diretamente relacionadas com a análise dos demonstrativos contábeis.

**a.** *Princípio da entidade*
"O princípio da *entidade* reconhece o patrimônio como objeto da Contabilidade. [...] o patrimônio [da entidade] não se confunde com aquele dos seus sócios ou proprietários."

O Balanço Patrimonial é justamente a representação contábil do patrimônio de uma entidade.

---

[2]    Resolução n. 750, de 29/12/93 do CRC.

**b.** *Princípio da continuidade*

"A *continuidade* ou não da *entidade*, bem como sua vida definida ou provável, devem ser consideradas quando da classificação e avaliação das mutações patrimoniais, quantitativas e qualitativas. A continuidade influencia o valor econômico dos Ativos e, em muitos casos, o valor ou o vencimento dos Passivos, especialmente quando a extinção da entidade tem prazo determinado, previsto ou previsível."

**c.** *Princípio da competência*

"As receitas e as despesas devem ser incluídas na apuração do resultado do período em que ocorrerem, sempre simultaneamente quando se correlacionarem, independentemente do recebimento ou pagamento."

"As receitas consideram-se realizadas:

- nas transações com terceiros, quando estes efetuarem o pagamento ou assumirem compromisso firme de efetivá-lo [...];
- quando da extinção, parcial ou total de um Passivo, qualquer que seja o motivo, sem o desaparecimento concomitante de um Ativo de valor igual ou maior;
- pela geração natural de novos Ativos independentemente da intervenção de terceiros;
- no recebimento efetivo de doações e subvenções.

Consideram-se incorridas as despesas:

- quando deixar de existir o correspondente valor ativo, por transferência de sua propriedade para terceiro;
- pela diminuição ou extinção do valor econômico de um Ativo;
- pelo surgimento de um Passivo, sem correspondente Ativo."

**d.** *Princípio da prudência*

"O princípio da prudência determina a adoção do menor valor para os componentes do Ativo e do maior para os do Passivo, sempre que se apresentarem alternativas igualmente válidas para a quantificação das mutações patrimoniais que alterem o Patrimônio Líquido."

"O princípio da prudência impõe a escolha da hipótese de que resulte menor Patrimônio Líquido, quando se apresentarem opções igualmente aceitáveis diante dos princípios fundamentais de contabilidade."

**e.** *Princípio do registro pelo valor original*

"Os componentes do patrimônio devem ser registrados pelos valores originais das transações com o mundo exterior, expressos a valor presente da moeda do país [...]"

"Uma vez integrados no patrimônio, o bem, direito ou obrigação não poderão ter alterados os seus valores intrínsecos, admitindo-se, tão-somente, sua decomposição em elementos e/ou sua agregação, parcial ou integral, a outros elementos patrimoniais."

> **Obs. 4** Não obstante a eliminação da correção monetária do balanço[3], permanecem em vigor as normas aplicáveis às variações monetárias dos direitos de créditos e das obrigações da pessoa jurídica, em função da taxa de câmbio ou de índices ou coeficientes aplicáveis por disposição legal.

# 3.3 Notas explicativas[4]

### 3.3.1 Complemento

"As demonstrações financeiras deverão ser complementadas por notas explicativas e outros quadros ou demonstrações analíticas, necessários para melhor esclarecimento da situação patrimonial e dos resultados do exercício."

### 3.3.2 Conteúdo

As notas explicativas deverão indicar:

- "Os principais critérios de avaliação dos elementos patrimoniais, especialmente estoques, dos cálculos de depreciação, amortização e exaustão, de constituição de provisões para encargos e riscos, e dos ajustes para atender a perdas prováveis na realização de valores do Ativo."

---

[3] Por força da revogação da correção monetária das demonstrações financeiras (Lei n. 9.249, de 26/12/95), fica praticamente sem efeito o princípio da atualização monetária.
[4] Lei n. 6.404/76, art. 176, § 4º e 5º.

DEMONSTRAÇÕES CONTÁBEIS

- "As modificações de métodos ou critérios contábeis que tiverem efeito relevante."
- "Os investimentos em outras sociedades, quando relevantes. [...] As notas explicativas dos investimentos relevantes devem conter informações precisas sobre as sociedades coligadas ou controladas."
- "Os ônus reais constituídos sobre os elementos do Ativo, as garantias prestadas e outras responsabilidades eventuais ou contingentes."
- "A taxa de juros, as datas de vencimento e as garantias das obrigações a longo prazo."
- "O número, espécies e classes das ações do Capital Social."
- "As opções de compra de ações outorgadas e exercidas no exercício."
- "Os ajustes de exercícios anteriores."
- "Os eventos subseqüentes à data do encerramento do exercício que tenham, ou possam vir a ter, efeito relevante sobre a situação financeira e os resultados futuros da companhia."

**Quadro 3.2** NOTAS EXPLICATIVAS RELATIVAS ÀS DEMONSTRAÇÕES CONTÁBEIS DA CIA. ABC EM 31/12/X1

| NOTAS EXPLICATIVAS ÀS DEMONSTRAÇÕES FINANCEIRAS DA CIA. ABC EM 31 DE DEZEMBRO DE X1 | |
|---|---|
| **1.** | **DIRETRIZES CONTÁBEIS** |
| | • Os valores realizáveis e os valores exigíveis no período de 1º de janeiro de X2 a 31 de dezembro de X2 foram classificados no Circulante. |
| | • As imobilizações estão registradas ao custo de aquisição, construção ou reavaliação, corrigidos monetariamente até o ano da revogação desses instrumentos. |
| | • A depreciação do imobilizado é calculada sobre o custo, pelo método linear. |
| **2.** | **PARTICIPAÇÕES EM COLIGADAS** |
| | • 10 mil ações ordinárias e nominativas da Cia. CBA, sem valor nominal, no capital total de 50 mil ações. |
| **3.** | **FINANCIAMENTOS** |
| | • Financiamento no valor total de $ 20.000 para aquisição do imóvel em que está instalada a sede social, cujo saldo – $ 18.000 – será resgatado em 36 prestações mensais de $ 500, a partir de 31 de janeiro de X2. |

# RESUMO

## Demonstrações financeiras (Lei n. 6.404)
- Balanço Patrimonial.
- Demonstração do Resultado do Exercício.
- Demonstração dos Lucros ou Prejuízos Acumulados.
- Demonstração das Mutações do Patrimônio Líquido.
- Demonstração das Origens e Aplicações de Recursos.
- Demonstração do Valor Adicionado.
- Demonstração dos Fluxos de Caixa.

## Princípios contábeis aplicáveis aos demonstrativos
- Princípio da entidade.
- Princípio da continuidade.
- Princípio da competência.
- Princípio da prudência.
- Princípio do registro pelo valor histórico.

## Diretrizes gerais dos demonstrativos
- Demonstrações comparadas (dois últimos exercícios).
- Poderão ser publicados em milhares de unidades monetárias.
- As contas de natureza semelhante deverão ser agrupadas.
- Os pequenos saldos (menos de 10% do grupo) poderão ser agrupados.
- Vedada a utilização de expressões genéricas, inexpressivas.
- A escrituração deve observar o regime de competência do exercício.
- O exercício social deverá ter duração de um ano.
- Os grupos de sociedades deverão publicar, também, balanços consolidados.
- Devem ser informados o lucro líquido e o dividendo por ação.
- Poderão ser reajustados pelo processo de equivalência patrimonial os investimentos permanentes em outras empresas.

# TESTES

**1** Faça a correlação:

**a.** Demonstração do Resultado do Exercício.

**b.** Balanço Patrimonial.

**c.** Demonstração dos Fluxos de Caixa.

**d.** Demonstração das Mutações do Patrimônio Líquido.

**e.** Demonstração das Origens e Aplicações de Recursos.

( ) Relaciona os bens, direitos, obrigações e patrimônio líquido.

( ) Relaciona as receitas, as despesas e o lucro ou prejuízo do período.

( ) Discrimina os fatores determinantes da modificação do saldo das contas representativas do capital realizado, lucros acumulados e reservas.

( ) Relaciona as entradas e saídas das disponibilidades.

( ) Relaciona as entradas e saídas dos grupos Circulantes de ou para outros grupos.

**2** Afirmativas verdadeiras:

**I.** As demonstrações financeiras não necessitam de informações complementares.

**II.** A demonstração do resultado do exercício não é um demonstrativo obrigatório.

**III.** As notas explicativas deverão revelar todos os detalhes necessários para melhor esclarecimento da situação patrimonial.

**IV.** A correção monetária das demonstrações financeiras foi revogada.

**a.** I e II.

**b.** II e III.

**c.** III e IV.

**d.** I e IV.

**e.** I e III.

**3** "As receitas e as despesas deverão influir na apuração do resultado do período em que efetivamente ocorrerem, independentemente da época do recebimento ou pagamento." Qual princípio contábil essa afirmação representa?

**a.** Princípio da prudência.

**b.** Princípio da incompetência.

**c.** Princípio da entidade.

**d.** Princípio da competência.

**e.** Princípio do registro pelo valor original.

**4** No dia 10 de abril, determinada empresa pagou:

- o aluguel de março, no valor de $ 300;
- o aluguel de abril, no valor de $ 350;
- o aluguel de maio, no valor de $ 380;
- os salários de março, no valor de $ 500;
- os impostos de abril, no valor de $ 110;
- adiantamento sobre os salários de maio, no valor de $ 85.

Podemos dizer que, por força dessas operações, o resultado do mês de abril será reduzido em:

**a.** $ 1.640

**b.** $ 650

**c.** $ 460

**d.** $ 545

**e.** $ 1.725

**5** Assinale falso (F) ou verdadeiro (V) nas seguintes afirmações:

( ) A Lei n. 11.638/07 extinguiu a reavaliação de bens do Ativo.

( ) O princípio da prudência determina a escolha, em caso de dúvida, do menor valor para os elementos do Ativo.

( ) O princípio da prudência determina a escolha, em caso de dúvida, do valor que implique o menor montante para o patrimônio líquido.

( ) Os pequenos saldos poderão ser agrupados, desde que não ultrapassem 50% do total do grupo respectivo.

( ) Os valores dos demonstrativos poderão ser apresentados em milhares de unidades monetárias.

# Capítulo 4

## BALANÇO PATRIMONIAL

NOÇÕES GERAIS

ATIVO – ESTRUTURA

PASSIVO – ESTRUTURA

# 4.1 Noções gerais

## 4.1.1 Conceito

O Balanço Patrimonial – demonstrativo básico e obrigatório – é uma apresentação estática, sintética e ordenada do saldo monetário de todos os valores integrantes do patrimônio de uma empresa em determinada data.

É levantado ao final de cada exercício, com base nas contas relacionadas no balancete final, devidamente classificadas consoante critérios que veremos a seguir. [1]

## 4.1.2 Estrutura: origens e aplicações

Divide-se em dois grandes grupos, relacionando à esquerda — **Ativo** — as **aplicações** em bens e direitos, e à direita — **Passivo** — as várias **fontes** de recursos que possibilitaram as aplicações no Ativo.

O Ativo indica, pois, a natureza dos valores nos quais a empresa aplicou seus recursos — dinheiro, estoques, créditos, bens de uso etc. —, enquanto o Passivo se limita a indicar a origem desses recursos — capital, lucros, fornecedores, empréstimos bancários etc.

Assim, quando uma empresa integraliza capital em dinheiro e bens, o dinheiro e os bens com os quais ela poderá trabalhar estarão discriminados no Ativo. No Passivo constará apenas a menção da origem daqueles valores (no caso em pauta, o capital).

Todos os valores com os quais a empresa conta para utilizar, girar e produzir receita estão consignados no lado esquerdo e, por isso, esse lado é chamado de Ativo — no sentido de produtivo, dinâmico, eficiente.

Já no lado direito não encontramos nenhum valor com o qual a empresa trabalhe — nem dinheiro, nem estoques, nem máquinas etc. —, mas somente indicações das várias fontes de recursos que possibilitaram à empresa ter todos aqueles valores trabalhando no Ativo. É por isso que esse lado direito é chamado de Passivo — no sentido de improdutivo, inativo.

---

[1]  No Quadro 1.4 e nas Figuras 1.2 e 1.3 podemos constatar: a) que o mesmo princípio de origem e aplicação de recursos se aplica a todos os conceitos e demonstrativos contábeis; b) como o balancete de verificação dá origem aos dois demonstrativos básicos.

Quem quiser entender o que significa realmente um Balanço Patrimonial deve esquecer o conceito de que o Ativo representa a parte positiva do patrimônio e o Passivo a parte negativa.[2] Na realidade, o Ativo representa o patrimônio bruto da empresa, ou seja, o conjunto de valores com os quais a empresa pode trabalhar (bens e direitos), enquanto o Passivo representa apenas a indicação da origem dos recursos (obrigações e patrimônio líquido) que possibilitaram a formação desse patrimônio bruto (Ativo).

### 4.1.3 Ativo = Passivo

Nenhuma empresa pode aplicar no seu Ativo um volume maior de recursos do que o fornecido por empréstimo (obrigações) mais o fornecido pelos sócios ou gerado pelas operações sociais (patrimônio líquido).

Sabendo-se que Ativo = Aplicações e que Passivo = Origens,
concluímos que Ativo = Passivo, ou seja:
(Bens + Direitos) = (Obrigações + Patrimônio Líquido)

Fica, agora, bem claro, como é equivocada a tese de que o patrimônio líquido só entra no Passivo para igualar os dois lados do balanço.[3] Ora, é muito mais lógico entendermos que o patrimônio líquido aparece no Passivo porque é, assim como as obrigações, fonte de recursos para as aplicações no Ativo.

Aliás, essa igualdade não nasce no Balanço Patrimonial. Conforme demonstramos no Capítulo 1, ela vem desde a análise de cada operação realizada pela empresa, passando pela relação dos saldos devedores e credores (balancete), até chegar aos demonstrativos contábeis (ou financeiros).

Até mesmo sob o aspecto jurídico, a semelhança entre esses grupos do Passivo é irrefutável: tanto as "obrigações" como o "patrimônio

---

[2]  Aliás, conceituar as "obrigações" como algo negativo não corresponde à realidade por dois motivos: primeiro, porque sem esse tipo de capital poucas empresas poderiam movimentar seus negócios e atingir sua finalidade; segundo, porque essa obrigação dita negativa foi usada para adquirir valores que estão no Ativo, onde são considerados positivos.

[3]  Essa tese é defendida por muitos autores. Segundo eles, a equação do balanço seria: Ativo = Passivo + patrimônio líquido, entendimento que não tem, como comentamos, qualquer amparo lógico, didático ou legal (Lei n. 6.404/76).

líquido" representam a propriedade — na forma de "fração ideal" — sobre os valores do Ativo. No caso das obrigações, a propriedade seria de terceiros, e, no caso do patrimônio líquido, a propriedade seria da entidade ou dos proprietários.[4]

## 4.1.4 Critérios de apresentação

**a.** *Ativo – ordem crescente dos prazos de realização*
As contas do Ativo devem ser dispostas em ordem crescente dos prazos estabelecidos ou esperados de realização, observando-se igual procedimento em relação aos grupos e subgrupos.[5]

Assim, começamos pelo grupo cujos valores são mais rapidamente conversíveis em moeda — **Circulante** —, apresentando depois o de conversão mais demorada — **Realizável a longo prazo** — até chegar ao grupo cujos valores não se destinam a ser transformados em moeda — **Permanente**.

**b.** *Passivo – ordem crescente dos prazos de exigibilidade*
As contas do Passivo, por sua vez, devem ser dispostas em ordem crescente dos prazos de exigibilidade estabelecidos ou esperados, adotando-se o mesmo critério para a disposição dos grupos e subgrupos.

Dessa forma, começamos pelo grupo cujos valores são exigíveis em prazo mais rápido — **Circulante** —, apresentando depois o de exigibilidade mais demorada — **Exigível a longo prazo** — até chegar ao grupo cujos valores nunca serão exigíveis por terceiros — **Patrimônio líquido.**

---

[4] Conforme seja dada ênfase à teoria de que o patrimônio líquido pertence à entidade (teoria da entidade) ou aos proprietários (teoria dos proprietários).

[5] Também poderíamos dizer que as contas, grupos e subgrupos seriam dispostos em ordem decrescente do respectivo grau de liquidez.

**Quadro 4.1** ESTRUTURA BÁSICA DO BALANÇO PATRIMONIAL (LEI N. 6.404/76, ALTERADA PELA LEI N. 11.638/07)

## BALANÇO PATRIMONIAL

| ATIVO | PASSIVO |
|---|---|
| Circulante | Circulante |
| Realizável a Longo Prazo | Exigível a Longo Prazo |
| Permanente | Resultados de Exercícios Futuros |
| Investimentos | Patrimônio Líquido |
| Imobilizado | Capital |
| Intangível | Reservas de Capital |
| Diferido | Ajustes de Avaliação Patrimonial |
| | Reservas de Lucros |
| | (–) Prejuízos Acumulados |

# 4.2 Ativo – Estrutura
## (Lei n. 6.404, alterada pela Lei n. 11.638)

## I. Circulante

Engloba os valores disponíveis e os realizáveis no exercício seguinte. São todos os valores já representados por moeda ou que serão convertidos em moeda dentro do prazo de um ano (contado a partir da data do balanço):

**a.** *Disponibilidades*:
- caixa.
- depósitos bancários à vista.
- aplicações financeiras de livre movimentação.

**b.** *Créditos*:
- duplicatas a receber (clientes);

(–) provisão para créditos de liquidação duvidosa;

(–) duplicatas descontadas (ver Obs. 1).
- adiantamentos (a empregados, viajantes, fornecedores etc.).

**c.** *Estoques*:
- mercadorias para revenda.
- produtos acabados.

- produtos em elaboração.
- matérias-primas.
- materiais de consumo (embalagem, lubrificantes etc.)
(–) provisão para ajuste de estoques.

**d.** *Aplicações financeiras (com prazo determinado):*
- CDB (certificado de depósito bancário).
- RDB (recibo de depósito bancário).
- fundos bancários de renda fixa, variável ou mista.
- ações cotadas em Bolsa.
- títulos da dívida pública
(–) provisão para ajuste de títulos e valores mobiliários.

**e.** *Despesas do exercício seguinte (ver Obs. 2):*
- despesas pagas antecipadamente
(juros, seguros, aluguéis etc., antecipados, diferidos ou a vencer).

**Obs. 1** Apesar de "duplicatas descontadas" ser verba com saldo credor representativa de uma obrigação, a Lei n. 6.404 determina que ela figure no Ativo, como parcela subtrativa do valor dos débitos de clientes (duplicatas a receber). As conseqüências desse equívoco para fins de análise serão comentadas oportunamente, assim como os ajustes que se farão necessários.

**Obs. 2** As despesas do exercício seguinte são, na realidade, despesas que ainda não ocorreram, mas que foram pagas antecipadamente. A sua apropriação ao resultado só ocorrerá no exercício seguinte. De fato, no momento do pagamento, como elas ainda não eram devidas, a caracterização correta seria de um adiantamento feito a terceiros (como um salário adiantado a um empregado) e, nesses termos, geraria para a empresa um autêntico **direito** perante a pessoa que recebeu esse adiantamento. Daí a lógica de sua classificação no grupo Circulante.

## II. **Realizável a longo prazo**

Engloba os valores realizáveis em prazo superior a um ano, ou seja, após o término do exercício posterior ao do balanço, assim como os valores cujo prazo de realização seja considerado duvidoso ou incerto.

Assim, se o balanço foi levantado em 31/12/x1, seriam considerados

"Realizável a longo prazo" todos os bens e direitos conversíveis em dinheiro após 31/12/x2.

**a.** *Valores realizáveis em prazo superior a um ano:*
- os mesmos do Circulante (menos as disponibilidades).

**b.** *Valores com prazo de realização duvidoso ou incerto:*
- depósitos judiciais (para recursos fiscais, trabalhistas etc.);
- débitos de sócios, diretores, firmas coligadas ou controladas (ver Obs. 3).

**Obs. 3** A não ser quando decorrentes de transações mercantis habituais, *todos* os débitos de sócios, diretores e firmas interligadas (coligadas e controladas) deverão ser *sempre* classificados no Realizável a Longo Prazo. Mesmo se o débito estiver, por exemplo, representado por uma nota promissória vencível a apenas um mês da data do balanço, a verba respectiva deverá ser lançada no Realizável a Longo Prazo.

## III. **Permanente**

Recursos aplicados em caráter permanente em valores que, normalmente, não se destinam a ser transformados em moeda. Ao contrário dos itens já citados, são aplicações que não giram, ou seja, não são efetivadas com a intenção de reaplicação:

### III.I INVESTIMENTOS
Aplicações permanentes em outras empresas e em bens destinados a produzir renda:

- participações em interligadas
controladas, subsidiárias e coligadas (ver Obs. 4);
- participações decorrentes de incentivos fiscais (ver Obs. 5) Nordeste (Finor), Amazônia (Fidam), Turismo, Pesca, Reflorestamento etc;
- participações em outras empresas (ver Obs. 6 e 7);
- bens destinados à renda (principalmente imóveis);

**Obs. 4** Duas empresas são consideradas *coligadas* quando uma participa no capital da outra com 10% ou mais, sem controlá-la.

Considera-se *controlada* a sociedade na qual a controladora, diretamente ou por meio de outras controladas, é titular de parcela de capital que lhe assegure preponderância nas deliberações sociais e o poder de eleger a maioria dos administradores.

**Obs. 5** A empresa pode optar entre pagar totalmente o imposto de renda devido ou usar uma parcela para fazer aplicações em áreas incentivadas pelo governo. Como essas aplicações só podem ser transacionadas após um prazo bem longo (no início esse prazo era de 20 anos), poderiam ser consideradas um autêntico valor "Realizável a longo prazo". Considerando, contudo, as dificuldades de negociação dessas participações (ninguém deixaria de comprar ações da Telesp, da Petrobras ou outras similares para comprar ações de empresas do Nordeste ou de outra área incentivada), a Lei n. 6.404 julgou mais prudente considerá-las um valor "permanente" (e que, na prática, só serviriam para produzir rendimentos para a empresa: juros do capital próprio, dividendos, bonificações etc.).

**Obs. 6** O que determina, em última análise, a classificação de uma participação em *Investimentos*, e não no Circulante, é a intenção do empresário em permanecer com aquela aplicação por tempo indeterminado (apenas para gerar renda periódica: dividendos, bonificações etc.).

Se a intenção do investidor for apenas especular no jogo da Bolsa ou fazer uma aplicação da parte temporariamente inativa de seu capital de giro, essa aplicação deve ser classificada no *Circulante*.

**Obs. 7** A Lei n. 6.404 determina que as participações classificadas no Circulante do balanço anterior, e que não tiverem sido alienadas até a data do balanço atual, deverão ser transferidas para o Ativo Permanente (subgrupo Investimentos).

## III.II IMOBILIZADO

Serão classificados "no Ativo Imobilizado os direitos que tenham por objeto bens corpóreos destinados à manutenção das atividades da companhia ou da empresa ou exercidos com essa finalidade":[6]

- imóveis;
- móveis e utensílios;
- máquinas e equipamentos;

---

[6] *Lei n. 6.404, art. 179, alterado pela Lei 11.638/07.*

- veículos;
- culturas permanentes;
- animais de serviço;
- animais reprodutores;
- vacas e cabras leiteiras;
- benfeitorias em imóveis de terceiros (gastos, não reembolsáveis, que constituam melhorias e ampliações que se agreguem ao bem);
- bens "decorrentes de operações que transfiram à companhia os benefícios, riscos e controle desses bens"
  (–) depreciação acumulada.

## III.III INTANGÍVEL

Serão classificados no Ativo Intangível "os direitos que tenham por objeto bens incorpóreos destinados à manutenção das atividades da companhia ou exercidos com essa finalidade, inclusive o fundo de comércio adquirido":

- marcas e patentes;
- ponto comercial: fundo de comércio ou "goodwill";
- franquias
  (–) amortização acumulada;
- direitos de exploração (mineral ou florestal)
  (–)exaustão acumulada.

> **Obs. 8** O que distingue o subgrupo *Investimentos* dos subgrupos *Imobilizado* e *Intangível* é o fato de, apesar de ambos serem aplicações de natureza permanente (sem intenção de revenda), a alienação dos valores do subgrupo *Investimentos* não prejudica o andamento normal das atividades da empresa.

## III.IV DIFERIDO (VER OBS. 9 E 10)

Serão classificados no Ativo Diferido: "as despesas pré-operacionais e os gastos de reestruturação que contribuirão, efetivamente, para o aumento do resultado de mais de um exercício social e que não configurem tãosomente uma redução de custos ou acréscimo na eficiência operacional".

A lei prevê o diferimento dessas despesas porque as receitas correspondentes só vão ser geradas futuramente, e o seu lançamento como despesa total do período em que ocorreram distorceria o resultado operacional.

Essas despesas deverão ser amortizadas anualmente, proporcionalmente ao número de exercícios que irão beneficiar. O prazo máximo de amortização fixado em lei é de dez anos.

- Despesas pré-operacionais (ver Obs. 10)
- Despesas de reorganização
  (–) amortização acumulada

**Obs. 9** As despesas classificadas no Diferido divergem das despesas (antecipadas) classificadas no Circulante porque:

- não são despesas do dia-a-dia, são despesas excepcionais;
- têm característica de autêntico investimento para o futuro;
- seu objetivo é aumentar a capacidade operacional;
- só serão assim consideradas se forem de grande porte;
- beneficiam vários exercícios além daquele em que ocorreram;
- são *despesas* e não *direitos* (como as despesas antecipadas).

**Obs. 10** Não podem ser consideradas no resultado do período porque a empresa ainda não começou a gerar receitas para confrontar com essas despesas. As despesas pré-operacionais começarão a ser amortizadas a partir do exercício em que a empresa começar a produzir receitas.

BALANÇO PATRIMONIAL

**Quadro 4.2** ESTRUTURA DO BALANÇO PATRIMONIAL – ATIVO

## BALANÇO PATRIMONIAL

| ATIVO (aplicações) |
| --- |
| **1. CIRCULANTE** |
| Disponibilidades monetárias (Caixa e Bancos conta Movimento) |
| Estoques |
| Duplicatas a Receber |
| (−)Provisão para Devedores Duvidosos |
| (−)Duplicatas Descontadas |
| Aplicações Financeiras: fundos bancários, ações negociáveis |
| Adiantamentos: a empregados, viajantes etc. |
| Despesas Pagas Antecipadamente: seguros, juros, aluguéis etc. |
| **2. REALIZÁVEL A LONGO PRAZO** |
| Valores realizáveis em prazo superior a um ano |
| Direitos de prazo de realização duvidoso |
| Débitos de sócios, diretores, coligadas e controladas |
| Depósitos judiciais (trabalhistas ou fiscais) |
| **3.PERMANENTE** |
| **3.1. Investimentos** |
| Aplicações permanentes em outras empresas |
| Bens destinados à renda |
| **3.2. Imobilizado** |
| Bens de uso corpóreos necessários à manutenção das atividades |
| Imóveis, móveis e utensílios, veículos... |
| (−) Depreciação acumulada |
| **3.3. Intangível** |
| Bens de uso incorpóreos necessários à manutenção das atividades |
| Marcas, Patentes, Franquias etc. |
| (−) Amortização acumulada |
| Direitos de exploração |
| (−) Exaustão acumulada |
| **3.4. Diferido** |
| Despesas destinadas a beneficiar vários exercícios |
| Despesas pré-operacionais |
| Despesas de reorganização |
| (−) Amortização acumulada |

# TESTES

**1** O Ativo é formado por:
**a.** bens, direitos e obrigações.
**b.** contas patrimoniais com saldo devedor.
**c.** contas representativas de origem de recursos.
**d.** contas de resultado.
**e.** valores representativos do patrimônio líquido.

**2** Correlacione:
**a.** Imobilizado.
**b.** Circulante.
**c.** Investimentos.
**d.** Diferido.
**e.** Intangível.
( ) Bens e direitos materiais necessários à manutenção das atividades.
( ) Bens e direitos destinados a ser convertidos em moeda.
( ) Participações de natureza transitória.
( ) Participações de natureza estável.
( ) Bens incorpóreos necessários à manutenção das atividades.
( ) Despesas pagas por antecipação.
( ) Despesas amortizáveis em vários exercícios.

**3** Assinale a opção em que todas as contas integram o Ativo Circulante.
**a.** Despesas Amortizáveis, Caixa e Estoques.
**b.** Despesas Antecipadas, Duplicatas a Receber e Imóveis para Renda.
**c.** Despesas Antecipadas, Caixa e Imóveis para Uso.
**d.** Caixa, Estoques e Adiantamentos de Clientes.
**e.** Adiantamentos a fornecedores, Juros a Vencer e Débitos de Clientes.

**4** É característica da despesa classificável no Ativo Diferido:
**a.** representar uma antecipação de pagamento.
**b.** representar uma despesa rotineira.
**c.** representar uma aplicação de pequeno valor.
**d.** gerar receitas em períodos futuros.
**e.** gerar um lançamento imediato em conta de resultado.

**BALANÇO PATRIMONIAL**

**5** É característica da despesa paga antecipadamente:
**a.** ser amortizada em vários exercícios.
**b.** representar um autêntico investimento para o futuro.
**c.** ser considerada realizável no exercício seguinte.
**d.** representar uma aplicação de grande vulto.
**e.** gerar, no ato do pagamento, um lançamento em conta de resultado.

**6** Assinale o item no qual todas as contas pertencem ao mesmo grupo ou subgrupo. Grife, nos demais, a conta que está deslocada.
**a.** Matérias-primas, Débitos de clientes e Débitos de sócios.
**b.** Despesas do exercício seguinte, Importação de máquinas em andamento, Adiantamentos a fornecedores de matérias-primas.
**c.** Ponto comercial, Direitos de exploração e Patentes industriais.
**d.** Juros a vencer, Seguros antecipados e Despesas pré-operacionais.
**e.** Débitos de coligadas, Depósitos judiciais e Aplicações financeiras de curto prazo.

**7** De acordo com as letras dos grupos a seguir:
**a.** Imobilizado.
**b.** Ativo Circulante.
**c.** Investimentos.
classifique os seguintes itens de uma firma que se dedica à atividade agropecuária:
( ) Animais de serviço.
( ) Terras arrendadas a colonos.
( ) Touros reprodutores.
( ) Aves poedeiras.
( ) Bois para engorda e corte.
( ) Vacas leiteiras.

**8** Correlação incorreta quanto à classificação das benfeitorias:
**a.** Em imóveis de uso, próprios →Ativo Permanente Imobilizado.
**b.** Em imóveis destinados à venda → Ativo Circulante/Realizável a Longo Prazo.
**c.** Em imóveis locados para terceiros → Ativo Permanente/Investimentos.

**TESTES**

**d.** Em imóveis de terceiros, usados nas atividades → Ativo Permanente/ Investimentos.

**e.** Em imóveis próprios a serem utilizados futuramente → Ativo Permanente/Imobilizado.

**9** Faça a correlação:

**a.** Amortização.          (   ) Bens de uso corpóreos.

**d.** Depreciação.          (   ) Direitos de exploração.

**e.** Exaustão.             (   ) Bens de uso imateriais.

                            (   ) Ativo diferido.

**10** Analise as seguintes afirmações:

**I.** As despesas rotineiras, quando pagas antecipadamente, geram para a empresa um autêntico direito, e, por isso, devem ser classificadas no Ativo Circulante.

**II.** A aplicação de recursos na aquisição de linhas telefônicas deve ser classificada no Ativo Permanente — Investimentos.

**III.** As despesas que vão provocar receitas em vários exercícios subseqüentes devem ser classificadas no Diferido e amortizadas periodicamente.

Estão corretas as afirmações:

**a.** I e II.

**b.** I e III.

**c.** só a II.

**d.** II e III.

**e.** só a III.

# 4.3 Passivo – Estrutura
## (Lei n. 6.404, alterada pela Lei n. 11.638)

## I. Circulante

Dívidas (obrigações) que devem ser resgatadas no exercício subseqüente ao do encerramento do balanço (até um ano da data do balanço).

- Duplicatas a pagar (fornecedores).
- Empréstimos bancários.
- Impostos a pagar.
- Contribuições a recolher.
- Provisões para pagamentos
  (Imposto de Renda, férias, 13º salário, dividendos etc.).
- Adiantamentos de clientes (ver Obs. 12).
- Outros credores.

## II. Exigível a longo prazo

Dívidas (obrigações) vencíveis em prazo superior a um ano (contado da data do balanço).

## III. Resultados de exercícios futuros (ver Obs. 11)

Parcela ou total das receitas recebidas antecipadamente, sobre as quais não pese nenhuma obrigatoriedade futura de entrega de bens ou serviços ou de devolução por parte da entidade que auferiu a receita.

Corresponderia à parcela do lucro a apropriar contida na receita antecipada, ou, em outras palavras, ao total da receita antecipada, diminuído dos custos respectivos estimados ou já efetivados (ver Obs. 12):

- receita diferida (antecipada)
  (–) custo da receita diferida;
- receita diferida líquida (já deduzida do custo);

- lucros a apropriar, lucros do exercício seguinte, lucros antecipados etc.

**Obs. 11** Foram vetadas as mudanças ao artigo 181 da Lei n. 6.404. Essas mudanças previam a inclusão neste grupo dos seguintes itens:

**1.** resultados não realizados decorrentes de operações efetuadas entre as sociedades controladoras, controladas ou sob controle comum;

**2.** receitas não realizadas decorrentes de doações e subvenções para investimentos.

**Obs. 12** Se o custo relacionado com a receita antecipada ainda não foi efetivado, devemos estimá-lo e separá-lo:
- Receita antecipada (bruta)    $ 200
- (–) Custo estimado    $ 150
- (=) Lucro a apropriar (receita diferida líquida) $   50
  - O *custo estimado* correspondente a uma obrigação futura da empresa deve ser classificado no *Passivo circulante*.
  - A parcela do *lucro a apropriar* (ou *receita diferida líquida*), sendo uma conta de resultado antecipada, deve ser classificada em *Resultados de exercícios futuros*.
- Se o custo relacionado com a receita antecipada já foi efetivado e contabilizado (ou seja, não existe mais obrigação potencial), a verba será assim demonstrada:
  **Resultados de exercícios futuros**
  - Receita antecipada    $ 200
  - (–) Custo respectivo    $ 150
  - (=) Receita diferida líquida   $  50
- Se o custo não foi efetivado ou não puder ser estimado, o total da receita antecipada deverá ser classificado no *Passivo circulante* (como *Adiantamentos de clientes*).

# IV. **Patrimônio líquido**

Recursos próprios da empresa, trazidos pelos sócios (Capital) ou gerados pelas operações sociais (lucros acumulados e reservas).

É integrado pelos seguintes subgrupos:

## IV.I CAPITAL REALIZADO
- Capital nominal (subscrito).
- (–) Capital a realizar.

## IV.II RESERVAS DE CAPITAL (VER OBS. 13)

Ganhos patrimoniais não relacionados com os valores integrantes do Ativo e resultantes de contribuição dos acionistas da companhia:
- ágio na venda de ações (da própria empresa) (ver Obs. 14);
- produto da alienação de partes beneficiárias.
- produto da alienação de bônus de subscrição.

**Obs. 13** A Lei n. 11.638/07 excluiu do rol das Reservas de capital os ganhos decorrentes de:
    **1.** "prêmios recebidos na emissão de debêntures", que passam a ser registrados como receita operacional, aparecendo, portanto, na DRE;
    **2.** "doações e subvenções para investimento", que passam, quando realizados, a integrar a DRE como receita não operacional e, enquanto não realizados, deverão ser classificados como Resultados de Exercícios Futuros.

**Obs. 14** Uma companhia aberta emite ações pelo valor nominal total de $ 20 milhões e resolve vendê-las por $ 30 milhões. Depois da venda, sua situação patrimonial terá sofrido a seguinte alteração:

## IV.III RESERVAS DE LUCROS

Recursos transferidos dos resultados positivos acumulados. É lucro acumulado com uma denominação específica. Parcelas do lucro acumulado são transferidas para contas de reservas para terem destinação específica e, também, para evitar que sejam distribuídas aos sócios e, assim, descapitalizem a empresa.

**a.** *Reserva legal* [7]

"Do lucro líquido do exercício, 5% (cinco por cento) serão aplicados, antes de qualquer outra destinação, na constituição da reserva legal, que não excederá de 20% (vinte por cento) do capital social."

---

[7] Lei n. 6404/76, art. 193.

"A companhia poderá deixar de constituir a reserva legal no exercício em que o saldo dessa reserva, acrescido do montante das reservas de capital [...] exceder de 30% (trinta por cento) do capital social."

**b.** *Reservas estatutárias*[8]
"O estatuto poderá criar reservas desde que, para cada uma:
    I.   indique, de modo preciso e completo, a sua finalidade;
    II.  fixe os critérios para determinar a parcela anual dos lucros líquidos que serão destinados à sua constituição; e
    III. estabeleça o limite máximo da reserva."

**c.** *Reserva para contingências*[9]
"A assembléia-geral poderá, por proposta dos órgãos da administração, destinar parte do lucro líquido à formação de reserva com a finalidade de compensar, em exercício futuro, a diminuição do lucro decorrente de perda julgada provável, cujo valor possa ser estimado.

A proposta dos órgãos da administração deverá indicar a causa da perda prevista e justificar, com as razões de prudência que a recomendem, a constituição da reserva."

**d.** *Reserva de lucros a realizar*[10]
No exercício em que o montante do dividendo obrigatório ultrapassar a parcela realizada do lucro líquido do exercício, a assembléia-geral poderá, por proposta dos órgãos de administração, destinar o excesso à constituição de reserva de lucros a realizar. São lucros a realizar:

- o aumento do valor do investimento em coligadas e controladas;
- o lucro em vendas a prazo realizável após o término do exercício seguinte;
- o resultado não realizado da contabilização de Ativo e Passivo pelo valor de mercado.

---

[8] Lei n. 6404/76, art. 194.
[9] Lei n. 6404/76, art. 195.
[10] Lei n. 6404/76, art. 197, alterado pela lei n. 11638/07.

**e.** *Reserva de retenção de lucros (planos de investimento)*[11]

"A assembléia-geral poderá, por proposta dos órgãos da administração, deliberar reter parcela do lucro líquido do exercício prevista em orçamento de capital por ela previamente aprovado.

O orçamento, submetido pelos órgãos da administração com a justificação da retenção de lucros proposta, deverá compreender todas as fontes de recursos e aplicações de capital, fixo ou circulante, e poderá ter a duração de até 5 (cinco) exercícios, salvo no caso de execução, por prazo maior, de projetos de investimento."

**f.** *Reserva de incentivos fiscais*[12]

"A assembléia geral poderá, por proposta dos órgãos da administração, destinar para a reserva de incentivos fiscais a parcela do lucro líquido decorrente de doações ou subvenções governamentais para investimentos, que poderá ser excluída do cálculo do dividendo obrigatório."

**g.** *Reserva especial*[13]

"O dividendo previsto neste artigo não será obrigatório no exercício social em que os órgãos da administração informarem à assembléia-geral ordinária ser ele incompatível com a situação financeira da companhia [...]"

Os lucros que deixarem de ser distribuídos nos termos do parágrafo anterior serão registrados como reserva especial e, se não absorvidos por prejuízos em exercícios subseqüentes, deverão ser pagos como dividendo assim que o permitir a situação financeira da companhia.

**Obs. 15** É fácil distinguir as reservas de lucros das de capital. As reservas de lucros indicam a finalidade de sua criação enquanto as reservas de capital indicam sua origem. As reservas de lucros não se preocupam em indicar sua origem, porque todas elas têm uma origem comum: os lucros acumulados. Já as reservas de capital podem se originar de vários tipos de operação.

---

[11] Lei n. 6404/76, art. 196.
[12] Lei n. 6404/76, art. 195-A, redação dada pela lei n. 11638/07.
[13] Lei n. 6404/76, art. 202, parágrafos 4º e 5º.

## IV.IV AJUSTES DE AVALIAÇÃO PATRIMONIAL

Criado pela Lei n. 11.638/07, este subgrupo do Patrimônio Líquido deve englobar "enquanto não computadas no resultado do exercício em obediência ao regime de competência, as contrapartidas de aumentos ou diminuições de valor atribuído a elementos do Ativo e do Passivo, em decorrência de sua avaliação a preço de mercado".

Considerando que os ajustes podem ser tanto positivos como negativos, conclui-se que o saldo da conta Ajustes de Avaliação Patrimonial pode apresentar saldo credor (aumentando o patrimônio líquido) ou saldo devedor (reduzindo o patrimônio líquido).

Os ganhos ou perdas registrados nessa conta serão transferidos para o resultado do exercício na época em que ocorrer a realização dos valores correspondentes.

## IV.V (-) PREJUÍZOS ACUMULADOS (VER OBS. 16)

Saldos acumulados de prejuízos de anos anteriores.

> **Obs. 16** A conta "Lucros acumulados" foi extinta pela Lei n. 11.638/07. Assim, todo o lucro do exercício deverá ter uma destinação.

### (-) AÇÕES EM TESOURARIA

- A empresa compra, no mercado acionário, as próprias ações e as mantém guardadas para posterior revenda.
- A Lei n. 6.404 determina que "as ações em tesouraria deverão figurar como dedução da conta do patrimônio líquido que registrar a origem dos recursos aplicados na sua aquisição". Nessas condições, ela poderá constar como dedução de qualquer um dos subgrupos do Patrimônio Líquido.

# BALANÇO PATRIMONIAL

**Quadro 4.3** ESTRUTURA DO BALANÇO PATRIMONIAL - PASSIVO (LEI N. 6.404/76, ALTERADA PELA LEI N. 11.638/07)

## BALANÇO PATRIMONIAL
### PASSIVO (origens)

**1. CIRCULANTE**

Dívidas vencíveis dentro de um ano

| |
|---|
| Fornecedores (ou Duplicatas a pagar) |
| Empréstimos bancários |
| Provisões para pagamento de dívidas |
| Impostos e contribuições a recolher |
| Adiantamentos de clientes |
| Outras obrigações |

**2. EXIGÍVEL A LONGO PRAZO**

Dívidas vencíveis em prazo superior a um ano

**3. RESULTADOS DE EXERCÍCIOS FUTUROS**

Receita diferida (antecipada)

(-) Custo da receita diferida

**4. PATRIMÔNIO LÍQUIDO**

**4.1. Capital realizado**

| |
|---|
| Capital social (registrado ou nominal) |
| (-) Capital a realizar (ou a integralizar) |

**4.2. Reservas de capital**

Ganhos não vinculados a qualquer valor do Ativo da empresa e relacionados com o capital social

| |
|---|
| Ágio na emissão de ações |
| Produto da alienação de partes beneficiárias |
| Produto da alienação de bônus de subscrição |

**4.3. Ajustes de Avaliação Patrimonial**

Contrapartidas de aumentos ou diminuições de valor atribuído a elementos do Ativo e do Passivo, em decorrência de sua avaliação a preço de mercado

**4.4. Reservas de lucros**

| |
|---|
| Lucros transferidos para contas de Reservas |
| Reserva legal |
| Reservas estatutárias |

**4.5. (-)Prejuizos acumulados**

| |
|---|
| (-) Ações em tesouraria |

DEMONSTRAÇÕES CONTÁBEIS

**Quadro 4.4** BALANÇO PATRIMONIAL DA CIA. ABC EM 31/12/X1 (Ver Quadros 2.1.d e 11.1)

### BALANÇO PATRIMONIAL EM 31/12/X1

| ATIVO | 31/12/X1 | 31/12/X0 |
|---|---|---|
| **CIRCULANTE** | **120.400** | **107.900** |
| Caixa | 200 | 400 |
| Bancos, conta Movimento | 7.800 | 3.500 |
| Duplicatas a Receber | 33.300 | 20.000 |
| Estoques | 70.000 | 80.000 |
| Adiantamentos a Fornecedores | 8.600 | 3.800 |
| Seguros a Vencer | 500 | 200 |
| **REALIZÁVEL A LONGO PRAZO** | **9.300** | **4.300** |
| Débitos de Coligadas | 3.800 | 4.300 |
| Depósitos Judiciais | 5.500 | ----- |
| **PERMANENTE** | **50.900** | **31.800** |
| Investimentos | 14.200 | 7.900 |
| Ações de Coligadas | 11.600 | 5.300 |
| Incentivos Fiscais | 2.600 | 2.600 |
| **Imobilizado** | **34.100** | **20.900** |
| Imóveis | 28.500 | 10.500 |
| Móveis e Utensílios | 6.200 | 12.800 |
| Veículos | 20.700 | 13.000 |
| (-) Depreciação Acumulada | -21.300 | -15.400 |
| **Intangível** | **600** | **600** |
| Fundo de Comércio | 600 | 600 |
| **Diferido** | **2.000** | **2.400** |
| Despesas Pré-Operacionais | 4.000 | 4.000 |
| (-) Amortização Acumulada | - 2.000 | - 1.600 |
| **TOTAL DO ATIVO** | **180.600** | **144.0000** |

| PASSIVO | 31/12/X1 | 31/12/X0 |
|---|---|---|
| **CIRCULANTE** | **85.709** | **79.800** |
| Duplicatas a Pagar | 46.700 | 38.800 |
| Títulos Descontados | 14.800 | 12.600 |
| Adiantamentos de Clientes | 5.400 | 7.500 |
| Financiamentos (12 x 500) | 6.000 | 15.000 |
| Contribuições a Recolher | 2.900 | 1.040 |
| Prov.para Imposto de Renda | 3.600 | 2.400 |
| Prov. para Contribuição Social | 1.920 | 1.160 |
| Dividendos a pagar | 4.389 | 1.300 |
| **EXIGÍVEL A LONGO PRAZO** | **12.000** | **18.000** |
| Financiamentos (24 x 500) | 12.000 | 8.000 |
| Créditos de Sócios | - - - - | 10.000 |
| **RESULTADOS DE EXERCÍCIOS FUTUROS** | **2.100** | **- - - -** |
| Lucros Antecipados | 2.100 | - - - - |
| **PATRIMÔNIO LÍQUIDO** | **80.791** | **46.200** |
| **Capital Realizado** | **45.000** | **24.800** |
| Capital | 60.000 | 29.800 |
| (-) Capital a Realizar | -15.000 | - 5.000 |
| **Reservas de Capital** | **9.800** | **- - - -** |
| Ágio na Emissão de Ações | 9.800 | - - - - |
| **Reservas de Lucros** | **25.991** | **21.400** |
| Reserva Legal | 4.324 | 3.400 |
| Reserva para aumento de capital | 21.667 | 18.000 |
| **TOTAL DO PASSIVO** | **180.600** | **144.000** |

## RESUMO

### ATIVO (APLICAÇÕES)

- **CIRCULANTE**
  - disponibilidades
  - valores realizáveis dentro de um ano
- **REALIZÁVEL A LONGO PRAZO**
  - valores realizáveis em prazo superior a um ano
  - direitos de prazo duvidoso
- **PERMANENTE**
  - **Investimentos**
    - participações permanentes em outras sociedades
    - bens destinados à renda
  - **Imobilizado**
    - bens materiais necessários à manutenção das atividades
    - (–) depreciação, exaustão ou amortização
  - **Intangível**
    - bens imateriais necessários à manutenção das atividades
    - (–)exaustão ou amortização
  - **Diferido**
    - despesas destinadas a beneficiar vários exercícios
    - (–) amortização acumulada

### PASSIVO (ORIGENS)

- **CIRCULANTE**
  - obrigações vencíveis no exercício seguinte
- **EXIGÍVEL A LONGO PRAZO**
  - obrigações vencíveis em prazo superior a um ano
- **RESULTADOS DE EXERCÍCIOS FUTUROS**
  - receitas antecipadas
  - (–) custo das receitas antecipadas
- **PATRIMÔNIO LÍQUIDO**
  - **Capital realizado**
    - capital nominal
    - (–) capital a realizar
  - **Reservas de capital**
    - ganhos não derivados da movimentação de valores do Ativo e oriundos da formação ou aumento do capital social
  - **Ajustes de avaliação patrimonial**
    - contrapartida de aumentos ou diminuições de valores do Ativo ou do Passivo em decorrência de sua avaliação a preços de mercado
  - **Reservas de lucros**
    - valores transferidos de lucros a destinar
  - **(–) Prejuízos acumulados**

# TESTES

**1** Assinale a alternativa em que não há correlação entre todos os termos agrupados:

**a.** Fornecedores, Obrigações, Impostos a recolher.

**b.** Reservas, Lucros acumulados, Lucros antecipados.

**c.** Estoques, Disponibilidades monetárias, Ativo circulante.

**d.** Lucros a apropriar, Receita diferida líquida, Resultados de exercícios futuros.

**e.** Provisão para Imposto de Renda, Contribuições a recolher, Provisão para férias.

**2** Uma empresa adquiriu, a prazo, uma perua para entrega de mercadorias aos clientes. O registro contábil da operação provocou:

**a.** aumento do Imobilizado e redução do Ativo Circulante.

**b.** aumento do Intangível e aumento do Passivo Circulante.

**c.** aumento do Imobilizado e aumento do Patrimônio Líquido.

**d.** aumento simultâneo do Ativo Permanente e do Ativo Circulante.

**e.** aumento do Imobilizado e aumento do Passivo Circulante.

**3** Indique a afirmação verdadeira:

**a.** Os empréstimos feitos a firmas coligadas, vencíveis no prazo de seis meses (da data do balanço), devem ser classificados no Ativo circulante.

**b.** A aquisição, pela empresa, de suas ações deve ser registrada no subgrupo Investimentos, do Ativo permanente.

**c.** O saldo credor da conta-corrente de ICMS indica uma obrigação da empresa e, como tal, é classificado no Passivo circulante.

**d.** A conta Seguros a vencer tem saldo credor e, como tal, deve ser classificada no Passivo circulante.

**e.** Provisão para dividendos é uma conta retificadora do Ativo.

**4** A venda, à vista, por $ 500 de uma máquina que custou $ 400, provocou:

**a.** aumento de $ 100 no Ativo e no Patrimônio Líquido.

**b.** redução de $ 400 no Ativo e aumento de $ 500 no Patrimônio Líquido.

**c.** aumento de $ 100 no Ativo e redução de $ 100 no Patrimônio Líquido.

**d.** aumento de $ 100 no Ativo Circulante e no Patrimônio Líquido.

**e.** aumento de $ 500 no Ativo Circulante e no Patrimônio Líquido.

**BALANÇO PATRIMONIAL**

**5** Faça a correlação:

**a.** Reservas de lucros.

**b.** Reservas de capital.

**c.** Ajustes de Avaliação Patrimonial.

(   ) Ágio na emissão de ações.

(   ) Reserva para aumento de capital.

(   ) Produto da alienação de partes beneficiárias.

(   ) Ajuste do ativo a preços de mercado.

(   ) Reserva para planos de investimento.

(   ) Reservas estatutárias.

**6** A compra de um caminhão por $ 90.000, 1/3 à vista e 2/3 a prazo:

**a.** provocou aumento de $ 90.000 no total do Ativo.

**b.** provocou aumento de $ 90.000 no Patrimônio Líquido.

**c.** provocou aumento de $ 60.000 no total do Ativo.

**d.** provocou aumento de $ 30.000 no Ativo Imobilizado.

**e.** provocou aumento de $ 30.000 no Passivo Circulante.

**7** A firma XPTO apresentava no seu Balanço Patrimonial:

- Capital social subscrito ..........$ 300.000
- Capital a integralizar..............$ 80.000
- Reserva legal.........................$ 40.000
- Reserva para contingências .. $ 20.000
- Prejuízos acumulados ............$ 14.000
- Ações em tesouraria ..............$ 5.000

O Patrimônio Líquido, nesse Balanço, totalizava:

**a.** $ 421.000

**b.** $ 431.000

**c.** $ 271.000

**d.** $ 261.000

**e.** $ 241.000

**8** Outra empresa apresentou, em 31/12/08, um Patrimônio Líquido de $ 800. Durante o mês de janeiro de 2009, realizou as seguintes operações:

- compra de mercadorias, à vista, no valor de $ 200;
- venda dessas mesmas mercadorias, por $ 290, a prazo;
- pagamento de uma duplicata, no valor de $ 150, com juros de 20%;

- recebimento de uma duplicata, no valor de $ 100, com desconto de 20%;
- contabilização dos salários de janeiro, no valor de $ 300, a serem pagos no dia 10/2/09.

O Patrimônio Líquido, em 31 de janeiro de 2009, passou a ser:

**a.** $ 540

**b.** $ 840

**c.** $ 750

**d.** $ 580

**e.** $ 830

**9** A Disque-Pizza comprou, por $ 5.000, uma moto para entrega de pizzas aos clientes, pagando, no ato da compra, $ 2.000, em cheque, e ficando de pagar o restante após três meses. No ato da compra:

**a.** ocorreu um aumento de $ 5.000 no total do Ativo.

**b.** ocorreu uma redução de $ 5.000 no Ativo Circulante.

**c.** ocorreu uma redução de $ 2.000 no Patrimônio Líquido.

**d.** não ocorreu nenhuma alteração no seu Patrimônio Líquido.

**e.** não ocorreu nenhuma alteração no seu saldo bancário.

**10** Operação que provoca aumento de igual valor no Ativo Circulante e no Patrimônio Líquido:

**a.** Pagamento de uma duplicata, com juros.

**b.** Recebimento de uma duplicata, com juros.

**c.** Recebimento de uma duplicata, com desconto.

**d.** Compra de mercadorias, a prazo.

**e.** Recebimento de uma receita.

**11** A Cia. Morada do Sol apresentava, em 10/8, a seguinte situação patrimonial:

| ATIVO | $ | PASSIVO | $ |
|---|---|---|---|
| Circulante | 25.000 | Circulante | 19.000 |
| Permanente | 30.000 | Patrimônio Líquido | 36.000 |

No dia seguinte (11/8) ocorreu o registro de uma operação, e a situação patrimonial passou a ser:

| ATIVO | $ | PASSIVO | $ |
|---|---|---|---|
| Circulante | 22.000 | Circulante | 15.000 |
| Permanente | 30.000 | Patrimônio Líquido | 37.000 |

- A operação registrada foi:
  **a.** Recebimento de uma duplicata de $ 4.000, com desconto de $ 1.000.
  **b.** Recebimento de uma duplicata de $ 4.000, com juros de $ 1.000.
  **c.** Pagamento de dívidas no valor de $ 4.000, com juros de $ 1.000.
  **d.** Pagamento de dívidas no valor de $ 3.000, com juros de $ 1.000.
  **e.** Pagamento de dívidas no valor de $ 4.000, com desconto de $ 1.000.

**12** Faça a correlação das provisões com os itens a que se referem:
  **a.** Amortização.
  **b.** Créditos de liquidação duvidosa.
  **c.** Provisão para contribuição social.
  **c.** Perdas em investimentos.
  **d.** Ajuste de estoques.
  (   ) Débitos de clientes.
  (   ) Participações de natureza permanente.
  (   ) Matérias-primas.
  (   ) Obrigações.
  (   ) Bens de uso intangíveis.

# EXERCÍCIOS

**1** Assinale as nove contas que estão deslocadas dos seus respectivos grupos:

| ATIVO | | PASSIVO | |
|---|---|---|---|
| CIRCULANTE | | CIRCULANTE | |
| Caixa | [ ] | Fornecedores | [ ] |
| Clientes | [ ] | Provisão para créditos de liquidação duvidosa | [ ] |
| (–) Provisão para férias | [ ] | | |
| Estoques | [ ] | Provisão p/Imposto de Renda | [ ] |
| Despesas de reorganização | [ ] | Impostos a recolher | [ ] |
| REALIZÁVEL A LONGO PRAZO | | RESULTADOS DE EXERCÍCIOS FUTUROS | |
| Créditos de coligadas | [ ] | | |
| Ações de coligadas | [ ] | Lucros a apropriar | [ ] |
| PERMANENTE | | Adiantamentos de clientes | [ ] |
| Investimentos | | PATRIMÔNIO LÍQUIDO | |
| Imóveis destinados à renda | [ ] | (–) Prejuizos acumulados | [ ] |
| Imobilizado | | Dividendos a distribuir | [ ] |
| Móveis e utensílios | [ ] | Capital | [ ] |
| Intangível | | (–) Capital a realizar | [ ] |
| Marcas e patentes | [ ] | Depreciação acumulada | [ ] |
| Diferido | | Reserva legal | [ ] |
| Despesas do exercício seguinte | [ ] | Provisão p/ajuste de estoques | [ ] |
| (–) Amortização acumulada | [ ] | | |

BALANÇO PATRIMONIAL

**2** Com base nos dados do balancete da empresa "Alfa" e nas observações, levante um Balanço Patrimonial preenchendo o quadro ao final do capítulo:

| BALANCETE FINAL EM 31/12/X1 |||||
|---|---|---|---|---|
| **SALDOS DEVEDORES** | | | **SALDOS CREDORES** | |
| Caixa | 800 | Capital | 11.670 |
| Depósitos bancários à vista | 510 | Obrigações diversas | 660 |
| Marcas e patentes | 410 | Fornecedores | 5.600 |
| Ações negociáveis (1) | 300 | Dividendos a pagar | 180 |
| Ações – Finor (2) | 750 | Ágio na emissão de ações | 510 |
| Ações de coligadas | 2.100 | Receitas diferidas (5) | 480 |
| Clientes | 4.000 | Impostos a pagar (6) | 980 |
| Móveis e utensílios | 1.800 | Instituições financeiras (7) | 2.800 |
| Despesas de reorganização | 1.290 | Provisão para férias | 520 |
| Depósitos p/recursos fiscais | 400 | Depreciação acumulada | 1.860 |
| Fundo de comércio | 600 | Provisão para créditos de liquidação duvidosa | 120 |
| Débitos de coligadas(3) | 930 | | |
| Capital a integralizar | 1.200 | Provisão p/Imposto de Renda | 150 |
| Juros antecipados | 500 | Reservas estatutárias | 1.480 |
| Instalações | 2.200 | Reserva legal | 410 |
| Estoques | 6.100 | Provisão p/perdas em investimentos | 310 |
| Máquinas e equipamentos | 4.200 | | |
| Custo das receitas antecipadas (4) | 260 | Reserva p/ contingências | 190 |
| | | Amortização acumulada (8) | 430 |
| | **28.350** | | **28.350** |

(1) Ações cotadas em Bolsa (há intenção de revenda).

(2) Fundo de Investimento no Nordeste (aplicações decorrentes de incentivos fiscais).

(3) Vencimento: 30/04/x2.

(4) Ajuste das "receitas diferidas".

(5) Ver Obs. 4.

(6) Saldo a ser pago em 20 parcelas mensais iguais, a partir de 30/3/x2.

(7) Financiamento p/aquisição de máquinas; parcela vencível após 31/12/x2: $ 1.900.

(8) Amortização de despesas diferidas.

DEMONSTRAÇÕES CONTÁBEIS

EXERCÍCIOS

**Quadro 4.5** BALANÇO PATRIMONIAL DA "CIA. ALFA" EM 31/12/X1

| BALANÇO PATRIMONIAL DA "CIA. ALFA" EM 31/12/X1 | | | |
|---|---|---|---|
| **ATIVO** | | **PASSIVO** | |
| CIRCULANTE | | CIRCULANTE | |
| | | | |
| | | | |
| | | | |
| | | | |
| | | | |
| | | | |
| | | EXIGÍVEL A LONGO PRAZO | |
| REALIZÁVEL A LONGO PRAZO | | | |
| | | | |
| | | RESULTADOS DE EXERCÍCIOS FUTUROS | |
| PERMANENTE | | | |
| - Investimentos | | | |
| | | PATRIMÔNIO LÍQUIDO | |
| | | - Capital Realizado | |
| | | | |
| - Imobilizado | | | |
| | | - Reservas de Capital | |
| | | | |
| | | | |
| | | - Ajustes de Avaliação Patrimonial | |
| - Intangível | | | |
| | | - Reservas de Lucros | |
| | | | |
| - Diferido | | | |
| | | | |
| | | - Prejuízos Acumulados | |
| Total do ATIVO | | Total do PASSIVO | |

96

# Capítulo 5

## DEMONSTRAÇÃO DO RESULTADO DO EXERCÍCIO

OBJETIVOS E IMPORTÂNCIA

ESTRUTURA

LUCRO REAL

DEMONSTRAÇÕES CONTÁBEIS

# 5.1 Objetivos e importância

A **Demonstração do Resultado do Exercício** é uma peça contábil que mostra o resultado das operações sociais – lucro ou prejuízo – e que procura evidenciar:

**a.** o resultado operacional do período, ou seja, o resultado das operações principais e acessórias da empresa, provocado pela movimentação dos valores aplicados no Ativo;

**b.** o resultado líquido do período, ou seja, aquela parcela do resultado que, efetivamente, ficou à disposição dos sócios para ser retirada ou reinvestida.

Além disso, esse demonstrativo mostra, em seqüência lógica e ordenada, todos os fatores que influenciaram, para mais ou para menos, o resultado do período, tornando-se, assim, valioso instrumento de análise econômico-financeira e preciosa fonte de informações para tomada de decisões administrativas.

A Demonstração do Resultado termina na apuração do lucro líquido. A distribuição desse lucro vai aparecer em outro demonstrativo: na Demonstração dos Lucros ou Prejuízos Acumulados (ver Capítulo 6) ou na Demonstração das Mutações do Patrimônio Líquido (ver Capítulo 7).

Deve ser informado, no final do demonstrativo em pauta, o valor do lucro líquido por ação do Capital Social (lucro líquido/número de ações). Essa informação é importantíssima para que o investidor possa avaliar o rendimento obtido e o tempo de retorno do seu investimento.

# 5.2 Estrutura

Adotando o sistema de demonstração vertical, parte-se da receita bruta e, por meio de adições e subtrações sucessivas, chega-se ao resultado líquido do exercício (ver Quadros 5.1 e 5.2).

**Quadro 5.1** DEMONSTRAÇÃO DO RESULTADO DO EXERCÍCIO

| DEMONSTRAÇÃO DO RESULTADO DO EXERCÍCIO |
| --- |
| **RECEITA BRUTA** |
| (−) Deduções da receita bruta |
| Devoluções e cancelamentos |
| Abatimentos |
| Impostos faturados |
| **= RECEITA LÍQUIDA** |
| (−) Custo da receita líquida |
| **= RESULTADO BRUTO** |
| (+) Outras receitas operacionais |
| Juros, aluguéis, dividendos |
| (−) Despesas operacionais |
| Salários, juros, aluguéis, fretes, seguros, depreciação etc. |
| **= RESULTADO OPERACIONAL** |
| (+) Receitas não operacionais |
| Ganhos resultantes da alienação de valores do ativo permanente |
| (−) Despesas não operacionais |
| Perdas provocadas pela alienação de valores do ativo permanente |
| **= RESULTADO ANTES DO IMPOSTO DE RENDA** |
| (−) Participações de terceiros |
| Imposto de Renda |
| Empregados e diretores |
| Debêntures e partes beneficiárias |
| **= RESULTADO LÍQUIDO** |

**a.** *Receita bruta*

A **receita bruta** corresponde ao valor bruto do faturamento das vendas e/ou dos serviços, ou seja, o somatório de todas as notas fiscais emitidas no período.

**b.** *Deduções*

Apesar de constarem no total do faturamento, não podem ser consideradas receitas efetivas:

- **cancelamentos** de receitas, por devoluções, quebras ou avarias na mercadoria vendida, pela não-efetivação ou pela má qualidade na prestação de serviços;

- **abatimentos** concedidos por defeitos, quebras, avarias ou devolução parcial da mercadoria ou por qualquer irregularidade na prestação de serviços;[1]
- **impostos incidentes sobre vendas e serviços:**[2] qualquer imposto contido no valor da receita bruta, como ICMS, IPI, PIS, Contribuição Social[3] etc.

**c.** *Receita líquida*
Receita líquida = Receita bruta (–) Deduções

**d.** *Custo da receita líquida*

d.1 *Custo da mercadoria para revenda:*
- valor de aquisição da mercadoria;
- seguros e transportes até o local de venda;
- tributos devidos na aquisição ou importação.

d.2 *Custo de produção dos bens ou serviços vendidos:*
- custo de aquisição de *insumos* (matérias-primas e quaisquer outros bens ou serviços de terceiros absorvidos no processo de produção);
- despesas diretas:
  - custo do pessoal aplicado na produção;
  - custos de locação, manutenção e reparos e os encargos de depreciação dos bens aplicados na produção;
  - encargos de exaustão e de amortização diretamente relacionados com os recursos produtivos.

**e.** *Lucro bruto*
Lucro bruto = Receita líquida (–) Custo da receita líquida

---

[1] Não se trata de abatimentos (descontos) concedidos por pagamentos antecipados (que são considerados despesas operacionais).

[2] Considera-se que esses tributos constituem receita do governo (e não da empresa). A empresa seria mera arrecadadora intermediária entre o comprador e o governo.

[3] A Contribuição Social calculada sobre o lucro real vai constar no demonstrativo como participação de terceiros no resultado.

**f.** *Outras receitas operacionais (ver Obs. 1)*
- receitas financeiras líquidas
  (excesso das receitas sobre as despesas financeiras);
- variações monetárias líquidas
- resultado (positivo) da equivalência patrimonial;
- dividendos, bonificações etc;
- aluguéis recebidos;
- descontos obtidos;
- doações e subvenções (ver Obs. 2);
- prêmio na emissão de debêntures (ver Obs. 2);
- resultado positivo dos ajustes a valor presente (ver Item g.7);
- reversão de provisões não utilizadas.

**Obs. 1** São considerados **operacionais** todos os ganhos ou perdas gerados pelas atividades principais ou acessórias da empresa.

A receita ou a despesa, para ser considerada operacional, deve atender a um dos seguintes requisitos (ou um ou outro):

a. ser habitual (rotineira);

b. ser gerada pela movimentação de um valor do giro dos negócios.

**Obs. 2** De acordo com a Lei n. 11.638/07, as "doações e subvenções para investimento" passam, quando realizadas, a integrar a DRE como receitas operacionais, da mesma forma que os "prêmios recebidos na emissão de debêntures" (ver Item k.4.a).

**g.** *Despesas operacionais (ver Obs. 1)*
Envolvem todas as despesas não enquadradas no *custo das mercadorias ou serviços*, mas igualmente imprescindíveis para a manutenção das atividades da empresa. Como não estão diretamente vinculadas ao processo de produção, são chamadas, nas empresas industriais, de *despesas indiretas*. Dividem-se em:

g.1 *Despesas mercantis:*
- salários e comissões de vendedores;
- gastos com publicidade e pesquisa de mercado;
- brindes e amostras.

DEMONSTRAÇÕES CONTÁBEIS

g.2 *Despesas administrativas:*
- ordenados (do pessoal do escritório);
- honorários dos diretores;
- material para expediente;
- aluguel de imóveis (uso não industrial);
- serviços contábeis e jurídicos;
- pró-labore dos sócios;
- depreciação (dos bens de uso do escritório).

g.3 *Despesas financeiras líquidas*
(exclui-se o valor das receitas financeiras):
- juros passivos;
- comissões e taxas bancárias;
- deságio na colocação de debêntures;
- variações monetárias líquidas — contrapartida de variações monetárias de obrigações e as perdas cambiais e monetárias na realização de créditos, excluídas das receitas da mesma natureza;
- juros sobre o capital próprio.

g.4 *Despesas tributárias*
Taxas e impostos não incluídos como "dedução da receita bruta". Exclui-se, também, o *Imposto de Renda* — que não é considerado despesa operacional, mas sim "participação" do governo nos lucros da empresa.

g.5 *Depreciações e amortizações*
Aplicadas sobre os valores não utilizados diretamente no processo de produção: depreciação dos móveis, máquinas, veículos e instalações; amortização de despesas do Ativo diferido e de bens de uso intangíveis. A provisão para exaustão, pela sua própria natureza, deve ser sempre considerada "custo da receita líquida".

g.6 *Outras provisões*
- para créditos de realização duvidosa (devedores duvidosos);
- para ajuste de estoques;
- para ajuste de títulos e valores mobiliários.

### g.7 *Resultado negativo do ajuste a valor presente*

**Ajuste a valor presente** é o valor que expressa o montante ajustado em função do tempo a transcorrer entre as datas da operação e do vencimento, de crédito ou obrigação de financiamento ou de outra transação usual da entidade, mediante dedução dos encargos financeiros respectivos, com base na taxa contratada ou na taxa média de encargos financeiros praticada no mercado.

Se o resultado for **negativo**, será considerado **despesa**; se for **positivo,** será considerado **receita**.

### h. *Lucro operacional (ver Obs. 1)*

Corresponde ao resultado positivo das atividades principais ou acessórias da empresa.

É resultante da diferença entre o total das receitas operacionais (inclusive o lucro bruto) e o total das despesas operacionais.

Poderia ser considerado, também, o resultado líquido da movimentação habitual dos valores aplicados no Ativo.

### i. *Resultados não operacionais*

São os ganhos ou as perdas vinculados à alienação (venda, doação ou baixa) de valores do Ativo Permanente.

Duas condições são, pois, necessárias para que o resultado seja considerado *extra-operacional (não operacional)*:

- que o valor que provocou a renda ou a despesa esteja classificado no *Permanente*;
- que o ganho ou a perda seja gerado pela *alienação* (venda, doação ou baixa) desse valor.[4]

### i.1 *Despesas não operacionais*

- prejuízo na venda de bens do Imobilizado (bens de uso);
- prejuízo na venda de investimentos;

---

[4] Outra forma de raciocinar: tudo que é habitual é *operacional*, já que o ganho ou a perda não operacional só pode acontecer uma única vez, pois o valor que o produziu não faz mais parte do patrimônio da empresa. Outra "dica": todo ganho ou perda provocado por um valor do Ativo Circulante é *operacional*, já que o não operacional só ocorre com valores do Permanente (quando alienados).

- baixa de bens do Imobilizado (ainda não totalmente depreciados);
- doação de valores do Ativo Permanente;
- amortização de ágios sobre investimentos;
- provisão para perdas em investimentos[5].

i.2 *Receitas não operacionais*[6]
- lucro na venda de bens do Imobilizado;
- lucro na realização de investimentos;
- amortização de deságios sobre investimentos;
- reversão da provisão para perdas em investimentos.

**j.** *Resultado antes do Imposto de Renda*
Corresponde ao lucro líquido do exercício, antes da dedução da participação de terceiros no resultado. Constitui a base para o cálculo do Imposto de Renda (ver *lucro real*). Seria mais bem denominado: *Resultado antes das participações de terceiros*.

**k.** *Participações de terceiros (ver Obs. 3 e 4)*

k.1 *Governo (Provisão para Imposto de Renda e Contribuição Social sobre o lucro).*

k.2 *Administradores ou diretores.*

k.3 *Empregados*
   a. participação direta: recebimento de participações em dinheiro ou crédito em conta;

---

[5] A provisão para perdas em investimentos é a única provisão retificadora do Ativo considerada *não operacional*, pois é constituída para atender a uma perda futura quando da alienação (condição *b*) de valores classificados no Ativo Permanente (condição *a*).

[6] Determinada empresa tem participação em uma firma coligada. Os rendimentos normais dessa aplicação — dividendos e bonificações — devem ser considerados *receitas operacionais* (mesmo porque é um rendimento habitual, derivado de uma atividade acessória e produzido por um valor que permanece integrando o seu Ativo). Se, contudo, esse investimento for alienado e, nessa operação, a empresa ganhar ou perder alguma coisa, esse ganho ou essa perda deverá ser considerado *não operacional* (não é um rendimento habitual, não é derivado das atividades — principais ou acessórias — e foi produzido pela alienação de um valor que não mais integra o Ativo da empresa).

DEMONSTRAÇÃO DO RESULTADO DO EXERCÍCIO

b. participação indireta: contribuições espontâneas da empresa para formação de fundos assistenciais e previdenciários e para apoio financeiro às atividades culturais, sociais, recreativas e esportivas dos empregados e respectivos familiares.

k.4 *Portadores de debêntures e de partes beneficiárias*
   a. Debêntures são títulos de crédito emitidos pelas companhias para captação de recursos, que podem assegurar ao seu titular juros, correção e, eventualmente, participação nos lucros e o direito de conversão do crédito em ações.
   b. Partes beneficiárias são títulos negociáveis, criados por uma companhia, sem valor nominal e estranhos ao Capital Social. Não representam, ao contrário das debêntures, uma dívida da empresa para com o adquirente. Eles só conferem aos seus titulares o direito eventual de participação nos lucros. O valor recebido pela empresa numa eventual alienação desse título deverá ser classificado como Reserva de Capital.

**Obs. 3** A participação dos sócios no lucro vai aparecer somente na Demonstração dos Lucros ou Prejuízos Acumulados ou na Demonstração das Mutações do Patrimônio Líquido.

**Obs. 4** Ordem de participação de terceiros no lucro (Lei n. 6.404, art. 189):
   "Do resultado do exercício serão deduzidos, antes de qualquer participação, os prejuízos acumulados e a provisão para o imposto sobre a renda."
   "As participações estatutárias de empregados, administradores e partes beneficiárias serão determinadas, sucessivamente e nessa ordem, com base nos lucros que remanescerem depois de deduzida a participação anteriormente calculada."

**l.** *Lucro líquido*
O **lucro líquido** corresponde ao resultado final (positivo) do período, ou seja, àquela parcela que fica à disposição dos sócios para ser retirada ou reinvestida.

# 5.3 Lucro real

### 5.3.1 Lucro real = Lucro tributável

**Lucro real** é o "lucro antes do Imposto de Renda", ajustado pelas adições e exclusões prescritas pela legislação tributária.

Depois desses ajustes corresponderia ao *lucro tributável*, ou seja, àquele sobre o qual serão aplicadas as taxas do Imposto de Renda e da Contribuição Social.

Aliás, parece-nos que não foi muito feliz o legislador ao escolher essa denominação, pois o montante base para o cálculo do Imposto de Renda está muito longe de representar o lucro *real* das atividades da empresa. O nome mais adequado seria, sem dúvida, *lucro tributável*.

### 5.3.2 **Cálculo**

Lucro antes do Imposto de Renda:

(+) valores deduzidos na apuração do resultado, que não são considerados dedutíveis para fins de Imposto de Renda;

(+) valores não computados na apuração do resultado, que, de acordo com a legislação tributária, devem ser incluídos na determinação do lucro real;

(−) receitas (e similares) que, segundo a conceituação tributária, não são computáveis no cálculo do lucro real, ou valores não contabilizados, cuja dedução seja permitida;

(−) prejuízos de exercícios anteriores apurados no demonstrativo do lucro real.

### 5.3.3 **Livro de Apuração do Lucro Real — LALUR**

No **Livro de Apuração do Lucro Real — LALUR**, de natureza exclusivamente fiscal, deverão constar:

- os ajustes, já citados, do lucro antes do Imposto de Renda;
- a demonstração da apuração do lucro real;
- os registros de controles de "prejuízos a compensar em exercícios subseqüentes e de outros valores que devam influenciar a determinação do lucro real de exercícios futuros e que não constem na escrita comercial".

**Quadro 5.2** DEMONSTRAÇÃO DO RESULTADO DO EXERCÍCIO DA CIA. ABC

| DEMONSTRAÇÃO DO RESULTADO DO EXERCÍCIO DA CIA. ABC | | 31/12/X1 | 31/12/X0 |
|---|---|---|---|
| RECEITA BRUTA DE VENDAS | | 395.000 | 244.000 |
| (-) | Devoluções, Cancelamentos e Abatimentos | 30.000 | - - - - - - |
| (-) | ICMS sobre Vendas | 65.000 | 44.000 |
| (=) | Receita Líquida de Vendas | 300.000 | 200.000 |
| (-) | Custo da Mercadoria Vendida | 210.000 | 146.000 |
| (=) | Lucro Bruto | 90.000 | 54.000 |
| (+) | Dividendos Recebidos | 1.000 | 700 |
| (-) | Comissões Passivas | 6.100 | 2.700 |
| (-) | Despesas Gerais | 8.600 | 3.800 |
| (-) | Despesas de Pessoal | 33.000 | 26.000 |
| (-) | Despesas Financeiras Líquidas | 6.800 | 3.500 |
| (-) | Despesas de Depreciação e Amortização | 6.300 | 5.100 |
| (=) | Lucro Operacional | 30.200 | 13.600 |
| (-) | Prejuízo na Venda de Ações de Coligadas | 6.200 | 1.000 |
| (=) | Lucro antes do Imposto de Renda | 24.000 | 12.600 |
| (-) | Provisão para Imposto de Renda | 3.600 | 1.890 |
| (-) | Provisão para Contribuição Social | 1.920 | 1.010 |
| (=) | Lucro Líquido do Período | 18.480 | 9.700 |
| **Lucro líquido por ação** | | **$ 1,848**[7] | **$ 1,763**[8] |

---

[7] $ 18.480/10.000 ações = $ 1,848 por ação.
[8] $ 9.700/5.500 ações = $ 1,763 por ação.

# RESUMO

## Objetivo
• Mostrar o resultado das operações e os fatores determinantes desse resultado.

## Estrutura
• Receita Bruta
− Deduções
= **Receita Líquida**

• Receita Líquida
− Custo da Receita Líquida
= **Lucro Bruto**

• Lucro Bruto
− Despesas Operacionais
+ Receitas Operacionais
= **Lucro Operacional**

• Lucro Operacional
− Despesas Não Operacionais
+ Receitas Não Operacionais
= **Lucro Antes do Imposto de Renda**

• Lucro antes do Imposto de Renda
− Participações de Terceiros no Resultado
= **Lucro Líquido do Exercício**

## TESTES

**1** Faça a correlação:
**a.** Receita Bruta.
**b.** Lucro antes do Imposto de Renda.
**c.** Lucro Bruto.
**d.** Lucro Operacional.
**e.** Receita Líquida.
**f.** Lucro Líquido.
(   ) Resultado das atividades principais e acessórias.
(   ) Lucro a ser retirado ou reinvestido.
(   ) Faturamento total do ano.
(   ) Valor-base para o cálculo das participações de terceiros.
(   ) Receita efetiva do período.
(   ) Receita Líquida — CMV.

**2** Faça a correlação:
**a.** Despesas operacionais.
**b.** Despesas extra-operacionais.
**c.** Participação de terceiros no resultado.
**d.** Deduções da Receita Bruta.
(   ) Prejuízo na alienação de investimentos.
(   ) Despesas financeiras líquidas.
(   ) Devoluções de vendas.
(   ) Contribuições para clubes de empregados.
(   ) Provisão para Contribuição Social.
(   ) Provisão para ajuste de estoques.

**3** Não influi na apuração do resultado líquido do período:
**a.** dividendos recebidos.
**b.** provisão para perdas em investimentos.
**c.** lucro na alienação de participações classificadas no permanente.
**d.** provisão para Contribuição Social.
**e.** dividendos distribuídos.

DEMONSTRAÇÕES CONTÁBEIS

**TESTES**

**4** Dados extraídos de uma Demonstração do Resultado do exercício:
- Custo da Receita Líquida: $ 2.200
- Lucro Bruto: $ 1.000
- Deduções da Receita Bruta: $ 600

Valor da Receita Bruta:

**a.** $ 1.800.     **b.** $ 3.200.     **c.** $ 3.800.     **d.** $ 2.600.     **e.** $ 1.600.

**5** **Receita Bruta:** $ 6.000
- Baixa de bens de uso: $ 200
- Despesas operacionais: $ 1.900
- Aluguéis recebidos: $ 150
- Custo da receita líquida: $ 3.000
- Cancelamento de vendas: $ 280
- Provisão para Imposto de Renda: $ 300

Afirmação FALSA:

- **a.** Receita Líquida = $ 5.720.
- **b.** Lucro Bruto = $ 2.720.
- **c.** Lucro Operacional = $ 770.
- **d.** Lucro antes do Imposto de Renda = $ 770.
- **e.** Lucro Líquido = $ 470.

**6** **I.** O pagamento, em dezembro de x1, de uma despesa relativa a janeiro de x2 não afeta o resultado de x1.

**II.** A Receita Bruta corresponde ao valor das vendas efetivamente realizadas durante o exercício.

**III.** Os impostos incidentes sobre o faturamento aparecem na DRE como despesas operacionais.

São verdadeiras as afirmações:

**a.** I e II.     **b.** só a I.     **c.** só a II.     **d.** II e III.     **e.** I e III.

**7**
- Vendas Brutas: $ 2.300
- Impostos sobre o Faturamento: $ 200
- Lucro Bruto: $ 800

Montante do custo da mercadoria vendida:

**a.** $ 1.700.     **b.** $ 3.300.     **c.** $ 1.300.

**d.** $ 600.     **e.** $ 1.500.

# DEMONSTRAÇÃO DO RESULTADO DO EXERCÍCIO

**8** A Cia. Aravidros apresentou, no encerramento do exercício, os seguintes dados:

- Lucro bruto: $ 800
- Provisão para Imposto de Renda: $ 25
- Provisão para devedores duvidosos: $ 10
- Provisão para perdas em investimentos: $ 35
- Lucro na venda de móveis de uso: $ 50
- Outras despesas operacionais: $ 600
- Bonificações recebidas: $ 40
- Abatimentos por avarias na mercadoria vendida: $ 170
- Receita bruta de vendas: $ 2.000

O custo da mercadoria vendida totalizou:

**a.** $ 1.200.      **b.** $ 1.270.      **c.** $ 1.800.
**d.** $ 1.030.      **e.** $ 1.670.

**9** No mesmo caso da Cia. Aravidros (Questão 8), o lucro operacional será de:

**a.** $ 130.      **b.** $ 230.      **c.** $ 190.      **d.** $ 220.      **e.** $ 150.

**10** Ainda com base nos mesmos dados da Questão 8, o lucro líquido será de:

**a.** $ 220.
**b.** $ 230.
**c.** $ 140.
**d.** $ 150.
**e.** $ 120.

**11** A XPTO apresentou em sua DRE:

- Lucro Bruto sobre Vendas: 3.300
- Deduções da Receita Bruta: 600

Sabendo-se que o custo da mercadoria vendida representa 40% da venda (receita) líquida, pode-se afirmar que o total da venda (receita) bruta, no período, foi de:

**a.** $ 2.700.
**b.** $ 5.220.
**c.** $ 5.500.
**d.** $ 6.100.
**e.** $ 3.900.

DEMONSTRAÇÕES CONTÁBEIS

# EXERCÍCIOS

**1** Assinale os sete itens que não estão colocados corretamente:

| RECEITA BRUTA | | |
|---|---|---|
| (−) | Custo da Receita Líquida | [ ] |
| (=) | Receita Líquida | |
| (−) | Vendas canceladas | [ ] |
| (=) | Lucro Bruto | |
| (−) | Depreciação e amortização | [ ] |
| (−) | Provisão para Imposto de Renda | [ ] |
| (−) | Juros e taxas bancárias | [ ] |
| (−) | Prejuízo na alienação de investimentos | [ ] |
| (−) | Despesas administrativas | [ ] |
| (+) | Aluguéis ativos | [ ] |
| (=) | Lucro Operacional | |
| (−) | Baixa de mercadorias para revenda | [ ] |
| (−) | Provisão para perdas em investimento | [ ] |
| (+) | Receitas financeiras | [ ] |
| (=) | Lucro antes do Imposto de Renda | |
| (−) | ICMS sobre vendas | [ ] |
| (=) | Lucro Líquido | |

**2** Com os dados da empresa "Alfa" — a mesma do Capítulo 4, Questão 2 —, monte a Demonstração do Resultado do Exercício. Alguns valores não estão explicitados, mas poderão ser facilmente deduzidos (Lucro Bruto, Receita Líquida e Receita Bruta, nessa ordem):

| | |
|---|---|
| Custo da mercadoria vendida | 21.000 |
| Lucro Bruto = 30% da Receita Líquida | |
| Impostos faturados | 6.000 |
| Dividendos recebidos | 400 |
| Lucro na venda de bens de uso | 770 |
| Despesas administrativas | 6.200 |
| Provisão para Imposto de Renda | 150 |
| Provisão para créditos de liquidação duvidosa | 120 |
| Porcentagem da diretoria | 440 |
| Reversão da provisão para ajuste de estoques | 350 |
| Provisão para perdas em investimentos | 310 |
| Prejuízo na alienação de ações negociáveis | 300 |

# DEMONSTRAÇÃO DO RESULTADO DO EXERCÍCIO

| DEMONSTRAÇÃO DO RESULTADO DO EXERCÍCIO DA CIA. ALFA EM X1 | |
|---|---|
| RECEITA BRUTA | |
| | |
| | |
| (=) RECEITA LÍQUIDA | |
| | |
| (=) LUCRO BRUTO | |
| | |
| | |
| | |
| | |
| | |
| | |
| (=) LUCRO OPERACIONAL | |
| | |
| | |
| | |
| (=) LUCRO ANTES DO IMPOSTO DE RENDA | |
| | |
| | |
| | |
| (=) LUCRO LÍQUIDO | |

# Capítulo **6**

## DEMONSTRAÇÃO DOS LUCROS OU PREJUÍZOS ACUMULADOS

NOÇÕES GERAIS

ESTRUTURA

# 6.1 Noções gerais

## 6.1.1 Considerações preliminares

**a.** *Extinção*
A Lei n. 11.638/07 excluiu do Balanço Patrimonial a conta Lucros Acumulados, mantendo, apenas, a conta Prejuízos Acumulados.

**b.** *Justificativa*
Partiu-se da premissa de que todo o lucro do exercício deva ter uma destinação, seja para formação ou aumento de Reservas, distribuição de dividendos ou aumento de Capital.

**c.** *Conta transitória*
Para registrar a destinação dada ao resultado do exercício, ou a eventual compensação de prejuízos, a empresa poderá utilizar a própria conta Lucros ou Prejuízos Acumulados, desde que observe as seguintes condições:

c.1 A conta deve ser utilizada, transitoriamente, apenas para os ajustes do encerramento do exercício, não aparecendo, portanto, nem no Balancete Final nem no Balanço Patrimonial.

c.2 A conta não pode ter, ao final da destinação, saldo credor, ou seja, todo o lucro do período terá que ter uma destinação.

c.3 Se o saldo final for devedor, deverá ser mantido e evidenciado no Balancete Final e no Balanço Patrimonial como "Prejuízos Acumulados".

## 6.1.2 Objetivos

A **Demonstração dos Lucros ou Prejuízos Acumulados** visa, portanto, a:

- evidenciar o lucro líquido do período e a sua destinação para distribuição de dividendos, aumento do Capital Social, aumento ou constituição de reservas e, eventualmente, compensação de prejuízos anteriores;
- evidenciar os prejuízos acumulados, se for o caso, e a sua compensação com o lucro ou o seu aumento com o prejuízo do exercício.

### 6.1.3 Opção

A empresa poderá optar entre fazer a demonstração da destinação dos lucros ou da compensação de prejuízos na DLPA ou fazê-la com as demais contas do Patrimônio Líquido.

Escolhendo a segunda opção, deverá elaborar outro tipo de demonstrativo, denominado **Demonstração das Mutações do Patrimônio Líquido** (Capítulo 7), que contém a Demonstração dos Lucros ou Prejuízos Acumulados e, por isso, torna-a dispensável.

### 6.1.4 Dividendo por ação

Determina a Lei n. 6.404 que, no rodapé do presente demonstrativo (ou, se for o caso, no das Mutações do Patrimônio Líquido), seja informado o valor do dividendo por ação. Tal valor é obtido dividindo-se o montante do dividendo distribuído (e/ou a distribuir) pelo número de ações em que o Capital Social está dividido.

# 6.2 Estrutura

**Quadro 6.1** DEMONSTRAÇÃO DOS LUCROS OU PREJUÍZOS ACUMULADOS

| DEMONSTRAÇÃO DOS LUCROS OU PREJUÍZOS ACUMULADOS | |
|---|---|
| SALDO NO INÍCIO DO PERÍODO (VER ITEM "a") | |
| ( +/− ) | Ajustes de Exercícios Anteriores |
| ( +/− ) | Lucro/Prejuízo Líquido do Exercício |
| ( + ) | Reversões de Reservas |
| ( − ) | Destinações do Lucro: |
| | Transferência para Capital |
| | Dividendos Distribuídos ou a Distribuir |
| | Transferência para Reservas |
| = SALDO NO FIM DO PERÍODO (VER ITEM "a") | |

**a.** *Saldo no início (ou no fim) do período*
Em face do que foi exposto, podemos concluir que a DLPA pode apresentar, em seus saldos iniciais e finais, dois resultados:

1. saldo devedor, indicando prejuízo acumulado;
2. saldo zero, indicando que todo lucro foi destinado ou todo prejuízo foi compensado.

**b.** *Ajustes de exercícios anteriores*
Considerados apenas os decorrentes de mudança de critério contábil ou de retificação de erro imputável a exercícios anteriores:[1]
- retificação de valores do Ativo, em função de mudança de critérios de avaliação (de estoques, investimentos etc.) ou de adoção de outros métodos de depreciação;
- depreciações, exaustões e amortizações contabilizadas a maior ou a menor em anos anteriores;
- erro na baixa do valor contábil de bens do Ativo;
- erro em balanços de coligadas que influam na contabilização do investimento (pelo valor de Patrimônio Líquido).

**c.** *Saldo inicial ajustado*
É o saldo inicial corrigido, ou seja, é o saldo que já deveria figurar no último balanço, não fora o erro ocorrido.

**d.** *Resultado do exercício*
Corresponde ao lucro (+) ou prejuízo (–) líquido apurado no final da Demonstração do Resultado do Exercício.

d.1 *No caso de o saldo inicial ser "zero":*
- O eventual lucro líquido do exercício poderá:
    - ser destinado para reservas, distribuição de dividendos e aumento de capital;
    - ser aumentado por ajustes (positivos) de exercícios anteriores;
    - ser reduzido por ajustes (negativos) de exercícios anteriores.

---

[1] Esses valores não podem entrar na Demonstração do Resultado, pois são receitas ou despesas que não ocorreram no exercício levantado e, por isso, devem ser ajustados diretamente na conta Lucros ou Prejuízos Acumulados (ou em outra conta transitória que estiver sendo utilizada para destinação do resultado).

- O eventual prejuízo líquido do exercício poderá:
  - ser compensado, total ou parcialmente, com reversão de reservas;
  - ser aumentado por ajustes (positivos) de exercícios anteriores;
  - ser reduzido por ajustes (negativos) de exercícios anteriores.

**Obs.** No caso de esses reajustes não eliminarem o prejuízo apurado, o saldo final do demonstrativo passará a indicar um "prejuízo acumulado" para ser compensado ou aumentado no exercício seguinte.

d.2 *No caso de o saldo inicial ser "devedor" (prejuízo acumulado):*
- o eventual lucro líquido do exercício poderá:
  - ser destinado para compensação do prejuízo acumulado;
  - ser destinado para reservas, distribuição de dividendos e aumento de capital, se houver sobra;
  - ser aumentado por ajustes (positivos) de exercícios anteriores;
  - ser reduzido por ajustes (negativos) de exercícios anteriores.
- o eventual prejuízo líquido do exercício poderá:
  - ser incorporado ao montante do prejuízo acumulado
  - ser aumentado por ajustes (positivos) de exercícios anteriores;
  - ser reduzido por ajustes (negativos) de exercícios anteriores;
  - ser compensado (esse novo montante), total ou parcialmente, com reversão de reservas.

**Obs.** No caso de esses ajustes não eliminarem o prejuízo apurado e o de exercícios anteriores, o saldo final do demonstrativo continuará indicando um "prejuízo acumulado" para ser compensado ou aumentado no exercício seguinte.

**e.** *Reversões de reservas*

Algumas Reservas de Lucros não são cumulativas e, portanto, podem ser revertidas quando não utilizadas:
- reserva para contingências — revertida automaticamente pelo valor do saldo não utilizado no período;
- reserva para lucros a realizar — revertidas somente as parcelas correspondentes aos lucros realizados no período.

DEMONSTRAÇÕES CONTÁBEIS

### f. Destinações do lucro

A lei determina que as demonstrações financeiras devem registrar a destinação dos lucros segundo a proposta dos órgãos da administração, no pressuposto de sua aprovação pela Assembléia Geral. Dessa forma, na ausência de prejuízos a compensar, os lucros não utilizados para aumento do Capital Social devem ser destinados:

- para formação ou reforço de Reservas de Lucros, e/ou
- para pagamento de dividendos.

**Quadro 6.2** DEMONSTRAÇÃO DOS LUCROS OU PREJUÍZOS ACUMULADOS DA CIA. ABC (VER SEÇÃO 2.6.5.a)

| DEMONSTRAÇÃO DOS LUCROS OU PREJUÍZOS ACUMULADOS DA CIA. ABC | 31/12/X1 | 31/12/X0 |
|---|---|---|
| SALDO NO INÍCIO DO PERÍODO[2] | 000 | 000 |
| ( + ) Lucro Líquido do Exercício | 18.480 | 9.700 |
| ( + ) Reversões de Reservas | ------- | 700 |
| ( - ) Transferência para Aumento de Capital | | 3.800 |
| ( - ) Transferência para Reserva Legal | 924 | 300 |
| ( - ) Dividendos a Distribuir (*) | 4.389[3] | 1.300 |
| ( - ) Transferência para Reserva para Aumento de Capital | 13.167 | 5.000 |
| ( = ) SALDO NO FIM DO PERÍODO | 000 | 000 |
| (*) $ 0,44 por ação[4] | | |

---

[2] O saldo é zero porque a empresa não tinha prejuízos acumulados e, conforme determina a Lei n. 11.638/07, todo o lucro foi destinado.

[3] 25% sobre $ 17.556 ($ 18.400 - $ 924). Ver Seção 2.6.2.

[4] $ 4.389 ÷ 10.000 ações = $ 0,44 por ação.

# RESUMO

## Objetivo

- Colocar em evidência o resultado líquido do período e a sua destinação ou, se for o caso, as eventuais compensações, parciais ou totais, dos prejuízos acumulados de períodos anteriores.

## Estrutura

- Parte do saldo da verba em pauta, no início do período, e, por meio de subtrações e adições, chega ao seu saldo no final do período.
- a DLPA pode apresentar em seus saldos iniciais e finais dois resultados:
  1. ou saldo devedor, indicando prejuízo acumulado;
  2. ou saldo zero, indicando que todo lucro foi destinado ou todo prejuízo foi compensado.

# TESTES

**1** Faça a correlação:

(a) Demonstração do Resultado do Exercício.

(b) Demonstração dos Lucros ou Prejuízos Acumulados.

( ) Reversão de reservas.
( ) Destina o lucro do exercício.
( ) Reversão de provisões.
( ) Dividendos recebidos.
( ) Dividendos distribuídos.
( ) Apura o lucro do exercício.

**2** Diga se a afirmação é falsa (F) ou verdadeira (V):

**a.** ( ) As reservas de capital transitam pela Demonstração dos Lucros ou Prejuízos Acumulados.

**b.** ( ) A Demonstração dos Lucros ou Prejuízos Acumulados evidencia a forma como foi aumentado o Capital Social da empresa no período.

**c.** ( ) A Demonstração dos Lucros ou Prejuízos Acumulados complementa a Demonstração do Resultado do Exercício.

**3** • Lucros acumulados (saldo inicial): $ 000

• Reversão de reservas: $ 40

• Ajuste de despesas contabilizadas a menor em anos anteriores: $ 20

• Prejuízo líquido do exercício: $ 80

– O saldo final da conta Prejuízos Acumulados será:

**a.** $ 20.    **b.** $ 60.    **c.** $ 100.    **d.** $ 60.    **e.** $ 80.

**4** A. Aumento de capital com aproveitamento de Reservas de Capital.

B. Aumento de capital, com aproveitamento de Reservas de Lucros.

C. Participação de empregados e diretores no lucro.

D. Aumento de capital, com aproveitamento de lucros.

E. Participação dos sócios (ou acionistas) no lucro.

• Aparecem na Demonstração dos Lucros ou Prejuízos Acumulados:

**a.** todas.    **b.** B, D, E.    **c.** D, E.    **d.** B, D.    **e.** C, D, E.

# EXERCÍCIOS

Com os elementos fornecidos pela empresa "Alfa" elabore a Demonstração dos Lucros ou Prejuízos Acumulados.

Não se esqueça de que:

**a.** o elemento mais importante desta demonstração (resultado do exercício) é fornecido pela Demonstração do Resultado (Exercício 2, capítulo anterior);

**b.** o saldo final deste demonstrativo deve ser igual ao saldo da respectiva conta no Balanço Patrimonial (Exercício 2 do capítulo 4).

| | |
|---|---|
| Saldo inicial de "Prejuízos Acumulados" | $ 1.320 |
| Reforço da Reserva Legal | $ 150 |
| Reversão (parcial) da Reserva para Contingências | $ 20 |
| Dividendos Obrigatórios | $ 180 |
| Depreciação contabilizada a maior em anos anteriores | $ 110 |
| Lucro transferido para Reservas Estatutárias | $ 1.480 |

### DEMONSTRAÇÃO DOS LUCROS OU PREJUÍZOS ACUMULADOS

| | |
|---|---|
| **SALDO INICIAL** | |
| | |
| | |
| | |
| | |
| | |
| | |
| **(=) SALDO FINAL** | |

# Capítulo **7**

## DEMONSTRAÇÃO DAS MUTAÇÕES DO PATRIMÔNIO LÍQUIDO

NOÇÕES GERAIS

ESTRUTURA

## 7.1 Noções gerais

### 7.1.1 Objetivo

Tem por objetivo demonstrar as variações em cada uma das contas integrantes do grupo Patrimônio Líquido. Nessas condições, terá de englobar, inevitavelmente, a Demonstração dos Lucros ou Prejuízos Acumulados, tornando-a, pois, dispensável.

Considerando serem vários os fatores que influem na determinação do saldo dessas contas — lucro transferido, reversões e ajustes, por exemplo —, seria quase impossível, sem o presente demonstrativo, caracterizar aqueles que provocaram as modificações observadas de um ano para o outro.

### 7.1.2 Facultativa ou obrigatória?

Essa demonstração, conforme já frisamos, só é obrigatória para as companhias abertas. Se elaborada, dispensará a apresentação da Demonstração dos Lucros ou Prejuízos Acumulados (Capítulo 6).

## 7.2 Estrutura

### 7.2.1 Engloba a DLPA

Analisando o Quadro 7.1, podemos notar que:

- A penúltima coluna corresponde, exatamente, à Demonstração dos Lucros ou Prejuízos Acumulados Nessa coluna, por força da determinação de que não pode haver lucros acumulados (Lei n. 11.638), o saldo só poderá ser prejuízo acumulado ou "zero".

DEMONSTRAÇÃO DAS MUTAÇÕES DO PATRIMÔNIO LÍQUIDO

- Todos os itens relacionados com essa coluna já foram devidamente comentados no Capítulo 6, Seção 6.2.
- A única novidade é que o demonstrativo atual — Demonstração das Mutações do Patrimônio Líquido — correlaciona a movimentação desses itens, mostrando se eles influem ou não nos demais subgrupos (ou contas) do Patrimônio Líquido.

**Quadro 7.1** ESTRUTURA DA DEMONSTRAÇÃO DAS MUTAÇÕES DO PATRIMÔNIO LÍQUIDO

| MUTAÇÕES DO PATRIMÔNIO LÍQUIDO | CAPITAL | RESERVAS DE CAPITAL | AJUSTE DE AVALIAÇÃO PATRIMONIAL | RESERVAS DE LUCROS | LUCROS OU PREJUÍZOS ACUMULADOS | TOTAL |
|---|---|---|---|---|---|---|
| Saldo anterior | $ | $ | $ | $ | (*) | $$ |
| Ajustes de exercícios anteriores | | | | | ( + / - ) | ( + / - ) |
| Integralização de capital | ( + ) | | | | | ( + ) |
| Transferência de reservas para capital | ( + + + ) | ( - ) | ( - ) | ( - ) | | |
| Transferência de reservas para compensação de prejuízos | | ( - ) | ( - ) | ( - ) | ( + + + ) | |
| Entradas de reservas de capital | | ( + ) | | | | ( + ) |
| Ajustes de avaliação patrimonial | | | ( + / - ) | | | ( + / - ) |
| Resultado do exercício | | | | | ( + / - ) | ( + / - ) |
| Transferência de lucros para capital | ( + ) | | | | ( - ) | |
| Transferência de lucros para reservas | | | | ( + ) | ( - ) | |
| Reversão de reservas de lucros | | | | ( - ) | ( + ) | |
| Destinação de lucros para dividendos | | | | | ( - ) | ( - ) |
| **Saldo final** | $ | $ | $ | $ | (*) | $$ |

(*) Deve constar o "valor do prejuízo acumulado" ou "zero".

## 7.2.2 Influência no total do Patrimônio Líquido

Ainda observando o Quadro 7.1, podemos concluir que:

**DEMONSTRAÇÕES CONTÁBEIS**

**a.** Algumas operações não influem no total do Patrimônio Líquido, pois os valores que entram em uma conta (ou subgrupo) saem em outra:
- transferência de contas de Reservas para a conta Capital;
- transferência da conta Lucros Acumulados para a conta Capital;
- transferência da conta Lucros Acumulados para contas de Reservas de Lucros;
- reversão de Reservas de Lucros para Lucros Acumulados.

**b.** Algumas operações modificam o total do Patrimônio Líquido:
- aumento da conta Capital com a entrega de bens ou dinheiro;
- apropriação do resultado líquido a contas do Patrimônio Líquido;
- entrada de Reservas de Capital;
- ajustes de avaliação patrimonial;
- distribuição de lucros para os sócios (dividendos ou retiradas);
- ajustes de exercícios anteriores.

## 7.2.3 Variações que afetam a capacidade operacional

Nem toda variação nas contas do Patrimônio Líquido representa aumento efetivo de recursos operacionais. Sob esse aspecto, teríamos:

**a.** Variações que aumentam a capacidade operacional:
- aumento de Capital, com integralização em dinheiro ou em bens;
- aumento das contas de Reservas de Capital, com entrada de novos recursos (ágios, prêmios etc.);
- incorporação do *lucro líquido* do exercício às contas do Patrimônio Líquido.

**b.** Variações que não afetam a capacidade operacional:[1]
- ajustes de avaliação patrimonial;
- transferências entre as contas do próprio grupo;
- ajustes de exercícios anteriores.

---

[1] Se o processo de correção monetária não tivesse sido extinto, o valor da correção das contas do Patrimônio Líquido também seria relacionada neste item e no Item "b" da Seção 7.2.2.

DEMONSTRAÇÃO DAS MUTAÇÕES DO PATRIMÔNIO LÍQUIDO

**c.** Variações que reduzem a capacidade operacional:
- destinação de lucros para remuneração dos sócios (dividendos ou retiradas);
- redução do Capital Social.

**Quadro 7.2** DEMONSTRAÇÃO DAS MUTAÇÕES DO PATRIMÔNIO LÍQUIDO DA CIA. ABC

| DEMONSTRAÇÃO DAS MUTAÇÕES DO PATRIMÔNIO LÍQUIDO DA CIA. ABC | CAPITAL REALIZADO | ÁGIO NA EMISSÃO DE AÇÕES | RESERVA LEGAL | RESERVA PARA AUMENTO DE CAPITAL | LUCROS OU PREJUÍZOS ACUMULADOS | TOTAL |
|---|---|---|---|---|---|---|
| Saldos em 1/1/X0 | 16.300 | - - | 3.800 | 13.000 | 000 | 33.100 |
| Integralização de Capital | 4.700 | | | | | 4.700 |
| Lucro Líquido do Exercício | | | | | 9.700 | 9.700 |
| Reversões de Reservas | | | (700) | | 700 | - - - - |
| Lucro transferido para Capital | 3.800 | | | | (3.800) | - - |
| Lucro transferido para Reserva Legal | | | 300 | | (300) | - - - - |
| Dividendos Distribuídos | | | | | (1.300) | (1.300) |
| Lucro transferido p/Reserva para Aumento de Capital | | | | 5.000 | (5.000) | - - - - |
| Saldos em 31/12/X0 | 24.800 | - - | 3.400 | 18.000 | 000 | 46.200 |
| Ágio na Emissão de Ações | | 9.800 | | | | 9.800 |
| Integralização de Capital | 10.700 | | | | | 10.700 |
| Lucro Líquido do Exercício | | | | | 18.480 | 18.480 |
| Reserva transferida p/ Capital | 9.500 | | | (9.500) | | - - - - |
| Lucro transferido para Reserva Legal | | | 924 | | (924) | - - - - |
| Dividendos a Distribuir | | | | | (4.389) | (4.389) |
| Lucro transferido p/Reserva para Aumento de Capital | | | | 13.167 | (13.167) | - - - - |
| Saldos em 31/12/X1 | 45.000 | 9.800 | 4.324 | 21.667 | 000 | 80.791 |

**Obs.** Confira os saldos apresentados em 31/12/x0 e 31/12/x1 com os do Balanço Patrimonial (Quadro 4.4). Os saldos devem ser exatamente iguais.

## RESUMO

### Objetivo

- Mostrar as ocorrências que determinaram alteração no total do grupo, que aumentaram ou diminuíram a capacidade operacional da empresa e, ainda, aquelas que apenas provocaram troca de valores de um subgrupo para outro.

### Estrutura

- Saldo inicial de todas as contas do grupo Patrimônio Líquido
  (+) Acréscimos durante ou ao final do período
  (−) Reduções durante ou ao final do período
  (=) Saldo final de todas as contas do Patrimônio Líquido

## TESTES

**1** Faça a correlação:

**a.** Aumenta o Patrimônio Líquido.    ( ) Transferência de reservas para o capital.

**b.** Diminui o Patrimônio Líquido.    ( ) Integralização de capital em dinheiro.

**c.** Não altera o Patrimônio Líquido.    ( ) Distribuição de dividendos.

       ( ) Transferência de lucros para reservas.

       ( ) Entrada de reservas de capital.

**2** NÃO aparece na Demonstração das Mutações do Patrimônio Líquido:
   **a.** lucro operacional do exercício.
   **b.** reservas de capital.
   **c.** destinação do lucro do exercício.
   **d.** variação da conta "capital realizado".
   **e.** dividendos recebidos.

**3** Em um dos itens abaixo, todas as contas integram o Patrimônio Líquido:
   **a.** Produto da alienação de partes beneficiárias, Ajustes de avaliação Patrimonial, Lucros a apropriar.

**b.** Reserva de Lucros a realizar, Capital realizado, Produto da alienação de bônus de subscrição.

**c.** Reserva legal, Prejuízos acumulados, Provisão para créditos de liquidação duvidosa.

**d.** Reserva para contingências, Capital a realizar, Debêntures a resgatar.

**e.** Lucros acumulados, Reservas de lucros, Lucros diferidos.

As questões 4 e 5 devem ser respondidas com base nestes dados.
Certa firma apresentou, em sua Demonstração das Mutações do Patrimônio Líquido, as seguintes variações ocorridas durante o exercício:
- aumento de capital em dinheiro: $ 190
- transferência de lucros para reservas: $ 35
- ajuste de depreciação contabilizada a maior em anos anteriores: $ 40
- dividendos obrigatórios: $ 50
- aumento de capital com aproveitamento de lucros: $ 60
- prejuízo líquido do exercício: $ 80
- reversão de reserva para aumento de capital: $ 15
- produto da alienação de partes beneficiárias: $ 100

**4** Sabendo-se que o montante inicial do Patrimônio Líquido era de $ 300, podemos afirmar que o montante final atingiu a soma de:
**a.** $ 400.     **b.** $ 500.     **c.** $ 320.     **d.** $ 515.     **e.** $ 645.

**5** A conta Capital Realizado aumentou em:
**a.** $ 190.     **b.** $ 265.     **c.** $ 250.     **d.** $ 235.     **e.** $ 200.

**6** Todas as afirmações a seguir são falsas, exceto:
**a.** O prejuízo ocorrido no exercício não afeta a capacidade operacional da empresa.
**b.** Todas as mutações que provocarem aumento do Patrimônio Líquido também provocarão aumento da capacidade operacional da empresa.
**c.** Os ajustes de exercícios anteriores afetam a capacidade operacional da empresa.
**d.** Os ajustes a valor presente aumentam o Patrimônio Líquido e a capacidade operacional da empresa.
**e.** A entrada de Reservas de Capital aumenta o Patrimônio Líquido e a capacidade operacional da empresa.

DEMONSTRAÇÕES CONTÁBEIS

# EXERCÍCIOS

1 Com os dados do exercício do Capítulo 6 e com os fornecidos nesta questão, monte a *Demonstração das Mutações do Patrimônio Líquido* da empresa "Alfa".
   • Integralização de capital em dinheiro: $ 2.500.
   • Ágio na emissão de ações: $ 310.
   • Saldos iniciais (31/12/x0): fornecidos no demonstrativo.
   • Saldo finais (31/12/x1): calcule no demonstrativo (deverão ser exatamente iguais aos do Balanço Patrimonial (ver Exercício 2 do Capítulo 4).

| DEMONSTRAÇÃO DAS MUTAÇÕES DO PATRIMÔNIO LÍQUIDO | CAPITAL REALIZADO | RESERVAS DE CAPITAL | RESERVA LEGAL | RESERVA PARA CONTINGÊNCIAS | LUCROS ou PREJUÍZOS ACUMULADOS | TOTAL |
|---|---|---|---|---|---|---|
| **SALDO INICIAL** | 7.970 | 200 | 260 | 210 | (1.320) | 7.320 |
| Ajustes do saldo inicial | | | | | | |
| Ágio na emissão de ações | | | | | | |
| Integralização de capital em dinheiro | | | | | | |
| Lucro líquido do exercício | | | | | | |
| Transferência de lucros para Reserva legal | | | | | | |
| Reversão de reservas de lucros | | | | | | |
| Transferência de lucros para capital | | | | | | |
| Dividendos obrigatórios | | | | | | |
| **= SALDO FINAL** | | | | | | |

# Capítulo 8

## DEMONSTRAÇÃO DAS ORIGENS E APLICAÇÕES DE RECURSOS

NOÇÕES GERAIS

ORIGENS DE RECURSOS

APLICAÇÕES DE RECURSOS

OBSERVAÇÕES FINAIS

# 8.1 Noções gerais

### 8.1.1 Conceito

> Corresponde, assim como o Balanço Patrimonial, a uma demonstração da movimentação líquida da entrada (origem) e saída (aplicação) de recursos.

Contudo, difere do Balanço Patrimonial nos seguintes aspectos:

- a movimentação é restrita ao período de um ano (último exercício);
- só são computadas a movimentação de recursos dirigida (de outros grupos) para os grupos Circulantes (do Ativo e do Passivo) e a movimentação originária dos grupos Circulantes dirigida para outros grupos.

### 8.1.2 Objetivo

O objetivo básico deste demonstrativo é relatar a movimentação de valores ocorrida no exercício que tenha provocado variação no Ativo Circulante Líquido, ou seja, toda entrada (origem) ou saída (aplicação) de recursos que — proveniente de grupos não circulantes ou dirigida a eles — aumente ou diminua o Ativo Circulante ou o Passivo Circulante.

Um aumento de Capital, em dinheiro, seria um recurso gerado pelo grupo Patrimônio Líquido, que provocaria um aumento do Ativo Circulante e, conseqüentemente, do Ativo Circulante Líquido.

Por outro lado, a compra de um bem de uso, à vista, aumentaria as aplicações no Imobilizado e diminuiria o montante do dinheiro em caixa, reduzindo, em decorrência, o Ativo Circulante e, conseqüentemente, o Ativo Circulante Líquido.

### 8.1.3 Movimentação líquida

Neste demonstrativo, não aparece o total da movimentação de recursos realizada durante o exercício. Aparece, tão-somente, o *saldo final* da movimentação de cada um dos itens representativos ou de *origem* ou de *aplicação*.

DEMONSTRAÇÃO DAS ORIGENS E APLICAÇÕES DE RECURSOS

Se a empresa aplicou, durante o ano, $ 20.000 na compra de móveis e utensílios e alienou, nesse mesmo período, $ 3.500 desse mesmo tipo de bem, o que vai constar na demonstração é a aplicação líquida de $ 16.500 na aquisição de móveis e utensílios.

## 8.1.4 Grupos Circulante e Não Circulante

**a.** *Grupos do Balanço Patrimonial*
Para efeito do presente demonstrativo, os grupos do Ativo e do Passivo são classificados em **Circulante** e **Não Circulante**.

O grupos **Circulantes** corresponderiam aos do Balanço Patrimonial (**Ativo Circulante** e **Passivo Circulante**).

O **Ativo Não Circulante** corresponderia aos grupos Permanente e Realizável a Longo Prazo.

O **Passivo Não Circulante** corresponderia aos grupos Patrimônio Líquido, Exigível a Longo Prazo e Resultados de Exercícios Futuros.

**Quadro 8.1** GRUPOS "CIRCULANTES" E "NÃO CIRCULANTES".

### BALANÇO PATRIMONIAL

| ATIVO | | | PASSIVO | | |
|---|---|---|---|---|---|
| • Disponibilidades<br>• Valores Realizáveis a Curto Prazo | | CIRCULANTE | CIRCULANTE | • Valores Exigíveis a Curto Prazo | |
| **REALIZÁVEL A LONGO PRAZO** | | NÃO CIRCULANTE | NÃO CIRCULANTE | **EXIGÍVEL A LONGO PRAZO**<br>**RESULTADOS DE EXERCÍCIOS FUTUROS** | |
| Investimentos<br>Imobilizado<br>Intangível<br>Diferido | PERMANENTE | | | PATRIMÔNIO LÍQUIDO | Capital<br>Reservas<br>Lucros |

**b.** *Movimentação NÃO válida*

Não são computadas no demonstrativo a movimentação de valores ocorrida dentro do Ativo Circulante ou dentro do Passivo Circulante ou, ainda, a movimentação dos grupos Circulantes entre si ou dos Não Circulantes entre si.

**Quadro 8.2** MOVIMENTAÇÃO NÃO VÁLIDA

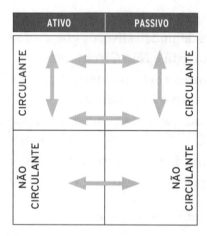

As seguintes operações não são, portanto, levadas em consideração:

- compra e venda de mercadorias, à vista ou a prazo;
- pagamentos a fornecedores;
- recebimentos de clientes;
- recebimentos de outros valores a curto prazo;
- descontos de títulos;
- outros empréstimos a curto prazo para o Ativo Circulante;
- pagamentos de dívidas a curto prazo.

**c.** *Movimentação válida*

O que aparece no demonstrativo são as operações que movimentam valores entre os grupos Circulantes e os grupos Não Circulantes, como:

- integralização de Capital em dinheiro;
- aquisição de valores do Não Circulante, à vista ou a curto prazo;

- venda de valores do Não Circulante, à vista ou a curto prazo;
- ingresso de Reservas de Capital;
- lucros reinvestidos;
- lucros retirados;
- lucros antecipados (resultados futuros);
- empréstimos obtidos a longo prazo;
- empréstimos concedidos a longo prazo.

**Quadro 8.3** MOVIMENTAÇÃO VÁLIDA.

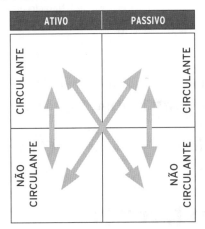

**d.** *Ativo Circulante Líquido*

A diferença entre o Ativo Circulante (AC) e o Passivo Circulante (PC) é denominada **Ativo Circulante Líquido** (ou Capital Circulante Líquido):

$$ACL = AC - PC$$

No Quadro 8.4 (exemplo hipotético), teríamos:

$$\mathbf{ACL} = \$\ 80 - \$\ 60 = +\$\ \mathbf{20}$$

**Quadro 8.4** ATIVO CIRCULANTE LÍQUIDO

| ATIVO | PASSIVO |
|-------|---------|
| CIRCULANTE = $ 80 | CIRCULANTE = $ 60 |
| ACL = $ 20 | |
| Não circulante = $ 40 | Não circulante = $ 60 |

**e.** *Variação do Ativo Circulante Líquido (Capital Circulante Líquido)*
Compara-se o valor do Ativo Circulante Líquido no início do período com o do final do período:

ACL (final) – ACL (inicial) = variação do ACL (aumento ou diminuição) (ver Quadro 8.8, Item c)

# 8.2 Origens de recursos

**Quadro 8.5** ORIGENS DE RECURSOS

| |
|---|
| Resultado ajustado (positivo) |
| Resultado líquido (lucro ou prejuízo) |
| + / – Ajustes do resultado líquido |
| Integralização de Capital |
| Empréstimos a Longo Prazo |
| Alienação de Ativo Não Circulante |
| Ingresso de Reservas de Capital |
| Ajustes de Avaliação Patrimonial (positivos) |
| Resultados de Exercícios Futuros |

**a.** *Resultado ajustado positivo*

a.1 *Lucro/Prejuízo*
O resultado a ser transportado para o demonstrativo é o que aparece no final da Demonstração do Resultado do Exercício.

Assim como o lucro líquido representa "origem" de recursos, o prejuízo representa excesso de "aplicação" em despesas.

O que define se esse item constará como *origem* ou *aplicação* é o saldo ajustado. Se for positivo (mesmo no caso de ter havido prejuízo líquido), aparecerá como *origem*.

Se o saldo ajustado for negativo (mesmo no caso de ter havido lucro líquido), aparecerá como *aplicação*.

### a.2 *Ajustes do resultado líquido*

São parcelas lançadas a débito ou a crédito do *resultado do exercício* que contribuem para aumentar ou diminuir o resultado do período, mas que não são computadas na demonstração em pauta por não terem afetado o capital de giro líquido, ou seja, não causaram qualquer variação no Ativo Circulante ou no Passivo Circulante.

Corresponderiam, na prática, a um autêntico estorno de verbas, ou seja, as que foram acrescidas ao resultado serão, no demonstrativo, deduzidas, e vice-versa:

(+) PROVISÕES RETIFICATIVAS DO ATIVO NÃO CIRCULANTE:

- depreciações, amortizações e exaustões;
- provisão para perdas em investimentos;
- provisão para ajuste de títulos e valores mobiliários de longo prazo etc.

Essas quotas — apesar de constituírem autênticas despesas operacionais, ou já incorridas ou apenas previstas — no ato de sua contabilização não diminuem os recursos gerados pelos lucros, pois não representaram desembolso de numerário ou acréscimo de obrigação, ou, em outras palavras, não provocaram — diferentemente das despesas comuns — diminuição do Ativo Circulante ou aumento do Passivo Circulante.

Nem sempre o valor dessas quotas aparece na Demonstração do Resultado do Exercício. Elas podem estar englobadas no custo da mercadoria vendida (empresas industriais) ou nas despesas administrativas (empresas comerciais). Nesses casos, o valor da quota do ano deverá ser apurado pela diferença das contas registradas nos dois últimos balanços patrimoniais e, se necessário, com os seguintes ajustes:

- variação da provisão de um ano para o outro

(+) provisão baixada no último ano relativa aos bens baixados ou doados

(+) ajustes de exercícios anteriores (provisão contabilizada a menor)

(–) ajustes de exercícios anteriores (provisão contabilizada a maior).

### (+) BAIXA OU DOAÇÃO DE BENS DO PERMANENTE

A baixa contábil e/ou a doação de bens de uso ou de *investimentos* também não afetam o capital de giro da empresa, razão pela qual as parcelas correspondentes devem ser reincluídas no cálculo do resultado do exercício.

A base para essa reinclusão deve ser o valor líquido contábil baixado (o que aparece na demonstração do resultado), ou seja: valor contábil *menos* depreciação acumulada respectiva.

### (+) PREJUÍZO NA VENDA DE VALORES NÃO CIRCULANTES

Valor líquido contábil (–) valor de venda (=) ajuste do resultado líquido.

Se ocorrer lucro na venda desses valores, tal parcela — que realmente provocou entrada de recursos para o circulante — já estará embutida no lucro líquido (não havendo, portanto, necessidade de ajuste).

### (+) VARIAÇÃO CAMBIAL E MONETÁRIA

São despesas apropriadas ao Resultado do Exercício, mas relativas somente aos financiamentos classificados no Exigível a Longo Prazo (as variações dos financiamentos de curto prazo já influem diretamente no saldo do Ativo Circulante Líquido).

### ( + / – ) AJUSTES DECORRENTES DA EQUIVALÊNCIA PATRIMONIAL

Aumento (ganho) ou diminuição (perda) do valor das participações, resultante de avaliação pelo valor de patrimônio líquido das sociedades coligadas ou controladas.

- (aumento/ganho) → **(–)**
- (redução/perda) → **(+)**

O ajuste, nesses casos, justifica-se porque nem as perdas provocam saída de recursos e nem os ganhos provocam entrada de recursos. São meras atualizações do valor contábil.

( + / – ) ÁGIOS OU DESÁGIOS AMORTIZADOS

Ágios pagos ou deságios obtidos na aquisição de participações em sociedades coligadas ou controladas que tenham sido, em virtude de baixa ou liquidação desses investimentos, transferidos para o resultado do último exercício como despesa (ágio) ou receita (deságio).
- (ágio/baixado como despesa) → **(+)**
- (deságio/baixado como receita) → **(–)**

( – ) REDUÇÃO DE RESULTADOS DE EXERCÍCIOS FUTUROS

Corresponderia a lucros antecipados que geraram recursos para o Circulante no exercício passado e que, no atual exercício, são apenas apropriados ao resultado. O aumento de valor das contas desse grupo constará como um item separado de *origem* de recursos.

( + / – ) AJUSTES A VALOR PRESENTE

Ajuste a valor presente de elementos do Ativo e do Passivo decorrentes de operações a longo prazo:
- ajuste que aumenta o Ativo ou reduz o Passivo → ( – )
- ajuste que reduz o Ativo ou aumenta o Passivo → ( + )

**b.** *Integralização de capital*

Computada somente a realização em dinheiro ou em bens do Ativo Circulante. Excluem-se, portanto, os aumentos de capital que não correspondem à entrada efetiva de recursos (incorporação de saldos remanescentes da correção do Capital Realizado) ou que já corresponderam à entrada (sob a forma de lucros) em outros exercícios (incorporação de lucros e de reservas) ou que, ainda, representam entrada de recursos diretamente para o *Ativo Não Circulante* (aumento de capital com a entrega de valores classificáveis como *Imobilizado, Intangível* ou *Investimentos*).

**c.** *Aumento dos empréstimos a longo prazo*

Financiamentos com vencimento em prazo superior ao do exercício seguinte ao do balanço; compreende, em geral, todas as verbas classificadas no *Exigível a Longo Prazo*, computadas no demonstrativo pela diferença (a maior) entre os valores constantes do balanço atual e do anterior:

## DEMONSTRAÇÕES CONTÁBEIS

• variação das contas respectivas
( – ) variação cambial ou monetária aumentativa da dívida
( + ) variação cambial ou monetária redutora da dívida.

**d.** *Alienação de valores não circulantes*
Diminuição dos valores consignados nos grupos *Realizável a Longo Prazo* e *Permanente*.

É apurada pela diferença (a menor) entre os saldos do exercício atual e do exercício anterior.

d.1 *Venda de bens de uso (tangíveis ou intangíveis)*
Seu montante pode ser assim calculado:
• variação das contas respectivas
(+) valor contábil (bruto) dos bens baixados ou doados
(+) ajustes de exercícios anteriores → diferença a menor
(–) ajustes de exercícios anteriores → diferença a maior
(–) aumento de capital com a entrega de bens de uso.

O resultado *negativo* indica que a empresa vendeu bens de uso no período, o que representou uma *origem* de recursos para o Ativo Circulante.

Se, contudo, o resultado for *positivo*, deverá ser considerado *aplicação* de recursos. Se tiver havido lucro na venda, essa parcela já estará agregada ao resultado líquido do período, aumentando-o e refletindo, assim, o aumento sofrido pelo Ativo Circulante Líquido.

Se tiver havido prejuízo, essa parcela de perda deverá ser tratada como um ajuste do resultado líquido (ver item respectivo).

d.2 Venda de *investimentos*
• variação das contas respectivas (não consideradas as provisões)
( + ) valor contábil dos bens (de renda) ou das participações permanentes baixadas ou doadas
( – ) resultado da equivalência patrimonial do período
( + ) ajustes de exercícios anteriores → diferença a menor
( – ) ajustes de exercícios anteriores → diferença a maior
( – ) aumento de capital com cessão de participações permanentes.

O resultado *negativo* indica que a empresa vendeu, no período, valores classificados como investimentos, o que representou uma *origem* de recursos para o ativo circulante.

Se o resultado dessa fórmula for positivo, deverá ser considerado *aplicação de recursos*.

### d.3. *Alienação de valores do Realizável a Longo Prazo*

É determinada pela alienação de valores desse grupo ou pela transferência de parte deles para o Ativo Circulante (valores mobiliários, créditos a longo prazo, débitos de sócios, diretores e firmas coligadas ou controladas).

**e.** *Ingresso de reservas de capital*

Correspondem a ganhos não vinculados aos valores do Ativo, que geram recursos para o Circulante: "ágios", "produto da alienação de bônus de subscrição" etc.

**f.** *Aumento de Ajustes de Avaliação Patrimonial*

O aumento dessa verba (aumento do saldo credor ou redução do devedor) indica que alguns valores do Ativo Circulante, principalmente os instrumentos financeiros, foram reajustados para mais, a fim de atingirem o valor de mercado.

> **Obs. 1.** Na realidade, como esse ajuste não provoca nem entrada nem saída de valores do Ativo Circulante, a solução mais correta (porém mais complexa) seria fazer o ajuste diretamente na variação dos itens reajustados.
> **2.** O ajuste de elementos do Passivo e de outros elementos do Ativo ocorre principalmente em casos de incorporação, fusão e cisão de empresas.

**g.** *Aumento de Resultados de Exercícios Futuros*

Receitas diferidas líquidas ou lucros a apropriar em exercícios futuros, mas que, por terem sido recebidos antecipadamente, geraram recursos para o Circulante e, por isso, devem constar na demonstração como *origem* de recursos.

A redução desse grupo vai aparecer como "ajustes do resultado líquido" (ver Item a.2).

# 8.3 Aplicações de recursos

**Quadro 8.6** APLICAÇÕES DE RECURSOS

| Resultado ajustado (negativo) |
|---|
| Lucros distribuídos |
| Aumento do Ativo Não Circulante |
| Redução do Passivo Não Circulante |

**a.** *Resultado ajustado "negativo"*

Os valores a serem ajustados já foram citados no primeiro tópico das "origens".

Voltamos a lembrar que, se com os ajustes o resultado for positivo, deverá ser computado como "origem" de recursos.

**b.** *Lucros distribuídos*

Corresponde, nas sociedades anônimas, ao dividendo distribuído aos acionistas e, nas demais sociedades, ao montante do lucro retirado pelos sócios.

As verbas respectivas aparecem na Demonstração dos Lucros ou Prejuízos Acumulados ou na Demonstração das Mutações do Patrimônio Líquido.

**c.** *Aumento do Ativo Não Circulante*

De uma forma geral, os valores a serem computados no demonstrativo correspondem à diferença de saldos entre os dois últimos exercícios.

c.1 *Aquisição de bens de uso (tangíveis ou intangíveis)*

Aplicação de recursos na compra de máquinas, móveis, veículos, patentes etc. O valor a ser incluído no demonstrativo pode ser calculado assim:

- • variação das contas respectivas (não consideradas as provisões)
- ( + ) valor contábil (bruto) dos bens baixados ou doados
- ( + ) ajustes de exercícios anteriores → diferença a menor
- ( – ) ajustes de exercícios anteriores → diferença a maior
- ( – ) aumento de capital com a entrega de bens de uso.

O resultado positivo indica que a empresa aumentou — por meio de compra — suas aplicações em bens de uso, o que só pode ser obtido pela redução (*aplicação*) de valores do Ativo Circulante.

Se, todavia, o resultado dessa fórmula for negativo, deverá ser considerado *origem de recursos* (ver 8.2.d.1).

c.2 *Aplicações em investimentos:*
> • variação das contas respectivas (não consideradas as provisões)
> ( + ) valor contábil (bruto) dos bens (de renda) baixados ou doados
> ( – ) resultado da equivalência patrimonial do período
> ( + ) ajustes de exercícios anteriores → diferença a menor
> ( – ) ajustes de exercícios anteriores → diferença a maior
> ( – ) aumento de capital com a cessão de participações permanentes.

O resultado *positivo* indica que a empresa adquiriu, no período, valores classificados como investimentos, o que representou, para o Ativo Circulante, uma *aplicação* de recursos.

Se, contudo, o resultado dessa fórmula for negativo, deverá ser considerado *origem de recursos* (ver 8.2.d.2).

c.3 *Aumento do Realizável a Longo Prazo*
Aplicação de recursos em valores realizáveis em prazos superiores a um ano e em empréstimos a diretores, sócios, firmas coligadas e controladas e em depósitos judiciais.

c.4. *Aumento do Ativo Diferido*
Aplicação de recursos em despesas destinadas a beneficiar vários outros exercícios (despesas amortizáveis).

**d.** *Redução do Passivo Não Circulante*

d.1 *Diminuição das dívidas a longo prazo*
Caracterizada pela diminuição do saldo do grupo Exigível a Longo Prazo assim apurado:
> • variação das contas respectivas
> ( – ) variação cambial ou monetária aumentativa da dívida
> ( + ) variação cambial ou monetária redutora da dívida.

Considerando que esse grupo registra obrigações vencíveis em prazo superior a um ano, não é muito comum ocorrer o pagamento de tais dívidas; o mais comum é que ocorra transferência (total ou parcial) para o Passivo Circulante (o que dá na mesma em termos de variação do Ativo Circulante Líquido).

d.2 *Redução do Capital Social*
Na prática, não é uma ocorrência normal, mas não deixa de ser possível.

**e.** *Redução de Ajustes de Avaliação Patrimonial*
A diminuição dessa verba (diminuição do saldo credor ou aumento do devedor) indica que alguns elementos do Ativo Circulante, principalmente os instrumentos financeiros, tiveram seu valor contábil reduzido, para atingir o valor de mercado.

**Obs. 1.** Na realidade, como esse ajuste não provoca nem entrada nem saída de valores do Ativo Circulante, a solução mais correta (porém mais complexa) seria fazer o ajuste diretamente na variação dos itens que foram reajustados. **2.** O ajuste de elementos do Passivo e de outros elementos do Ativo ocorre principalmente em casos de incorporação, fusão e cisão de empresas.

# 8.4 **Observações finais**

## 8.4.1 **Verbas não consideradas no demonstrativo**

**a.** A variação da verba **Prejuízos Acumulados** não é ponderada no demonstrativo, porque o resultado líquido que ela contém é extraído, para efeito de DOAR, da Demonstração do Resultado do Exercício.
**b.** A variação das verbas representativas de **Reservas de Lucros** não é ponderada no demonstrativo, porque representa lucro transferido para contas especiais, e o lucro líquido já foi incluído no demonstrativo (ver Seção 8.2.a.1).
**c.** Na variação da conta **Capital** só é computada a parcela integralizada em bens (classificáveis no Ativo Circulante) e em dinheiro.

### 8.4.2 Ajustes de exercícios anteriores

Conforme comentado na Seção 6.2.b, são considerados apenas os ajustes decorrentes de mudança de critério contábil ou de retificação de erro imputável a exercícios anteriores. Normalmente, o ajuste é feito após a apuração do resultado, não influindo, portanto, no resultado líquido do período.

Esses ajustes vão se refletir, diretamente, no montante das contas envolvidas — depreciação, estoques, investimentos etc. —, aumentando ou reduzindo o valor contábil.

Nesses termos, as ponderações desses ajustes devem ser feitas diretamente no cálculo da variação das contas ajustadas, como já foi mostrado em vários itens relacionados com as provisões e com os valores do Ativo Não Circulante (tanto na seção das origens, como das aplicações).

Normalmente, esses ajustes aparecem na Demonstração dos Lucros ou Prejuízos Acumulados ou na Demonstração das Mutações do Patrimônio Líquido. Se o erro corrigido referiu-se a um valor do Ativo ou do Passivo Circulante, não há necessidade de ponderação, pois ele já está influenciando o cálculo do Ativo Circulante Líquido.

Só há, portanto, necessidade de ponderação para os ajustes relacionados com valores dos grupos "não permanentes".

### 8.4.3 Esquema — Resumo

| ATIVO NÃO CIRCULANTE |
| --- |
| (+) Aplicação |
| (−) Origem |

| PASSIVO NÃO CIRCULANTE |
| --- |
| (+) Origem |
| (−) Aplicação |

Assim, podemos dizer que, exceto nos casos citados na Seção 8.4.1, a montagem do presente demonstrativo segue o seguinte esquema:

- No Ativo estão consignados os valores representativos de aplicação de recursos, logo, todo aumento de Ativo Não Circulante representará *aplicação*, e vice-versa.
- No Passivo estão consignadas as fontes de recursos que financiaram o Ativo, logo, todo aumento de Passivo Não Circulante representará *origem*, e vice-versa.

### 8.4.4 Demonstração da ABC

Apresentamos, na DOAR (Demonstração das Origens e Aplicações de Recursos) da Cia. ABC, apenas a movimentação ocorrida no último ano (x1), pois não dispomos do balanço anterior ao ano x0.

**a.** *Dados para cálculo do resultado ajustado*
Para montar a demonstração da Cia. ABC em 31 de dezembro de x1, baseamo-nos na demonstração do resultado — *lucro líquido* (Quadro 5.2) — e nas informações sobre *ajustes de exercícios anteriores, integralização de Capital* e *distribuição de dividendos*, constantes da Demonstração das Mutações do Patrimônio Líquido (Quadro 7.2).

**b.** *Dados para cálculo da variação do Ativo Circulante Líquido*
Para apurar essa variação, trabalhamos com os valores do Ativo e do Passivo Circulantes, nos balanços de 31/12/x1 e 31/12/x0 (ver Quadro 4.4).

**c.** *Dados para cálculo dos demais itens*
Observadas as exceções comentadas na Seção 8.3.1, todos os demais valores que irão compor o demonstrativo serão apurados pela diferença entre os totais de cada verba dos grupos não circulantes do Ativo e do Passivo (Quadro 4.4).

Os itens podem aparecer no demonstrativo pela diferença entre as verbas ou, mais resumidamente, pela diferença entre os grupos e subgrupos. Embora seja comum a apresentação resumida, para fins didáticos faremos a apresentação detalhada (pela diferença entre o saldo das verbas).

Para facilitar a tarefa, preparamos um quadro resumido dos balanços patrimoniais da Cia. ABC em 31/12/x1 e 31/12/x0, mostrando os valores dos grupos "não circulantes" necessários para complementar o demonstrativo e suas respectivas variações:

# DEMONSTRAÇÃO DAS ORIGENS E APLICAÇÕES DE RECURSOS

**Quadro 8.7** QUADRO-AUXILIAR PARA MONTAGEM DA DOAR

| ATIVO NÃO CIRCULANTE | 12/X1 | 12/X0 | + / - | PASSIVO NÃO CIRCULANTE | 12/X1 | 12/X0 | + / - |
|---|---|---|---|---|---|---|---|
| Débitos de coligadas | 3.800 | 4.300 | - 500 | Financiamentos | 12.000 | 8.000 | + 4.000 |
| Depósitos judiciais | 5.500 | - - - - | + 5.500 | Créditos de sócios | - - - - | 10.000 | - 10.000 |
| Ações de coligadas | 11.600 | 5.300 | + 6.300 | Lucros antecipados | 2.100 | - - - - | + 2.100 |
| Incentivos fiscais | 2.600 | 2.600 | 000 | Capital realizado | 45.000 | 24.800 | + 20.200[1] |
| Imóveis | 28.500 | 10.500 | +18.000 | Ágio na em. ações | 9.800 | - - - - | + 9.800 |
| Móveis e utensílios | 6.200 | 12.800 | - 6.600 | Reserva legal | 4.324 | 3.400 | [2] |
| Veículos | 20.700 | 13.000 | + 7.700 | Res. p/ aum. Capital | 21.667 | 18.000 | [2] |
| Depreciação acumulada | -21.300 | -15.400 | + 5.900 | [1] Aumento da conta Capital (ver Quadro 7.2) | | | 20.200 |
| Fundo de comércio | 600 | 600 | 000 | (–) Transf. de Reserva p/ Aum. de Capital (9.500) | | | |
| Despesas pré-operac. | 4.000 | 4.000 | 000 | = Aumento c/dinheiro ou bens do AC $ 10.700 | | | |
| Amortização acumulada | -2.000 | -1.600 | + 400 | [2] Já foram computadas no lucro líquido ajustado | | | |

**Quadro 8.8** DEMONSTRAÇÃO DAS ORIGENS E APLICAÇÕES DE RECURSOS DA CIA. ABC

## DEMONSTRAÇÃO DAS ORIGENS E APLICAÇÕES DE RECURSOS DA CIA. ABC EM X1

| A. ORIGENS | | |
|---|---|---|
| Resultado ajustado: | | |
| Lucro Líquido do Exercício[1] | 18.480 | |
| ( + ) Depreciação do período[2] | 5.900 | |
| ( + ) Amortização do período[3] | 400 | 24.780 |
| Recebimento de débito de coligadas[4] | | 500 |
| Venda de móveis e utensílios[4] | | 6.600 |
| Aumento de financiamentos[4] | | 4.000 |
| Integralização de capital em dinheiro[5] | | 10.700 |
| Aumento de lucros antecipados[4] | | 2.100 |
| Reservas de Capital (Ágio na emissão de ações)[4] | | 9.800 |
| | | 58.480 |
| **B. APLICAÇÕES** | | |
| Dividendos obrigatórios[5] | | 4.389 |
| Depósitos judiciais[4] | | 5.500 |
| Aquisição de ações de coligadas[4] | | 6.300 |
| Aquisição de imóveis[6] | | 18.000 |

*continua*

*continuação*

| | | | |
|---|---|---|---|
| Aquisição de veículos[4] | | | 7.700 |
| Pagamento de crédito de sócios[4] | | | 10.000 |
| | | | 51.889 |
| **AUMENTO DO ATIVO CIRCULANTE LÍQUIDO (A - B)** | | | 6.591 |
| **C. VARIAÇÃO DO ATIVO CIRCULANTE LÍQUIDO** | 12/X1 | 12/X0 | + / - |
| Ativo circulante | 120.400 | 107.900 | + 12.500 |
| (-) Passivo circulante | 85.709 | 79.800 | + 5.909 |
| (=) Ativo circulante líquido | + 34.691 | + 28.100 | **+ 6.591** |

(1) Dado extraído da DRE.

(2) Dado extraído da DRE ou calculado pela variação da verba respectiva (Quadro 8.7).

(3) Dado extraído da DRE ou calculado pela variação (Quadro 8.7).

(4) Dados extraídos da variação das contas não circulantes (Quadro 8.7).

(5) Dados extraídos da DMPL.

(6) Variação da verba (Quadro 8.7).

# RESUMO

## Objetivos

- Mostrar a variação do Ativo Circulante Líquido no período.
- Mostrar todas as operações que afetaram o Ativo e o Passivo Circulantes e, conseqüentemente, provocaram modificação no Ativo Circulante Líquido.

## Estrutura

- Apresenta o cálculo da variação do Ativo Circulante Líquido.
- Apresenta todas as origens de recursos geradas nos grupos Não Circulantes.
- Apresenta todas as aplicações de recursos feitas nos grupos Não Circulantes.

# TESTES

**1** Uma empresa apresentou os seguintes dados, em dois exercícios sucessivos:

|                      | 31/12/x1 | 31/12/x0 |
|----------------------|----------|----------|
| • Ativo circulante   | 310      | 280      |
| • Passivo circulante | 190      | 180      |

A variação do Ativo circulante líquido foi de:

**a.** + 100    **b.** + 40    **c.** + 20    **d.** – 40    **e.** – 20

**2** Influi na Demonstração das Origens e Aplicações de Recursos:

**a.** Venda de mercadorias, à vista.

**b.** Compra de mercadorias, a prazo.

**c.** Pagamento de duplicatas.

**d.** Venda de bens de uso, à vista.

**e.** Desconto de duplicatas.

**3** Outra companhia apresentava, na Demonstração do Resultado do Exercício de 31 de dezembro de x1, os seguintes dados:

Lucro bruto: 240

(–) provisão para devedores duvidosos: 5

(–) provisão para Imposto de Renda: 20

(–) depreciação do período: 15

(–) provisão para perdas em investimentos: 7

(–) provisão para ajuste de estoques: 8

(–) baixa de bens do Ativo Imobilizado: 13

(–) outras despesas operacionais: 130

(=) Lucro líquido: 42

O montante dos recursos gerados pelo resultado do exercício que influenciou o Ativo Circulante Líquido é de:

**a.** $ 42    **b.** $ 110    **c.** $ 97    **d.** $ 75    **e.** $ 77

**4** O valor do Ativo Circulante Líquido pode ser obtido pela fórmula:

**a.** Ativo Circulante + Passivo Circulante

**b.** Ativo Circulante – Ativo Não Circulante

**c.** Ativo Circulante – Passivo Não Circulante

**d.** Passivo Não Circulante – Ativo Não Circulante

**e.** Ativo Não Circulante – Passivo Não Circulante

**TESTES**

**5** I. aumento do Ativo Não Circulante.
II. aumento do Passivo Não Circulante.
III. diminuição do Ativo Não Circulante.
IV. diminuição do Passivo Não Circulante.
Representam "origens" de recursos:
**a.** só a II.      **b.** só a III.      **c.** II e III.
**d.** II e IV.      **e.** I e III.

**6** Constitui APLICAÇÃO de recursos para fins de "DOAR":
**a.** alienação de participações em coligadas.
**b.** compra de matérias-primas.
**c.** pagamento de dívidas a longo prazo.
**d.** pagamento de dívidas a curto prazo.
**e.** entrada de reservas de capital.

**7** Dados extraídos de um balanço levantado em 31/12/x1:
• Realizável a Longo Prazo: $ 50
• Permanente: $ 500
• Exigível a Longo Prazo: $ 120
• Resultados de Exercícios Futuros: $ 40
• Patrimônio Líquido: $ 700
O Ativo Circulante Líquido era, nessa data, de:
**a.** $ 200      **b.** $ 700      **c.** $ 310      **d.** $ 270      **e.** $ 320

**8** Não representa ajuste do resultado para fins de Demonstração das Origens e Aplicações de Recursos:
**a.** depreciação de bens de uso tangíveis.
**b.** provisão para perdas em investimentos.
**c.** amortização de bens de uso intangíveis.
**d.** provisão para créditos de liquidação duvidosa.
**e.** amortização de despesas do Ativo Diferido.

**DEMONSTRAÇÃO DAS ORIGENS E APLICAÇÕES DE RECURSOS**

**9** Dados parciais de uma Demonstração do Resultado do Exercício:
- Lucro bruto sobre vendas: $ 600
- Despesas operacionais: $ 595
- Baixa de bens de uso: $ 50
- Depreciação de bens de uso: $ 15
- Lucro na venda de bens de uso: $ 20
- Prejuízo líquido do exercício: $ 40

A partir desses dados, podemos dizer que o resultado ajustado gerou:
- **a.** origem de $ 45
- **b.** aplicação de $ 25
- **c.** aplicação de $ 5
- **d.** origem de $ 25
- **e.** origem de $ 5

**10** Dados parciais de uma Demonstração das Origens e Aplicações de Recursos:
- Ativo Circulante Líquido no início de x1: $ 18.000
- Ativo Circulante Líquido no final de x1: $ 16.500
- Total das origens de recursos em x1: $ 3.200
- O total das aplicações de recursos em x1 foi de:
- **a.** $ 1.500    **b.** $ 4.700    **c.** $ 3.200
- **d.** $ 1.700    **e.** $ 16.500

DEMONSTRAÇÕES CONTÁBEIS

# EXERCÍCIOS

Com os dados dos balanços (de x1 e x0) e da Demonstração do resultado (de x1) da Cia. Beta2, e com os esclarecimentos que serão prestados, monte a Demonstração das Origens e Aplicações de Recursos em x1:

| ATIVO | 12/X1 | 12/X0 | + / - | PASSIVO | 12/X1 | 12/X0 | + / - |
|---|---|---|---|---|---|---|---|
| **CIRCULANTE**[1] | 335 | 460 | x x x | **CIRCULANTE**[1] | 240 | 230 | x x x |
| Caixa | 10 | 5 | x x x | Fornecedores | 65 | 170 | x x x |
| Clientes | 180 | 150 | x x x | Impostos a recolher | 120 | 20 | x x x |
| (-)Prov. p/ créditos de liquidação duvidosa | - 35 | -10 | x x x | Provisão para Imposto de Renda | 40 | 15 | x x x |
| Produtos acabados | 180 | 320 | x x x | Dividendos a pagar | 15 | 25 | x x x |
| (-)Provisão para ajuste de estoques | - 40 | - 20 | x x x | | | | |
| Despesas a vencer | 40 | 15 | x x x | **EXIGÍVEL A LONGO PRAZO** | 110 | 115 | x x x |
| **REALIZ. L. PRAZO** | 50 | 70 | x x x | Debêntures a resgatar | 10 | 35 | |
| Débitos de diretores | 50 | 70 | | | | | |
| **PERMANENTE** | 355 | 185 | x x x | Empréstimos a longo prazo | 100 | 80 | |
| Investimentos | 115 | 45 | | | | | |
| (-)Provisão p/ perdas em investimentos[2] | - 60 | - 40 | | **PATRIMÔNIO LÍQUIDO** | 390 | 370 | x x x |
| Imobilizado[3] | 310 | 200 | | Capital realizado[5] | 330 | 285 | |
| (-)Depreciação acumulada [2, 4] | - 80 | - 70 | | Reservas de capital | 45 | 20 | |
| Diferido | 140 | 100 | | Reservas de lucros[6] | 15 | 65 | x x x |
| (-) Amortização acumulada[2] | - 70 | - 50 | | | | | |
| (total do Ativo) | 740 | 715 | | (total do Passivo) | 740 | 715 | |

(1) Os grupos circulantes entram na apuração do Ativo Circulante Líquido.

(2) As provisões do Ativo Não Circulante serão apuradas pela diferença do balanço (já que não aparecem na Demonstração do Resultado do exercício).

(3) A diferença apurada será acrescida do custo do bem doado.

(4) A diferença apurada será acrescida da depreciação baixada (bem doado).

(5) Integralização com aproveitamento de lucros e reservas: $ 25 (não interessa) Integralização em dinheiro: $ 20

(6) Ver Seção 8.4.1.

(7) Os demais itens do balanço seguem o "esquema":

ATIVO + → APLICAÇÃO – › ORIGEM

PASSIVO + → ORIGEM – → APLICAÇÃO

154

## DEMONSTRAÇÃO DAS ORIGENS E APLICAÇÕES DE RECURSOS

**EXERCÍCIOS**

| DEMONSTRAÇÃO DO RESULTADO | |
|---|---|
| Vendas | 1.700 |
| (–) Custo da mercadoria vendida | - 1.120 |
| (–) Despesas operacionais | - 540 |
| (–) Juros passivos | - 30 |
| (+) Receitas de aluguéis | + 20 |
| (+) Reversão da provisão para créditos de liquidação duvidosa | + 10 |
| (–) Doação de bens de uso (8) | - 25 |
| (–) Provisão para Imposto de Renda | - 40 |
| = Prejuízo líquido | - 25 |

Custo do bem doado (3)    $ 40
(–) Depreciação baixada (4)   $ 15
= Valor líquido baixado (8)   $ 25

(8) Ajuste do resultado líquido

| VARIAÇÃO DO ATIVO CIRCULANTE LÍQUIDO | 12/X1 | 12/X0 | +/- |
|---|---|---|---|
| Ativo Circulante | | | |
| (–) Passivo Circulante | | | |
| = Ativo Circulante Líquido | | | |

| A. ORIGEM | | $ |
|---|---|---|
| 1. Resultado das operações: | | |
| • | $ | |
| • | $ | |
| • | $ | |
| • | $ | |
| • | $ _____ | $ |
| 2. | | $ |
| 3. | | $ |
| 4. | | $ |
| 5. | | $ |

| B. APLICAÇÃO | $ |
|---|---|
| 1. | $ |
| 2. | $ |
| 3. | $ |
| 4. | $ |
| C         do Ativo Circulante Líquido (A-B) | $ |

# Capítulo 9

## DEMONSTRAÇÃO DOS FLUXOS DE CAIXA

CONCEITOS E OBJETIVOS

SEGREGAÇÃO DOS FLUXOS

ESQUEMA GERAL DO DEMONSTRATIVO

AJUSTES PRELIMINARES

FORMAS DE APRESENTAÇÃO

FASE PRELIMINAR – CIA. ABC

MODELO DO MÉTODO DIRETO

MODELO DO MÉTODO INDIRETO

# 9.1 **Conceito e objetivos**

## 9.1.1 **Conceito**

> De um modo geral, a Demonstração dos "Fluxos de caixa" indica a origem de todos os recursos monetários que entraram no Caixa, bem como onde foram aplicados os recursos monetários que saíram do Caixa em determinado período.

## 9.1.2. **Fluxos de caixa × Fluxo de fundos**

Difere da Demonstração das Origens e Aplicações de Recursos — DOAR — no sentido de não fazer distinção entre Ativo Circulante e Não Circulante. Como vimos na "DOAR" — fluxo de fundos —, as operações que envolvem a movimentação de numerário entre os grupos Circulantes ou entre os grupos Não Circulantes não são consideradas no demonstrativo. Ao contrário, nos Fluxos de Caixa não há nenhuma exceção, pois todas as operações que envolvam pagamentos ou recebimentos em dinheiro devem aparecer no demonstrativo.

Além disso, a "DOAR" obedece ao regime de competência enquanto os Fluxos de Caixa seguem o regime de caixa. É por isso que, apesar de a "DOAR" trabalhar com o lucro líquido e o Fluxo de Caixa Operacional trabalhar com as receitas e despesas (o que deveria gerar o mesmo lucro líquido), o resultado será bem diferente, pois o Fluxo de Caixa Operacional, ao contrário do Fluxo de Fundos, trabalha apenas com as receitas e despesas que foram recebidas ou pagas no exercício.

## 9.1.3. **Conceito de "Caixa"**

O termo "caixa" expresso no demonstrativo tem um sentido bem mais genérico do que o expresso pela conta respectiva.

Na realidade, esse termo engloba todas as "disponibilidades monetárias" da empresa, quer se encontrem sob a forma de dinheiro, de saldo bancário ou até mesmo de aplicações financeiras de livre movimentação — **equivalentes de caixa** —, ou seja, engloba todos aqueles recursos financeiros dos quais a empresa pode lançar mão para efetuar pagamentos de despesas ou de compromissos:

> Caixa
> + Depósitos bancários à vista
> + Aplicações financeiras de livre movimentação

## 9.1.4 Objetivos

O objetivo básico deste demonstrativo é disponibilizar informações sobre as entradas e saídas de numerário em determinado período.

As informações contidas na Demonstração dos Fluxos de Caixa, utilizadas em conjunto com os demais demonstrativos contábeis, podem auxiliar os seus usuários — empresários, administradores, investidores, credores etc. — a:

- avaliar a geração futura de caixa para o pagamento de obrigações, de despesas correntes e de lucros ou dividendos aos sócios;
- identificar as futuras necessidades de financiamento;
- compreender as razões de possíveis diferenças entre o resultado e o fluxo de caixa líquido originado das atividades operacionais;
- evidenciar o efeito das operações e das transações de investimentos e financiamentos sobre a posição financeira da empresa.

O presente demonstrativo propicia ao administrador financeiro a elaboração de um planejamento mais adequado às necessidades reais da empresa, evitando que, eventualmente, haja recursos monetários inativos. Por outro lado, pode evitar, também, que em determinadas circunstâncias a empresa esteja desprovida de recursos para fazer face aos seus compromissos ou às suas despesas correntes.

Somente com o conhecimento do que ocorreu no passado será possível uma razoável projeção do fluxo de caixa para o futuro (uma semana, um mês, um trimestre etc.).

A comparação "a posteriori" do que foi orçado com o que realmente ocorreu evidencia possíveis erros nas previsões e fornece valiosos subsídios para o aperfeiçoamento de novas projeções dos fluxos de caixa.

**Figura 9.1** CAIXA ESQUEMATIZADO COMO UM RESERVATÓRIO DE ÁGUA

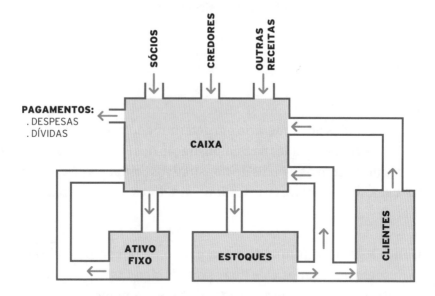

## 9.2 Segregação dos fluxos

Os fluxos de caixa devem ser segregados em:

**a.** *Das atividades operacionais*
Correspondem às entradas e saídas de caixa provenientes das atividades diretamente relacionadas com as operações principais ou acessórias da empresa, como:
- recebimento de vendas;
- pagamento de compras;
- pagamento de despesas (salários, aluguéis etc.);
- recebimento de outras receitas (aluguéis, juros etc.).

Como a Demonstração do Resultado do Exercício evidencia todas as receitas e despesas efetivadas pela empresa no período, os dados básicos para montagem do fluxo das atividades operacionais — vendas, compras, despesas etc. — são extraídos desse demonstrativo, com os ajustes determinados pelos itens operacionais do Ativo e do Passivo Circulantes — estoques, clientes, fornecedores, despesas a pagar etc.

**b.** *Das atividades de investimentos*

Correspondem às entradas e saídas de caixa provenientes de:

- aquisição (–) ou venda (+) de ativos financeiros;
- aquisição (–) ou venda (+) de participações permanentes em outras sociedades;
- aquisição (–) ou venda (+) de bens de uso;
- aquisição (–) ou venda (+) de bens destinados à renda;
- gastos com despesas classificáveis no Ativo Diferido.

Como o Ativo do Balanço Patrimonial discrimina todas as aplicações (investimentos em sentido genérico) feitas pela empresa, é lógico que todos os itens componentes do fluxo desse tipo de atividade devem ser extraídos basicamente da movimentação dos valores ativos.[1]

| | | |
|---|---|---|
| **ATIVO** | (+) → | Saída |
| | (−) → | Entrada |

Assim, todo aumento de ativo corresponde a um novo ou a um reforço de um investimento, provocando saída de caixa, enquanto um decréscimo de ativo corresponde, normalmente, a uma venda, provocando entrada de recursos no caixa.

**Obs.** No caso de uma **"doação"** ou de uma **"baixa"** de um valor do Ativo Permanente, que não influi em movimentação de recursos numerários, temos de adotar um tratamento especial (como mostrado no Item 4 do Quadro 9.2).

---

[1] Com exceção das verbas representativas das *disponibilidades* e das utilizadas na apuração das atividades operacionais: *Clientes, Estoques e Adiantamentos a Fornecedores.*

**c.** *Das atividades de financiamentos*

Correspondem às operações de captação de recursos próprios e de recursos alheios, bem como sua amortização e remuneração:

- entrada (+) ou pagamento (–) de empréstimos;
- aumento do Capital Social em dinheiro;
- entrada de reservas de capital;
- juros e outros encargos sobre financiamentos[2];
- juros e dividendos relacionados com o capital próprio[2].

Considerando que no Passivo estão discriminadas todas as origens de recursos que possibilitaram o financiamento do Ativo, é lógico que todos os itens componentes do fluxo desse tipo de atividade devem ser originados basicamente da movimentação dos valores passivos.

Assim, todo aumento de passivo corresponderia a um novo financiamento (+), e um decréscimo corresponderia a um pagamento parcial ou total de um financiamento (–).[3]

| PASSIVO | (+) → | Entrada |
|---------|-------|---------|
|         | (–) → | Saída   |

---

[2] Os juros e encargos sobre financiamentos de terceiros, bem como os juros e dividendos sobre o capital próprio, são considerados atividades de financiamento e não, como poderiam parecer à primeira vista, atividades operacionais. A explicação é que esse tipo de despesa não está relacionada com as operações do Ativo, mas sim com os financiamentos do Passivo.

[3] Com exceção das verbas utilizadas na apuração das atividades operacionais: Fornecedores, Adiantamentos, Clientes e Provisões do Passivo (v. Quadro 9.2).

## 9.3 Esquema geral do demonstrativo

**Quadro 9.1** ESQUEMA DE ENTRADAS E SAÍDAS (FLUXOS) DE CAIXA[4]

| FLUXOS DE CAIXA | ENTRADAS | |
|---|---|---|
| | | **DAS OPERAÇÕES** |
| | | Recebimento de Vendas (v. ajuste nº 1): |
| | | Dividendos de participações |
| | | Receitas financeiras |
| | | Outras receitas (aluguéis, comissões etc.) |
| | | **DOS FINANCIAMENTOS** |
| | | Integralização de Capital (em dinheiro) |
| | | Empréstimos diversos |
| | | Reservas de Capital (em dinheiro) |
| | | **DOS INVESTIMENTOS** |
| | | Venda de valores do Ativo Permanente (v. ajuste nº 4) |
| | | Venda de outros valores do Ativo |
| | **SAÍDAS** | **DAS OPERAÇÕES** |
| | | Pagamento de despesas (v. ajuste nº 3) |
| | | Pagamento de compras (v. ajuste nº 2) |
| | | **DOS FINANCIAMENTOS** |
| | | Pagamento de empréstimos |
| | | Pagamento de juros e outros ônus financeiros |
| | | Pagamento de dividendos e juros sobre o capital próprio |
| | | **DOS INVESTIMENTOS** |
| | | Aquisição de valores do Ativo Permanente (v.ajuste nº 4) |
| | | Aplicações em outros valores do Ativo |
| | | Aplicações em Ativo Diferido |

## 9.4 Ajustes preliminares

Os ajustes (Quadro 9.2) são necessários para o cálculo correto dos vários itens que vão compor o demonstrativo — principalmente no grupo "das operações".

---

[4] No Quadro 9.1 apresentamos o demonstrativo separando as entradas e as saídas, apenas para fins didáticos. Na realidade, nos fluxos de caixa, as entradas e as saídas aparecem englobadas dentro dos respectivos itens — das operações, dos financiamentos e dos investimentos.

DEMONSTRAÇÕES CONTÁBEIS

**Quadro 9.2** ESQUEMA DE AJUSTE DOS ITENS DOS FLUXOS DE CAIXA – MÉTODO DIRETO PARA TODOS OS AJUSTES E INDIRETO PARA OS AJUSTES 4 A 9.

## AJUSTES

### 1. RECEBIMENTO DE VENDAS

Faturamento global (Demonstração do Resultado)

(+) Redução ou (–) Aumento do Débito de Clientes (Ativo Circulante)

(+) Aumento ou (–) Redução dos Adiantamentos de Clientes (Passivo Circulante)

### 2. PAGAMENTO DE COMPRAS (EMPRESA MERCANTIL)

Custo da Receita Líquida (Demonstração do Resultado)

(+) Aumento ou (–) Redução dos Estoques (Ativo Circulante) = Compras

(+) Redução ou (–) Aumento do Crédito de Fornecedores (Passivo Circulante)

(+) Aumento ou (–) Redução dos Adiantamentos a Fornecedores (Ativo Circulante)

### 3. PAGAMENTO DE DESPESAS

Despesas totais (na Demonstração do Resultado → itens que possam representar saídas de Caixa, inclusive Imposto de Renda e Contribuição Social)

(–) Redução ou (+) Aumento de despesas antecipadas (do exercício seguinte)

(–) Provisões retificativas do Ativo (quando incluídas nas despesas totais)

(+/–) Variações de despesas a pagar (Passivo Circulante → Inclusive das Provisões para Imposto de Renda e para Contribuição Social - ver ajuste 8)

Obs. Não fazem parte da despesa total, por não afetarem o Caixa:
• Baixa ou doação de valores do Ativo (ver ajuste 4);
• Resultado da equivalência patrimonial (idem);
• Variações monetárias de financiamentos (ver ajuste 5);
• Ajustes a valor presente (de obrigações - ver ajuste 5 - ou de direitos);
• Ajustes de exercícios anteriores (ver ajuste 7).

### 4. COMPRA/VENDA DE VALORES DO ATIVO PERMANENTE

Variação da conta representativa do valor (Ativo Permanente)

(+) Valor contábil do bem baixado ou doado (Demonstração do Resultado)

(–) Valor contábil do lucro na venda (Demonstração do Resultado)

(+) Valor contábil do prejuízo na venda (Demonstração do Resultado)

(–) Resultado da equivalência patrimonial (Demonstração do Resultado)

(+/–) Ajustes de exercícios anteriores (DLPA ou DMPL) (ver ajuste 7)

### 5. FINANCIAMENTOS (PASSÍVEIS DE CORREÇÃO CAMBIAL OU DE CORREÇÃO MONETÁRIA)

Variação da conta representativa da dívida (Passivo Exigível)

(+) Variação redutora da dívida (Receita → Demonstração do Resultado)

(–) Variação aumentativa da dívida (Despesa → Demonstração do Resultado)

### 6. DEPRECIAÇÃO (EM CASO DE BAIXA OU DOAÇÃO DO BEM DEPRECIADO)

Variação da conta Depreciação Acumulada ( – Ativo Imobilizado )

(+) Depreciação relativa ao bem doado ou baixado

(+/–) Ajustes de exercícios anteriores (DLPA ou DMPL) (ver ajuste 7)

*continua*

*continuação*

## AJUSTES

**7. AJUSTE DE EXERCÍCIOS ANTERIORES** (não afeta diretamente os fluxos de caixa, pois não provoca movimentação de numerário – influi, todavia, no cálculo dos itens que motivaram os respectivos ajustes)

**7.1. Erro em provisões retificativas do Ativo:**
**a.** Se as provisões estiverem discriminadas na DRE → nada há a ser feito, pois o valor da DRE já é o correto para o fluxo.
**b.** Se as provisões não aparecerem na DRE:
• diferença entre os dois balanços patrimoniais
• (+) redução ou (–) aumento relativo ao valor do ajuste

**7.2. Erro em outros valores do Ativo ou do Passivo** (correção ou atualização monetária ou cambial de dívidas ou de créditos, avaliação de estoques e de investimentos etc.):
• diferença da verba de um balanço para o outro
• (+) redução ou (–) aumento relativo ao valor do ajuste

---

**8. PROVISÃO PARA IMPOSTO DE RENDA E CONTRIBUIÇÃO SOCIAL**

Há dois caminhos para o cálculo do valor a constar no ajuste 3:

**a.** 1. Incorporar essas provisões às demais despesas (ver ajuste 3);
2. ajustar essa soma com a diferença bruta dessas provisões no Passivo Circulante.

**b.** 1. Não considerar as provisões do ano;
2. considerar apenas a movimentação (normalmente para menos) das provisões registradas no ano anterior.

---

**9. DIVIDENDOS A PAGAR**

Considerando que os dividendos calculados no encerramento do exercício só transitarão pelo Caixa no ano seguinte (X2), deve-se levar em conta apenas a movimentação dos dividendos a pagar constantes do balanço anterior (X0).

# 9.5 Formas de apresentação

## 9.5.1 Método direto

O formato direto está baseado no regime de caixa, ou seja, procura apresentar todos os pagamentos e recebimentos ocorridos no período considerado, independentemente de se referirem a operações apropriáveis ao resultado de períodos anteriores ou posteriores.

É o método mais utilizado por apresentar informações mais precisas sobre a efetiva movimentação de valores numerários.

Os quadros e os textos explicativos apresentados até aqui são relativos, basicamente, ao método direto.

### 9.5.2 Método indireto

No formato indireto, realiza-se uma reconciliação do Resultado Líquido, por meio de adições ou subtrações, para chegar ao Caixa Líquido resultante das operações.

Na apuração do movimento de caixa originário das operações (fluxo das operações), deve-se levar em consideração, também (ver Quadro 9.7), os acréscimos ou diminuições nos Ativos e Passivos Circulantes Operacionais.

### 9.5.3 Diferenças e semelhanças

A diferença básica está no processo de cálculo do fluxo de caixa operacional. Embora o resultado líquido final seja igual, o caminho percorrido em cada um dos dois métodos é completamente diferente.

A semelhança acontece no cálculo dos dois outros fluxos — o de investimentos e o de financiamentos — e no resumo final, quando os processos, os itens e os valores apurados são exatamente os mesmos (compare os Quadros 9.6 e 9.8).

## 9.6 Fase preliminar – Cia. ABC

### 9.6.1 Demonstrativos básicos

Apresentamos, a seguir, o Balanço Patrimonial (Capítulo 4) e a Demonstração do Resultado (Capítulo 5) da Cia. ABC, que servirão de base para a confecção da Demonstração dos Fluxos de Caixa.

No Quadro 4.4 (Balanço Patrimonial), trabalharemos apenas com o valor das contas, eliminando, pois, os totais dos grupos e subgrupos, já que não vão aparecer no demonstrativo.

As observações citadas (última coluna) servem de orientação para a montagem dos fluxos de caixa.

DEMONSTRAÇÃO DOS FLUXOS DE CAIXA

**Quadro 9.3** BALANÇO PATRIMONIAL DA CIA. ABC

## BALANÇO PATRIMONIAL DA CIA. ABC

| ATIVO | 12/X1 | 12/X0 | + / - | Observações |
|---|---|---|---|---|
| Caixa | 200 | 400 | + 4.100 | Saldos de CAIXA |
| Bancos, conta Movimento | 7.800 | 3.500 | | |
| Duplicatas a Receber | 33.300 | 20.000 | + 13.300 | (ajuste: ops.) Recebimento de vendas |
| Estoques | 70.000 | 80.000 | - 10.000 | (ajuste: ops.) Compras |
| Adiantamentos a Fornecedores | 8.600 | 3.800 | + 4.800 | (ajuste: ops.) Compras |
| Seguros a Vencer | 500 | 200 | + 300 | (ajuste: ops.) Pagamento de despesas |
| Débitos de Coligadas | 3.800 | 4.300 | - 500 | ( + ) |
| Depósitos Judiciais | 5.500 | ----- | + 5.500 | ( - ) |
| Ações de Coligadas | 11.600 | 5.300 | + 6.300 | ( - ) |
| Incentivos Fiscais | 2.600 | 2.600 | - - - | - - - |
| Imóveis | 28.500 | 10.500 | + 18.000 | ( - ) |
| Móveis e Utensílios | 6.200 | 12.800 | - 6.600 | ( + ) |
| Veículos | 20.700 | 13.000 | + 7.700 | ( - ) |
| (-) Depreciação Acumulada | -21.300 | -15.400 | + 5.900 | (ajuste) OPS. Método indireto |
| Fundo de Comércio | 600 | 600 | - - - | - - - |
| Despesas Pré-Operacionais | 4.000 | 4.000 | - - - | - - - |
| (-) Amortização Acumulada | - 2.000 | - 1.600 | + 400 | (ajuste) OPS. Método indireto |
| **total do ATIVO** | **180.600** | **144.000** | **X X X X** | **(total)** |

| PASSIVO | 12/X1 | 12/X0 | +/- | Observações |
|---|---|---|---|---|
| Duplicatas a Pagar | 46.700 | 38.800 | + 7.900 | Pagamento de compras |
| Títulos Descontados | 14.800 | 12.600 | + 2.200 | ( + ) |
| Adiantamentos de Clientes | 5.400 | 7.500 | - 2.100 | ( - ) |
| Financiamentos (12 x 500) | 6.000 | 15.000 | - 9.000 | ( - ) |
| Contribuições a Recolher | 2.900 | 1.040 | + 1.860 | Pagamento de despesas |
| Prov. para Imposto de Renda | 3.600 | 2.400 | + 1.200 | |
| Prov. para Contribuição Social | 1.920 | 1.160 | + 760 | |
| Dividendos a Pagar - X0 | - - - - | 1.300 | + 1.300 | ( + ) |
| Dividendos a Pagar - X1 | 4.389 | - - - - | Não transitou ainda pelo Caixa | |
| Financiamentos (24 x 500) | 12.000 | 8.000 | + 4.000 | ( + ) |
| Créditos de Sócios | - - - - - | 10.000 | - 10.000 | ( - ) |
| Lucros a Apropriar | 2.100 | - - - - | + 2.100 | ( + ) |
| **Capital Realizado** | 45.000 | 24.800 | (+) 10.700 (dinheiro) v. DMPL e DOAR | |
| **Reservas de Capital** | 9.800 | - - - - | + 9.800 | ( + ) |
| **Reservas de Lucros** | 25.991 | 21.400 | Transferido de lucros (não movimenta o Caixa) | |
| **total do PASSIVO** | **180.600** | **144.000** | **x x x x** | **(total)** |

# DEMONSTRAÇÕES CONTÁBEIS

**Quadro 9.4** DEMONSTRAÇÃO DO RESULTADO DA CIA. ABC

| DEMONSTRAÇÃO DO RESULTADO DA CIA. ABC EM X1 | |
|---|---:|
| **RECEITA BRUTA DE VENDAS** | **395.000** |
| (-) Devoluções, Cancelamentos e Abatimentos | 30.000 |
| (-) ICMS sobre Vendas | 65.000 |
| = Receita Líquida de Vendas | 300.000 |
| (-) Custo da Mercadoria Vendida | 210.000 |
| = Lucro Bruto | 90.000 |
| (+) Dividendos Recebidos | 1.000 |
| (-) Comissões Passivas | 6.100 |
| (-) Despesas Gerais | 8.600 |
| (-) Despesas de Pessoal | 33.000 |
| (-) Despesas Financeiras | 6.800 |
| (-) Despesas de Depreciação | 5.900 |
| (-) Despesas de Amortização | 400 |
| = Lucro Operacional | 30.200 |
| (-) Prejuízo na Venda de Ações de Coligadas | 6.200 |
| = Lucro antes do Imposto de Renda | 24.000 |
| (-) Imposto de Renda | 3.600 |
| (-) Contribuição Social sobre o Lucro | 1.920 |
| **= Lucro líquido** | **18.480** |

## 9.6.2 Cálculos (ajustes) preliminares

**Quadro 9.5** AJUSTES NECESSÁRIOS PARA MONTAGEM DOS FLUXOS DE CAIXA DA CIA. ABC.

| AJUSTES PARA MONTAGEM DOS "FLUXOS DE CAIXA" DA CIA. ABC | | |
|---|---:|---:|
| **1. RECEBIMENTO DE VENDAS** | | **284.600** |
| Faturamento líquido | | 300.000 |
| (-) Aumento do débito de clientes (Duplicatas a receber) | | (13.300) |
| (-) Redução dos adiantamentos de clientes | | (2.100) |
| **2. PAGAMENTO DE COMPRAS:** | | **196.900** |
| Custo da receita líquida | | 210.000 |
| (-) Redução dos estoques | | (10.000) |
| = Compras | | 200.000 |
| (-) Aumento do crédito de fornecedores (Duplicatas a pagar) | | (7.900) |
| (+) Aumento dos adiantamentos a fornecedores | | 4.800 |
| **3. PAGAMENTO DE DESPESAS** [1] | | **49.700** |
| Despesas totais (v. DRE) (v.ajuste nº 3 - quadro 9.2) | | |
| Comissões passivas | 6.100 | |
| Despesas gerais | 8.600 | |
| Despesas de pessoal | 33.000 | |

*continua*

*continuação*

### AJUSTES PARA MONTAGEM DOS "FLUXOS DE CAIXA" DA CIA. ABC

| 3. PAGAMENTO DE DESPESAS [1] | | 49.700 |
|---|---|---|
| Aumento das despesas antecipadas (seguros a vencer) | 300 | |
| Imposto de Renda e Contribuição Social | 5.520 | 53.520 |
| (−) Aumento da Prov. p/ Imposto de Renda (no Passivo Circulante) | | (1.200) |
| (−) Aumento da Prov. p/ Contribuição Social (no Passivo Circulante) | | (760) |
| (−) Aumento de contribuições a recolher (no Passivo Circulante) | | (1.860) |
| **4. AÇÕES DE COLIGADAS** | | **12.500** |
| Aumento da conta representativa do investimento | | 6.300 |
| (+) Prejuízo na venda de ações de coligadas | | 6.200 |

(1) As despesas financeiras serão incluídas nos fluxos de financiamento.

# 9.7 Modelo do método direto

**Quadro 9.6** DEMONSTRAÇÃO DOS FLUXOS DE CAIXA DA CIA. ABC (DE 1/1/X1 A 31/12/X1) – MÉTODO DIRETO

### DEMONSTRAÇÃO DOS FLUXOS DE CAIXA DA CIA. ABC – MÉTODO DIRETO

| A. ATIVIDADES OPERACIONAIS | | + 39.000 |
|---|---|---|
| | Recebimento de vendas | 284.600 |
| | Pagamentos de compras | (196.900) |
| | Pagamento de despesas | (49.700) |
| | Dividendos recebidos | 1.000 |
| **B. ATIVIDADES DE INVESTIMENTOS** | | **(36.600)** |
| | Recebimento de débito de coligadas | 500 |
| | Aumento de depósitos judiciais | (5.500) |
| | Compra de ações de coligadas (ver ajuste 4 – Quadro 9.5) | (12.500) |
| | Compra de imóveis | (18.000) |
| | Venda de móveis e utensílios | 6.600 |
| | Compra de veículos | (7.700) |
| **C. ATIVIDADES DE FINANCIAMENTOS** | | **+ 1.700** |
| | Títulos descontados | 2.200 |
| | Pagamento de financiamentos | (9.000) |
| | Novos financiamentos a longo prazo | 4.000 |
| | Pagamento de dividendos de X0 | (1.300) |
| | Pagamento de créditos de sócios | (10.000) |
| | Lucros antecipados | 2.100 |
| | Integralização de capital em dinheiro | 10.700 |
| | Ágio na emissão de ações | 9.800 |
| | Pagamento de despesas financeiras | (6.800) |
| | SALDO DE "CAIXA" NO INÍCIO DO PERÍODO (1/1/X1) | 3.900 |
| | AUMENTO LÍQUIDO NO PERÍODO (A + B + C) | 4.100 |
| | = SALDO DE "CAIXA" NO FINAL DO PERÍODO (31/12/X1) | 8.000 |

# 9.8 Modelo do método indireto

**Quadro 9.7** AJUSTES PARA MONTAGEM DAS "ATIVIDADES OPERACIONAIS" PELO MÉTODO INDIRETO

| AJUSTES PARA MONTAGEM DO "FLUXO DE CAIXA" MÉTODO INDIRETO – ATIVIDADES OPERACIONAIS |
|---|
| **RESULTADO LÍQUIDO AJUSTADO** |
| Resultado líquido do período |
| (+) Provisões retificativas do Ativo Não Circulante |
| (+) Baixa de valores do Ativo |
| (+) Doação de valores do Ativo (exceto "disponibilidades") |
| (+) Prejuízo na alienação de valores (exceto vendas mercantis) |
| (+) Despesas financeiras (aparece nas atividades de financiamento) |
| **+/- VARIAÇÃO DAS CONTAS DO ATIVO OPERACIONAL** |
| Variação do débito de clientes (duplicatas a receber) |
| Variação dos estoques |
| Variação dos adiantamentos a fornecedores |
| Variação das despesas antecipadas |
| **+/- VARIAÇÃO DAS CONTAS DO PASSIVO OPERACIONAL** |
| Variação do crédito de fornecedores (duplicatas a pagar) |
| Variação dos adiantamentos de clientes |
| Variação das despesas a pagar (ou a recolher) |
| Variação da provisão p/ Imposto de Renda e Contribuição Social |

Os demais grupos — atividades de financiamento e atividades de investimento — serão exatamente iguais aos do método direto (é só copiar).

Para fins comparativos, vamos usar os mesmos dados referentes à Cia. ABC, constantes dos Quadros 9.3, 9.4, 9.5 e 9.6.

Como podemos observar comparando os Quadros 9.6 (método direto) e 9.8 (método indireto), os itens B (atividades de investimento) e C (atividades de financiamento) são exatamente iguais.

O caminho para chegar ao total do fluxo das atividades operacionais (A) é completamente diferente, mas os respectivos totais não podem deixar de ser iguais, qualquer que seja o método adotado.

DEMONSTRAÇÃO DOS FLUXOS DE CAIXA

**Quadro 9.8** DEMONSTRAÇÃO DOS FLUXOS DE CAIXA DA "CIA. ABC" (DE 1/1/X1 A 31/12/X1) – MÉTODO INDIRETO

## DEMONSTRAÇÃO DOS FLUXOS DE CAIXA DA CIA. ABC – MÉTODO INDIRETO

| A. ATIVIDADES OPERACIONAIS | | 39.000 |
|---|---|---|
| **1. Lucro líquido ajustado** | | |
| Lucro líquido do exercício | 18.480 | |
| Depreciação (ver Quadro 9.2, Item 6) | 5.900 | |
| Amortização | 400 | |
| Despesas financeiras (ver Quadro 9.7) | 6.800 | |
| Prejuízo na venda de ações de coligadas | 6.200 | 37.780 |
| **2. Variação de Ativos Circulantes Operacionais** | | |
| Aumento do débito de clientes | (13.300) | |
| Redução dos estoques | 10.000 | |
| Aumento de adiantamento a fornecedores | (4.800) | |
| Aumento de seguros a vencer | (300) | (8.400) |
| **3. Variação de Passivos Circulantes Operacionais** | | |
| Aumento do crédito de fornecedores | 7.900 | |
| Redução dos adiantamentos de clientes | (2.100) | |
| Aumento das contribuições a recolher | 1.860 | |
| Aumento da prov. p/Imposto de Renda | 1.200 | |
| Aumento da prov. p/Contribuição Social | 760 | 9.620 |
| **B. ATIVIDADES DE INVESTIMENTOS** | | **(36.600)** |
| Recebimento de débito de coligadas | | 500 |
| Aumento de depósitos judiciais | | (5.500) |
| Compra de ações de coligadas | | (12.500) |
| Compra de imóveis (v. ajuste 4) | | (18.000) |
| Venda de móveis e utensílios | | 6.600 |
| Compra de veículos | | (7.700) |
| **C. ATIVIDADES DE FINANCIAMENTOS** | | **+1.700** |
| Títulos descontados | | 2.200 |
| Pagamento de financiamentos | | (9.000) |
| Novos financiamentos a longo prazo | | 4.000 |
| Pagamento de dividendos de X0 | | (1.300) |
| Pagamento de créditos de sócios | | (10.000) |
| Lucros antecipados | | 2.100 |
| Integralização de capital em dinheiro | | 10.700 |
| Ágio na emissão de ações | | 9.800 |
| Pagamento de despesas financeiras | | (6.800) |
| SALDO DE "CAIXA" NO INÍCIO DO PERÍODO (31/12/X0) | | 3.900 |
| AUMENTO LÍQUIDO NO PERÍODO (A + B + C) | | 4.100 |
| = SALDO DE "CAIXA" NO FINAL DO PERÍODO (30/6/X1) | | 8.000 |

DEMONSTRAÇÕES CONTÁBEIS

# TESTES

**1** Os fluxos de caixa são segregados em:
**a.** débitos e créditos.
**b.** operações, financiamentos e investimentos.
**c.** resultado, Ativo e Passivo.
**d.** entradas, saídas e financiamentos.
**e.** financiamentos, saídas e investimentos.

**2** Correspondem a atividades de financiamento:
**a.** aumentos do Ativo Não Operacional.
**b.** vendas de valores do Ativo.
**c.** aumentos do Passivo Não Operacional.
**d.** aumento das reservas estatutárias.
**e.** reduções do Ativo Não Operacional.

**3** Os fluxos de caixa podem ser elaborados pelos métodos:
**a.** direto e indireto.
**b.** de caixa e de competência.
**c.** patrimonial e de resultado.
**d.** total e parcelado.
**e.** das contas credoras e das contas devedoras.

**4** Uma das afirmações a seguir é verdadeira:
**a.** Os fluxos de caixa obedecem ao princípio da competência.
**b.** Os fluxos de caixa são obrigatórios para todo tipo de empresa.
**c.** Os fluxos de caixa indiretos são os que mostram a maioria dos recebimentos e pagamentos efetuados pela empresa.
**d.** Na mesma empresa, os fluxos de financiamentos e de investimentos no método direto são idênticos aos apresentados no método indireto.
**e.** Sempre que a empresa tiver um lucro expressivo deverá ter também um elevado saldo de caixa.

**5** Uma demonstração dos fluxos de caixa elaborada pelo método direto apresentou:
• Recebimento de vendas: $ 1.300
• Pagamento de compras: $ 800

DEMONSTRAÇÃO DOS FLUXOS DE CAIXA

- Pagamento de juros sobre financiamento: s $ 200
- Pagamento de dividendos aos acionistas: $ 110
- Resultado negativo da equivalência patrimonial: $ 80
- Pagamento de despesas mercantis e administrativas: $ 340
  O fluxo líquido gerado pelas atividades operacionais será de:
  **a.** + $ 160
  **b.** – $ 40
  **c.** – $ 230
  **d.** + $ 80
  **e.** + $ 50

**6** Uma empresa mercantil apresentou, no final do ano de x1, os seguintes dados:
  - custo da mercadoria vendida: $ 450
  - estoque em 1/1/x1: $ 110
  - estoque em 31/12/x1: $ 150
  O valor das compras, em x2, totalizou:
  **a.** $ 450
  **b.** $ 600
  **c.** $ 410
  **d.** $ 580
  **e.** $ 490

**7** Na montagem dos fluxos de caixa, são consideradas atividades de financiamento:
  **a.** aquisição de ações de empresas coligadas ou controladas.
  **b.** aumento de capital com a utilização de lucros.
  **c.** pagamento de dividendos aos acionistas.
  **d.** recebimento de dividendos por participações em coligadas ou controladas.
  **e.** venda de mercadorias, à vista.

**8** Outra demonstração dos fluxos de caixa, elaborada pelo método indireto, apresentou em final de exercício:
  - Prejuízo Líquido: $ 120
  - Provisões retificativas do Ativo: $ 80
  - Variação das verbas do Ativo Circulante Operacional: + $ 210
  - Variação das verbas do Passivo Circulante Operacional: – $ 175
  - Baixa de bens do Ativo Imobilizado: $ 90

O valor líquido do fluxo de caixa operacional foi de:

**a.** – $ 120

**b.** – $ 40

**c.** + $ 50

**d.** + $ 100

**e.** + $ 15

**9** A Cia. "Z" apresentou em relação ao ano de x1:
- Integralização de capital em dinheiro: $ 250
- Produto da alienação de bônus de subscrição: $ 120
- Alienação de participação em coligadas: $ 100
- Pagamento de despesas administrativas: $ 80
- Pagamento de juros por empréstimos bancários: $ 40
- Recebimento de vendas: $ 310
- Pagamento de compras de mercadorias: $ 200
- Aquisição (à vista) de móveis e utensílios: $ 280

O fluxo líquido de caixa proveniente das "operações" foi de:

**a.** $ 70

**b.** $ 280

**c.** $ 230

**d.** $ 30

**e.** $ 190

**10** No mesmo caso do item anterior, o fluxo líquido de caixa proveniente dos "financiamentos" foi de:

**a.** $ 370

**b.** $ 330

**c.** $ 130

**d.** $ 470

**e.** $ 750

**11** Ainda no caso da Cia. "Z" (Questão 9), o fluxo líquido gerado pelas atividades de investimento foi de:

**a.** – $ 280     **b.** – $ 80     **c.** – $ 180     **d.** $ 180     **e.** $ 380

# EXERCÍCIOS

**1** Com os dados dos balanços e da demonstração do resultado da Cia. "Beta2" (a mesma do Capítulo 8) e com os esclarecimentos que serão prestados, monte a Demonstração dos Fluxos de caixa pelo **método direto** (só do último ano):

| ATIVO | 12/X1 | 12/X0 | + / – | PASSIVO | 12/X1 | 12/X0 | + / – |
|---|---|---|---|---|---|---|---|
| **CIRCULANTE** | 335 | 460 | x x x | •**CIRCULANTE** | 240 | 230 | x x x |
| Caixa | 10 | 5 | x x x | Fornecedores | 65 | 170 | |
| Clientes | 180 | 150 | | Impostos a recolher | 120 | 20 | |
| (–)Prov. p/ créditos de liquidação duvidosa[1] | – 35 | -10 | | Provisão para Imposto de Renda | 40 | 15 | |
| Produtos acabados | 180 | 320 | | Dividendos a pagar | 15 | 25 | |
| (–)Provisão para ajuste de estoques[1] | – 40 | – 20 | | | | | |
| Despesas a vencer | 40 | 15 | | **EXIGÍVEL A LONGO PRAZO** | 110 | 115 | x x x |
| **REALIZ. L. PRAZO** | 50 | 70 | x x x | Debêntures a resgatar | 10 | 35 | |
| Débitos de diretores | 50 | 70 | | | | | |
| PERMANENTE | 355 | 185 | x x x | Empréstimos a longo prazo | 100 | 80 | |
| Investimentos | 115 | 45 | | | | | |
| (–)Provisão p/ perdas em investimentos[1] | – 60 | – 40 | | **PATRIMÔNIO LÍQUIDO** | 390 | 370 | x x x |
| Imobilizado[2] | 310 | 200 | | Capital realizado[4] | 330 | 285 | x x x |
| (–)Depreciação acumulada [1, 3] | – 80 | – 70 | | Reservas de capital | 45 | 20 | |
| Diferido | 140 | 100 | | Reservas de lucros | 15 | 65 | x x x |
| (–) Amortização acumulada[1] | – 70 | – 50 | | | | | |
| (total do Ativo) | 740 | 715 | | (total do Passivo) | 740 | 715 | |

(1) As provisões do Ativo serão apuradas pela diferença do balanço (já que não aparecem na Demonstração do Resultado do Exercício).

(2) A diferença apurada será acrescida do custo do bem doado.

(3) A diferença apurada será acrescida da depreciação baixada (bem doado).

(4) • Integralização com aproveitamento de lucros e reservas: $ 25

    • Integralização em dinheiro: $ 20

(Obs.) os demais itens do balanço seguem o "esquema":

    ativo + → SAÍDA – → ENTRADA • • • Passivo +→ ENTRADA – → SAÍDA

EXERCÍCIOS

| DEMONSTRAÇÃO DO RESULTADO | |
|---|---|
| Vendas | 1.700 |
| (−) Custo da mercadoria vendida | − 1.120 |
| (−) Despesas operacionais | − 540 |
| (−) Juros passivos | − 30 |
| (+) Receitas de aluguéis | + 20 |
| (+) Reversão da provisão para créditos de liquidação duvidosa | + 10 |
| (−) Doação de bens de uso [5] | − 25 |
| (−) Provisão para Imposto de Renda | − 40 |
| = PREJUÍZO LÍQUIDO | − 25 |

Custo do bem doado[2]   $ 40
 (−) Depreciação baixada[3] $ 15
= Valor líquido baixado[5]   $ 25

## FLUXOS DE CAIXA – CÁLCULOS PRELIMINARES

| 1. AJUSTE DO "IMOBILIZADO" | | |
|---|---|---|
| • Variação do subgrupo | $ | |
| • ( ) | $ | $ |

| 2. AJUSTE DA DEPRECIAÇÃO | | |
|---|---|---|
| • Variação da depreciação acumulada | $ | |
| • ( ) | $ | $ |

| 3. AJUSTE DA PROVISÃO PARA CRÉDITOS DE LIQUIDAÇÃO DUVIDOSA | | |
|---|---|---|
| • Variação da provisão | $ | |
| • ( ) | $ | $ |

| RECEBIMENTO DE VENDAS | | |
|---|---|---|
| • Faturamento total | $ | |
| • ( ) | $ | $ |

| PAGAMENTO DE COMPRAS | | |
|---|---|---|
| • Compras (cmv + ef − ei) | $ | |
| • ( ) | $ | $ |

| PAGAMENTO DE DESPESAS | | |
|---|---|---|
| • Despesas totais | $ | |
| • ( ) | $ | $ |
| • ( ) | $ | $ |
| • ( ) | $ | $ |
| • ( ) | $ | $ |
| • ( ) | $ | $ |
| • ( ) | $ | $ |
| • ( ) | $ | $ |
| • ( ) | $ | $ |

DEMONSTRAÇÃO DOS FLUXOS DE CAIXA

| FLUXOS DE CAIXA DA CIA. BETA2 EM X1 – MÉTODO DIRETO | |
|---|---|
| **1. DAS OPERAÇÕES** | $ |
| 1.1. | $ |
| 1.2. | $ |
| 1.3. | $ |
| 1.4. | $ |
| **2. DOS INVESTIMENTOS** | $ |
| 2.1. | $ |
| 2.2. | $ |
| 2.3. | $ |
| 2.4. | $ |
| **3. DOS FINANCIAMENTOS** | $ |
| 3.1. | $ |
| 3.2. | $ |
| 3.3. | $ |
| 3.4. | $ |
| SALDO DE "CAIXA" NO INÍCIO DO PERÍODO (1/1/X1) | $ |
| _____ LÍQUID__ NO PERÍODO (1 + 2 + 3) | $ |
| SALDO DE "CAIXA" NO FINAL DO PERÍODO (31/12/X1) | $ |

**2** Com os mesmos dados da Cia. Beta2 (Exercício 1), vamos montar a Demonstração dos Fluxos de Caixa pelo método indireto:

**DEMONSTRAÇÃO DOS FLUXOS DE CAIXA DA CIA. BETA 2 EM X1 – MÉTODO INDIRETO**

| A. ATIVIDADES OPERACIONAIS | | $ |
|---|---|---|
| 1. Lucro Líquido Ajustado | | |
| | $ | |
| | $ | |
| | $ | |
| | $ | |
| | $ | |
| | $ | $ |
| 2. Variação de Ativos Circulantes Operacionais | | |
| | $ | |
| | $ | |
| | $ | $ |

*continua*

DEMONSTRAÇÕES CONTÁBEIS

**EXERCÍCIOS**

*continuação*

| 3. Variação de Passivos Circulantes Operacionais | | |
|---|---|---|
| | $ | |
| | $ | |
| | $ | $ |

| **B. ATIVIDADES DE INVESTIMENTOS** | | **$** |
|---|---|---|
| | $ | |
| | $ | |
| | $ | |

| **C. ATIVIDADES DE FINANCIAMENTOS** | | **$** |
|---|---|---|
| | | $ |
| | | $ |
| | | $ |
| | | $ |
| | | $ |

| | |
|---|---|
| • SALDO DE "CAIXA" NO INÍCIO DO PERÍODO (1/1/X1) | $ |
| • _____ LÍQUID__ NO PERÍODO (A + B + C) | $ |
| • = SALDO DE "CAIXA" NO FINAL DO PERÍODO (31/12/X1) | $ |

# Capítulo 10

# DEMONSTRAÇÃO DO VALOR ADICIONADO

NOÇÕES GERAIS

VALOR ADICIONADO OU VALOR AGREGADO

ESTRUTURA DA "DVA"

EXEMPLO PRÁTICO DA "DVA"

# 10.1 Noções gerais

## 10.1.1 Conceito e objetivos

> É um demonstrativo que procura evidenciar o valor da riqueza agregada, por determinada empresa, a um produto, e de que forma esse valor agregado foi distribuído entre os fatores de produção.

Assim, podemos dizer que este demonstrativo tem como objetivos básicos:

- informar o valor da riqueza criada e o valor e a natureza dos custos agregados pela empresa ao valor dos insumos adquiridos;
- informar a quem foi destinada essa riqueza criada (ou agregada) — empregados, investidores, governo, financiadores etc.

## 10.1.2 Importância

Alguns Estados ou municípios, na análise de instalação de empresas em suas áreas, para concessão de alguns benefícios — doação de terrenos, isenção ou redução de impostos etc. —, levam em consideração alguns fatores que esses investimentos provocarão, como a disponibilização de vagas para empregos diretos e indiretos, o montante dos impostos, taxas e contribuições que entrarão para os cofres públicos, o montante da riqueza que será gerada e que contribuirá para o desenvolvimento local e regional etc.

A maioria dessas informações pode ser obtida ou deduzida por meio da "Demonstração do Valor Adicionado".

Além disso, devemos lembrar que uma das formas de se avaliar a riqueza de um país é por meio do cálculo do valor adicionado (ou agregado). O PIB é justamente o somatório do valor adicionado por todas as entidades econômicas do país em determinado período. Nesses termos, quanto maior o número de empresas que elaborem esse tipo de demonstrativo, mais corretas e precisas serão as medições desses agregados macroeconômicos, tão importantes para a definição das políticas governamentais.

### 10.1.3 **Custo externo × Custo interno**

**a.** *Insumos*

Nem todo custo é gerado dentro da própria empresa. Parte dele, ou até mesmo a maior parte dele, é apenas transferida de outras empresas fornecedoras de matérias-primas, mercadorias, materiais diversos e serviços.

Os custos mais comuns incorporados ao produto da empresa vendedora, mas gerados em outras empresas, são:

- matérias-primas consumidas ou o valor de compra das mercadorias revendidas;
- materiais diversos: lubrificantes, materiais de limpeza, materiais de escritório, combustíveis etc;
- serviços diversos: de firmas de engenharia, de estabelecimentos de crédito, de escritórios de contabilidade ou auditoria, de firmas de limpeza e segurança etc.

Todos esses custos — gerados em outras unidades produtivas, mercantis ou de prestação de serviços — que são incorporados ao valor do produto, da mercadoria vendida ou do serviço prestado são chamados de **"insumos"**, ou custos gerados externamente.

**b.** *Remuneração de fatores*

Toda empresa utiliza fatores de produção — trabalho, natureza, capital, capacidade tecnológica e capacidade empresarial — e arca com determinado custo para a utilização desses fatores, sob a forma de "salários", "aluguéis", "pró-labore", "juros" etc.

São os chamados custos internos, ou seja, custos gerados dentro da própria empresa.

## 10.2 **Valor adicionado ou valor agregado**

### 10.2.1 **Conceito**

O somatório dos custos gerados dentro da própria empresa e que cobrem a remuneração dos fatores de produção por ela utilizados é chamado "valor adicionado"[1] ou valor agregado, no sentido de ser o custo acrescido, por essa empresa, aos custos que já vieram transferidos de outras empresas, a fim de ser determinado o valor de venda desse produto.

Assim, podemos dizer que o valor adicionado (ou agregado) corresponde exatamente ao somatório da remuneração paga pela empresa aos diversos fatores de produção — capital, trabalho etc.

## 10.2.2 PIB — Produto Interno Bruto

O Produto Interno Bruto (PIB) é o principal valor agregado das contas nacionais, pois mede, de uma forma global, o valor monetário dos bens e serviços produzidos no país durante determinado período de tempo.[2]

Uma das formas de se medir o PIB é justamente por meio do valor adicionado bruto. O valor do PIB do país seria, nada mais, nada menos, do que o somatório do valor adicionado em determinado período por todas as unidades econômicas em atividade dentro do país.

Assim, podemos dizer que o valor adicionado bruto de determinada empresa, em determinado período, representa sua contribuição para a formação do Produto Interno Bruto (PIB) do país naquele mesmo período.

## 10.2.3 Formas de cálculo do valor adicionado

**a.** Pela soma da remuneração de fatores:

> salários + juros + aluguéis + lucro + ... = valor adicionado

**b.** Pelo valor das vendas, considerando:

valor das vendas = custo externo + custo interno
ou
valor das vendas = remuneração de fatores + insumos

---

[1] O valor assim calculado é chamado de "valor adicionado líquido a custo de fatores" ou "produto interno líquido a custo de fatores". É líquido porque não está acrescido da depreciação. É a custo de fatores porque não está acrescido dos impostos indiretos.

[2] Os valores da contabilidade nacional são considerados "brutos" quando englobam o valor da depreciação de todos os bens de produção utilizados no país durante determinado período.

ou ainda:

> valor das vendas = valor adicionado + insumos

Podemos deduzir que:

> valor adicionado = valor das vendas - valor dos insumos

O montante assim obtido representa o "valor adicionado líquido" ou o "produto interno líquido".

### 10.2.4 Depreciação

Apesar de não representar remuneração de fatores, a depreciação dos bens de uso da empresa deve ser incluída no "valor adicionado", pois se trata, sem dúvida, de um custo gerado internamente. Assim, teríamos:

> valor adicionado = remuneração de fatores + depreciação

Essa grandeza macroeconômica — valor agregado —, quando acrescida da depreciação, recebe o nome de "valor adicionado bruto", que, neste momento, está avaliado "a custo de fatores", já que ainda não foram incluídos os impostos indiretos.

### 10.2.5 Impostos indiretos

Note que o somatório do **valor adicionado** gerado com a remuneração dos fatores utilizados (inclusive com o acréscimo da depreciação) ainda não atinge o valor de mercado dos bens e serviços vendidos.

Estão faltando os "impostos indiretos" do tipo IPI, ICMS, ISS, PIS etc., porque esses impostos estão incluídos no preço de venda das mercadorias ou serviços.

Os "impostos diretos" — sobre a renda — não são considerados para efeito de apuração do valor adicionado e somente aparecerão na destinação desse valor para o item "governo".

Dessa forma, teremos finalmente:

> **valor adicionado**[3] = remuneração de fatores + depreciação + impostos indiretos

**Quadro 10.1** FORMAÇÃO DO VALOR DE MERCADO DO PRODUTO OU SERVIÇO

## 10.2.6 Receitas externas

As receitas recebidas de outras entidades jurídicas (aluguéis, dividendos, juros etc.) que foram consideradas valor adicionado na empresa que pagou aquela receita, deverão aparecer no demonstrativo como um item à parte — "valor adicionado recebido em transferência" — logo após a apuração do "valor adicionado líquido produzido pela entidade" (ver Quadro 10.2).

## 10.2.7 Conceito final de valor adicionado

É o somatório da remuneração paga a todos que participaram do processo de produção com o valor correspondente ao desgaste do Ativo Fixo (depreciação), mais o valor transferido ao governo sob a forma de tributos indiretos.

> Valor adicionado (bruto e a preços de mercado)
> = Produto interno bruto (PIB) a preços de mercado
> = Remuneração dos fatores + depreciação
> + tributos indiretos

---

[3] Agora, com a inclusão dos impostos indiretos, temos o "valor adicionado bruto a preços de mercado" ou "produto interno bruto a preços de mercado".

# 10.3 ESTRUTURA DA "DVA"

## 10.3.1 Modelo[4]

**Quadro 10.2** MODELO DE APURAÇÃO E DISTRIBUIÇÃO DO VALOR ADICIONADO

### DEMONSTRAÇÃO DO VALOR ADICIONADO

**1. RECEITAS (receita líquida + impostos)**

1.1 Vendas de mercadorias, produtos e serviços

1.2 Provisão para créditos de liquidação duvidosa (inclusive reversão)

1.3 Resultados não operacionais (ganhos ou perdas na venda, baixa ou doação de valores do permanente)

**2. INSUMOS ADQUIRIDOS DE TERCEIROS (inclui ICMS e IPI)**

2.1 Custo (externo) das mercadorias e serviços vendidos

2.2 Energia, serviços e outras despesas de terceiros

2.3 Perda/recuperação de valores ativos

**3. VALOR ADICIONADO BRUTO (1 - 2)**

**4. RETENÇÕES**

4.1 Depreciação, amortização e exaustão (do período)

**5. VALOR ADICIONADO LÍQUIDO PRODUZIDO PELA ENTIDADE (3 - 4)**

**6. VALOR ADICIONADO RECEBIDO EM TRANSFERÊNCIA**

6.1 Receitas financeiras

6.2 Dividendos recebidos

6.3 Resultado de equivalência patrimonial

6.4 Aluguéis e royalties recebidos

**7. VALOR ADICIONADO TOTAL A DISTRIBUIR (5 + 6)**

**8. DISTRIBUIÇÃO DO VALOR ADICIONADO**

8.1 Para empregados

- Despesas com pessoal (salários + encargos com férias, 13º salário, FGTS, alimentação, transporte etc.)
- Comissões pagas a vendedores
- Honorários dos diretores
- Participação dos empregados no lucro

8.2 Para terceiros

- Juros
- Correção monetária e cambial
- Aluguéis e arrendamentos

*continua*

---

[4] O modelo apresentado no Quadro 10.2 está estruturado de forma a atender a NBC T 3.7, aprovada pela Resolução 1010/05 do CFC, bem como o modelo elaborado pela FIPECAFI – Fundação Instituto de Pesquisas Contábeis, Atuariais e Financeiras da USP (sugerido pela CVM para as companhias abertas).

*continuação*

| |
|---|
| 8.3 Para os acionistas |
|   • Dividendos |
|   • Juros sobre o capital próprio |
| 8.4 Para o governo |
|   • Impostos indiretos |
|   • Imposto de Renda e Contribuição Social |
|   • Contribuições ao INSS |
|   • Taxas e contribuições diversas |
| 8.5 Para reinvestimento |
|   • Parcela de lucros destinada para Reservas |

Obs. O total do item 8 deve ser exatamente igual ao do item 7.

# 10.4 Exemplo prático da "DVA"

## 10.4.1 Demonstração do Resultado da Cia. ABC

**Quadro 10.3** DEMONSTRAÇÃO DO RESULTADO DO EXERCÍCIO DA CIA ABC EM X1

| DEMONSTRAÇÃO DO RESULTADO DO EXERCÍCIO DA CIA. ABC EM X1 | $ |
|---|---|
| **RECEITA BRUTA DE VENDAS** | 395.000 |
| ( – )  Devoluções, Cancelamentos e Abatimentos | 30.000 |
| ( – )  ICMS sobre Vendas | 65.000 |
| ( = )  Receita Líquida de Vendas | 300.000 |
| ( – )  Custo da Mercadoria Vendida | 210.000 |
| ( = )  Lucro Bruto | 90.000 |
| ( + )  Dividendos Recebidos | 1.000 |
| ( – )  Comissões Passivas (1) | 6.100 |
| ( – )  Despesas Gerais (2) | 8.600 |
| ( – )  Despesas de Pessoal (3) | 33.000 |
| ( – )  Despesas Financeiras Líquidas | 6.800 |
| ( – )  Despesas de Depreciação e Amortização | 6.300 |
| ( = )  Lucro Operacional | 30.200 |
| ( – )  Prejuízo na Venda de Ações de Coligadas | 6.200 |
| ( = )  Lucro antes do Imposto de Renda | 24.000 |
| ( – )  Provisão para Imposto de Renda | 3.600 |
| ( – )  Provisão para Contribuição Social | 1.920 |
| ( = )  Lucro Líquido do Período* | 18.480 |

*continua*

*continuação*

> **\* Destinação do lucro do exercício:**
> • Dividendos a distribuir: 4.389
> • Reforço da Reserva Legal: 924
> • Reforço da Reserva p/aumento de capital: 13.167

(1) • Comissões pagas a vendedores contratados pela firma ..................................... 1.100

   • Comissões pagas a pessoas jurídicas ................................................................. 5.000

(2) • Materiais de consumo adquiridos de outras empresas ..................................... 1.200

   • Pagamentos a empresas de transporte de cargas ............................................. 4.800

   • Pagamentos de aluguéis a pessoas físicas ........................................................ 2.600

(3) • Salários, férias, 13º salário, FGTS .................................................................... 27.000

   • Contribuições p/ INSS ...................................................................................... 6.000

Assim, devem ser considerados como **insumos**:

**custo das mercadorias vendidas + serviços prestados por terceiros**

   • Custo da mercadoria vendida ........................................................... $ 210.000

   • Comissões pagas a pessoas jurídicas ..................................................... $ 5.000

   • Fretes pagos a empresas de transporte ................................................. $ 4.800

   • Materiais de consumo adquiridos de terceiros ..................................... $ 1.200

                                                                          **$ 221.000**

**Quadro 10.4** DEMONSTRAÇÃO DO VALOR ADICIONADO DA CIA. ABC EM X1

| DEMONSTRAÇÃO DO VALOR ADICIONADO DA CIA. ABC EM X1 | |
|---|---:|
| **1. RECEITAS** | **358.800** |
| 1.1. Receita efetiva de vendas (receita líquida + impostos)[5] | 365.000 |
| 1.2. (–) Prejuízo na venda de ações de coligadas | 6.200 |
| **2. INSUMOS ADQUIRIDOS DE TERCEIROS** | **221.000** |
| 2.1. Custo das mercadorias vendidas | 210.000 |
| 2.2. Serviços prestados por terceiros | 11.000 |
| **3. VALOR ADICIONADO BRUTO ( 1 – 2 )** | **137.800** |
| **4. RETENÇÕES** | **6.300** |
| 4.1. Depreciação e amortização | 6.300 |
| **5. VALOR ADICIONADO LÍQUIDO PRODUZIDO PELA CIA. ( 3 – 4 )** | **131.500** |
| **6. VALOR ADICIONADO RECEBIDO EM TRANSFERÊNCIA** | **1.000** |
| 6.1. Dividendos recebidos | 1.000 |
| **7. VALOR ADICIONADO TOTAL A DISTRIBUIR ( 5 + 6 )** | **132.500** |

*continua*

---

[5] Ou, então: "receita bruta de vendas – cancelamentos, devoluções e abatimentos".

DEMONSTRAÇÕES CONTÁBEIS

*continuação*

| 8. DISTRIBUIÇÃO DO VALOR ADICIONADO ( Σ 8.1 a 8.5 ) | | 132.500 |
|---|---|---|
| 8.1. Para empregados (salários e contribuições) | | 27.000 |
| 8.2. Para terceiros | | 10.500 |
| Juros | 6.800 | |
| Aluguéis | 2.600 | |
| Comissões | 1.100 | |
| 8.3. Para o Governo | | 76.520 |
| ICMS sobre vendas | 65.000 | |
| Provisão p/ Imposto de Renda e Contribuição Social | 5.520 | |
| Contribuição para o INSS | 6.000 | |
| 8.4. Para os acionistas (dividendos) | | 4.389 |
| 8.5. Para reinvestimento | | 14.091 |
| Reforço da reserva p/ aumento de capital | 13.167 | |
| Reforço da reserva legal | 924 | |

# TESTES

**1** O "valor adicionado" de determinada empresa compreende:
**a.** o somatório de todos os insumos consumidos no processo de produção.
**b.** o lucro líquido resultante das operações sociais.
**c.** o total da receita de vendas deduzidos os insumos.
**d.** o somatório de todos os gastos intermediários.
**e.** o somatório do custo da produção e das despesas operacionais.

**2** Todos os custos originários de outras empresas que são incluídos no preço de venda da empresa produtora são chamados, nesta última, de:
**a.** custo do produto vendido.
**b.** insumos.
**c.** valor adicionado ou valor agregado.
**d.** Produto Interno Bruto.
**e.** custos fixos de produção.

As questões 3 a 7 são baseadas na Demonstração do Resultado apresentada a seguir:

| | |
|---|---:|
| • Receita bruta de vendas | $ 78.000,00 |
| (–) Devoluções e cancelamentos de vendas | $ 12.000,00 |
| (–) Impostos incidentes sobre vendas | $ 16.000,00 |
| (=) Receita líquida de vendas | $ 50.000,00 |
| (–) Custo das mercadorias vendidas | $ 20.000,00 |
| (+) Dividendos e juros recebidos | $ 7.000,00 |
| (–) Depreciação do período | $ 5.000,00 |
| (–) Contas de serviços públicos | $ 2.000,00 |
| (–) Despesas de salários e encargos | $ 10.000,00 |
| (–) Fretes pagos a empresas de transporte | $ 3.000,00 |
| (–) Aluguéis pagos a pessoas físicas | $ 6.000,00 |
| (=) Lucro líquido do exercício | $ 11.000,00 |

**3** O valor dos "insumos" absorvidos por essa empresa totaliza:
**a.** $ 41 mil    **b.** $ 46 mil    **c.** $ 31 mil    **d.** $ 25 mil    **e.** $ 20 mil

**4** O montante da "remuneração de fatores" é:
**a.** $ 41 mil    **b.** $ 46 mil    **c.** $ 31 mil    **d.** $ 25 mil    **e.** $ 20 mil

**5** No demonstrativo do valor adicionado, o total das receitas é:
**a.** $ 78 mil    **b.** $ 50 mil    **c.** $ 66 mil    **d.** $ 62 mil    **e.** $ 73 mil

**6** O montante do "valor adicionado bruto" é:
**a.** $ 25 mil    **b.** $ 41 mil    **c.** $ 37 mil    **d.** $ 46 mil    **e.** $ 48 mil

**7** O montante do valor adicionado total a distribuir é:
**a.** $ 41 mil    **b.** $ 78 mil    **c.** $ 48 mil    **d.** $ 66 mil    **e.** $ 57 mil

**8** O PIB de um país corresponde ao somatório de:
**a.** todos os custos de produção dos bens e serviços produzidos.
**b.** todos os insumos absorvidos no processo de produção de todos os bens e serviços.
**c.** todos os valores agregados no processo de produção de bens e serviços.
**d.** todos os bens e serviços de consumo intermediário, mais o somatório de todos os valores adicionados no processo de produção.
**e.** todos os impostos e demais rendimentos auferidos pelo governo.

**9** (Receita líquida de vendas + Impostos indiretos) – Insumos
Essa fórmula nos indica:
**a.** Valor agregado líquido.
**b.** Produto Interno Bruto a custo de fatores.
**c.** Insumos adquiridos de terceiros.
**d.** Lucro bruto.
**e.** Valor agregado bruto a preços de mercado.

**10** Todas as assertivas estão corretas, exceto:
**a.** A matéria-prima absorvida no processo de produção é considerada um "insumo".
**b.** As receitas recebidas de outras entidades jurídicas devem aparecer na DVA como "valor adicionado recebido em transferência".
**c.** As perdas não operacionais devem ser consideradas "insumos".
**d.** As receitas recebidas de terceiros só influem no cálculo do "valor adicionado total a distribuir".
**e.** Os impostos diretos não devem ser incluídos no cálculo do "valor adicionado".

DEMONSTRAÇÃO DO VALOR ADICIONADO

# EXERCÍCIOS

- Com os elementos extraídos da Demonstração do Resultado da Cia. Jota e com os esclarecimentos que serão prestados a respeito de alguns de seus itens, monte a Demonstração do Valor Adicionado (vide Quadros 10.2 e 10.4):

| DEMONSTRAÇÃO DO RESULTADO DA CIA. JOTA EM X1 | |
|---|---:|
| Vendas brutas | 210.000 |
| (–) Impostos sobre vendas | 40.000 |
| (–) Devoluções e abatimentos | 10.000 |
| Venda líquida | 160.000 |
| (–) Custo da mercadoria vendida | 90.000 |
| Lucro bruto | 70.000 |
| (–) Salários e encargos[1] | 30.800 |
| (–) Juros passivos | 3.000 |
| (+) Resultado da equivalência patrimonial | + 2.000 |
| (–) Juros sobre o capital próprio | 1.000 |
| (–) Despesas de aluguéis[2] | 5.500 |
| (–) Despesas de seguros | 2.100 |
| (–) Luz, água e telefone | 4.300 |
| (–) Propaganda e publicidade[3] | 3.800 |
| (–) Depreciação e amortização | 7.200 |
| Lucro operacional | 14.300 |
| (+) Lucro na alienação de investimentos | 1.700 |
| Lucro antes do Imposto de Renda | 16.000 |
| (–) Provisão para Imposto de Renda | 4.000 |
| = Lucro líquido[4] | 12.000 |

(1) Inclui "contribuições para o INSS" no montante de $ 4.600.

(2) Pagas a pessoas físicas.

(3) Pagas a agências de publicidade.

(4) a. Lucro líquido destinado à distribuição de dividendos: $ 3.000

    b. Lucro líquido destinado para Reserva Legal: $ 600

    c. Lucro líquido destinado para Reserva para Planos de Investimento: $ 8.400

# DEMONSTRAÇÃO DO VALOR ADICIONADO DA CIA. JOTA EM X1

| | | |
|---|---|---|
| **1. RECEITAS** | | |
| 1.1. | $ | |
| 1.2. | $ _____ | $ |
| **2. INSUMOS ADQUIRIDOS DE TERCEIROS** | | |
| 2.1. | $ | |
| 2.2. | $ | |
| 2.3. | $ | |
| 2.4. | $ _____ | $ |
| **3. VALOR ADICIONADO BRUTO (1 - 2)** | | $ |
| **4. RETENÇÕES** | | |
| 4.1. | | $ |
| **5. VALOR ADICIONADO LÍQUIDO PRODUZIDO PELA CIA. (3 − 4)** | | $ |
| **6. VALOR ADICIONADO RECEBIDO EM TRANSFERÊNCIA** | | |
| 6.1. | | $ |
| **7. VALOR ADICIONADO TOTAL A DISTRIBUIR (5 + 6)** | | $ |
| **8. DISTRIBUIÇÃO DO VALOR ADICIONADO ($\Sigma$ 8.1 a 8.5)** | | $ |
| 8.1. Para empregados | | |
| • | | $ |
| 8.2. Para terceiros | | |
| • | $ | |
| • | $ _____ | $ |
| 8.3. Para o governo | | |
| • | $ | |
| • | $ | |
| • | $ _____ | $ |
| 8.4. Para os acionistas | | |
| • | $ | |
| • | $ _____ | $ |
| 8.5. Para reinvestimento | | |
| • | $ | |
| • | $ _____ | $ |

# Capítulo 11

## ANÁLISE DAS DEMONSTRAÇÕES CONTÁBEIS

CONSIDERAÇÕES GERAIS

MÉTODOS DE ANÁLISE

ÍNDICES PADRÕES

FASE PRELIMINAR

AJUSTES PARA ANÁLISE

# 11.1 Considerações gerais

## 11.1.1 Aspectos estático e dinâmico

A análise das demonstrações contábeis abrange os aspectos estático e dinâmico.

O **aspecto estático** compreende o estudo da situação da empresa como ela se apresenta em determinado momento, sem se preocupar com o passado ou com o futuro.

O **aspecto dinâmico** preocupa-se com a evolução da empresa e do ritmo de seus negócios, comparando os resultados atuais com os de anos anteriores e ponderando, inclusive, as possibilidades de evolução futura.

## 11.1.2 Situação econômico-financeira

Quando a análise procura, por exemplo, determinar, dentre o montante dos recursos aplicados no Ativo, qual a parcela que pertence aos sócios, estará se preocupando com o aspecto *estático* da *situação econômica*.

Já na apuração e apreciação do resultado das operações sociais, da remuneração dos investidores e do reinvestimento desses resultados, estará analisando a *situação econômica* sob o aspecto *dinâmico*.

Finalmente, quando a atenção estiver voltada para o problema da solvência dos compromissos, a preocupação será com a capacidade de pagamento da empresa, ou seja, sua *situação financeira*.

## 11.1.3 Objetivos

Mediante a comparação dos valores constantes dos demonstrativos contábeis, procuramos analisar de forma estática e dinâmica a situação da empresa por dois ângulos: o econômico e o financeiro.

Essa análise possibilitará:

- aos administradores e empresários avaliarem:
    I. quanto ao passado, o acerto da gestão econômico-financeira;

II. quanto ao futuro, a necessidade de correção nessa gestão e, em conjunto com outros elementos, as possibilidades de desenvolvimento das operações sociais;

- aos investidores avaliarem:

I. o retorno do seu investimento;

II. a segurança do seu investimento;

- aos credores avaliarem:

I. a garantia dos capitais emprestados;

II. o retorno nos prazos estabelecidos.

### 11.1.4 Confiabilidade

Para que os resultados da análise possam refletir a realidade da situação da empresa, é imprescindível que os dados constantes dos demonstrativos analisados estejam corretos.

Nas grandes empresas, essa tarefa — a conferência dos dados — é de competência dos auditores (externos ou internos).

Nas pequenas e até mesmo nas médias empresas, o empresário preocupa-se mais em atender à parte fiscal do que em apresentar dados realmente condizentes com a realidade.

Mesmo nas microempresas — desobrigadas de um registro contábil sistemático —, dificilmente o empresário poderá tomar conhecimento dos rumos de sua empresa se não tiver um sistema contábil, mesmo rudimentar, que sirva pelo menos para fornecer dados para controle do patrimônio e dos resultados das operações.

## 11.2 Métodos de análise

### 11.2.1 Quocientes

O método analítico mais usado é o dos **quocientes**, por meio do qual se comparam dois valores patrimoniais dividindo-se um pelo outro.

Aplicando-se esse método teríamos duas formas de comparação:

**a.** Entre partes ou totais isolados, que não formam um conjunto.

Essa forma de comparação indica a relação de grandeza existente entre os itens comparados. Assim, poderíamos, por exemplo, estabelecer que a empresa tem recursos disponíveis e realizáveis em montante três vezes superior ao total das suas dívidas (liquidez geral) ou que o montante da receita é 2,5 vezes maior que o volume de recursos aplicados (rotação do investimento).

**b.** De uma parte com o todo em que essa parte está contida.

Nesse tipo de comparação de valores, o resultado apurado pode ser apreciado tanto sob a forma decimal como sob a forma percentual — que é a maneira mais elementar e mais intuitiva de comparação de valores numéricos. Poderíamos, por exemplo, apurar que o capital próprio da empresa estaria financiando 55% do Ativo, enquanto o capital de terceiros (dívidas) financiaria os restantes 45%, ou, em outras palavras, afirmar que para cada $ 1,00 aplicado no Ativo, $ 0,55 são financiados por recursos dos proprietários, enquanto $ 0,45 são financiados por recursos de terceiros.

Na apuração dos índices que servirão de base para nossas análises, utilizaremos, principalmente, o método dos quocientes, pois é, sem dúvida, o que apresenta resultados mais expressivos, mais inteligíveis e mais facilmente comparáveis com os resultados de outros períodos ou de outras empresas.

## 11.2.2 Subtração

Pode ser utilizado, também, o método pelo qual se obtêm resultados para análise por simples subtração entre dois ou mais valores.

Esse método apresenta, contudo, o inconveniente de apurar um valor isolado, que não pode ser devidamente avaliado a não ser comparando-o a outro valor patrimonial. É o que acontece, por exemplo, quando apuramos o valor do capital de giro próprio, subtraindo do total do Ativo em giro a parcela financiada pelo capital de terceiros (ou subtraindo do capital próprio o total aplicado no Ativo Fixo). De qualquer maneira, o valor assim obtido careceria de expressão relativa, ou seja, não saberíamos a sua proporção em face dos demais valores patrimoniais.

### 11.2.3 **Análise vertical**

Procura-se obter o valor percentual de cada verba, ou de cada grupo de verbas, em relação ao valor global do demonstrativo, ou, ainda, de cada verba em relação ao total do seu respectivo grupo.

Assim, poderíamos determinar, por exemplo, quanto representa percentualmente a verba Estoques em relação ao total do Ativo ou em relação ao total do grupo Circulante, e se essa participação aumentou ou diminuiu em relação ao ano anterior.

Como veremos oportunamente, esse método fornece subsídios valiosos para análise, principalmente se houver possibilidade de comparação com os resultados de períodos anteriores.

### 11.2.4 **Análise horizontal**

O método da **análise horizontal** compara, em forma percentual, o valor de determinada verba ou de determinado grupo de verbas em relação ao(s) ano(s) anterior(es).

Como não levam em consideração o valor relativo da verba dentro do grupo ou do total do demonstrativo, os valores obtidos por meio da análise horizontal são bem menos expressivos do que os obtidos pela análise vertical.

# 11.3 **Índices padrões**

### 11.3.1 **Padrões de comparação**

Um dos problemas de mais difícil solução na análise dos demonstrativos contábeis é o da correta interpretação dos resultados numéricos obtidos.

Um prazo de rotação dos estoques de 90 dias, por exemplo, deve ser considerado normal, dilatado ou reduzido?

Como um índice de participação de capital próprio de 0,40 (40%) deve ser avaliado pelo analista?

Quase todos os resultados obtidos em uma análise devem ser ponderados conforme o porte da empresa, seu ramo de atividades e a evolução de seus negócios.

Assim, facilitaria enormemente a tarefa do analista a possibilidade de comparação dos resultados apurados com determinados valores genéricos escolhidos ou definidos como padrão.

## 11.3.2 Padrões setoriais

Comparando os resultados apurados em nossa empresa com os de outras de porte semelhante e do mesmo ramo de atividade, poderemos chegar a conclusões mais realistas sobre a normalidade desses resultados.

Dessa forma, poderíamos constatar, também, se os problemas da empresa são particulares ou setoriais, ou seja, se são ou não comuns à maioria das empresas congêneres.

Apesar da inegável utilidade de tais comparações, as seguintes observações nos levarão a considerá-las com justificável reserva:

**a.** Cada empresa pode ser considerada única em relação aos seus problemas específicos e à forma de solucioná-los.

**b.** A diversidade de artigos produzidos ou comercializados na mesma empresa dificulta seu enquadramento em um único setor.

**c.** Os dados que servem de base para o estabelecimento dos índices padrões são extraídos de demonstrativos heterogêneos e levantados, muitas vezes, em datas diferentes.

**d.** São poucas as entidades que se preocupam em levantar dados setoriais e, quando o fazem, geralmente não abrangem um universo suficientemente amplo e não divulgam a metodologia utilizada.

## 11.3.3 Padrões históricos

A comparação dos índices atuais com os apurados em exercícios anteriores constitui importante subsídio para o analista.

Tomando-se como base os resultados do passado, poderemos:

a. julgar, com mais propriedade, a "normalidade" ou "anormalidade" dos resultados do presente;

b. constatar a evolução ou retração da situação patrimonial, da capacidade de pagamento, do ritmo dos negócios e da rentabilidade da empresa.

Como nos demonstrativos é obrigatória a apresentação dos dados dos dois últimos exercícios, já teremos a possibilidade de comparar os resultados atuais com os do período anterior.

O ideal seria que a comparação, inclusive na análise horizontal e vertical, pudesse abranger um período bem mais amplo (de quatro a cinco anos).

# 11.4 Fase preliminar

Antes de iniciar uma análise, é imprescindível obter certas informações e elementos que possibilitarão elaborar o estudo, que será tanto mais perfeito e conclusivo quanto melhores e mais completos os dados disponíveis.

## 11.4.1 Peças indispensáveis

- Balanço Patrimonial.
- Demonstração do Resultado do Exercício.
- Demonstração dos Lucros ou Prejuízos Acumulados, ou
- Demonstração das Mutações do Patrimônio Líquido.
- Notas explicativas (anexo das declarações).

## 11.4.2 Subsídios

a. *Esclarecimentos*

Além dos demonstrativos supra, será de interesse do analista obter alguns esclarecimentos complementares, como:

- critérios de avaliação, depreciação e amortização do Ativo;
- valor das vendas (se possível separando "a prazo" e "à vista", mês a mês);
- valor das compras (se possível mês a mês) e prazo médio de pagamento;

- valor do saldo mensal dos estoques ou valor do estoque médio do período;
- prazo de transformação das matérias-primas em produtos acabados;
- condições de comercialização imediata dos estoques;
- possibilidade de recebimento dos débitos de clientes;
- natureza, finalidade e condições de resgate dos financiamentos obtidos de terceiros.

**b.** *Outros demonstrativos*

Em uma análise mais profunda em empresas de maior vulto, informações importantes para a análise da situação econômico-financeira poderão ser obtidas por meio dos seguintes demonstrativos:
- Demonstração das Origens e Aplicações de Recursos;
- Demonstração dos Fluxos de Caixa;
- Demonstração do Valor Adicionado.

### 11.4.3 Exame das verbas

De posse dos elementos citados, passaremos ao exame das contas, procurando apurar:

**a.** se a intitulação adotada reveste-se da necessária clareza, isto é, se corresponde à natureza dos valores ali registrados;

**b.** se existem totais englobando valores heterogêneos, caso em que será necessário obter seu desdobramento, evitando-se o risco de classificações inadequadas;

**c.** se o balanço apresentado se reveste da necessária exatidão, e se entre os valores representativos de bens e direitos não estão incluídos:
- parcelas de difícil realização, como cheques "frios", mercadorias de difícil comercialização, créditos de recebimento duvidoso ou improvável, caixa com vales de diretores, sócios ou mesmo com saldo "fantasma";
- valores fictícios, como móveis e máquinas obsoletos e sem valor comercial, ou estoques deteriorados;

- valores superavaliados, ou seja, contabilizados por valor superior ao real;
- depreciações, amortizações ou exaustões insuficientes para acompanhar a perda de valor dos bens de uso (tangíveis ou intangíveis) e das despesas amortizáveis.

# 11.5 Ajustes para análise

## 11.5.1 Duplicatas descontadas

A dedução das duplicatas descontadas, no Ativo Circulante, apesar de não afetar o equilíbrio do balanço, apresenta sérios problemas para a análise desse demonstrativo, pelos seguintes motivos:

**a.** No Passivo estão relacionadas as *fontes* dos recursos aplicados no Ativo. Ora, o desconto de duplicatas é uma das principais fontes de recursos para o financiamento do Ativo Circulante. Com a exclusão dessa verba, o Passivo deixaria de relacionar todas as origens de recursos financiadoras do Ativo.

**b.** A dedução dessa verba, no Ativo, distorceria o resultado de vários índices, principalmente os de liquidez.

**c.** Teríamos resultados diferentes para empresas em situação idêntica, quando uma descontasse duplicatas e outra recorresse ao desconto por meio de notas promissórias ou a empréstimos mediante caução de duplicatas.

**d.** A mesma firma poderia melhorar ou piorar seus índices, de um período para o outro, apenas pela mudança do tipo de financiamento.

A fim de evitar todos esses inconvenientes, devemos recompor o balanço, procedendo da seguinte forma (ver Quadro 11.1):

**a.** somando ao Ativo Circulante o valor das duplicatas que havia sido deduzido no demonstrativo original;

**b.** adicionando o mesmo valor ao Passivo Circulante (de onde, a nosso ver, pelo menos para fins de análise, nunca deveria ter saído), reconstituindo, assim, as fontes de recursos.

## 11.5.2 Ativo fictício

No processo de exame das contas do Balanço Patrimonial, o analista pode descobrir bens ou direitos cujos valores contábeis não correspondam, total ou parcialmente, à realidade, como:

**a.** Parcela ou valor total dos bens ou direitos do Ativo, considerados superavaliados ou de valor fictício:
- bens de uso obsoletos, sem condições de uso e sem valor comercial;
- ações contabilizadas por valor superior ao de mercado;
- investimentos em coligadas ou controladas contabilizados por valor superior ao da equivalência patrimonial[1];
- excesso de saldo de caixa, caracterizando, entre outras coisas, retiradas não contabilizadas ou capital realizado ficticiamente;
- bens e direitos superavaliados, entre outros motivos, por depreciação, exaustão ou amortização insuficientes.

**b.** Créditos de recebimento duvidoso, pouco provável ou já perdidos:
- cheques sem fundos;
- duplicatas incobráveis;
- depósitos judiciais (para recursos fiscais e trabalhistas).

Tais valores — quando de montante expressivo (relevante) — deverão ser excluídos da verba ou do grupo respectivo do Ativo e, para compensar a baixa do Ativo, deverão ser deduzidos do grupo Patrimônio Líquido (ver Quadro 11.1).

---

[1] Esse valor é determinado pela aplicação do percentual de participação na coligada ou controlada sobre o valor do patrimônio líquido apurado no último balanço (da coligada ou controlada).

### 11.5.3 **Resultados de Exercícios Futuros**

Como já vimos anteriormente, correspondem à parcela de lucro bruto contida na receita recebida por antecipação (antes da entrega da mercadoria ou antes da prestação do serviço).

Essa é, sem dúvida, uma parcela que não pode ser exigida por terceiros e que deverá integrar o resultado do próximo exercício, podendo tornar-se, total ou parcialmente, parte do lucro líquido a ser transferido, na ocasião do levantamento do próximo balanço, para compensação de prejuízos, distribuição de dividendos ou formação ou reforço de reservas.

Por esse motivo, consideraremos, para fins de análise, os valores desse grupo como capital próprio da empresa (juntamente com o Patrimônio Líquido).

Podemos ponderar, contudo, que:[2]

- No caso de empresas que trabalham com prejuízo ou com baixa margem de lucro, essa parcela do lucro a apropriar poderá (ou deverá) ser quase totalmente consumida pelas despesas operacionais normais, como salários, aluguel e juros.
- A comparação com outras empresas que recebem essa receita na época normal (período seguinte) será distorcida em favor daquelas que recebem antecipadamente (o Ativo Circulante dessas últimas será maior).

Assim, seria uma atitude razoável e prudente — em determinadas situações, para uniformidade de tratamento e para dar maior realismo à análise — que o total do grupo Resultados de Exercícios Futuros, que aumentou o giro antes da época, fosse excluído do Passivo e passasse a aparecer no Ativo Circulante como dedução.

Essa regra não seria aplicável, evidentemente, àquelas empresas que têm no adiantamento de receitas a sua fonte normal de recursos, como as empresas construtoras e aquelas cujo ciclo de produção é tão demorado

---

2   É lógico que essa polêmica só é válida quando o valor em questão for relevante.

que não podem prescindir do adiantamento de receitas, como fábricas de navios ou de equipamentos pesados para hidrelétricas.

No caso da ABC, que trabalha com uma boa margem de lucro, vamos adotar o critério de considerar esse grupo como capital próprio, mas não deixando de julgar pelo menos parcialmente válidas as razões de quem advoga a sua exclusão do Passivo e, conseqüentemente, dedução do Ativo Circulante.

## 11.5.4 Despesas do exercício seguinte

Tendo em conta que as despesas pagas antecipadamente não poderão mais ser convertidas em dinheiro e que serão contabilizadas como despesa no exercício seguinte, reduzindo, assim, o Patrimônio Líquido da empresa, alguns analistas já têm por praxe excluir o valor dessas despesas do Ativo Circulante e do Patrimônio Líquido.

Não concordamos com esse procedimento pelos seguintes motivos:

a. O valor desembolsado não é uma despesa, mas sim um adiantamento feito a uma pessoa física ou jurídica; é como se a empresa estivesse emprestando um dinheiro a alguém.
b. Nessas condições, esse adiantamento caracterizaria um autêntico "direito" da empresa sobre as pessoas que receberam o adiantamento.
c. Esse "direito" será realizado na época da ocorrência efetiva da despesa; é como se a empresa recebesse do devedor o valor do adiantamento e usasse esse dinheiro para pagamento da despesa.
d. Se a empresa fez o adiantamento, é óbvio que, na época do vencimento daquela despesa, não vai precisar fazer nenhum desembolso de numerário; é como se a empresa tivesse guardado o dinheiro no cofre para pagar a despesa em períodos seguintes.
e. A dedução desses adiantamentos prejudicaria a comparação com outras empresas que pagam as despesas na época da sua ocorrência, beneficiando essas últimas em detrimento das primeiras.

Deve-se observar que essa discussão sobre o enquadramento das despesas do exercício seguinte só tem sentido em se tratando de verbas de valor expressivo, que possam influir nos resultados da análise.

ANÁLISE DAS DEMONSTRAÇÕES CONTÁBEIS

**Quadro 11.1** BALANÇO PATRIMONIAL DA CIA. ABC EM 31 DE DEZEMBRO DE X1, AJUSTADO PARA ANÁLISE (V. QUADRO 4.4)

### BALANÇO PATRIMONIAL EM 31 DE DEZEMBRO DE X1

| ATIVO | 31/12/X1 | 31/12/X0 | PASSIVO | 31/12/X1 | 31/12/X0 |
|---|---|---|---|---|---|
| Circulante | 120.400 | 107.900 | Circulante | 85.709 | 79.800 |
| Caixa | 200 | 400 | Duplicatas a Pagar | 46.700 | 38.800 |
| Bancos, conta Movimento | 7.800 | 3.500 | Títulos Descontados | 14.800 | 12.600 |
| Duplicatas a Receber | 33.300 | 20.000 | Adiantamentos de Clientes | 5.400 | 7.500 |
| Estoques | 70.000 | 80.000 | Financiamentos | 6.000 | 15.000 |
| Adiantamentos a Fornecedores | 8.600 | 3.800 | Contribuições a Recolher | 2.900 | 1.040 |
| Seguros a Vencer | 500 | 200 | Provisão para Imposto de Renda | 3.600 | 2.400 |
| | | | Provisão para Contribuição Social | 1.920 | 1.160 |
| Realizável a Longo Prazo | 3.800 | 4.300 | Dividendos a Pagar | 4.389 | 1.300 |
| Débitos de Coligadas | 3.800 | 4.300 | Exigível a Longo Prazo | 12.000 | 18.000 |
| Permanente | 50.900 | 31.800 | Financiamentos | 12.000 | 8.000 |
| • Investimentos | 14.200 | 7.900 | Créditos de Sócios | - - - - | 10.000 |
| Ações de coligadas | 11.600 | 5.300 | Resultados de Exercícios Futuros | 2.100 | - - - - |
| Incentivos Fiscais | 2.600 | 2.600 | Lucros Antecipados | 2.100 | - - - - |
| • Imobilizado | 34.100 | 20.900 | Patrimônio Líquido | 75.291 | 46.200 |
| Imóveis | 28.500 | 10.500 | • Capital Realizado | 45.000 | 24.800 |
| Móveis e Utensílios | 6.200 | 12.800 | • Reservas de Capital | 9.800 | - - - - |
| Veículos | 20.700 | 13.000 | Ágio na Emissão de Ações | 9.800 | - - - - |
| (-) Depreciação Acumulada | - 21.300 | - 15.400 | • Reservas de Lucros | 25.991 | 21.400 |
| • Intangível | 600 | 600 | Reserva Legal | 4.324 | 3.400 |
| Fundo de Comércio | 600 | 600 | Reserva para Aumento de Capital | 21,667 | 18.000 |
| • Diferido (líquido) | 2.000 | 2.400 | (-) Ativo fictício (depósitos judiciais) | - 5.500 | - - - - |
| Total do Ativo | 175.100 | 144.000 | Total do Passivo | 175.100 | 144.000 |

DEMONSTRAÇÕES CONTÁBEIS

# RESUMO

## MÉTODOS DE ANÁLISE

**Quocientes:**

- parte ÷ total → Capital Próprio ÷ Ativo → resultado fracionário ou percentual;

- parte ÷ parte → Ativo Circulante ÷ Passivo Circulante → resultado fracionário.

**Subtração:**

- Exemplo: Ativo Circulante Líquido = Ativo Circulante – Passivo Circulante.

**Análise vertical:**

- compara cada elemento com o total do demonstrativo → resultado percentual.

**Análise horizontal:**

- compara cada elemento com o mesmo elemento no(s) demonstrativo(s) do(s) ano(s) anterior(es) → resultado percentual.

### Peças indispensáveis para análise

- Balanço Patrimonial.
- Demonstração do Resultado do Exercício.
- Demonstração dos Lucros ou Prejuízos Acumulados; ou
- Demonstração das Mutações do Patrimônio Líquido.
- Notas explicativas (anexo das declarações).

### Subsídios para análise

- Esclarecimentos complementares (a critério do analista).
- Outros demonstrativos:
  - Demonstração das Origens e Aplicações de Recursos;
  - Demonstração dos Fluxos de Caixa;
  - Demonstração do Valor Adicionado.

## Exame das verbas

- Verificar se a intitulação corresponde à natureza dos valores contidos ali.
- Verificar a existência de totais englobando valores heterogêneos.
- Verificar a necessidade de ajustes para análise.

## Ajustes para análise

**Duplicatas descontadas:**

- Saem do Ativo Circulante e retornam ao Passivo Circulante.

**Ativo fictício:**

- Os valores são deduzidos das verbas respectivas do Ativo e, em contrapartida, são deduzidos, englobadamente, do Patrimônio Líquido:

  - excesso de saldo de caixa;
  - estoques obsoletos ou de difícil comercialização;
  - devedores insolventes;
  - bens e direitos superavaliados (parcela relativa ao excesso);
  - participações em empresas falidas ou com elevado prejuízo;
  - depósitos judiciais com pouca probabilidade de ganho de causa;
  - provisões (depreciação, amortização etc.) insuficientes para cobrir a perda efetiva ou provável dos valores do Ativo.

# TESTES

**1** Afirmação falsa:
   **a.** Os índices padrões permitem comparar a situação da empresa analisada com outras do mesmo ramo.
   **b.** A rentabilidade é um aspecto estático da análise de balanços.
   **c.** O Balanço Patrimonial e a Demonstração do Resultado são peças indispensáveis em uma análise.
   **d.** O exame individual das verbas do balanço é providência essencial para o sucesso da análise.
   **e.** As despesas pagas antecipadamente devem ser consideradas "direitos" da empresa em relação ao recebedor do adiantamento.

**2** Demonstração que não reflete a movimentação ocorrida no exercício:
   **a.** Balanço Patrimonial.
   **b.** Demonstração do Resultado do Exercício.
   **c.** Demonstração das Origens e Aplicações de Recursos.
   **d.** Demonstração dos Fluxos de Caixa.
   **e.** Demonstração das Mutações do Patrimônio Líquido.

**3** Sobre os métodos de análise é correto afirmar que:
   **a.** O método da subtração apresenta resultados mais expressivos do que o dos quocientes.
   **b.** A análise horizontal consiste na comparação de uma verba com o total do seu grupo ou com o total do demonstrativo.
   **c.** A análise vertical permite conhecer a evolução percentual de uma verba ou de um grupo de verbas.
   **d.** O método dos quocientes nos permite conhecer a expressão percentual de um grupo de valores em relação ao total do qual faz parte.
   **e.** Por meio da análise horizontal podemos determinar os fatores que contribuíram para a variação do resultado operacional.

**4** Para fins de análise:
   **a** A verba.................................................. deve retornar ao grupo Passivo Circulante e, conseqüentemente, ficar sem efeito sua dedução do Ativo Circulante.
   **b** A verba constante no demonstrativo somente deve ser questionada se representar um valor...........................
   **c** Na maioria dos casos, os depósitos judiciais são valores de realização incerta e devem ser considerados Ativo ........................... e deduzidos do grupo ................................................................ .

# Capítulo 12

## ANÁLISE VERTICAL E HORIZONTAL

ANÁLISE VERTICAL

ANÁLISE HORIZONTAL

COMENTÁRIOS SOBRE A ANÁLISE VERTICAL DA CIA. ABC

## 12.1 Análise vertical

### 12.1.1 Conceito

A **análise vertical** – um dos principais instrumentos de análise de estrutura patrimonial – consiste na determinação dos percentuais de cada conta ou grupo de contas do Balanço Patrimonial em relação ao valor total do Ativo ou do Passivo (ver Quadros 12.1 e 12.2).

### 12.1.2 Objetivo

Procura mostrar, do lado do Passivo, a proporção de cada uma das fontes de recursos e, do lado do Ativo, a expressão percentual de cada uma (ou de cada grupo) das várias aplicações de recursos efetuadas pela empresa.

Comparando-se exercícios subseqüentes, podemos constatar eventuais mudanças na política da empresa quanto à obtenção e à aplicação de recursos.

No Quadro 12.2, notamos que a ABC conta, atualmente, com 44,2% de recursos próprios, o que já constitui uma mudança de política, porque antes esse percentual era de apenas 32,1%. Já o capital de terceiros, em decorrência, baixou de 67,9% para 55,8%.[1]

Quanto às aplicações no Ativo (Quadro 12.1), o Não Circulante (Permanente + RLP) absorve, agora, mais recursos, pois sua participação passou de 25,1% para 31,2%, em detrimento do Circulante, que baixou de 74,9% para 68,8%.[2]

Essa análise nos fornece, ainda, outros detalhes importantes, não revelados pelos demais índices de estrutura. Assim, verificamos que a principal fonte de recursos de terceiros ainda é o crédito concedido pelos fornecedores (26,7%) e que os financiamentos a longo prazo diminuíram sensivelmente (de 12,5% para 6,9%). Podemos constatar, também, que, no Ativo Circulante o principal item é estoques — embora caindo de 55,5% para 40%; enquanto no Permanente a principal aplicação é em imóveis (16,3%).

---

[1] Observe que o capital próprio e o capital alheio são sempre complementares, ou seja, a soma de ambos tem de dar sempre 100% do Passivo (ou do Ativo que estão financiando).

[2] Observe, também, que o capital circulante (giro) e o capital não circulante são complementares, ou seja, a soma de ambos tem de corresponder, sempre, a 100% do total do Ativo.

## 12.1.3 Cálculo[3]

**a.** *Em relação ao total do Ativo ou do Passivo*
O percentual relativo a cada item do Balanço Patrimonial pode ser assim obtido:

$$\frac{\text{Conta (ou grupo de contas)} \times 100}{\text{Ativo (ou Passivo)}}$$

No Quadro 12.1, o percentual do grupo Circulante, por exemplo, foi calculado da seguinte forma:

$$\frac{120.400 \times 100}{175.100} = 68,8\%$$

Esse resultado indica que o grupo Circulante absorveu quase 70% do total das aplicações feitas pela empresa.

**b.** *Em relação ao total do grupo ou do subgrupo*
O cálculo da porcentagem pode ser feito, também, relacionando cada conta com o total do seu grupo. No Quadro 12.1.a, abrimos mais uma coluna ao lado da "*% sobre o Ativo*", denominada "*% sobre o grupo*" e, nessa nova coluna, cada grupo ou subgrupo de contas passa a representar os 100%.

$$\frac{\text{Conta} \times 100}{\text{Total do grupo}}$$

Nesse caso, por exemplo, o Estoque ($ 70.000) seria comparado com o total do Circulante ($ 120.400), o que lhe atribuiria um percentual de 58,1%. Assim, poderíamos comentar que o item Estoques representa 58,1% do total do grupo (Circulante) e 40% do total das aplicações no Ativo (ver Quadros 12.1 e 12.1.a).

---

[3] Observe (pelos Quadros 12.1 e 12.2) que a soma dos percentuais dos grupos deve sempre corresponder a 100%, enquanto a soma dos percentuais dos subgrupos deve corresponder ao percentual do grupo respectivo e, finalmente, a soma dos percentuais das verbas deve corresponder ao percentual do grupo ou do subgrupo respectivo.

Dessa forma, cada conta teria dois percentuais: um expressando o seu valor relativo em função do total do Ativo e outro expressando o seu valor relativo em função do total do grupo.

### 12.1.4 **Demonstração do Resultado**

A análise vertical pode ser estendida, também, à Demonstração do Resultado do Exercício, quando comparamos cada item do demonstrativo com o total da Receita Líquida[4] (vendas ou serviços).

Analisando o Quadro 12.3, notamos que o lucro operacional (margem de lucro sobre as vendas) aumentou de 6,8% para 10,1%, em decorrência, principalmente, da redução do custo das vendas (CMV) de 73% para 70%. As despesas operacionais (no seu conjunto) permaneceram praticamente no mesmo nível (caíram de 20,2% para 19,9%).

Vemos, portanto, que a análise vertical da DRE é um importante subsídio para os interessados conhecerem a margem de lucro operacional da empresa e, o que é mais importante, determinar as causas das variações ocorridas de um ano para o outro.

A porcentagem relativa ao *custo das vendas* — assim como as demais — foi calculada pela seguinte fórmula:

$$\frac{\text{Conta} \times 100}{\text{Receita Líquida}} = \frac{210.000 \times 100}{300.000} = 70\%$$

# 12.2 **Análise horizontal**

### 12.2.1 **Conceito**

É uma técnica de análise que parte da comparação do valor de cada item do demonstrativo, em cada ano, com o valor correspondente em determinado ano anterior (considerado como base).[5]

---

[4]  Ao contrário da Receita Bruta, a Receita Líquida é a receita efetivamente ocorrida no período.
[5]  Ver última coluna dos Quadros 12.1, 12.2 e 12.3.

## 12.2.2 Objetivo

Tem em mira mostrar a evolução de cada conta (ou grupo de contas) considerada isoladamente.

Complementa a análise vertical, que nos informa o aumento ou a diminuição da proporção de uma determinada verba, em relação a um determinado total, mas não nos diz se essa variação foi derivada do aumento ou da diminuição do valor absoluto da verba considerada.

Observando o Quadro 12.1, verificamos que, apesar de a participação do grupo Circulante ter caído de 74,9% para 68,8% (análise vertical), seu valor absoluto cresceu em 12% (análise horizontal).

## 12.2.3 Relatividade

Os resultados obtidos por meio da análise horizontal devem ser interpretados com certa reserva, porque nem sempre os maiores percentuais de aumento são os mais significativos.

É o que ocorre, por exemplo, com a verba *Seguros a Vencer*, que apresenta, em termos absolutos, o maior acréscimo dentre os valores do Ativo (150%) — aumento esse que, contudo, torna-se inexpressivo ao lembrarmos que essa verba representa apenas 0,3% das aplicações totais da empresa. Para medir a evolução dos negócios da empresa, seria mais representativo o aumento da verba *Duplicatas a Receber* ou do grupo *Imobilizado* (embora seus percentuais de aumento, na análise horizontal, fossem menores do que os da verba Seguros a Vencer — 66% e 63%, respectivamente).

Em resumo, poderíamos dizer que os resultados da análise horizontal são pouco conclusivos, porque não levam em consideração a situação relativa da verba dentro do grupo a que pertence ou dentro do total do Ativo.

A sua utilidade prática seria apenas informar, isoladamente, a modificação percentual de cada verba em relação ao período ou aos períodos anteriores, sem se preocupar se, em relação às demais, ela aumentou ou diminuiu.

As mesmas considerações são válidas, também, para os itens da Demonstração do Resultado do Exercício.

### 12.2.4 **Cálculo[6]**

Cada um dos percentuais da coluna "variação" (última dos Quadros 12.1 a 12.3) foi calculado da seguinte forma:

$$\frac{\text{Valor atual do item} \times 100}{\text{Valor do item no ano-base}}$$

A variação do Passivo Circulante, por exemplo, foi calculada assim:

$$\frac{85.709 \times 100}{79.800} = \textbf{107\%}$$

Esse resultado indica que esse grupo de contas teve um aumento de 7% (107 – 100) em relação ao ano anterior (ano-base).[7]

### 12.2.5 **Interpretação**

Em todo resultado acima de 100, o valor excedente indica aumento do valor nominal (absoluto) da verba. Assim, o total do Ativo subiu 22% (122 – 100).

Em todo resultado abaixo de 100, o valor que faltar para completar os 100 indica redução do valor nominal (absoluto) da verba ou do grupo. Assim, o grupo Exigível a Longo Prazo diminuiu, em termos absolutos, 33% (100 – 67).

A comparação só é possível entre dois valores positivos ou dois valores negativos. A comparação entre um valor positivo e um negativo ou entre um valor e zero não tem possibilidade de ser calculada em termos percentuais (ver Quadro 12.2).

---

[6] Ao contrário da análise vertical, na análise horizontal não existe relação de soma entre os percentuais de variação de cada conta e o percentual de variação do total do grupo, ou seja, o somatório dos percentuais de cada conta não corresponde à variação percentual do total do grupo respectivo.

[7] Esse aumento de 7% é mais uma prova de que os dados obtidos por meio da análise horizontal são pouco representativos, pois, por meio da análise vertical, verificamos que esse grupo apresentou, na realidade, uma redução de 55,4% para 48,9% do total do Ativo.

ANÁLISE VERTICAL E HORIZONTAL

**Quadro 12.1** ATIVO DA CIA. ABC - ANÁLISE HORIZONTAL E VERTICAL

## ANÁLISE HORIZONTAL E VERTICAL DA CIA. ABC - ATIVO

| ATIVO | 31/12/X1 | | 31/12/X0 | | ANO-BASE = 100 |
|---|---|---|---|---|---|
| | VALOR ($ MIL) | % ATIVO | VALOR ($ MIL) | % ATIVO | |
| **CIRCULANTE** | **120.400** | **68,8** | **107.900** | **74,9** | 112 |
| Caixa | 200 | 0,1 | 400 | 0,3 | 50 |
| Bancos, conta Movimento | 7.800 | 4,5 | 3.500 | 2,4 | 223 |
| Estoques | 70.000 | 40,0 | 80.000 | 55,5 | 87 |
| Duplicatas a Receber | 33.300 | 19,0 | 20.000 | 13,9 | 166 |
| Adiantamentos a Fornecedores | 8.600 | 4,9 | 3.800 | 2,7 | 226 |
| Seguros a Vencer | 500 | 0,3 | 200 | 0,1 | 250 |
| **REALIZÁVEL A LONGO PRAZO** | **3.800** | **2,2** | **4.300** | **3,0** | 88 |
| Débitos de Coligadas | 3.800 | 2,2 | 4.300 | 3,0 | 88 |
| **PERMANENTE** | **50.900** | **29,0** | **31.800** | **22,1** | 160 |
| **Investimentos** | 14.200 | 8,1 | 7.900 | 5,5 | 180 |
| Incentivos Fiscais | 2.600 | 1,5 | 2.600 | 1,8 | 100 |
| Ações de Coligadas | 11.600 | 6,6 | 5.300 | 3,7 | 219 |
| **Imobilizado** | 34.100 | 19,5 | 20.900 | 14,5 | 163 |
| Imóveis | 28.500 | 16,3 | 10.500 | 7,3 | 271 |
| Móveis e Utensílios | 6.200 | 3,6 | 12.800 | 8,9 | 48 |
| Veículos | 20.700 | 11,8 | 13.000 | 9,0 | 159 |
| Depreciação Acumulada | -21.300 | -12,2 | -15.400 | -10,7 | 138 |
| **Intangível** | 600 | 0,3 | 600 | 0,4 | 100 |
| Fundo de Comércio | 600 | 0,3 | 600 | 0,4 | 100 |
| **Diferido (Líquido)** | 2.000 | 1,1 | 2.400 | 1,7 | 83 |
| **(Total do Ativo)** | **175.100** | **100,0** | **144.000** | **100,0** | **122** |

DEMONSTRAÇÕES CONTÁBEIS

**Quadro 12.1.a** ATIVO DA CIA. ABC – ANÁLISE HORIZONTAL E VERTICAL, COM COLUNA REFERENTE À PARTICIPAÇÃO PERCENTUAL DE CADA VERBA EM RELAÇÃO AO TOTAL DO GRUPO OU SUBGRUPO

## ANÁLISE HORIZONTAL E VERTICAL DA CIA. ABC – ATIVO (2)

| ATIVO | 31/12/X1 | | | 31/12/X0 | | | ANO-BASE = 100 |
|---|---|---|---|---|---|---|---|
| | VALOR ($ MIL) | % DO GRUPO | % DO ATIVO | VALOR ($ MIL) | % DO GRUPO | % ATIVO | |
| **CIRCULANTE** | **120.400** | **100** | **68,8** | **107.900** | **100** | **74,9** | 112 |
| Caixa | 200 | 0,2 | 0,1 | 400 | 0,4 | 0,3 | 50 |
| Bancos, conta Movimento | 7.800 | 6,5 | 4,5 | 3.500 | 3,3 | 2,4 | 223 |
| Estoques | 70.000 | 58,1 | 40,0 | 80.000 | 74,1 | 55,5 | 87 |
| Duplicatas a Receber | 33.300 | 27,7 | 19.0 | 20.000 | 18,5 | 13,9 | 166 |
| Adiantamentos a Fornecedores | 8.600 | 7,1 | 4,9 | 3.800 | 3,5 | 2,7 | 226 |
| Seguros a Vencer | 500 | 0,4 | 0,3 | 200 | 0,2 | 0,1 | 250 |
| **REALIZÁVEL A LONGO PRAZO** | **3.800** | **100** | **2,2** | **4.300** | **100** | **3,0** | 88 |
| Débitos de Coligadas | 3.800 | 100 | 2,2 | 4.300 | 100 | 3,0 | 88 |
| **PERMANENTE** | **50.900** | **100** | **29,0** | **31.800** | **100** | **22,1** | 160 |
| **Investimentos** | 14.200 | 100 27,9 | 8,1 | 7.900 | 100 24,8* | 5,5 | 180 |
| Incentivos Fiscais | 2.600 | 18,3 | 1,5 | 2.600 | 32,9 | 1,8 | 100 |
| Ações de Coligadas | 11.600 | 81,7 | 6,6 | 5.300 | 67,1 | 3,7 | 219 |
| **Imobilizado** | 34.100 | 100 68,2* | 19,5 | 20.900 | 100 65,7* | 14,5 | 163 |
| Imóveis | 28.500 | 82,1 | 16,3 | 10.500 | 50,2 | 7,3 | 271 |
| Móveis e Utensílios | 6.200 | 17,9 | 3,6 | 12.800 | 61,2 | 8,9 | 48 |
| Veículos | 20.700 | 59,7 | 11,8 | 13.000 | 62,2 | 9,0 | 159 |
| Depreciação Acumulada | −21.300 | − 61,4 | −12,2 | −15.400 | − 73,6 | −10,7 | 138 |
| **Intangível** | 600 | 100 1,2* | 0,3 | 600 | 100 1,9* | 0,4 | 100 |
| Fundo de Comércio | 600 | 1,7 | 0,3 | 600 | 2,8 | 0,4 | 100 |
| **Diferido (Líquido)** | 2.000 | 100 3,9* | 1,1 | 2.400 | 100 7,6* | 1,7 | 83 |
| **(Total do Ativo)** | **175.100** | - - - | **100%** | **144.000** | - - - | **100,0** | **122** |

(*) percentual em relação ao total do grupo Permanente

216

ANÁLISE VERTICAL E HORIZONTAL

**Quadro 12.2** PASSIVO DA CIA. ABC - ANÁLISE HORIZONTAL E VERTICAL

## ANÁLISE HORIZONTAL E VERTICAL - PASSIVO

| PASSIVO | 31/12/X1 | | 31/12/X0 | | ANO-BASE (=)100 |
|---|---|---|---|---|---|
| | $ MIL | % PASSIVO | $ MIL | % PASSIVO | |
| **CIRCULANTE** | **85.709** | **48,9** | **79.800** | **55,4** | 107 |
| Duplicatas a Pagar | 46.700 | 26,7 | 38.800 | 26,9 | 120 |
| Títulos Descontados | 14.800 | 8,4 | 12.600 | 8,8 | 117 |
| Adiantamentos de Clientes | 5.400 | 3,1 | 7.500 | 5,2 | 72 |
| Financiamentos | 6.000 | 3,4 | 15.000 | 10,4 | 40 |
| Contribuições a Recolher | 2.900 | 1,7 | 1.040 | 0,7 | 279 |
| Provisão para Imposto de Renda | 3.600 | 2,0 | 2.400 | 1,7 | 150 |
| Provisão para Contribuição Social | 1.920 | 1,1 | 1.160 | 0,8 | 165 |
| Dividendos a Pagar | 4.389 | 2,5 | 1.300 | 0,9 | 338 |
| **EXIGÍVEL A LONGO PRAZO** | **12.000** | **6,9** | **18.000** | **12,5** | 67 |
| Financiamentos | 12.000 | 6,9 | 8.000 | 5,6 | 150 |
| Créditos de Sócios | - - - - | - - - - | 10.000 | 6,9 | - - - - |
| **RESULTADOS DE EXERCÍCIOS FUTUROS** | **2.100** | **1,2** | - - - - | - - - - | - - - - |
| **PATRIMÔNIO LÍQUIDO** | **75.291** | **43,0** | **46.200** | **32,1** | 163 |
| **Capital Realizado** | **45.000** | **25,7** | **24.800** | **17,2** | 181 |
| **Reservas de Capital** | **9.800** | **5,6** | - - - - | - - - - | - - - - |
| **Reservas de Lucros** | **25.991** | **14,8** | **21.400** | **14,9** | 121 |
| **(-) Ativo Fictício** | **-5.500** | **-3,1** | - - - - | - - - - | - - - - |
| **(Total do Ativo)** | **175.100** | **100,0** | **144.000** | **100,0** | **122** |

DEMONSTRAÇÕES CONTÁBEIS

**Quadro 12.3** DEMONSTRAÇÃO DO RESULTADO DA CIA. ABC – ANÁLISE HORIZONTAL E VERTICAL

| ANÁLISE HORIZONTAL E VERTICAL DEMONSTRAÇÃO DO RESULTADO DO EXERCÍCIO | | | | | |
| --- | --- | --- | --- | --- | --- |
| | 31/12/X1 | | 31/12/X0 | | |
| DEMONSTRAÇÃO DO RESULTADO DO EXERCÍCIO | $ MIL | % RECEITA LÍQUIDA | $ MIL | % RECEITA LÍQUIDA | ANO-BASE (=)100 |
| **RECEITA BRUTA** | **395.000** | - - - - | **244.000** | - - - - | - - - - |
| (-) Devoluções, cancelamentos e abatimentos... | 30.000 | - - - - | - - - - | - - - - | - - - - |
| (-) ICMS sobre vendas | 65.000 | - - - - | 44.000 | - - - - | - - - - |
| **(=) RECEITA LÍQUIDA** | **300.000** | **100** | **200.000** | **100** | **150** |
| (-) Custo da mercadoria vendida | 210.000 | 70,0 | 146.000 | 73,0 | 144 |
| **(=) LURO BRUTO** | **90.000** | **30,0** | **54.000** | **27,0** | **167** |
| (+) Dividendos recebidos | 1.000 | 0,3 | 700 | 0,4 | 143 |
| (-) Comissões passivas | 6.100 | 2,0 | 2.700 | 1,4 | 226 |
| (-) Despesas gerais | 8.600 | 2,8 | 3.800 | 1,9 | 226 |
| (-) Despesas com pessoal | 33.000 | 11,0 | 26.000 | 13,0 | 127 |
| (-) Despesas financeiras | 6.800 | 2,3 | 3.500 | 1,7 | 194 |
| (-) Depreciação e amortização | 6.300 | 2,1 | 5.100 | 2,6 | 124 |
| **(=) LUCRO OPERACIONAL** | **30.200** | **10,1** | **13.600** | **6,8** | **222** |
| (-) Prejuízo na venda de ações de coligadas | 6.200 | 2,1 | 1.000 | 0,5 | 620 |
| **(=) LUCRO ANTES DO IMPOSTO DE RENDA** | **24.000** | **8,0** | **12.600** | **6,3** | **190** |
| (-)Provisão para Imposto de Renda | 3.600 | 1,2 | 1.890 | 0,9 | 190 |
| (-)Provisão para Contribuição Social | 1.920 | 0,6 | 1.010 | 0,5 | 190 |
| **(=)Lucro Líquido** | **18.480** | **6,2** | **9.700** | **4,9** | **191** |

# 12.3 Comentários sobre a análise vertical da Cia. ABC

## 12.3.1 Análise da estrutura das aplicações (Ativo)

a. A empresa — pelos dados do balanço de 31/12/x1 — está aplicando mais no *Circulante* (68,8%) do que no *Não Circulante* (31,2%).
b. Dentro do Ativo Circulante, a verba mais expressiva é, sem dúvida, "Estoques", que representa 40% de todas as aplicações feitas no Ativo.
c. No Permanente, destaca-se o subgrupo "Imobilizado" com quase 20% do total do Ativo, e, dentro desse subgrupo, a verba "Imóveis".

**d.** Comparando os dois exercícios, concluímos que a empresa "aumentou" suas aplicações no *Ativo Permanente* de 22,1% para 29%, "reduziu" suas aplicações no *Circulante* de 74,9% para 68,8% e reduziu as aplicações no Realizável a longo prazo de 3% para 2,2%.

**e.** O que mais influiu na variação do Circulante foi *a redução* da verba "Estoques" de 55,5% para 40%.

**f.** O principal responsável pelo *aumento* do Ativo Permanente foi o subgrupo "Imobilizado", que variou de 14,5% para 19,5% e, dentro desse subgrupo, a verba "Imóveis", que *subiu* de 7,3 % para 16,3 %.

## 12.3.2 Análise da estrutura das origens (Passivo)

**a.** A empresa — pelos dados do balanço de 31/12/x1 — está utilizando, para financiar seu Ativo, mais recursos *alheios* (55,8%) do que recursos *próprios* (44,2%).

**b.** Quanto ao capital de terceiros, o destaque fica por conta do grupo circulante (48,9%) e da verba Duplicatas a Pagar (26,7%).

**c.** Na apreciação do Capital Próprio, o principal subgrupo é o Capital Realizado (25,7%) seguido das Reservas de Lucros (14,8%)

**d.** Comparando os dois exercícios, concluímos que a empresa aumentou a utilização de capitais *próprios* de 32,1% para 44,2% e, conseqüentemente, reduziu a utilização de capitais *alheios* de 67,9% para 55,8%.

**e.** A utilização de recursos alheios ou de terceiros *diminuiu* em função, principalmente, da variação dos financiamentos *a curto prazo*, de 10,4% para 3,4%, e dos créditos de sócios, de 6,9% para 0,0%.

## 12.3.3 Análise do resultado operacional

**a.** A margem de lucro operacional *aumentou* de 6,8% para 10,1% (aumento de 3,3 pontos percentuais).

**b.** Os principais fatores determinantes do aumento da margem de lucro foram:
- a redução do custo da mercadoria vendida de 73% para 70%;
- a redução das despesas com pessoal de 13% para 11%.

**c.** O lucro líquido subiu menos do que o lucro operacional (de 4,9% para 6,2%) em virtude do aumento das despesas não operacionais (de 0,5% para 2,1%).

# TESTES

**1** I. Análise horizontal

II. Análise vertical

( ) Compara o valor da verba com o total do Ativo ou do grupo a que pertence.

( ) Compara o valor da verba no último ano com o valor da mesma verba no ano anterior.

( ) Apresenta resultados relativos.

( ) O valor do resultado deve ser subtraído de 100.

( ) Permite analisar a estrutura dos capitais da empresa.

( ) Permite analisar as causas da variação da margem de lucro da empresa.

**2** A Cia. CBA apresentava no Ativo de seu Balanço Patrimonial:

| ATIVO | 31.12.X1 | | 31.12.X0 | | Ano-base |
|---|---|---|---|---|---|
| | $ Mil | % Ativo | $ Mil | % Ativo | = 100 |
| Circulante | 660 | 31,7 | 430 | 29,1 | 137 |
| Realizável a Longo Prazo | 110 | 5,3 | 320 | 21,6 | 34 |
| Permanente | 1.310 | 63,0 | 730 | 49,3 | 179 |
| (Total do Ativo) | 2.080 | 100 | 1.480 | 100 | 141 |

Com base nessa análise horizontal/vertical, só **não** se pode afirmar que:

**a.** Aumentaram as aplicações no Ativo Permanente.

**b.** Diminuíram as aplicações no Realizável a Longo Prazo.

**c.** O Ativo Circulante teve um aumento em termos absolutos de 137%.

**d.** O total do Ativo aumentou em 41%.

**e.** Vem aplicando mais no Não Circulante (Permanente + RLP) do que no Circulante.

# ANÁLISE VERTICAL E HORIZONTAL

**3** A Cia. CBA apresentava na análise vertical de sua Demonstração do Resultado do Exercício:

| Demonstração do Resultado do Exercício | 31/12/x1 | | 31/12/x0 | |
|---|---|---|---|---|
| | $ mil | % Vendas | $ mil | % Vendas |
| Receita Operacional Líquida | 28.716 | 100% | 26.452 | 100% |
| (–) Custo dos Produtos Vendidos | – 23.013 | – 80,1 | – 20.592 | – 77,8 |
| = Lucro Bruto | 5.703 | 19,9 | 5.860 | 22,2 |
| Receitas Financeiras Líquidas | 2.897 | 10,1 | 5.386 | 20,4 |
| Desp. Administrativas e Mercantis | – 9.169 | – 31,9 | – 8.626 | – 32,6 |
| Outras despesas operacionais | – 252 | – 0,9 | – 212 | – 0,8 |
| = Lucro/Prejuízo Operacional | – 821 | – 2,8 | + 2.408 | + 9,2 |

Com base nessa análise horizontal/vertical, a afirmativa correta é:

**a.** A margem de lucro foi reduzida em 6,3 pontos percentuais.

**b.** O principal fator responsável pela redução da margem de lucro foi o aumento do custo dos produtos vendidos.

**c.** O principal fator responsável pela redução da margem de lucro foi a redução percentual do resultado operacional.

**d.** A margem de lucro foi reduzida em 11,9 pontos percentuais.

**e.** O principal fator responsável pela redução da margem de lucro foi o grande volume de despesas administrativas e mercantis.

# EXERCÍCIOS

**1** Os dados contábeis a seguir referem-se a uma indústria do ramo de fiação e tecelagem. Com base neles, calcule os percentuais e monte:
- o Balanço Patrimonial;
- a Demonstração do Resultado do Exercício.

Observações:

a. Na análise vertical:

*a.1. do Balanço Patrimonial:*
- trabalhe, preferencialmente, com uma casa decimal (no máximo, com duas);
- calcule cada valor (conta, subgrupo ou grupo) sempre em função do total do Ativo (ou do Passivo);
- a soma dos percentuais dos grupos deve bater com o total do Ativo (100%);
- a soma dos percentuais dos subgrupos deve bater com o total do grupo respectivo;
- a soma dos percentuais das contas integrantes de um grupo ou de um subgrupo deve bater com o valor percentual desse grupo ou subgrupo.

*a.2. da Demonstração do Resultado do Exercício:*
- trabalhe com apenas uma casa decimal;
- calcule o percentual de cada item desse demonstrativo em função do valor da Receita Líquida (100%);
- o percentual da Receita Líquida (100%) menos o percentual do CMV deve ser igual ao percentual do Lucro Bruto;
- o percentual do Lucro Bruto menos o percentual das despesas operacionais e mais o percentual das receitas operacionais deve ser igual ao percentual do resultado operacional;
- o percentual do resultado operacional menos o percentual das despesas não operacionais e mais o percentual das receitas não operacionais deve ser igual ao percentual do resultado antes do Imposto de Renda.

b. Na análise horizontal:
- não trabalhe com casas decimais, arredonde todos os percentuais;
- não há relação de soma entre os percentuais apurados.

## ANÁLISE VERTICAL E HORIZONTAL

### ANÁLISE HORIZONTAL E VERTICAL - ATIVO

| ATIVO | 31/12/X1 | | 31/12/X0 | | ANO-BASE (=)100 |
|---|---|---|---|---|---|
| | $ MIL | % ATIVO | $ MIL | % ATIVO | |
| **CIRCULANTE** | 1.110 | | 801 | | |
| Caixa e bancos | 53 | | 24 | | |
| Estoques | 291 | | 167 | | |
| Duplicatas a receber | 734 | | 568 | | |
| Provisão para créditos de liquidação duvidosa | -22 | | -17 | | |
| Adiantamentos a fornecedores | 37 | | 14 | | |
| Despesas financeiras a vencer | 17 | | 45 | | |
| **PERMANENTE** | 619 | | 369 | | |
| **Investimentos** | 32 | | 26 | | |
| Incentivos fiscais | 10 | | 6 | | |
| Ações de coligadas | 22 | | 20 | | |
| **Imobilizado** | 537 | | 303 | | |
| Imóveis | 219 | | 151 | | |
| Máquinas e equipamentos | 906 | | 519 | | |
| Móveis e utensílios | 44 | | 27 | | |
| Veículos | 29 | | 84 | | |
| Depreciação acumulada | -661 | | -478 | | |
| **Diferido** | 50 | | 40 | | |
| Despesas amortizáveis | 80 | | 55 | | |
| Amortização acumulada | -30 | | -15 | | |
| **(Total do Ativo)** | 1.729 | 100,0 | 1.170 | 100,0 | |

### ANÁLISE HORIZONTAL E VERTICAL - PASSIVO

| PASSIVO | 31/12/X1 | | 31/12/X0 | | ANO-BASE (=)100 |
|---|---|---|---|---|---|
| | $ MIL | % PASSIVO | $ MIL | % PASSIVO | |
| **CIRCULANTE** | 1.151 | | 745 | | |
| Fornecedores | 447 | | 406 | | |
| Títulos descontados | - - - - | | 31 | | |
| Financiamentos | 308 | | 65 | | |
| Contas a pagar | 55 | | 15 | | |
| Impostos e contribuições a recolher | 311 | | 204 | | |
| Provisão para Imposto de Renda | 30 | | 24 | | |
| **EXIGÍVEL A LONGO PRAZO** | 138 | | 87 | | |
| Impostos e contribuições a recolher | 43 | | ---- | | |
| Financiamentos | 95 | | 87 | | |

*continua*

DEMONSTRAÇÕES CONTÁBEIS

*continuação*

| | | | | | |
|---|---|---|---|---|---|
| **RESULTADOS DE EXERCÍCIOS FUTUROS** | - - - - | - - - - | 20 | | |
| Receita diferida | - - - - | - - - - | 42 | | |
| (-) Custo da receita diferida | - - - - | - - - - | 22 | | |
| **PATRIMÔNIO LÍQUIDO** | 440 | | 318 | | |
| Capital nominal | 118 | - - - - | 51 | - - - - | |
| (-) Capital a realizar | 10 | - - - - | - - - - | - - - - | |
| (=) Capital realizado | 108 | | 51 | | |
| Reservas de capital | 294 | | 219 | | |
| Reservas de lucros | 38 | | 48 | | |
| **(Total do Passivo)** | 1.729 | 100,0 | 1.170 | 100,0 | |

## ANÁLISE HORIZONTAL E VERTICAL – DEMONSTRAÇÃO DO RESULTADO DO EXERCÍCIO

| DEMONSTRAÇÃO DO RESULTADO DO EXERCÍCIO | 31/12/X1 | | 31/12/X0 | | ANO-BASE (=)100 |
|---|---|---|---|---|---|
| | $ MIL | % RECEITA LÍQUIDA | $ MIL | % RECEITA LÍQUIDA | |
| **RECEITA BRUTA** | 3.310 | - - - - | 1.537 | - - - - | - - - - |
| (-) Impostos faturados | 424 | - - - - | 226 | - - - - | - - - - |
| (-) Vendas canceladas | 83 | - - - - | 74 | - - - - | - - - - |
| **(=) RECEITA LÍQUIDA** | 2.803 | 100 | 1.237 | 100 | |
| (-) Custo da Receita líquida | 1.684 | | 780 | | |
| **(=) LUCRO BRUTO** | 1.119 | | 457 | | |
| (+) Rendas de participações | 95 | | 45 | | |
| (-) Despesas mercantis | 228 | | 59 | | |
| (-) Despesas administrativas | 323 | | 146 | | |
| (-) Despesas gerais | 59 | | 30 | | |
| (-) Despesas financeiras | 289 | | 63 | | |
| (-) Depreciação e amortização | 198 | | 94 | | |
| **(=) LUCRO OPERACIONAL** | 117 | | 110 | | |
| (+) Receitas não operacionais | - - - - | | 68 | | |
| (-) Despesas não operacionais | 19 | | 33 | | |
| **(=) LUCRO ANTES DO IMPOSTO DE RENDA** | 98 | | 145 | | |
| (-) Prov. p/ Imposto de Renda | 30 | | 24 | | |
| **(=) Lucro líquido** | 68 | | 121 | | |

# ANÁLISE VERTICAL E HORIZONTAL

**EXERCÍCIOS**

**2** Baseado nas demonstrações contábeis (análise horizontal e vertical), responda às questões a seguir, preenchendo os espaços:

**2.1** Houve mudanças na política de aplicações no Ativo?
. . . . . . . . . . . . . . . . .(sim/não). A empresa reduziu suas aplicações no. . . . . . . . . . . .
. . . . . . . . . . . . . . . . . . (giro/Ativo Não Circulante), de . . . . . . . . . . . . . .% em "x0" para . . . . . . . . . . . . . . . .% em "x1" e, conseqüentemente, aumentou suas aplicações no . . . . . . . . . . . . . . . .de. . . . . . . . . . .% para. . . . . . . . . . . . . . . .%.

**2.2** O que mais influiu na variação do *giro* (Circulante) foi . . . . . . . . . . . . . . . . . . (o aumento/a redução) da verba. . . . . . . . . . . . . . . . ., de. . . . . . . . . . .% para . . . . . . . . . .%.

**2.3** O principal responsável pelo(a) . . . . . . . . . . . . . . . . .(aumento/diminuição) das aplicações no *Ativo Não Circulante (Permanente + RLP)* foi o subgrupo . . . . . . . . . . . . . . ., que . . . . . . . . . . . . . . . . .de . . . . . . . . . . . . . . . . .% para. . . . . . . . . . . . . . . . . .%; e, dentro desse subgrupo, foi a verba. . . . . . . . . . . . . . . . ., que. . . . . . . . . . . . . . .de . . . . . . . . . . . . . . . . .% para. . . . . . . . . . . . . . . . .%.

**2.4** A empresa. . . . . . . . . . . . . . . . . .(reduziu/aumentou) a utilização de capital . . . . . . . . . . . . . . . .(próprio/alheio), de. . . . . . . . . . . . . . . . .% para . . . . . . . . . . . . . . . . .% e, conseqüentemente, . . . . . . . . . . . . . . . . .a utilização de capital . . . . . . . . . . . . . . . . ., de. . . . . . . . . . . . . .% para. . . . . . . . . . . . . %.

**2.5** A utilização de recursos . . . . . . . . . . . . . . . . .próprios/alheios) aumentou em função, principalmente, da verba . . . . . . . . . . . . . . . . ., que . . . . . . . . . . . . . . . . . de . . . . . . . . . . . . . . . . .% para . . . . . . . . . . . . . . . . .%.

**2.6** A margem de lucro (operacional) . . . . . . . . . . . . . . . . . (diminuiu/aumentou), de . . . . . . . . . . . . . . . .% para . . . . . . . . . . . . . . . . .%.

**2.7** Os principais fatores determinantes dessa variação foram:
a. . . . . . . . . . . . . . . . . . das despesas . . . . . . . . . . . . . . . . . . de . . . . . . . . . . .%
para. . . . . . . . . . .%;
b. . . . . . . . . . . . . . . . . . das despesas . . . . . . . . . . . . . . . . .de . . . . . . . . . . . . .%
para . . . . . . . . . .%.

**2.8** O que evitou que a margem de lucro caísse ainda mais foi, sem dúvida, . . . . . . . . . . . . . . . . (o aumento/a redução) do(das) . . . . . . . . . . . . . . . . .de. . . . . . . . . . . . . . . . . .% para. . . . . . . . . . .%.

225

# Capítulo 13

## ÍNDICES DE ESTRUTURA PATRIMONIAL*

PATRIMÔNIO

ESTRUTURA DAS ORIGENS DE RECURSOS

ESTRUTURA DAS APLICAÇÕES DE RECURSOS

ESTRUTURA DO CAPITAL PRÓPRIO

* Os índices de estrutura (assim como os de liquidez) são indicadores "estáticos", ou seja, revelam a situação da empresa em determinada data; por isso, usaremos os valores constantes do último balanço, e não os valores médios (utilizados no caso dos índices considerados "dinâmicos", como os de rotatividade e rentabilidade).

# 13.1 Patrimônio

## 13.1.1 Patrimônio Bruto

Ao conjunto dos bens e direitos em poder de uma pessoa física ou jurídica, chamamos de **Patrimônio Bruto** ou, simplesmente, **Patrimônio**.[1]

O patrimônio pode ser visto de dois ângulos:

- o dos bens e direitos que o compõem (Ativo);
- o das fontes de recursos que possibilitaram sua formação (Passivo).

Assim, teríamos a seguinte equação patrimonial:

> Bens + Direitos = Obrigações + Patrimônio Líquido

**Quadro 13.1** ESQUEMA DO PATRIMÔNIO EM TERMOS DE ORIGEM E APLICAÇÃO DE RECURSOS.

| PATRIMÔNIO | |
|---|---|
| ATIVO (Aplicações) ↓ | PASSIVO (Origens) ↓ |
| **BENS** | **OBRIGAÇÕES** |
| · Imóveis<br>· Veículos<br>· Mercadorias<br>· Móveis<br>· Outros | · Duplicatas a Pagar<br>· Empréstimos Bancários<br>· Contas a Pagar<br>· Impostos a Recolher<br>· Outras |
| **DIREITOS** | **PATRIMÔNIO LÍQUIDO** |
| · Duplicatas a Receber<br>· Adiantamentos a ............<br>· Bancos, conta Movimento<br>· Aplicações Financeiras<br>· Outros | · Capital<br>· Lucros<br>· Reservas |

---

[1] Como já comentamos, todos nós — autor, aluno ou leitor — possuímos Patrimônio Bruto e Patrimônio Líquido (ver Seção 1.4).

## 13.1.2 Patrimônio Líquido

O **Patrimônio Líquido** corresponde à parte do Patrimônio total (bruto) que pertence aos proprietários da empresa.

Considerando a equação patrimonial citada, podemos, também, defini-lo como a diferença entre a soma dos bens e direitos (Patrimônio Bruto ou Ativo) e o total das obrigações:

> Patrimônio Líquido =
> (Bens + Direitos) - Obrigações

O Patrimônio Líquido — que já aparece discriminado em grupo especial do Passivo — pode apresentar três situações:

a. **Patrimônio Líquido Positivo**: é o caso mais comum, em que a empresa possui recursos próprios aplicados no Ativo:

> (Bens + Direitos) > Obrigações

b. **Patrimônio Líquido Nulo**: neste caso, os prejuízos absorveram todo o capital e todas as reservas da empresa, que só está trabalhando com recursos de terceiros:

> (Bens + Direitos) = Obrigações

c. **Patrimônio Líquido Negativo** (Passivo a Descoberto): hipótese, felizmente muito rara, em que os prejuízos absorveram todos os recursos próprios e parte dos recursos de terceiros. Esta situação caracteriza *estado de insolvência*, pois o total dos bens e direitos (Ativo) não é suficiente para o resgate das dívidas:

> (Bens + Direitos) < Obrigações.

DEMONSTRAÇÕES CONTÁBEIS

# 13.2 Estrutura das origens de recursos

## 13.2.1 Origens dos recursos

As fontes de recursos com que a empresa conta para manter ou desenvolver suas atividades podem ser agrupadas em:

**a.** *Capital próprio*
São os recursos trazidos pelos sócios (capital) ou gerados pelo resultado das operações (lucros e reservas).[2]

Corresponde ao valor do Patrimônio Líquido acrescido do saldo do grupo Resultados de Exercícios Futuros, quando, nesse último, estiverem agrupadas somente verbas representativas de lucros ainda não apropriados (receitas diferidas líquidas).[3]

> Capital Próprio = Patrimônio Líquido + Resultados
> de Exercícios Futuros

**b.** *Capital alheio*
São recursos, emprestados por terceiros — dívidas ou obrigações —, que deverão ser, oportunamente, devolvidos aos seus proprietários — empréstimos bancários, crédito de fornecedores etc.

> Capital alheio =
> Passivo Circulante + Exigível a Longo Prazo

---

[2] Ou gerados, ainda, por ajustes ao valor de mercado (Ajustes de Avaliação Patrimonial) e por ganhos não vinculados aos valores do Ativo (Reservas de Capital).

[3] Na realidade, como já comentamos, essa conceituação dos resultados de exercícios futuros como capital próprio é um pouco forçada, pois essa verba deverá sofrer, ainda, as deduções relativas às despesas operacionais ou não operacionais e pode até acontecer de, no final das contas, nada sobrar para ser apropriado ao grupo Patrimônio Líquido.

## 13.2.2 **Índices de origem de capitais**

Já sabemos que, no Passivo, estão relacionadas todas as fontes de recursos (próprios e/ou alheios) com que a empresa conta para desenvolver suas atividades.

Os índices que veremos nesta seção nos mostram, justamente, em que proporção cada tipo de recurso — próprio ou alheio — financia o Ativo da empresa.

**a.** *Fontes de financiamento*
Por meio da comparação do capital próprio com o total do Ativo, podemos conhecer, diretamente, a expressão relativa do capital próprio, dentro do conjunto de valores que compõem o Ativo; e, por complemento aritmético, a proporção de utilização de capitais alheios (recursos de terceiros).

Para o cálculo deste índice (e dos demais deste capítulo), tomaremos como base os valores constantes do Quadro 11.1 — Balanço Patrimonial ajustado para análise, da Cia. ABC:

$$\frac{\text{Capital Próprio}}{\text{Ativo}} = \frac{\text{PL + REF}}{\text{Ativo}}$$

$$20\text{x}1 \rightarrow \frac{75.291 + 2.100}{175.100} = 0{,}44 \text{ ou } 44\%$$

$$20\text{x}0 \rightarrow \frac{46.200}{144.000} = 0{,}32 \text{ ou } 32\%$$

Esses resultados indicam:

- que, no último exercício, os *recursos próprios* da Cia. ABC financiaram 44% das aplicações feitas no Ativo, e os restantes 56% foram financiados por *recursos de terceiros;*
- que houve um aumento da utilização de recursos próprios de 32% para 44% e, conseqüentemente, uma redução do financiamento com capital alheio de 68% para 56%.

Revelam, também:[4]

- que a firma tem $ 1,00 de Ativo para garantir cada $ 0,56 de capital de terceiros (ver Item b);
- que o grau de endividamento do Ativo da empresa é de 56% (ver Item c).

**b.** *Garantia ao capital alheio*

b.1. *Garantia total*
O total dos recursos aplicados no Ativo garante o resgate dos capitais alheios:

$$\frac{\text{Ativo}}{\text{Capital alheio}} = \frac{\text{Ativo}}{\text{PC + ELP}}$$

$$20x1 \quad \rightarrow \quad \frac{175.100}{85.709 + 12.000} = \textbf{1,79}$$

$$20x0 \quad \rightarrow \quad \frac{144.000}{79.800 + 18.000} = \textbf{1,47}$$

O resultado de x1 significa que, para cada $ 1,00 de dívidas, a empresa dispõe de $ 1,79 no seu Ativo. A garantia aumentou de 1,47 para 1,79.

Para segurança dos credores, é interessante que o resultado seja bem superior a 1,00. Os resultados abaixo de 1,00 revelam insuficiência de garantia aos credores (situação de Passivo a descoberto e, conseqüentemente, de insolvência).

b.2. *Garantia suplementar*
Considera-se apenas a parcela dos recursos próprios aplicados no Ativo como garantia do resgate dos capitais alheios:

---

[4] Por esses comentários podemos entender por que é dispensável o cálculo, em separado, da "garantia aos capitais alheios" e do "grau de endividamento".

$$\frac{\text{Capital próprio}}{\text{Capital alheio}} = \frac{\text{CP}}{\text{PC} + \text{ELP}}$$

$$20\text{X1} \rightarrow \frac{77.391}{85.709 + 12.000} = 0,79$$

$$20\text{X0} \rightarrow \frac{46.200}{79.800 + 18.000} = 0,47$$

O resultado de x1 significa que, para cada $ 1,00 de dívidas, a empresa dispõe de $ 0,79 de recursos próprios no seu Ativo. A garantia aumentou de 0,47 para 0,79.

Note que a diferença entre os cálculos dos itens "b.1" e "b.2" é justamente 1,00. Isso se explica pelo fato de que, no item b.2, não é computado, como garantia, o valor do capital alheio contido no Ativo.

**c.** *Grau de endividamento*

O grau de endividamento de uma empresa pode ser medido de duas maneiras:

c.1. *Confrontando o capital alheio com o total do Ativo*[5]

$$\frac{\text{Capital alheio}}{\text{Ativo}} = \frac{\text{PC} + \text{ELP}}{\text{Ativo}}$$

$$20\text{X1} \rightarrow \frac{85.709 + 12.000}{175.100} = 0,56$$

$$20\text{X0} \rightarrow \frac{79.800 + 18.000}{144.000} = 0,68$$

No caso da ABC, temos, no final de x1, um **endividamento de 56%**, ou seja, de cada $ 1,00 existente no Ativo da empresa, $0,56 estão comprometidos com o pagamento das dívidas.

---

[5] Observe que poderíamos chegar à mesma conclusão por meio do complemento aritmético do índice "a" (fontes de financiamento), o que dispensaria o cálculo do item "c.1".

Quanto mais próximo de 1,00 esse resultado estiver, maior será, para financiamento do Ativo, a proporção de recursos alheios utilizados e, conseqüentemente, menor a proporção de utilização de capital próprio.

Índices acima de 1,00 revelariam situação de "insolvência"[6] — ou seja, mesmo realizando todos os valores do Ativo, a empresa não obteria recursos suficientes para o pagamento dos seus compromissos.

c.2. *Confrontando o capital alheio com o capital próprio*

$$\frac{\text{Capital alheio}}{\text{Capital próprio}} = \frac{\text{PC + ELP}}{\text{PL + REF}}$$

$$20\text{X1} \quad \rightarrow \quad \frac{85.709 + 12.000}{75.291 + 2.100} \quad = 1,26$$

$$20\text{X0} \quad \rightarrow \quad \frac{79.800 + 18.000}{46.200} \quad = 2,12$$

No caso da ABC, o resultado de x1 indica que, para cada **$ 1 de capital próprio,** a empresa estaria usando **$ 1,26 de capital alheio.**

**Obs.** Não há diferença na interpretação dessas duas fórmulas. Na primeira (item c.1), a maior participação de capital alheio ocorreria quando o índice fosse maior do que 0,50 e, na segunda (item c.2), quando fosse maior do que 1,00. Damos preferência à primeira fórmula, porque ela nos informa com mais precisão (inclusive percentual) a participação dos dois tipos de capital e, também, pode ser interpretada em termos de garantia aos capitais de terceiros.

---

[6] Configurando a situação patrimonial negativa, ou seja, Passivo a descoberto.

# ÍNDICES DE ESTRUTURA PATRIMONIAL

**d.** *Estrutura do endividamento*

d.1. *Em termos de prazo de exigibilidade*

$$20x1 \quad \rightarrow \quad \frac{\text{Passivo Circulante}}{\text{Capital alheio}} = \frac{85.709}{97.709} = \quad \text{0,88 ou 88\%}$$

$$20x0 \quad \rightarrow \quad \frac{\text{Passivo Circulante}}{\text{Capital alheio}} = \frac{79.800}{97.800} = \quad \text{0,82 ou 82\%}$$

Quanto aos financiamentos de terceiros, em x1 a Cia. ABC utilizava 88% de recursos a curto prazo e 12% (complemento aritmético) de recursos a longo prazo. A mudança em relação ao ano anterior foi de pequena expressão.

d.2. *Em termos de natureza do Passivo Circulante*

$$20x1 \quad \rightarrow \quad \frac{\text{Passivo Operacional}[7]}{\text{Passivo Circulante}} = \frac{55.000}{85.709} = \quad \text{0,64 ou 64\%}$$

$$20x0 \quad \rightarrow \quad \frac{\text{Passivo Operacional}[7]}{\text{Passivo Circulante}} = \frac{47.340}{79.800} = \quad \text{0,59 ou 59\%}$$

O resultado de x1 nos revela que o "Passivo Operacional" da empresa representa 64% do Passivo Circulante e que o "Passivo Financeiro" representa (por complemento aritmético) 36% do mesmo grupo.

Considerando que o "Passivo Financeiro" é mais oneroso para a empresa, o ideal é que o percentual do "Passivo Operacional" seja o mais elevado possível.

**e.** *Valor patrimonial da empresa*

É definido pelo valor do "Patrimônio Líquido", ou pela diferença entre o Ativo Total e o Passivo Exigível.

O valor patrimonial da ABC seria:

---

[7] Passivo Operacional = Duplicatas a Pagar + Adiantamentos de Clientes + Contribuições a Recolher = 46.700 + 5.400 + 2.900 = **55.000** (x1); 38.800 + 7.500 + 1.040 = **47.340** (x0).

- em x1: 175.100 – 97.709 = **$ 77.391**
- em x0: 144.000 – 97.800 = **$ 46.200**

**f.** *Valor patrimonial da ação*

$$\frac{\text{Patrimônio Líquido}}{\text{Número de ações}}$$

O resultado desse quociente indica quanto do Patrimônio Líquido da empresa cabe a cada ação possuída pelos acionistas.

$$\frac{77.391}{10.000} = \$ 7{,}74$$

No caso da cia. em estudo, teríamos um valor patrimonial de **$ 7,74** para cada ação (cujo valor nominal é de $ 4,50[8]).

No ano anterior, o valor patrimonial de cada ação foi praticamente igual: **$ 8,40** ($ 46.200 ÷ 5.500 ações).

## 13.2.3 Índice-padrão

Antes de tentarmos fixar valores numéricos ideais para os índices de origem de capitais, devemos ponderar os seguintes aspectos:

**a.** *Pontos de vista*
Do ponto de vista do credor e do investidor, é interessante que a proporção de utilização de capital próprio seja a mais elevada possível, pois assim os seus empréstimos ou suas aplicações terão maior garantia de retorno.

O empresário, por seu turno, preocupa-se em trabalhar com o máximo possível de recursos de terceiros, liberando, assim, os seus recursos para as atividades particulares ou para outros investimentos.

---

[8] $ 45.000 ÷ 10.000 ações = $ 4,50 por ação.

**b.** *Natureza da atividade*

É normal que uma indústria necessite de maior quantidade de capital próprio para financiar suas imobilizações em instalações industriais (geralmente, em torno de 50% ou mais), ao passo que uma firma comercial com menor montante de Ativo Fixo e com giro do Circulante mais rápido pode, habitualmente, trabalhar com proporção de recursos próprios bem menor.

**c.** *Reflexos*

A maneira mais prática e mais realista de apreciar a correta dosagem de utilização de capitais próprios e de terceiros é por meio da verificação dos reflexos positivos ou negativos sobre a situação econômico-financeira da empresa.

Aliás, a análise desses aspectos positivos e negativos vai absorver praticamente toda nossa atenção até o final desta obra.

Podemos adiantar, de uma forma genérica, que a dosagem de utilização de capital de terceiros estará exagerada quando estiver provocando:

- dificuldades constantes de solvência dos compromissos;
- elevado nível de despesas financeiras, comprometendo o lucro operacional.

# 13.3 Estrutura das aplicações de recursos

## 13.3.1 Aplicações de recursos

Os recursos obtidos pela empresa destinam-se a financiar o giro dos negócios e o Ativo Não Circulante.

O **giro dos negócios** corresponde à parte do Ativo que "circula", que se movimenta num entra-e-sai rotineiro e, nesse deslocamento, produz o resultado operacional. São valores destinados a pagamentos — caixa e bancos — ou a ser transformados em moeda — estoques e débitos de clientes — para, posteriormente, ser reinvestidos em valores da mesma natureza, continuando, assim, o ciclo indefinidamente (ver Figura 13.1).

Em oposição, no **Ativo Não Circulante,** teremos aplicações que não giram, mas que criam condições para a movimentação dos valores circulantes (do giro). São constituídas por: (a) aplicações em valores que só serão realizados após o exercício seguinte ao do encerramento do balanço; (b) aplicações em valores necessários à manutenção das atividades operacionais da empresa (bens de uso do imobilizado tangível e intangível); (c) despesas destinadas a criar ou aumentar a capacidade operacional e beneficiar vários exercícios (despesas amortizáveis do diferido); (d) participações em coligadas ou controladas ou aplicações em bens destinados à obtenção de renda (investimentos).

## 13.3.2 Índices de aplicações de capitais

Mostram em que proporção os recursos estão distribuídos entre os vários grupos do Ativo.

**a.** *Imobilização[9] do Ativo*

a.1 *Em função do Ativo Não Circulante*
Comparando o Ativo Permanente e o Realizável a Longo Prazo com o Ativo Total, podemos conhecer a proporção das aplicações de natureza não circulante e, por complemento aritmético, a proporção dos recursos aplicados no giro dos negócios:

$$\frac{\text{Ativo Não Circulante}}{\text{Ativo}}$$

$$20\text{x}1 \;\rightarrow\; \frac{54.700}{175.100} = 0,31 \text{ ou } 31\%$$

$$20\text{x}0 \;\rightarrow\; \frac{36.100}{144.000} = 0,25 \text{ ou } 25\%$$

---

[9]  O termo "imobilização" está inserto em sentido genérico, designando, portanto, não só o "imobilizado", mas todos os recursos que **não estão girando** dentro da empresa (Ativo Permanente e Realizável a Longo Prazo).

Em x1, na Cia. ABC, 31% dos valores do Ativo representam aplicações de natureza não circulante, enquanto 69% são destinados ao giro dos negócios. No ano anterior, a proporção era um pouco diferente: 25% para o Ativo Não Circulante e 75% para o giro dos negócios.

### a.2 *Em função do Ativo Permanente*

Comparando somente o Ativo Permanente com o Ativo Total, podemos conhecer a proporção das aplicações de natureza permanente (ativo fixo) e, por complemento aritmético, a proporção dos recursos aplicados no Ativo Circulante (giro) e no Realizável a Longo Prazo::

$$\frac{\text{Ativo Permanente}}{\text{Ativo}}$$

$$20X1 \quad \rightarrow \quad \frac{50.900}{175.100} = 0,29 \text{ ou } 29\%$$

$$20X0 \quad \rightarrow \quad \frac{31.800}{144.000} = 0,22 \text{ ou } 22\%$$

Em x1, na Cia. ABC, 29% dos valores do Ativo representam aplicações de natureza fixa (permanente), enquanto 71% são destinados ao giro dos negócios e ao Realizável a Longo Prazo. No ano anterior a proporção era um pouco diferente: 22% para o Ativo Permanente e 78% para os demais grupos.

**Figura 13.1** GIRO DOS NEGÓCIOS DE UMA EMPRESA MERCANTIL[10]

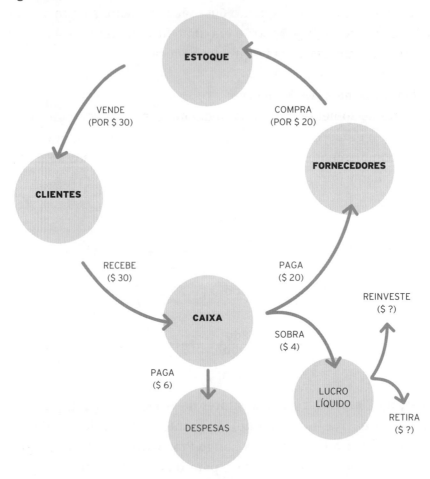

**b.** *Estrutura do Não Circulante (Permanente + RLP)*

Considerando que as aplicações nos vários subgrupos do Ativo Não Circulante divergem muito em termos de produtividade, é interessante conhecermos a estrutura desse grupo por meio das seguintes fórmulas:

---

[10] Os valores hipotéticos da Figura 13.1 servem para demonstrar, também, como aparece o Lucro Líquido na movimentação dos negócios. Uma firma comprou uma quantidade de mercadorias por $ 20, vendendo-as por $ 30. Do que restou, $ 10, pagou despesas no valor de $ 6, ficando, pois, com uma sobra líquida (Lucro Líquido) de $ 4. Essa sobra líquida, como podemos perceber, incorpora-se ao Ativo da empresa, aumentando, em conseqüência, a quantidade de recursos disponíveis e passíveis de serem aplicados no giro dos negócios. Mostra, também, que o lucro líquido é uma fonte de recursos para aumentar o nível de operações de qualquer tipo de empresa.

$$\frac{\text{Realizável a Longo Prazo}}{\text{Ativo Não Circulante}} = \frac{3.800}{54.700} = 0,07 \text{ ou } 7\%$$

$$\frac{\text{Imobilizado}}{\text{Ativo Não Circulante}} = \frac{34.100}{54.700} = 0,62 \text{ ou } 62\%$$

$$\frac{\text{Intangível}}{\text{Ativo Não Circulante}} = \frac{600}{54.700} = 0,01 \text{ ou } 1\%$$

$$\frac{\text{Investimentos}}{\text{Ativo Não Circulante}} = \frac{14.200}{54.700} = 0,26 \text{ ou } 26\%$$

$$\frac{\text{Diferido}}{\text{Ativo Não Circulante}} = \frac{2.000}{54.700} = 0,04 \text{ ou } 4\%$$

Esses resultados revelam que as aplicações de natureza não circulante da ABC foram dirigidas, preponderantemente, para a aquisição de valores necessários à manutenção das atividades (bens de uso tangíveis = 62%), embora uma parcela bem expressiva tenha sido desviada para investimento em outras empresas (26%). O montante de despesas a serem amortizadas (Diferido) é insignificante (4%). A parcela aplicada no RLP pode ser considerada normal (7%).

### 13.3.3 Índices-padrão

Antes de avaliar a proporção das aplicações no Ativo Não Circulante (Permanente + RLP) ou no giro dos negócios, temos de levar em consideração a natureza da atividade da empresa:

a. Elevados índices de aplicações permanentes e, conseqüentemente, baixos índices de aplicações no giro são comuns para as empresas cujas atividades requerem vultosos investimentos em bens de uso, como indústrias e construtoras, ou para aquelas que investem pouco no giro, trabalhando sob encomenda, com matéria-prima gratuita ou vendendo somente à vista.

DEMONSTRAÇÕES CONTÁBEIS

**b.** Baixos índices de aplicações de natureza permanente e elevados quocientes de aplicações no giro são comuns para as empresas que não necessitam de grandes investimentos em bens de uso e que trabalham quase exclusivamente com capital de giro.

**Quadro 13.2** FONTES NORMAIS DE FINANCIAMENTO DO ATIVO

| ATIVO | FINANCIADO POR | | CONDIÇÕES DE UTILIZAÇÃO |
|---|---|---|---|
| Não Circulante | **CAPITAL PRÓPRIO** | | **SEM RESTRIÇÕES** |
| | Capital de terceiros | a curto prazo | não deve ser utilizado |
| | | a longo prazo | quando houver condições de autoliquidação |
| Giro (Circulante) | Capital alheio | fornecedores | Sem restrições |
| | | descontos bancários | para cobrir diferença entre os prazos de pagamento e recebimento |
| | | outros empréstimos | idem, em condições favoráveis de prazo e custo |
| | **CAPITAL PRÓPRIO** | | **PARA COMPLEMENTAÇÃO DO CAPITAL DE TERCEIROS** |

# 13.4 Estrutura do capital próprio

## 13.4.1 Capital de giro próprio

Observando o Quadro 13.2, podemos dizer que o capital próprio se destina a financiar, basicamente, o Ativo Não Circulante e, complementarmente, o giro dos negócios.

Essa parcela dos recursos próprios que complementa o financiamento do giro dos negócios é denominada capital de giro próprio:

Capital de giro próprio = { Capital próprio – (Ativo Não Circulante – Financiamentos para o Não Circulante) }

Na ABC (ver Figura 13.2), temos:

$$\{ 77.391 - (54.700 - 12.000) \} = \$ 34.691$$

**Figura 13.2** ESTRUTURA DO CAPITAL PRÓPRIO.

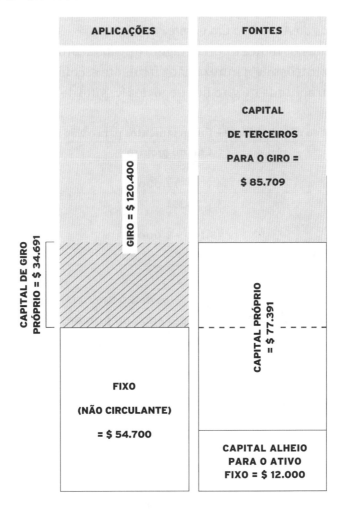

Note que, do total do capital alheio, $ 12.000 estão financiando o Ativo Fixo, liberando, assim, recursos próprios para o giro e aumentando, conseqüentemente, o montante do *capital de giro próprio*.

O capital de giro próprio também poderia ser apurado por outro caminho:

CGP = giro − capital de terceiros para o giro = 120.400 − 85.709 = $ 34.691

## 13.4.2 Grau de imobilização do capital próprio

**a.** *Em função do Ativo Não Circulante*

Esse quociente nos indica a porcentagem de capital próprio que está financiando as aplicações de natureza não circulante e, complementarmente, a porcentagem aplicada no giro dos negócios (capital de giro próprio):

$$\frac{\text{Ativo não circulante} - \text{financiamentos para o Não Circulante}}{\text{Capital próprio}}$$

$$20\text{x}1 \rightarrow \frac{54.700 - 12.000}{77.391} = 0,55 \text{ ou } 55\%$$

$$20\text{x}0 \rightarrow \frac{36.100 - 8.000}{46.200} = 0,61 \text{ ou } 61\%$$

Na ABC, 55% dos recursos próprios estão financiando o Ativo Não Circulante e os restantes 45% estão aplicados no giro dos negócios. Em x0, a aplicação no giro dos negócios era um pouco menor (39%).

Esse índice pode apresentar três resultados:

- **Inferior a 1,00**: nesses casos, que são a maioria, o resultado seria interpretado como no caso da ABC, ou seja, o valor numérico do índice evidencia a parcela do capital próprio que está aplicada no Ativo Não Circulante, e o complemento aritmético evidencia a parcela que está financiando o giro (capital de giro próprio).
- **Igual a 1,00**: o valor do capital próprio está totalmente aplicado no financiamento do Ativo Não Circulante, não sobrando nada para ser aplicado no giro, ou seja, não há capital de giro próprio.
- **Superior a 1,00**: o capital próprio não é suficiente para financiar sequer o Ativo Não Circulante, indicando, também, que para complementar o financiamento desse tipo de Ativo a empresa está se valendo de capitais de terceiros, inadequados (que seriam normalmente usados para financiar o giro).

## ÍNDICES DE ESTRUTURA PATRIMONIAL

**b.** *Em função do Ativo Permanente*

Esse quociente nos indica a porcentagem de capital próprio que está financiando as aplicações de natureza fixa (permanente) e, complementarmente, a porcentagem que está sendo aplicada no restante do Ativo (Circulante e Realizável a Longo Prazo).

$$\frac{\text{Ativo Permanente} - \text{financiamentos para o Permanente}}{\text{Capital próprio}}$$

$$20X1 \quad \rightarrow \quad \frac{50.900 - 12.000}{77.391} = 0,50 \text{ ou } 50\%$$

$$20X0 \quad \rightarrow \quad \frac{31.800 - 8.000}{46.200} = 0,52 \text{ ou } 52\%$$

Na ABC, 50% dos recursos próprios estão financiando o Ativo Fixo (Permanente) e os restantes 50% estão aplicados no Circulante e no Realizável a Longo Prazo. Em x0, a aplicação no Ativo Fixo era praticamente igual à de x1.

Esse índice pode apresentar três resultados:

- **Inferior a 1,00**: nesses casos, que são a maioria, o resultado seria interpretado como no caso da ABC, ou seja, o valor numérico do índice revela a porcentagem do capital próprio que está aplicada no Ativo Fixo e o complemento aritmético evidencia a porcentagem que está financiando o giro (Circulante) e o Realizável a Longo Prazo.
- **Igual a 1,00**: o valor do capital próprio está totalmente aplicado no financiamento do Ativo Permanente, não sobrando nada para ser aplicado nos demais grupos.
- **Superior a 1,00**: o capital próprio não é suficiente para financiar sequer o Ativo Permanente, indicando, também, que para complementar o financiamento desse tipo de Ativo a empresa está se valendo de capitais de terceiros, inadequados (que seriam normalmente usados para financiar o giro e o Realizável a Longo Prazo).

# RESUMO

| Índices de estrutura | Fórmula | Significado | Avaliação |
|---|---|---|---|
| Capital próprio | PL + REF ou AT–(PC+ELP) | • Montante dos recursos próprios que estão financiando o Ativo. | • Resultado negativo revela a existência de Passivo a Descoberto. |
| Participação do Capital próprio | Capital próprio ÷ Ativo | • Mostra a porcentagem do Ativo financiada por recursos próprios e, por complemento, a percentagem financiada por recursos de terceiros. | • Resultados acima de 0,50 indicam que a empresa utiliza mais capital próprio do que de terceiros (e vice-versa). |
| Endividamento[1] | Capital alheio ÷ Ativo | • Mostra a proporção entre as dívidas da empresa e o seu Ativo. | • Acima de 0,50 indica que a empresa utiliza mais capital alheio do que capital próprio. |
| Endividamento[2] | Capital alheio ÷ Capital próprio | • Mostra a proporção entre os recursos próprios e os de terceiros. | • Acima de 1,00 indica que a empresa utiliza mais capital alheio do que capital próprio. |
| Garantia aos capitais de terceiros | Ativo ÷ Capital alheio | • Mostra a garantia total oferecida pelo Ativo aos capitais de terceiros. | • Acima de 1,00 revela existência de garantia suplementar. Abaixo de 1,00 revela situação de insolvência. |
| Imobilização do Ativo | ANC ÷ Ativo | • Mostra a porcentagem dos recursos aplicada no ANC (AP + RLP) e a aplicada no giro. | • Resultados acima de 0,50 indicam que a empresa está aplicando mais no ANC do que no giro. |

# ÍNDICES DE ESTRUTURA PATRIMONIAL

| Capital de giro próprio | CP − (ANC − Financiamentos para o ANC) | • Montante dos recursos próprios aplicados no giro dos negócios. | • Resultado nulo ou negativo revela a inexistência de capital de giro próprio. |
|---|---|---|---|
| Imobilização do capital próprio | (ANC − Financiamentos) ÷ CP | • Mostra a porcentagem dos recursos próprios que está financiando o ANC e a percentagem que está financiando o giro. | • Abaixo de 1,00 revela a existência de capital de giro próprio.<br>• Acima de 1,00, o CP é insuficiente para financiar o ANC. |

**PL** = Patrimônio Líquido
**CP** = Capital Próprio
**AP** = Ativo Permanente
**AT** = Ativo
**PC** = Passivo Circulante
**ANC** = Ativo não Circulante
**RLP** = Realizável a Longo Prazo
**REF** = Resultados de Exercícios Futuros
**ELP** = Exigível a Longo Prazo

# TESTES

**1** Faça a correlação:

1. Grau de imobilização do Ativo.

2. Grau de imobilização do capital próprio.

3. Capital próprio/Ativo.

a. Permite deduzir que proporção do Ativo está sendo financiada por recursos de terceiros.

b. Permite deduzir a existência ou não de capital de giro próprio.

c. Permite deduzir a proporção de recursos aplicados no giro dos negócios.

**a.** 1A, 2B, 3C   **b.** 1B, 2C, 3A   **c.** 1C, 2A, 3B   **d.** 1B, 2A, 3C   **e.** 1C, 2B, 3A

**2** Correlacione:

A. Giro dos negócios.
B. Aplicações permanentes.

(   ) Bens de comércio.
(   ) Bens de uso.
(   ) Participações em coligadas ou controladas.
(   ) Créditos concedidos aos clientes.
(   ) Bens destinados à renda.
(   ) Despesas pré-operacionais.

**3** Diga se é falsa (F) ou verdadeira (V) cada uma das afirmações a seguir:

(   ) Compra, venda, recebimento e pagamento caracterizam o giro dos negócios de uma empresa mercantil.

(   ) As empresas comerciais têm mais necessidade de capital próprio do que as industriais.

(   ) Os financiamentos de terceiros para o Ativo Fixo liberam recursos próprios para o giro.

(   ) Um grau de imobilização de 0,80 pode ser considerado "normal" para as empresas mercantis que vendam sob encomenda e somente à vista.

(   ) Do ponto de vista do credor, é interessante que a empresa utilize o máximo possível de capital de terceiros e o mínimo de recursos próprios.

**4** Em um balanço que apresente:
- capital integralizado: $ 60.000;
- reservas diversas: $ 26.000;
- prejuízo acumulado: $ 102.000;

podemos deduzir a existência de:
**a.** Passivo a Descoberto de $ 16.000.
**b.** Patrimônio Líquido de $ 16.000.
**c.** Patrimônio Líquido de $ 86.000.
**d.** Passivo a Descoberto de $ 102.000.
**e.** Patrimônio Líquido de $ 188.000.

**5** A relação "capital próprio" ÷ "Ativo Total" de 0,35 só não revela que:
**a.** 35% do capital próprio está financiando o Ativo.
**b.** Existe $ 1,00 de Ativo para garantir cada $ 35 centavos de recursos de terceiros.
**c.** 65% do Ativo está sendo financiado por capitais alheios.
**d.** O grau de endividamento do Ativo da empresa é de 65%.
**e.** A empresa usa mais capital alheio do que capital próprio para financiar o Ativo.

**6** O balanço de certa empresa apresentou:

| ATIVO | | PASSIVO | |
|---|---|---|---|
| Circulante | 390 | Circulante | 170 |
| Realizável a Longo Prazo | 30 | Exigível a Longo Prazo | 40* |
| Permanente | 220 | Patrimônio Líquido | 430 |
| | 640 | | 640 |

(*) Financiamento para aquisição de máquinas e equipamentos.

Calcule:
**a.** Participação do capital próprio: . . . . . . . . %.
**b.** Participação do capital de terceiros: . . . . . . . . %.
**c.** Proporção de recursos aplicados no giro: . . . . . . . . %.
**d.** Proporção de recursos aplicados no Ativo Não Circulante: . . . . . . . . %.
**e.** Valor do capital de giro próprio: $ . . . . . . . . .
**f.** Grau de imobilização do capital próprio: . . . . . . . . %.
**g.** Recursos próprios disponíveis para o giro dos negócios: . . . . . . . . %.

**DEMONSTRAÇÕES CONTÁBEIS**

As Questões de 7 a 10 são baseadas no seguinte balanço:

| ATIVO | | PASSIVO |
|---|---|---|
| | | Circulante: $ ......... |
| Giro (Circulante) = 65% | | Exigível a Longo Prazo: $ 300* |
| Permanente (Fixo) = $ 1.050 | | Capital próprio = 53% |

\* Financiamento: para o Ativo Fixo: $ 140; para o giro dos negócios: $ 160.

**7** Total do Ativo:
**a.** $ 650,00   **b.** $ 3.000,00   **c.** $ 1.050,00   **d.** $ 682,50   **e.** $ 1.732,50

**8** Valor do Passivo circulante:
**a.** $ 300   **b.** $ 700   **c.** $ 1.110   **d.** $ 1.410   **e.** $ 1.590

**9** Valor do capital de giro próprio:
**a.** $ 1.590   **b.** $ 1.950   **c.** $ 540   **d.** $ 1.410   **e.** $ 680

**10** Calcule:
**a.** Grau de imobilização do Ativo: . . . . . . . . . . . . . . . . . . . . . .
**b.** Grau de imobilização do capital próprio: . . . . . . . . . . . . . . .
**c.** Grau de endividamento (capital alheio/Ativo): . . . . . . . . . . . .
**d.** Proporção dos financiamentos a curto prazo: . . . . . . . . . . .

**11** Conclusão de um relatório de análise: "A empresa está utilizando, para financiar o Ativo Não Circulante, recursos de terceiros a curto prazo, que, normalmente, deveriam ser usados para financiar o giro." Essa situação é revelada quando:
**a.** a relação "capital alheio"/"capital próprio" é superior a 1,00.
**b.** o grau de imobilização do capital próprio é superior a 1,00.
**c.** a relação "giro"/"Ativo Total" é inferior a 0,50.
**d.** o grau de imobilização do capital próprio é superior a 0,50.
**e.** a relação "capital alheio"/"Ativo Total" é superior a 0,50.

# ÍNDICES DE ESTRUTURA PATRIMONIAL

**12** Com base nos seguintes dados:
participação do capital de terceiros: 0,70;
giro/Ativo: 0,38;
imobilização do capital próprio: 1,05;

assinale as afirmações verdadeiras:
( ) 70% do capital de terceiros está financiando as aplicações no Ativo.
( ) A empresa utiliza mais recursos próprios do que de terceiros.
( ) Do total de recursos, 62% estão sendo aplicados no Não Circulante (AP+RLP).
( ) 5% do capital próprio está financiando o giro dos negócios.
( ) Essa empresa não dispõe de capital de giro próprio.

**13** Um balanço apresentava:
Ativo total: 3.600
Parcela do Ativo financiada pelo capital alheio: 1.200
Recursos totais aplicados no giro dos negócios: 1.700
Empréstimos bancários a longo prazo:
   para compra de máquinas e equipamentos: 500
   para compra de matérias-primas: 300

Podemos deduzir que o capital de giro próprio, nessa data, era de:
**a.** $ 1.200   **b.** $ 300   **c.** $ 700   **d.** $ 1.000   **e.** $ 500

# EXERCÍCIOS

• Baseado no Balanço Patrimonial a seguir, calcule e comente os índices solicitados:

| ATIVO (aplicações) | |
|---|---|
| **CIRCULANTE** | **320** |
| Caixa e Bancos, conta Movimento | 50 |
| Débitos de clientes | 140 |
| Produtos acabados [1] | 130 |
| **REALIZÁVEL A LONGO PRAZO** | **90** |
| Créditos de sócios | 90 |
| **PERMANENTE** | **295** |
| Máquinas e equipamentos | 305 |
| Depreciação acumulada | (10) |
| **Total do Ativo** | **705** |

| PASSIVO (origens) | |
|---|---|
| **CIRCULANTE** | **195** |
| Duplicatas a pagar | 100 |
| Títulos descontados | 65 |
| Provisão p/Imposto de Renda | 30 |
| **EXIGÍVEL A LONGO PRAZO** | **120** |
| Empréstimos bancários[1] | 120 |
| **PATRIMÕNIO LÍQUIDO** | **390** |
| Capital realizado | 405 |
| Prejuízos acumulados | (15) |
| **Total do Passivo** | **705** |

(1) p/ aquisição de máquinas industriais: $ 80
   p/ aquisição de matérias primas: $ 40

**a)** Participação do capital próprio:

$$ \underline{\hspace{4cm}} = \underline{\hspace{4cm}} = \dots\dots\dots $$

• De cada $ 1 aplicado no Ativo, . . . . . . . . . centavos são financiados por recursos
   . . . . . . . . . . . . e . . . . . . . . . centavos por recursos. . . . . . . . . . . . . . . . . . .

**b)** Endividamento:

$$ \underline{\hspace{4cm}} = \underline{\hspace{4cm}} = \dots\dots\dots $$

• De cada $ 1 aplicado no Ativo, . . . . . . . . centavos estão comprometidos com o
   pagamento das dívidas.

**c)** Garantia (suplementar) aos capitais de terceiros:

$$ \underline{\hspace{4cm}} = \underline{\hspace{4cm}} = \dots\dots\dots $$

• Para cada $ 1 de dívidas, a empresa dispõe de $ . . . . . . . . . . . . de capital próprio.

# ÍNDICES DE ESTRUTURA PATRIMONIAL

**d)** Imobilização do Ativo:

$$\boxed{\phantom{xxxxxxxxxxxxxxxxx}} = \frac{\phantom{xxxxxxxxxxxx}}{} = \dots\dots\dots$$

- Em cada $ 1 de Ativo, .......... centavos são aplicações no ....................
  e .......... centavos são aplicações no ................................ .

**e)** Imobilização do capital próprio:

$$\boxed{\phantom{xxxxxxxxxxxxxxxxx}} = \frac{\phantom{xxxxxxxxxxxx}}{} = \dots\dots\dots$$

- ........ % dos recursos ................. estão aplicados no ............
  e ............... % estão aplicados no ................................ .

# Capítulo 14

## ÍNDICES DE ROTATIVIDADE

ÍNDICES DE EFICIÊNCIA E PRODUTIVIDADE

PRAZO MÉDIO DE ROTAÇÃO DOS ESTOQUES

PRAZO MÉDIO DE RECEBIMENTO DE VENDAS

RETORNO DO ATIVO CIRCULANTE

PRAZO MÉDIO DE PAGAMENTO DAS COMPRAS

DEMONSTRAÇÕES CONTÁBEIS

# 14.1 Índices de eficiência e produtividade

## 14.1.1 Rotação do investimento total

**a.** *Objetivos*

> Mede a produtividade (eficiência) do total dos recursos investidos, possibilitando avaliar se o movimento mercantil ou industrial da empresa é compatível com o volume de suas aplicações no Ativo.

Além disso, a rotação do investimento é importantíssima na análise da rentabilidade (ver Capítulo 15), pois é, como veremos, um de seus fatores determinantes.

**b.** *Cálculo*
Procuramos medir a eficiência na aplicação dos recursos comparando a Receita Líquida da empresa com o valor do investimento médio no período.

$$\frac{\text{Receita Líquida}^1}{\text{Ativo (médio)}^2}$$

$$20X1 \rightarrow \frac{300.000}{(175.100 + 144.000) \div 2} = \frac{300.000}{159.550} = \textbf{1,88 vezes}$$

$$20X1 \rightarrow \frac{200.000}{(144.000 + 122.000^3) \div 2} = \frac{200.000}{133.000} = \textbf{1,50 vezes}$$

Esse resultado indica que cada real investido no Ativo da ABC, em x1, produziu um movimento de vendas (Receita Líquida) correspondente a $ 1,88 ou, em outras palavras, que os recursos médios investidos giraram quase duas vezes durante o exercício.

---

[1] Deve-se trabalhar com a Receita Líquida, que é a receita real e efetiva do período. A Receita Bruta não serve de base para o cálculo de qualquer índice relacionado com a rotatividade, pois nela estão contidas receitas que foram anuladas ou reduzidas por devoluções, cancelamentos e abatimentos.

[2] Ver item "c".

[3] Dado extraído do balanço anterior a x0 ou fornecido pela empresa.

De um modo geral, podemos dizer que esse índice deve ser, em qualquer tipo de empresa, bem superior à unidade, pois o resultado igual ou inferior a 1,00 indica que o capital não está sendo produtivo e talvez fosse melhor desviá-lo para outra atividade.

No caso da ABC, a apreciação final somente poderá ser feita quando examinarmos a rentabilidade do investimento, mas, de qualquer forma, já podemos dizer que esse resultado apresentado em x1 (1,88) deverá fazer com que a rentabilidade sobre o investimento seja quase duas vezes maior do que a margem de lucro (ver Capítulo 15).

**c.** *Ativo Final ou Ativo Médio?*
É fácil deduzir que não foi o Ativo constante do balanço final que provocou o movimento de vendas durante o ano. O montante do Ativo varia durante o ano conforme a empresa aumente ou reduza as suas aplicações no giro ou, principalmente, no Ativo Fixo. Assim, o valor ideal seria o que poderíamos chamar de **Ativo Médio.**

O problema é que temos várias maneiras de obter esse Ativo Médio:

* média simples entre o saldo final e o saldo inicial;
* média ponderada pelos aumentos ou reduções durante o período;
* média obtida por meio dos saldos mensais.

c.1 *Média simples dos saldos dos balanços*
É a que usamos — não por ser a mais exata, mas por ser a mais fácil de ser obtida — no cálculo da "rotação do investimento total" (Seção 14.1.1.b):
Ativo Médio = (Ativo de 31/12/x0 + Ativo de 31/12/x1) ÷ 2
Ativo Médio = (144.000 + 175.100) / 2 → 319.100 ÷ 2 = $ 159.550

c.2. *Média ponderada*

C.2.1 OBSERVAÇÕES PRELIMINARES
Antes de chegarmos ao cálculo do Ativo Médio ponderado, devemos observar o seguinte:

- É mais fácil acompanhar as variações do Ativo, durante o ano, pelas variações das fontes de recursos.
- As fontes de recursos podem ser divididas em: (a) créditos de funcionamento, (b) créditos de financiamento, (c) aumentos de capital em dinheiro ou bens e (d) lucros do período.
- Podemos considerar que os aumentos dos créditos de funcionamento e o reinvestimento dos lucros são constantes e uniformes durante o ano, e, assim, sua ponderação pela média aritmética seria uma medida razoável.
- Quanto aos créditos de financiamento (principalmente para o Ativo Fixo) e aos aumentos de capital em dinheiro e bens, teríamos de levar em conta a época em que ocorreram.
- Se uma firma obteve, por exemplo[4], um financiamento para aquisição de máquinas (ou veículos) no valor de $ 30.000, em setembro de x1, a parcela a ser acrescida ao Ativo de x0 seria de $ 10.000 (ou seja, 4/12 de $ 30.000).
- Se essa mesma firma realizou um aumento de capital, em dinheiro, no valor de $ 24.000, em novembro de x1, a parcela a ser acrescida seria de $ 4.000 (2/12 de $ 24.000).
- Se o Ativo em x0 era de $ 50.000 e em x1 era de $ 110.000, o acréscimo foi de $ 60.000. Subtraindo os aumentos dos itens anteriores, no total de $ 54.000, ficaríamos com um saldo de $ 6.000, que resultaria num aumento médio de $ 3.000 ($ 6.000/2).

C.2.2 CÁLCULO

Dessa maneira, teríamos o seguinte valor médio ponderado:

- Valor do Ativo no início de x1 . . . . . . . . . . . . . . . . . . . . . . . $ 50.000
- + Acréscimo médio ponderado dos financiamentos. . . . $ 10.000
- + Acréscimo médio ponderado do aumento de capital   $   4.000
- + Acréscimo médio aritmético do restante do Ativo. . . . $   3.000
- = Valor do Ativo Médio ponderado[4] . . . . . . . . . . . . . . . . . . $ 67. 000

---

[4]   Este é um exemplo hipotético simples, que não tem nada que ver com o caso da Cia. ABC .

### C.2.3 COMPARAÇÃO

Note que o valor pela média aritmética simples dos dois exercícios seria[4] de $ 80.000 [(50.000+110.000) ÷ 2], ou seja, quase 20% maior do que o valor obtido pela média ponderada ($ 67.000).

A média ponderada, apesar das dificuldades de cálculo, apresenta um valor de capital utilizado durante o ano bem mais próximo da realidade.

### c.3 *Média dos saldos mensais*

Outra forma de apurar o valor médio do Ativo é por meio dos saldos dos balancetes mensais. Somaríamos os doze saldos do ano e dividiríamos por 12. O resultado obtido estaria bem próximo do apurado pelo método descrito no item anterior.

### d. *Relevância*

É lógico que, quando o aumento do Ativo for irrelevante, pouca diferença haverá, no resultado das fórmulas, seja usando o valor inicial do Ativo, o valor final, o valor médio ou o valor médio ponderado.

### e. *Cálculo pelo Ativo Operacional*

Nem todo tipo de Ativo está envolvido na obtenção de receita de vendas ou de serviços.

Alguns valores do Ativo, principalmente os Investimentos, estão aplicados em atividades paralelas, que nada têm que ver com o faturamento da empresa. Assim, o Ativo poderia ser dividido em: (a) Operacional e (b) Não Operacional, sendo o Ativo Operacional constituído assim:

> Ativo Circulante Operacional (disponibilidades, estoques e créditos mercantis)
> + Realizável a Longo Prazo Operacional (mesmos itens do Circulante)
> + Ativo Imobilizado
> + Ativo Intangível
> + Ativo Diferido

O Ativo Operacional da ABC, seria:

- 20x1 → 8.000 + 33.300 + 70.000 + 8.600 + 500 + 34.100 + 600 + 2.000 = 157.100
- 20x0 → 3.900 + 20.000 + 80.000 + 3.800 + 200 + 20.900 + 600 + 2.400 = 131.800

O Ativo **Operacional** Médio da Cia. ABC, em x1, seria (ver Quadro 11.1):

$$(157.100 + 131.800) \div 2 = \$\ 144.450$$

**f.** *Valores utilizados nas fórmulas*
Considerando que:
- o cálculo da média ponderada só é possível para quem esteja dentro da empresa e tenha acesso às informações necessárias para o seu cálculo;
- o uso do Ativo Operacional (sem os investimentos e outros valores não aplicados nas atividades) teria de ser compatibilizado — no cálculo dos índices de rentabilidade — com o lucro operacional (que, por sua vez, teria de ser redefinido e recalculado).

Resolvemos optar pelo cálculo baseado no total do Ativo (média aritmética simples), para efeito de facilidade e uniformidade; muito embora reconhecendo procedentes os argumentos que justificam a adoção do **Ativo Operacional Médio Ponderado** como base de cálculo.

## 14.1.2 Rotação do Ativo Permanente

Mede a produtividade ou a eficiência da utilização dos valores investidos em caráter permanente:

$$\frac{\text{Receita Líquida}}{\text{Permanente (médio)}}$$

$$20x1 \rightarrow \frac{300.000}{(50.900 + 31.800) \div 2} = \frac{300.000}{41.350} = 7,25 \text{ vezes}$$

$$20x0 \rightarrow \frac{200.000}{(31.800 + 26.200^{[5]}) \div 2} = \frac{200.000}{29.000} = 6,9 \text{ vezes}$$

[5] Dado extraído do balanço anterior a x0 ou fornecido pela empresa.

Vemos que cada real aplicado no Ativo Permanente (Ativo Fixo) da ABC produziu pouco mais de $ 7 de faturamento. Houve mudança inexpressiva em relação ao ano anterior.

O valor numérico desse índice vai depender do tipo de atividade da empresa e da sua maior ou menor necessidade de aplicação no Ativo Fixo.

Para o mesmo nível de faturamento, quanto maior o valor do Permanente, menor será o valor numérico desse índice, ou seja, menor será a produtividade dos valores aplicados no Ativo Fixo (e vice-versa).

### 14.1.3 Rotação do Imobilizado + Intangível

Dentro do *Permanente*, passamos a considerar apenas os subgrupos *Imobilizado* e *Intangível*, com o objetivo de medir a capacidade de geração de receitas dos valores diretamente ligados às atividades industriais ou mercantis da empresa:

$$\frac{\text{Receita Líquida}}{\text{Imobilizado + Intangível (médio)}}$$

$$20\text{X}1 \rightarrow \frac{300.000}{(34.700 + 21.500) \div 2} = \frac{300.000}{28.100} = 10{,}68 \text{ vezes}$$

$$20\text{X}0 \rightarrow \frac{200.000}{(21.500 + 18.500^6) \div 2} = \frac{200.000}{20.000} = 10 \text{ vezes}$$

Assim, observamos que cada real aplicado nos Ativos Imobilizado e Intangível (em bens e direitos de uso) produziu $ 10,68 de vendas (ou de Receita Líquida).

Esse índice é mais expressivo do que o da seção anterior, porque não leva em consideração valores que, na realidade, não estão sendo aplicados nas atividades da empresa ( como as participações em coligadas e controladas e os bens destinados à renda).

---

[6] Dado extraído do balanço anterior a x0 ou fornecido pela empresa.

## 14.2 Prazo médio de rotação dos estoques

### 14.2.1 Estoque médio

**a.** *Dados da ABC*

A ABC forneceu os seguintes números relativos aos saldos mensais dos estoques nos dois últimos exercícios (x0 e x1):

**Quadro 14.1** DADOS FORNECIDOS PELA CIA. ABC RELATIVOS AOS SALDOS MENSAIS DA CONTA "ESTOQUES"

| 20X1 | | | | 20X0 | | | |
|---|---|---|---|---|---|---|---|
| mês | Saldo | mês | Saldo | mês | Saldo | mês | Saldo |
| Janeiro | 80.200 | Julho | 55.120 | Janeiro | 50.770 | Julho | 64.650 |
| Fevereiro | 70.600 | Agosto | 51.400 | Fevereiro | 53.330 | Agosto | 60.000 |
| Março | 66.600 | Setembro | 60.020 | Março | 53.500 | Setembro | 76.180 |
| Abril | 60.220 | Outubro | 59.140 | Abril | 66.480 | Outubro | 73.960 |
| Maio | 54.220 | Novembro | 65.760 | Maio | 68.640 | Novembro | 66.630 |
| Junho | 56.820 | Dezembro | 70.000 | Junho | 65.690 | Dezembro | 80.000 |
| | | Σ 20X1 | 750.100 | | | Σ 20X0 | 779.830 |
| | | média | 62.508 | | | média | 64.986 |
| Obs. • saldo final da conta Estoques no balanço anterior a X0: $ 65.620 | | | | | | | |

**b.** *Estoque usado no cálculo*

O "ponto crítico" para a correta apuração do prazo de rotação dos estoques é o da determinação do **estoque médio**.

O **estoque final** só é válido para ser usado como denominador da fórmula se o nível de estocagem se manteve permanentemente estável durante o período.

A **média** apurada em função do **estoque inicial** (31 de dezembro de x0) **e final** (31 de dezembro de x1) só será aproveitável se corresponder ao valor médio mantido durante todo o período.

Se a empresa não tiver um controle de estoques que lhe permita, a qualquer momento, levantar o valor médio do estoque, a alternativa mais correta para o analista será solicitar os **saldos mensais dos estoques** (ver Quadro 14.1) e, por esses dados, calcular um **valor médio**, que, aí sim, será mais aproximado do nível médio de estoques mantido durante todo o período.

## 14.2.2 **Giro dos estoques**

**a.** *Número de vezes*

$$\frac{\text{Custo da Receita Líquida}[7]}{\text{Estoque (médio)}[8]}$$

$$20x1 \quad \rightarrow \quad \frac{210.000}{62.508} \quad = 3,359 \text{ vezes}$$

$$20x0 \quad \rightarrow \quad \frac{146.000}{64.986} \quad = 2,247 \text{ vezes}$$

Mostra o número de vezes que as mercadorias entraram e saíram das prateleiras durante o exercício.

Na ABC, podemos dizer que os estoques giraram pouco mais que 3 vezes durante o último período, ou seja, a mercadoria foi comprada e, depois de certo tempo, foi vendida; esse processo se repetiu 3 vezes durante o ano de x1. O giro dos estoques aumentou substancialmente de x0 para x1 (de 2,247 para 3,359 vezes).

**b.** *Número de dias*

O resultado anterior (número de vezes) deve ser transformado em número de dias, por meio do seguinte cálculo:

$$\frac{360}{\text{número de vezes}}$$

$$\frac{360}{3,359} \quad = 107 \text{ dias}$$

$$\frac{360}{2,247} \quad = 160 \text{ dias}$$

---

[7] Normalmente, em quase todos os índices de rotatividade usa-se o valor da Receita Líquida (vendas), mas acontece que esse valor não pode ser comparado com o valor do estoque, porque esses valores são heterogêneos. O estoque está contabilizado apenas pelo valor de custo, enquanto as vendas estão contabilizadas pelo valor de custo + Lucro Bruto.

[8] Média dos últimos doze meses (ver Quadro 14.1).

Mostra o número de dias que decorreram entre a compra da mercadoria e a venda.

Na ABC, as mercadorias levaram, em média, 107 dias para ser vendidas, ou seja, ficaram em média 107 dias paradas nas prateleiras, ou, em outras palavras, da data da compra da mercadoria até a data da venda decorreu, em média, um prazo de 107 dias.

Em relação a x0 esse prazo melhorou muito, de 160 dias para 107 dias.

**c.** *Fórmula única*

Para não trabalharmos com duas divisões sucessivas (que podem trazer problemas de arredondamento), podemos inverter a posição dos elementos da última fórmula, obtendo:

$$\frac{360 \times \text{estoque médio}}{\text{custo da Receita Líquida}}$$

$$20x1 \quad \rightarrow \quad \frac{360 \times 62.508}{210.000} = 107 \text{ dias}$$

$$20x0 \quad \rightarrow \quad \frac{360 \times 64.986}{146.000} = 160 \text{ dias}$$

Como vemos, os resultados são os mesmos apurados por meio das fórmulas dos itens "a" e "c".

Didaticamente, por ser mais inteligível o raciocínio, preferimos adotar o método desdobrado, calculando, primeiro, o número de vezes para, depois, calcular o número de dias.

**d.** *Risco de interpretações equivocadas*

Se tivéssemos usado a fórmula mais "badalada" de apuração do estoque médio: [(estoque final + estoque inicial) ÷ 2]; teríamos apurado — em vez de 107 dias — um resultado de 129 dias, com uma margem de erro de 22 dias.

- estoque médio = (70.000 + 80.000) ÷ 2 = 75.000

# ÍNDICES DE ROTATIVIDADE

$$\bullet\ 20x1 \quad \rightarrow \quad \frac{360 \times 75.000}{210.000} \quad = 129\ dias$$

Se tivesse sido usado apenas o estoque final (de x1), teríamos:

$$\bullet\ 20x1 \quad \rightarrow \quad \frac{360 \times 70.000}{210.000} \quad = 120\ dias$$

Como vemos, esse resultado (120 dias) é quase idêntico ao calculado pela média do saldo final dos dois balanços (129), mas ambos bem diferentes dos 107 dias apurados pela média dos saldos mensais.

Ora, a conclusão é que, se não pudermos obter os dados mensais para calcular a média mensal e tivermos de utilizar o saldo final ou a média calculada pelos saldos finais e iniciais, corremos o risco de passar ao administrador, ao empresário, ao financiador ou ao investidor uma informação, na maioria dos casos, incorreta e, o que é pior, podendo induzi-los a decisões comprometedoras e irremediáveis.

Até mesmo a utilização da média dos saldos mensais também merece sérios reparos por dois motivos:

- Certas firmas comercializam produtos que não têm movimento uniforme durante todo o ano; é o caso das empresas que vendem produtos sazonais. Nesses casos, em determinadas épocas do ano o estoque é altíssimo e, em outras, é quase inexistente.
- Mesmo que a venda seja distribuída uniformemente durante o ano, a estocagem dentro de um mês pode ser maior em determinados períodos do que em outros; pode, então, acontecer que o estoque do final do mês não reflita o estoque médio disponível durante o período.

Entretanto, se a empresa não tiver um controle diário de entradas e saídas dos estoques (ou se essa informação não for passada ao analista) e, também, não for possível trabalhar com os saldos mensais, não restará outra alternativa senão utilizar os valores iniciais e finais e "torcer" para que sua média esteja o mais próximo possível da realidade.

DEMONSTRAÇÕES CONTÁBEIS

# 14.3 Prazo médio de recebimento de vendas

## 14.3.1 Dados imprescindíveis

Atendendo solicitação do analista, a Cia. ABC forneceu os seguintes dados (Quadro 14.4), necessários para a determinação do prazo médio de recebimento de vendas:

**Quadro 14.2** DADOS FORNECIDOS PELA CIA. ABC RELATIVOS A "VENDAS + IMPOSTOS", "VENDAS A PRAZO" E "DUPLICATAS A RECEBER".

| MÊS/ANO | 20X1 | | | 20X0 | | |
|---|---|---|---|---|---|---|
| | VENDAS + IMPOSTOS | VENDAS A PRAZO (40 %) | DUPLICATAS A RECEBER (120 DIAS) | VENDAS + IMPOSTOS | VENDAS A PRAZO (40 %) | DUPLICATAS A RECEBER (60 DIAS) |
| Janeiro | 12.170 | 4.870 | 14.870 | 19.520 | 7.810 | 7.810 |
| Fevereiro | 34.070 | 13.630 | 18.500 | 26.840 | 10.740 | 18.550 |
| Março | 24.330 | 9.730 | 28.230 | 17.080 | 6.840 | 17.580 |
| Abril | 28.470 | 11.390 | 39.620 | 12.200 | 4.880 | 11.720 |
| Maio | 36.500 | 14.600 | 49.350 | 24.400 | 9.760 | 14.640 |
| Junho | 51.100 | 20.440 | 56.160 | 25.980 | 10.390 | 20.150 |
| Julho | 55.960 | 22.380 | 68.810 | 24.400 | 9.760 | 20.150 |
| Agosto | 39.150 | 15.660 | 73.080 | 21.960 | 8.780 | 18.540 |
| Setembro | 19.425 | 7.770 (a) | 66.250 | 10.810 | 4.320 | 13.100 |
| Outubro | 19.425 | 7.770 (a) | 53.580 | 10.810 | 4.320 | 12.440 |
| Novembro | 11.100 | 4.440 (a) | 40.080 | 35.000 | 14.000 (b) | 18.320 |
| Dezembro | 33.300 | 13.320 (a) | 33.300 (48 dias) 40% de 120 | 15.000 | 6.000 (b) | 20.000 (b) (24 dias) 40% de 60 |
| Σ | 365.000 | 146.000 | 541.830 | 244.000 | 97.600 | 193.000 |
| média | 30.416 | 12.167 | **45.152** | 20.333 | 8.133 | **16.083** |

Obs. No ano anterior a X0:
• saldo final da conta Duplicatas a Receber = $ 14.200
(a) comparação do saldo de "Duplicatas a Receber" com as "Vendas a prazo" que geraram esse crédito da empresa (ver Seção 14.3.3) em 20X1;
(b) idem, em 20X0.

## 14.3.2 Método dos prazos médios

**a.** *Receita Líquida Ajustada*

266

### a.1 *Receita Líquida ou Receita Bruta?*

Há divergências quanto a que tipo de "receita" deva ser utilizado no cálculo do Prazo de Recebimento: Receita Líquida ou Bruta?

É evidente que a Receita Bruta deve ser descartada, pois é um valor fictício, que não corresponde à receita efetiva ou real do período, pois contém vendas que não foram concretizadas, total ou parcialmente, por devoluções, cancelamentos ou abatimentos.

### a.2 *Faturamento total ou Faturamento a prazo?*

Alguns autores defendem a tese de que deva ser computada somente a parcela das vendas a prazo, não se computando as vendas à vista. Sobre esse entendimento devemos fazer os seguintes comentários para tentar elucidar o assunto:

- A venda à vista pode ser considerada uma venda a prazo, só que com prazo de "zero" dias.
- O resultado obtido computando-se somente as vendas a prazo carece de qualquer significado prático.
- Uma firma ("A") que vende somente 10% a prazo e concede, nessas vendas, 80 dias a seus clientes, vai aparecer com um prazo de recebimento de 80 dias, que não significará nada de alarmante, pois 90% de suas vendas são à vista. Se computarmos todas as vendas (100%), veremos que a média ponderada será de apenas 8 dias, que é, realmente, o tempo médio que a empresa leva para receber o produto de suas vendas.
- Em compensação, outra firma ("B") que concede apenas 30 dias aos seus clientes, mas vende 90% a prazo e apenas 10% à vista, vai ter um prazo de recebimento de 30 dias. Se tivéssemos considerado todas as vendas, o prazo médio seria de 27 dias.
- Ora, se formos considerar somente as vendas a prazo, chegaremos à absurda conclusão de que a firma A demora mais tempo para receber o produto de suas vendas do que a firma B (quando, na realidade, ocorre justamente o contrário).
- Só há uma maneira de se trabalhar com as vendas a prazo: (1) fazer o cálculo sem considerar as vendas à vista e (2) aplicar sobre o resultado

o percentual de vendas a prazo. Na firma A teríamos: 80 dias × 10% = 8 dias. Na firma B teríamos: 30 dias × 90% = 27 dias.

- Ora, como esses são os mesmos resultados obtidos com a utilização das vendas totais, não vemos o porquê da complicação, ainda mais quando sabemos das dificuldades de se obter a discriminação das vendas a prazo e o percentual delas.

a.3 *Base para o cálculo*

Finalmente devemos lembrar que no total das Duplicatas a Receber não está incluída somente a *Receita Líquida*. Estão incluídos, também, os *impostos incidentes sobre o faturamento.*Nessas condições, para homogeneizar a comparação, teremos de proceder ao seguinte ajuste:

Receita Líquida + Impostos faturados = Receita Líquida Ajustada

**b.** *Média de Duplicatas a Receber*

Da mesma forma que no cálculo do prazo de rotação dos estoques, podemos trabalhar:

- com o valor médio mensal da conta Duplicatas a Receber (ver Quadro 14.2);
- com a média dos saldos dos dois últimos balanços;
- com o valor que consta no último balanço.

Qualquer que seja a nossa escolha, estaremos sempre correndo o risco de apurar resultados completamente divorciados da realidade (conforme iremos comentar oportunamente).

**c.** *Recebimento das vendas*

c.1 *Número de vezes*

$$\frac{\text{Receita Líquida + Impostos}}{\text{Duplicatas a Receber (média)*}}$$

*(\*) Calculada pelos saldos mensais da conta (ver Quadro 14.2)*

$$20x1 \quad \rightarrow \quad \frac{300.000 + 65.000}{45.152} \quad = 8,0838 \text{ x}$$

$$20x0 \quad \rightarrow \quad \frac{200.000 + 44.000}{16.083} \quad = 15,171 \text{ x}$$

Indica o número de vezes, em média, que a empresa vendeu a prazo para cada um de seus clientes. O cliente comprou a mercadoria, esperou algum tempo e pagou-a. Essa rotina repetiu-se, em média, cerca de 8 vezes durante o período de x1 e cerca de 15 vezes durante o período de x0.

### c.2 *Número de dias*

O resultado anterior (número de vezes) deve ser transformado em número de dias, por meio do seguinte cálculo:

$$\frac{\mathbf{360}}{\textbf{número de vezes}}$$

$$20x1 \quad \rightarrow \quad \frac{360}{8,0838} \quad = 45 \text{ dias}$$

$$20x0 \quad \rightarrow \quad \frac{360}{15,171} \quad = 24 \text{ dias}$$

Esse cálculo mostra o número de dias que decorreram entre a venda da mercadoria e o recebimento do valor correspondente.

Na ABC, é de 45 dias o prazo decorrido entre a venda e o recebimento — em outras palavras, a ABC concede, em média, 45 dias para os seus clientes pagarem o valor da mercadoria adquirida. O prazo, no ano anterior, era bem menor (24 dias).

### c.3 *Fórmula única*

Da mesma forma que no cálculo do prazo de rotação dos estoques, podemos trabalhar com uma fórmula única, que é, na realidade, a fusão das duas anteriores:

$$\frac{360 \times \text{média de Duplicatas a receber}}{\text{Receita líquida} + \text{impostos}}$$

$$20\text{X}1 \quad \rightarrow \quad \frac{360 \times 45.152}{300.000 + 65.000} = 45 \text{ dias}$$

$$20\text{X}0 \quad \rightarrow \quad \frac{360 \times 16.083}{200.000 + 44.000} = 24 \text{ dias}$$

c.4  *Outras fórmulas*

Se tivéssemos usado a fórmula mais "badalada" de apuração da média de "Duplicatas a Receber": [(saldo final + saldo inicial) ÷ 2], teríamos apurado:

- média de duplicatas a receber = (33.300 + 20.000) ÷ 2 = 26.650

$$20\text{X}1 \quad \rightarrow \quad \frac{360 \times 26.650}{365.000} = 26 \text{ dias}$$

- média de duplicatas a receber = (20.000 + 14.200) ÷ 2 = 17.100

$$20\text{X}0 \quad \rightarrow \quad \frac{360 \times 17.100}{244.000} = 25 \text{ dias}$$

Se tivesse sido usado apenas o saldo final (de x1), teríamos:

$$20\text{X}1 \quad \rightarrow \quad \frac{360 \times 33.300}{365.000} = 33 \text{ dias}$$

$$20\text{X}1 \quad \rightarrow \quad \frac{360 \times 20.000}{244.000} = 30 \text{ dias}$$

## 14.3.3 **Método da soma retroativa**

**a.**  Soma retroativa do total das vendas

Seguindo o princípio de que o valor dos débitos de clientes refere-se, normalmente, às vendas efetuadas no final do exercício, partiríamos do

# ÍNDICES DE ROTATIVIDADE

faturamento de dezembro e somaríamos, retroativamente, até atingir o montante da conta Duplicatas a Receber.

Na ABC, em x1, teríamos:

- Saldo de Duplicatas a Receber em 31/12/x1. $ 33.300
- (–) Valor das vendas em dezembro/x1 . . . . . . . $ 33.300 → **(30 dias)**
- Sobra de Duplicatas a Receber. . . . . . . . . . . $    zero

Conclui-se, então, que o prazo de recebimento das vendas foi de **30 dias.** Na ABC, em x0, teríamos:

- Saldo de Duplicatas a Receber em 31/12/x0 $ 20.000
- (–) Valor das vendas em dezembro/x0 . . . . . . . $ 15.000 → (30 dias)
- Sobra de Duplicatas a Receber. . . . . . . . . . . $ 5.000

Como o valor das vendas de novembro (35.000) é maior do que a sobra (5.000), teremos que apurar o percentual que representa $ 5.000 em relação aos $ 35.000:

- 5.000 x 100 ÷ 35.000 = 14,29%
- 14,29% de 30 dias = 4 dias
- Somando os períodos, teríamos: 30 dias + 4 dias = **34 dias**

Como vemos, estes resultados (de 30 dias para x1 e 34 dias para x0) estão longe do prazo real praticado pela ABC, que é, como podemos deduzir no Quadro 14.2 e no Item b desta seção, de **48 dias** em x1 e de **24 dias** em x0.

Aliás, o presente método só se aproxima da realidade quando:

- as vendas dos últimos meses representativos do saldo de Duplicatas a Receber forem semelhantes;
- todas as vendas realizadas (ou quase a totalidade delas) tenham sido a prazo.

Se essas condições não ocorrerem, a única alternativa é recorrer, se possível, ao cálculo ditado pelas regras do item seguinte.

DEMONSTRAÇÕES CONTÁBEIS

**b.** *Soma retroativa das vendas a prazo (ajustada)*
Este método é mais realista do que o anterior, porque leva em consideração apenas as vendas a prazo do final do ano, raciocinando que são as vendas a prazo e não as vendas totais que determinam o montante das Duplicatas a Receber.

Seguindo o princípio de que o valor dos débitos de clientes refere-se, normalmente, às vendas **a prazo** efetuadas no final do exercício, partiríamos do faturamento a prazo de dezembro (colunas 3 e 6 do Quadro 14.2) e somaríamos, retroativamente, até atingir o montante da conta Duplicatas a Receber (colunas 4 e 7 do Quadro 14.2, letras "a" e "b").

Após obter o prazo (em dias) resultante desse somatório, aplicamos sobre esse número o percentual representativo das vendas a prazo.

Na ABC, teríamos em x1:

- Saldo de Duplicatas a Receber em 31/12/x1 ... $ 33.300
- Valor das vendas a prazo em dezembro/x1.... $ 13.320 → (30 dias)
  Valor das vendas a prazo em novembro/x1... $ 4.440 → (30 dias)
  Valor das vendas a prazo em outubro/x1...... $ 7.770 → (30 dias)
  Valor das vendas a prazo em setembro/x1.... $ 7.770 → (30 dias)
  $ 33.300 → (120 dias)

Aplicando-se ao resultado de 120 dias a percentagem das vendas a prazo (40%):

- 40% de 120 dias = **48 dias**

Agora sim, encontramos um método que nos dá, exatamente, o prazo real de recebimento de vendas praticado pela ABC, que também é, como podemos deduzir pela letra "a" do Quadro 14.2, de **48 dias**.

Situação da ABC em x0:

- Saldo de Duplicatas a Receber em 31/12/x0 .. $ 20.000
- Valor das vendas a prazo em dezembro/x1.... $ 6.000 → (30 dias)
  Valor das vendas a prazo em novembro/x1... $ 14.000 → (30 dias)
  $ 20.000 → (60 dias)
- 60 dias x 40% = **24 dias**

Infelizmente, as dificuldades em relação à aplicação desse método — que é um dos que apresentam resultados confiáveis — são ainda maiores do que as apresentadas pelo método c.1, pois teremos de ter a relação, mês a mês, das vendas totais e, também, das vendas a prazo.

Além disso, esse método perde a eficácia quando a empresa não tem uma política definida de vendas a prazo, variando sensivelmente os prazos de uma venda para outra ou de um cliente para outro.

## 14.3.4 Resumo dos resultados

A aplicação desses vários métodos resultou na obtenção de resultados divergentes:

| MÉTODO ADOTADO | 20X1 | 20X0 |
|---|---|---|
| Método da média dos saldos dos doze meses | 45 dias | 24 dias |
| Método da média entre os saldos finais dos balanços | 26 dias | 25 dias |
| Método do saldo final | 33 dias | 30 dias |
| Método da soma regressiva – vendas totais | 30 dias | 34 dias |
| Método da soma regressiva – vendas a prazo | 48 dias | 24 dias |
| Prazo real praticado pela empresa (Quadro 14.2) | 48 dias | 24 dias |

Ao que parece, o método de quociente que toma como média os saldos dos doze meses do ano e o método da soma regressiva das vendas a prazo são os que mais se aproximam da realidade.

Deve-se ponderar que os números dessa comparação não significam que sempre haverá divergências entre os resultados obtidos. Quando os valores mensais das vendas e os saldos mensais de Duplicatas a Receber são semelhantes, os resultados também serão semelhantes, qualquer que seja o método empregado. No caso do método da soma regressiva, quando todas as vendas forem a prazo e todos os prazos forem iguais, a variante de cálculo pelas vendas totais apresentará o mesmo resultado que a das vendas a prazo (já que o percentual de vendas a prazo é 100%).

Com outros valores, os resultados seriam totalmente diferentes e as discrepâncias dos números obtidos pela aplicação de cada método em relação à realidade poderiam variar de forma discreta ou alarmante. O fato de o cálculo por determinado método ter se aproximado do real pode ter sido mero acaso, válido apenas para aquela combinação de dados.

DEMONSTRAÇÕES CONTÁBEIS

# 14.4 Retorno do Ativo Circulante

### 14.4.1 Ativo Circulante

O Ativo Circulante (ou o giro dos negócios) é composto basicamente por:

- disponibilidades monetárias (caixa e bancos);
- estoques;
- créditos junto a clientes.

### 14.4.2 Ciclo operacional → Prazo do giro dos negócios

Considerando que as disponibilidades monetárias não têm, obviamente, prazo de retorno, a demora na volta (sob a forma de moeda) dos valores aplicados no giro dos negócios vai depender, exclusivamente, dos prazos de **rotação dos estoques** e de **recebimento das vendas.**

> retorno do Ativo Circulante (ciclo operacional) =
> prazo de rotação dos estoques +
> prazo de recebimento de vendas

**Quadro 14.3** PRAZO DO GIRO DOS NEGÓCIOS DA CIA. ABC.

| Compra ↓ | Vende ↓ | Recebe ↓ |
|---|---|---|
| 107 dias[9] | | 45 dias[10] |
| Rotação dos estoques | | Recebimento das vendas |
| 152 dias | | |
| Prazo de retorno do Ativo Circulante = Ciclo operacional | | |

Nota-se, neste caso, que a empresa ABC tem um prazo de rotação de estoques de 107 dias e um prazo médio de recebimento de vendas de 45

[9] Ver Seção 14.2.2.b.
[10] Ver Seção 14.3.2.c.2.

dias. Em conclusão, o ciclo operacional é de 152 dias (107 + 45), ou seja, leva cerca de 5 meses para receber de volta os valores aplicados no Ativo Circulante e, assim, ficar em condições de reaplicá-los, iniciando um novo giro. Os prazos de rotação de estoques e de recebimento de vendas (Receita Líquida) são, portanto, complementares e, quase sempre, devem ser analisados em conjunto.

# 14.5 **Prazo médio de pagamento das compras**

## 14.5.1 **Cálculo das compras**

Como o valor das compras não aparece nos demonstrativos de final de ano, temos duas maneiras de obter esse dado:

- solicitando-o diretamente à empresa (ver Quadro 14.4);
- no caso de uma empresa mercantil[11] (Cia. ABC em x1), calculando-o da seguinte forma:

> **Compras = Custo das vendas + variação dos estoques**
> = 210.000 + (-10.000) = 210.000 - 10.000 =
> **$ 200.000**
> **Compras = CMV + estoque final - estoque inicial**
> = 210.000 + 70.000 - 80.000 = **$ 200.000**

Em x0 (na ABC — Quadro 12.3), teríamos:

> = 146.000 + 80.000 - 65.620 = **$ 160.380**

---

[11] Esse raciocínio não é válido para empresas industriais, em que o CMV não é formado somente pelo valor de compra da matéria-prima, incluindo, também, todas as despesas diretamente relacionadas com o processo de produção, como salário dos operários, depreciação da maquinaria e aluguel do local da fábrica.

DEMONSTRAÇÕES CONTÁBEIS

**Quadro 14.4** DADOS FORNECIDOS PELA CIA. ABC RELATIVOS A "COMPRAS", "COMPRAS A PRAZO" E "DUPLICATAS A PAGAR"

| MÊS/ANO | 20X1 | | | 20X0 | | |
|---|---|---|---|---|---|---|
| | COMPRAS | COMPRAS A PRAZO (100 %) | DUPLICATAS A PAGAR (90 DIAS) | COMPRAS | COMPRAS A PRAZO (100 %) | DUPLICATAS A PAGAR (90 DIAS) |
| Janeiro | 7.200 | 7.200 | 42.000 | 2.000 | 2.000 | 17.000 |
| Fevereiro | 10.000 | 10.000 | 39.200 | 18.000 | 18.000 | 20.000 |
| Março | 10.000 | 10.000 | 27.200 | 10.000 | 10.000 | 30.000 |
| Abril | 10.000 | 10.000 | 30.000 | 20.000 | 20.000 | 48.000 |
| Maio | 15.000 | 15.000 | 35.000 | 16.200 | 16.200 | 46.200 |
| Junho | 32.000 | 32.000 | 57.000 | 12.000 | 12.000 | 48.200 |
| Julho | 30.500 | 30.500 | 77.500 | 13.000 | 13.000 | 41.200 |
| Agosto | 18.800 | 18.800 | 81.300 | 7.980 | 7.980 | 32.980 |
| Setembro | 19.800 | 19.800 | 69.100 | 22.400 | 22.400 | 43.380 |
| Outubro | 10.300 | 10.300 (c) | 48.900 | 4.000 | 4.000 (d) | 34.380 |
| Novembro | 13.000 | 13.000 (c) | 43.100 | 12.800 | 12.800 (d) | 39.200 |
| Dezembro | 23.400 | 23.400 (c) | 46.700 (c) (90 dias) | 22.000 | 22.000 (d) | 38.800 (d) (90 dias) |
| Σ 20x1 | 200.000 | 200.000 | 597.000 | 160.380 | 160.380 | 439.340 |
| média | 16.667 | 16.667 | 49.750 | 13.365 | 13.365 | 36.612 |
| Obs. Saldo final da conta Duplicatas a Pagar no balanço anterior a X0: $ 22.000 | | | | | | |

## 14.5.2 **Método das médias**

**a.** *Pagamento das compras (número de vezes)*

$$\frac{\text{Compras[12]}}{\text{Duplicatas a pagar (média)[13]}}$$

$$20x1 \rightarrow \frac{200.000}{49.750} = 4,02 \text{ vezes}$$

$$20x0 \rightarrow \frac{160.380}{36.612} = 4,38 \text{ vezes}$$

Indica o número de vezes, em média, que a empresa comprou a prazo de seus fornecedores. A ABC comprou a mercadoria, esperou algum tempo e pagou-a. Essa rotina repetiu-se, em média, 4 vezes durante o período de x1.

[12] Ver Seção 14.5.1 e Quadro 14.4.
[13] Ver Quadro 14.4.

## ÍNDICES DE ROTATIVIDADE

**b.** *Pagamento das compras (número de dias)*

O resultado anterior (número de vezes) deve ser transformado em número de dias:

$$\frac{360}{\text{número de vezes}}$$

$$20\text{X}1 \quad \rightarrow \quad \frac{360}{4,02} = 90 \text{ dias}$$

$$20\text{X}0 \quad \rightarrow \quad \frac{360}{4,38} = 82 \text{ dias}$$

Indica o número de dias que decorrem entre a compra da mercadoria e o pagamento ao fornecedor.

A empresa em pauta vem pagando suas compras, em média, 90 dias após o recebimento da mercadoria. Em outras palavras, isso indica que os fornecedores estão financiando capital de giro para essa empresa durante 90 dias. O prazo pouco variou em relação ao ano anterior (de 82 para 90 dias).

**c.** *Fórmula única*

Da mesma forma que no cálculo do prazo de rotação dos estoques e do recebimento de vendas, podemos trabalhar com uma fórmula única:

$$\frac{360 \times \text{média de Duplicatas a Pagar}}{\text{Compras}}$$

$$20\text{X}1 \quad \rightarrow \quad \frac{360 \times 49.750}{200.000} = 90 \text{ dias}$$

$$20\text{X}0 \quad \rightarrow \quad \frac{360 \times 36.612}{160.380} = 82 \text{ dias}$$

**d.** *Outras fórmulas*

Se tivéssemos usado a fórmula mais "badalada" de apuração da média de Duplicatas a Pagar: [(saldo final + saldo inicial) ÷ 2]; teríamos apurado:

- média de Duplicatas a Pagar = (46.700 + 38.800) ÷ 2 = 42.750

$$\bullet\ 20\text{X}1 \quad \rightarrow \quad \frac{360 \times 42.750}{200.000} = 77\ \text{dias}$$

- média de Duplicatas a Pagar = (38.800 + 22.000) ÷ 2 = 30.400

$$\bullet\ 20\text{X}0 \quad \rightarrow \quad \frac{360 \times 30.400}{160.380} = 68\ \text{dias}$$

Se tivesse sido usado apenas o saldo final (de x1), teríamos:

$$\bullet\ 20\text{X}1 \quad \rightarrow \quad \frac{360 \times 46.700}{200.000} = 84\ \text{dias}$$

$$\bullet\ 20\text{X}0 \quad \rightarrow \quad \frac{360 \times 38.800}{160.380} = 87\ \text{dias}$$

### 14.5.3 Resumo dos resultados

A aplicação desses vários métodos resultou na obtenção de resultados divergentes:

| MÉTODO ADOTADO: | 20X1 | 20X0 |
|---|---|---|
| Método da média dos saldos dos doze meses | 90 dias | 82 dias |
| Método da média entre os saldos finais dos balanços | 77 dias | 68 dias |
| Método do saldo final | 84 dias | 87 dias |
| Método da soma regressiva – compras a prazo (Quadro 14.4) | 90 dias | 90 dias |
| Prazo real praticado pela empresa (Quadro 14.4) | 90 dias | 90 dias |

Fora o método da soma regressiva das compras a prazo, que é, na maioria das vezes, confiável, novamente, o método que mais se aproximou da realidade foi o que apura o quociente baseado na média dos saldos dos doze meses do ano.

O fato de o método do saldo final ter se aproximado mais dos números reais do que o método da média dos dois anos não indica superioridade do primeiro sobre o segundo. Isso ocorreu porque a média dos doze meses estava mais próxima do saldo final de cada ano do que da média dos dois últimos anos. Em outras condições, poderia ter ocorrido exatamente o contrário.

## 14.5.4 **Necessidade de capital de giro → Ciclo de caixa**

Se compararmos o prazo de retorno do Ativo Circulante com o prazo concedido pelos fornecedores, vamos encontrar um dado muito importante — o número de dias durante os quais a empresa precisa de financiamento para complementar o prazo total do giro.

> Necessidade de capital de giro (ciclo de caixa) =
> prazo de rotação dos estoques (+) prazo de recebimento de vendas
> (-) prazo de pagamento das compras

**Quadro 14.5** FINANCIAMENTO COMPLEMENTAR PARA O GIRO DA CIA. ABC (CICLO DE CAIXA)

| Rotação dos estoques | Recebimento das vendas |
|---|---|
| 107 dias | 45 dias |
| 152 dias (ciclo operacional) | |
| 90 dias[14] | 62 dias |
| Pagamento das compras | Financiamento complementar (ciclo de caixa) |

A empresa necessita obter financiamentos complementares para cobrir uma defasagem de 62 dias (152 – 90). Normalmente, essa complementação é feita com capital próprio, com empréstimos bancários ou com uma combinação de ambos.

Aliás, podemos dizer que a natureza do capital escolhido pela empresa para complementar o financiamento do giro é que poderá determinar todos os problemas futuros de liquidez (situação financeira) — se a maior parte ou a quase totalidade for de capital de terceiros — e até mesmo de rentabilidade (situação econômica) — se os recursos de terceiros forem onerosos. Por outro lado, se ela utilizar, preponderantemente, capital próprio, dificilmente poderá vir a ter problemas de liquidez e de altos custos financeiros.

---

[14] Ver Seção 14.5.2.b.

| Índices de rotatividade | Fórmula | Significado | Avaliação |
|---|---|---|---|
| Rotação do investimento | Receita Líquida ÷ Ativo | • Mostra quantas vezes o Ativo girou durante o ano.<br>• Mostra quantos reais de vendas (faturamento) produz cada real aplicado no Ativo. | • Os resultados devem ser sempre bem maiores do que 1,00 para que os capitais possam ser considerados produtivos. |
| Prazo de rotação dos estoques | (360 x estoque médio) ÷ CMV ou CRL | • Mostra quantos dias os estoques ficam parados nas prateleiras.<br>• Entre a compra do estoque e a sua venda decorrem x dias. | • Deve ser analisado em conjunto com o prazo de recebimento das vendas. |
| Prazo de recebimento das vendas | (360 x média de Duplicatas a Receber) ÷ (Receita Líquida + Impostos) | • Número de dias que os clientes têm para pagar suas compras.<br>• Entre a venda da mercadoria e o recebimento decorre um prazo de x dias. | • Deve ser analisado em conjunto com o prazo de rotação dos estoques. |
| Ciclo operacional (Retorno do Ativo Circulante) | Rotação de estoques + recebimento de vendas | • Número de dias que o capital circulante demora para voltar e ser reaplicado (giro). | • Maiores prazos, maiores necessidades de financiamentos para o giro. |
| Prazo de pagamento das compras | (360 x média de Duplicatas a Pagar) ÷ Compras | • Número de dias que os fornecedores nos concedem para pagamento de nossas compras.<br>• Entre a compra e o pagamento decorre um prazo de x dias. | • Maiores prazos, maiores facilidades para pagamento aos fornecedores e menor necessidade de financiamento complementar. |
| Ciclo de caixa (Necessidade de capital de giro) | (PRE + PRV) – PPC | • Mostra quantos dias a firma necessita de financiamento para complementar o giro. | • Quanto menor o prazo (em dias), mais tranqüila será a situação da empresa. |

**CMV** = Custo da mercadoria vendida; **CRL** = Custo da Receita Líquida; **PRE** = Prazo de rotação dos estoques;
**PRV** = Prazo de recebimento de vendas; **PPC** = Prazo de pagamento de compras.

RESUMO

DEMONSTRAÇÕES CONTÁBEIS

# TESTES

**1** Faça a correlação:

**a.** Rotação do imobilizado.

**b.** Prazo de pagamento das compras.

**c.** Prazo de recebimento das vendas.

**d.** Prazo de rotação dos estoques.

**e.** Retorno do Ativo Circulante.

( ) Número de dias decorridos entre a compra e a venda da mercadoria.

( ) Número de dias decorridos entre a compra e o pagamento ao fornecedor.

( ) Número de dias decorridos entre a compra da mercadoria e o recebimento do valor correspondente.

( ) Número de dias decorridos entre a venda e o recebimento.

( ) Produtividade dos bens tangíveis necessários à manutenção das atividades.

**2** Um índice de rotação de 3,6 vezes revela que os estoques ficaram parados nas prateleiras, em média:

**a.** 3,6 anos.   **b.** 3 anos e 6 meses.   **c.** 100 dias.

**d.** 10 dias.   **e.** 36 dias.

**3** O valor mais adequado para representar os estoques na fórmula do "prazo médio de rotação dos estoques" é:

**a.** o estoque inicial.

**b.** o estoque final.

**c.** a média entre o estoque inicial e o final.

**d.** a média dos saldos mensais.

**e.** nenhum dos anteriores.

**4** O numerador da fórmula da "rotatividade do investimento" deve ser:

**a.** Receita Líquida.

**b.** Receita Bruta.

**c.** Receita Líquida + impostos.

**d.** Receita Líquida + deduções.

**e.** Receita Bruta – impostos.

**5** Assinale as afirmações verdadeiras:

( ) Os prazos de rotação dos estoques e de recebimento de vendas são complementares e devem ser ponderados em conjunto.

( ) Um índice de rotação do investimento de 1,8 revela que cada $ 1 aplicado no Ativo produziu $ 1,80 de lucro.

( ) Quanto maiores os prazos de rotação dos estoques e de recebimento de vendas, menor será a necessidade de capital para financiar o Circulante.

( ) O prazo do giro dos negócios (retorno do Circulante) é medido pelo número de dias decorridos entre a compra da mercadoria e o recebimento do valor correspondente.

( ) Numa empresa comercial, o valor das compras pode ser calculado pela soma algébrica do CMV com o valor da variação dos estoques de um período para o outro.

**6** Determinada empresa apresentava:

- Estoques (saldo final): 210
- Lucro Bruto: 350
- Estoques (saldo inicial): 160
- Passivo Total: 700
- Custo das Vendas: 1.050
- Duplicatas a Receber (saldo final): 140
- Duplicatas a Pagar (saldo final): 110
- Duplicatas a Receber (saldo inicial): 120
- Duplicatas a Pagar (saldo inicial): 70

Como não temos os saldos mensais dos estoques e das Duplicatas a Pagar e a Receber, vamos calcular as médias pelos saldos iniciais e finais.

**a.** Rotatividade do investimento: . . . . . . . . vezes.
**b.** Prazo de rotação dos estoques: . . . . . . . . .dias.
**c.** Prazo de recebimento das vendas: . . . . . .dias.
**d.** Prazo de pagamento das compras: . . . . . .dias.
**e.** Prazo do giro dos negócios: . . . . . . . . . . . .dias.
**f.** Necessidade de capital de giro: . . . . . . . . .dias.

# ÍNDICES DE ROTATIVIDADE

**7** Complete:

| | Firma A | Firma B | Firma C |
|---|---|---|---|
| • Rotação dos estoques | 60 dias | 90 dias | 30 dias |
| • Recebimento das vendas | 90 dias | 30 dias | 50 dias |
| • Pagamento das compras | 90 dias | 80 dias | 70 dias |
| • Rotação do investimento | 0,90 | 1,00 | 1,10 |

**a.** Há mais demora no prazo de retorno dos valores investidos no Ativo Circulante da firma . . . . . . . . . . .

**b.** Os estoques ficam mais tempo parados nas prateleiras da firma . . . . . .

**c.** Os fornecedores financiam uma porcentagem maior do Circulante da firma . . . . . . . . . . .

**d.** Na empresa . . . . . . . . o valor do Ativo é maior do que o valor das vendas.

**e.** Quem concede maior prazo para seus clientes é a empresa . . . . . . . . . .

**8** Dados de um encerramento de exercício:
- rotação dos estoques: 9 vezes
- prazo de recebimento das vendas: 35 dias
- prazo de pagamento das compras: 30 dias

Pelos dados apresentados, o ciclo de caixa da empresa é:

**a.** 14 dias.    **b.** 95 dias.    **c.** 5 dias.

**d.** 65 dias.    **e.** 45 dias.

**9** A firma Zeta apresentou no final do exercício:
- prazo médio de rotação dos estoques: 45 dias
- prazo médio de pagamento das compras: 30 dias
- prazo médio de recebimento das vendas: 40 dias

Afirmativa falsa:

**a.** O ciclo operacional é de 85 dias.

**b.** O ciclo financeiro é de 55 dias.

**c.** O ciclo de caixa é de 55 dias.

**d.** A necessidade de financiamento complementar é de 55 dias.

**e.** A necessidade de capital de giro é de 85 dias.

**DEMONSTRAÇÕES CONTÁBEIS**

**10** Se a firma Zeta (da Questão 9) quiser reduzir o ciclo financeiro em 10 dias, poderá fazê-lo:

**a.** aumentando o prazo médio de rotação dos estoques em 10 dias.

**b.** reduzindo o prazo médio de pagamento das compras em 10 dias.

**c.** aumentando o prazo médio de recebimento de vendas em 10 dias.

**d.** aumentando o ciclo operacional em 10 dias.

**e.** reduzindo o ciclo operacional em 10 dias.

# EXERCÍCIOS

- Com base no Balanço e na Demonstração do Resultado apresentados a seguir, calcule os índices de rotatividade:

| BALANÇO PATRIMONIAL EM 31/12/X1 | | | |
|---|---|---|---|
| **ATIVO** | | **PASSIVO** | |
| CIRCULANTE | 310 | CIRCULANTE | 205 |
| Disponibilidades | 20 | Fornecedores[3] | 110 |
| Débitos de clientes[1] | 140 | Títulos descontados | 65 |
| Matérias-primas[2] | 150 | Provisão p/Imposto de Renda | 30 |
| REALIZÁVEL A LONGO PRAZO | 70 | EXIGÍVEL A LONGO PRAZO | 150 |
| Débitos de sócios | 70 | Empréstimos a longo prazo | 150 |
| PERMANENTE | 305 | PATRIMÔNIO LÍQUIDO | 330 |
| Ações de coligadas | 70 | Capital a realizar | (25) |
| Máquinas e equipamentos | 245 | Capital registrado | 370 |
| Depreciação acumulada | (10) | Prejuízos acumulados | (15) |
| **total** | **685** | **total** | **685** |

(1) Saldo do final do ano anterior: 110.

(2) Estoque do final do ano anterior: 170.

(3) Saldo do final do ano anterior: 80.

| DEMONSTRAÇÃO DO RESULTADO DO EXERCÍCIO | |
|---|---|
| Vendas brutas | $ 3.300 |
| (–) Devoluções e abatimentos | $ 300 |
| (–) Impostos sobre vendas | $ 650 |
| = Vendas líquidas | $ 2.350 |
| (–) Custo da mercadoria vendida | $ 1.600 |
| (–) Despesas administrativas | $ 370 |
| (–) Depreciação | $ 50 |
| (–) Despesas não operacionais | $ 80 |
| (–) Prov. para Imposto de Renda | $ 30 |
| = Lucro líquido | $ 220 |

**a)** Rotatividade do investimento:

$$ \underline{\hspace{5cm}} = \underline{\hspace{4cm}} = \dots\dots\dots $$

- Cada $ 1 aplicado no ......................... produz um movimento de vendas (Receita Líquida) equivalente a $............... .

**b)** Prazo médio de rotação dos estoques:

$$\frac{360 \times \rule{3cm}{0.4pt}}{\rule{4cm}{0.4pt}} = \frac{360 \times}{\rule{4cm}{0.4pt}} = \dots\dots$$

- Os estoques ficam, em média, . . . . . . . . . . . . . . dias parados nas prateleiras.
- Entre a data da . . . . . . . . . . . . da mercadoria e a data de sua . . . . . . . . . . . decorre um prazo de . . . . . . . . . . . . dias.

**c)** Prazo médio de recebimento das vendas:

$$\frac{360 \times \rule{3cm}{0.4pt}}{\rule{4cm}{0.4pt}} = \frac{360 \times}{\rule{4cm}{0.4pt}} = \dots\dots$$

- A empresa concede, em média, . . . dias para os clientes pagarem o seu débito.
- Entre a data da . . . . . . . . . . . da mercadoria e a data do . . . . . . . . . . . do valor correspondente, decorre, em média, um prazo de . . . . . . . . . dias.

**d)** Prazo médio de pagamento das compras:

$$\frac{360 \times \rule{3cm}{0.4pt}}{\rule{4cm}{0.4pt}} = \frac{360 \times}{\rule{4cm}{0.4pt}} = \dots\dots$$

- Os fornecedores da empresa lhe concedem, em média, . . . . . . . . dias para o pagamento das compras.
- Entre a data da . . . . . . . . . . . . . . . . da mercadoria e a data do . . . . . . . . . . . . . . ao fornecedor, decorre, em média, um prazo de . . . . . . . . . . . . . . . . dias.

**e)** Retorno do Ativo Circulante (ciclo operacional):
. . . . . . . . . dias (rotação dos estoques) + . . . . . . . dias (recebimento das vendas) = . . . . . . . . dias (giro dos negócios).

- A empresa leva . . . . . . . dias para receber de volta o valor aplicado na compra de mercadorias e recomeçar um novo giro.

**f)** Financiamento complementar (ciclo de caixa):
. . . . . . . . . . dias (ciclo operacional)
(–) . . . . . . . . dias (prazo concedido pelos fornecedores)
(=) . . . . . . . . dias (necessidade de financiamento complementar = ciclo de caixa)
• Dos . . . . . dias durante os quais ela necessita de financiamentos para o giro, os fornecedores financiam . . . . . . . . dias, o que leva a empresa a recorrer a capital próprio, empréstimo bancário ou outro tipo de empréstimo para cobrir os . . . . . . . . dias restantes.

# Capítulo **15**

## ÍNDICES DE RENTABILIDADE

INTRODUÇÃO

ÍNDICES DE RENTABILIDADE

ALAVANCAGEM OPERACIONAL

PONTO DE EQUILÍBRIO

ÍNDICES DE REMUNERAÇÃO (RETORNO)

ALAVANCAGEM FINANCEIRA (PELA SUBSTITUIÇÃO DE
CAPITAL ALHEIO POR CAPITAL PRÓPRIO)

ALAVANCAGEM FINANCEIRA (PELA SEGREGAÇÃO
– NA DRE – DAS DESPESAS FINANCEIRAS)

# 15.1 Introdução

## 15.1.1 Rentabilidade e remuneração

Os índices de rentabilidade medem a capacidade de produzir lucro de todo o capital investido nos negócios (próprios e de terceiros), enquanto os de remuneração medem o ganho, ou, como o próprio nome diz, a remuneração obtida pelo capital próprio.

A *rentabilidade do capital próprio* mediria, por exemplo, o percentual de *lucro produzido* por esse tipo de capital, enquanto a *remuneração do capital próprio* mediria o percentual de *lucro recebido* pelos capitais investidos pelos proprietários.

Por que essa diferença entre o lucro produzido e o recebido pelo capital próprio?

Evidentemente, não é só o capital próprio que gera lucro. Todos os capitais aplicados — próprios e de terceiros — produzem lucro. Assim, quando falamos em *rentabilidade*, preocupamo-nos mais em apurar o percentual de *lucro produzido* pelo total dos capitais investidos no Ativo.

Entretanto, o Lucro Líquido Final do Exercício reverterá totalmente em benefício somente do capital investido pelos proprietários — capital próprio —, que é, então, *remunerado* pelo lucro produzido por ele próprio e pelo lucro produzido pelo capital de terceiros.

## 15.1.2 Conceitos de lucro

**a.** *Lucro Bruto*
Corresponde à diferença entre o total da Receita Líquida e o custo respectivo, ou seja:

**Quadro 15.1** APURAÇÃO DO LUCRO BRUTO

| |
|---|
| Receita Líquida |
| (–) custo da Receita Líquida |
| **= Lucro Bruto** |

## ÍNDICES DE RENTABILIDADE

O Lucro Bruto é a receita operacional básica de toda empresa que se dedique à venda de mercadorias e/ou à prestação de serviços.

Não serve como medida de rentabilidade, porque não é um resultado definitivo. Sofrerá alguns acréscimos e várias deduções até representar um resultado expressivo para análise.

**b.** *Lucro Operacional*

Corresponde ao Lucro Bruto deduzido das despesas operacionais — aluguéis, salários, juros etc. — e acrescido de outras receitas operacionais — receitas financeiras e rendas de participações, por exemplo.

**Quadro 15.2** APURAÇÃO DO LUCRO OPERACIONAL

| |
|---|
| Lucro Bruto<br>(-) despesas operacionais<br>(+) outras receitas operacionais<br>**= Lucro Operacional** |

É o resultado gerado pelas receitas e despesas oriundas das atividades principais e paralelas da empresa.

Mede o resultado produzido pela movimentação dos valores aplicados no Ativo e, por isso, é utilizado como base de cálculo para os índices de rentabilidade.

**c.** *Lucro Antes do Imposto de Renda*

Corresponde ao lucro efetivamente gerado durante o exercício, pois as deduções posteriores não são despesas incorridas, mas sim participação de terceiros no resultado. Seria, portanto, mais bem denominado *lucro antes das participações de terceiros*.

É o resultado gerado pelas transações operacionais — principais e acessórias — e não operacionais da empresa durante aquele determinado período.

Serve de ponto de partida para apuração do *Lucro Real* (lucro tributável) no livro de apuração prescrito pelo Imposto de Renda — LALUR.

**Quadro 15.3** APURAÇÃO DO LUCRO ANTES DO IMPOSTO DE RENDA

> Lucro Operacional
> (–) despesas não operacionais
> (+) receitas não operacionais
> **= Lucro Antes do Imposto de Renda**

**d.** *Lucro Líquido*

É o Lucro operacional, adicionado das receitas extra-operacionais (ganhos na alienação de valores do Ativo Permanente) e deduzido das despesas extra-operacionais (perdas na alienação de valores do Ativo Permanente) e das participações de terceiros no resultado, como Imposto de Renda ou pagamentos a empregados e diretores.

**Quadro 15.4** APURAÇÃO DO LUCRO LÍQUIDO

> **Lucro Operacional**
> (+) receitas não operacionais
> (–) despesas não operacionais
> (–) participações de terceiros
> **= Lucro Líquido**

É, também, a parcela do resultado positivo de que os empresários podem dispor, seja para retirar na forma de lucros distribuídos ou dividendos, seja para reforçar o Patrimônio Líquido, na forma, por exemplo, de Lucros Acumulados ou Reservas. Por esse motivo, é usado como base de cálculo dos índices que medem o ganho obtido pelos capitais dos proprietários.

**e.** LAJIR

O **LAJIR** ou **Lucro Antes dos Juros e do Imposto de Renda** corresponde ao *Lucro Operacional* sem a dedução das *despesas financeiras*, considerando que as despesas financeiras não seriam propriamente uma despesa operacional, mas sim uma remuneração do capital de terceiros. Por essa razão, muitos autores preferem utilizar o LAJIR — e não o Lucro Operacional da DRE — como base para o cálculo dos índices de rentabilidade e para o cálculo da alavancagem operacional (ver Seção 15.3).

**Quadro 15.5** APURAÇÃO DO LAJIR

| |
|---|
| Lucro Bruto |
| (–) despesas operacionais |
| (+) outras receitas operacionais |
| **= Lucro Antes dos Juros e Imposto de Renda (LAJIR)** |
| (–) despesas financeiras |
| (+/–) receitas/despesas não operacionais |
| = Lucro Antes do Imposto de Renda (LAIR) |
| (–) provisão para Imposto de Renda e Contribuição Social |
| **= Lucro Líquido** |

Como se pode deduzir, o LAJIR não aparece diretamente na Demonstração do Resultado do exercício; deve ser calculado por fora.

**f.** "EBITDA"

Significa, literalmente, "**E**arnings **B**efore **I**nterests, **T**axes, **D**epreciation and **A**mortization", ou, em português, "**L**ucro **A**ntes dos **J**uros, **I**mpostos, **D**epreciação e **A**mortização".

Seria, na realidade, o próprio conceito do LAJIR antes da dedução das despesas de depreciação, amortização e exaustão. Nesses termos, poderia ser chamado de LAJIRDA.

Corresponderia à parcela do lucro gerado pela movimentação dos recursos aplicados no Ativo, que efetivamente provocou ou provocará entrada de numerário no caixa da empresa.

Difere do fluxo de caixa operacional, no sentido de que parte da receita pode não ter sido recebida ainda e parte das compras ou das despesas pode não ter sido paga.

As grandes empresas têm dado muita importância a essa capacidade que o Lucro Operacional tem de gerar recursos monetários. A prova desse fato é que quase todas elas publicam, com seus demonstrativos contábeis, o valor do EBITDA que as suas operações sociais produziram naquele período.

DEMONSTRAÇÕES CONTÁBEIS

**Quadro 15.6** APURAÇÃO DO EBITDA E DO LAJIR

Lucro Bruto
(-) despesas operacionais
(exceto depreciação e amortização)
(+) outras receitas operacionais
**= EBITDA (LAJIRDA)**
(-) depreciação e amortização
**= LAJIR (EBIT)**
(-) despesas financeiras
**= Lucro Operacional**
(+/-) receitas/despesas não operacionais
= Lucro Antes do Imposto de Renda **(LAIR)**
(-) provisão para Imposto de Renda e Contribuição Social
**= Lucro Líquido**

No Quadro 15.7 procuramos adaptar o DRE da Cia. ABC, de forma a destacar, no próprio demonstrativo, o valor do EBITDA e do LAJIR.

**Quadro 15.7** DEMONSTRAÇÃO DO RESULTADO DO EXERCÍCIO DA CIA. ABC DESTACANDO OS VÁRIOS CONCEITOS DE LUCRO

| DEMONSTRAÇÃO DO RESULTADO DO EXERCÍCIO DA CIA. ABC | | 31/12/X1 | 31/12/X0 |
|---|---|---|---|
| RECEITA BRUTA DE VENDAS | | 395.000 | 244.000 |
| ( - ) | Devoluções, cancelamentos e abatimentos | 30.000 | - - - - - - |
| ( - ) | ICMS sobre Vendas | 65.000 | 44.000 |
| ( = ) | Receita Líquida de Vendas | 300.000 | 200.000 |
| ( - ) | Custo da Mercadoria Vendida | 210.000 | 146.000 |
| ( = ) | **Lucro Bruto** | 90.000 | 54.000 |
| ( + ) | Dividendos recebidos | 1.000 | 700 |
| ( - ) | Comissões passivas | 6.100 | 2.700 |
| ( - ) | Despesas gerais | 8.600 | 3.800 |
| ( - ) | Despesas de pessoal | 33.000 | 26.000 |
| ( = ) | **EBITDA (LAJIRDA)** | 43.300 | 18.700 |
| ( - ) | Despesas de depreciação e amortização | 6.300 | 5.100 |
| ( = ) | **LAJIR** (EBIT) | 37.000 | 22.200 |
| ( - ) | Despesas financeiras | 6.800 | 3.500 |
| ( = ) | **Lucro Operacional** | 30.200 | 13.600 |
| ( - ) | Prejuízo na venda de ações de coligadas | 6.200 | 1.000 |
| ( = ) | Lucro Antes do Imposto de Renda | 24.000 | 12.600 |
| ( - ) | Provisão para Imposto de Renda | 3.600 | 1.890 |
| ( - ) | Provisão para Contribuição Social | 1.920 | 1.010 |
| ( = ) | **Lucro Líquido** do período | 18.480 | 9.700 |
| | **Lucro Líquido por ação** | **$ 1,848** | **$ 1,763** |

# 15.2 Índices de rentabilidade

## 15.2.1 Margem de lucro

Resulta da comparação entre o Lucro Operacional[1] e o montante da Receita Líquida[2] (vendas ou serviços).

Indica qual a percentagem de lucro contida em cada unidade monetária de mercadoria vendida ou de serviço prestado e, por complemento aritmético, o custo respectivo:

$$\frac{\text{Lucro Operacional}[1] \times 100}{\text{Receita Líquida}[2]}$$

$$20\text{x}1 \quad \rightarrow \quad \frac{30.200 \times 100}{300.000} = 10,07\,\%$$

$$20\text{x}0 \quad \rightarrow \quad \frac{13.600 \times 100}{200.000} = 6,8\,\%$$

O resultado indica que, no último exercício, em cada $ 1 de vendas (ou de Receita Líquida) a empresa obteve dez centavos de lucro.

Em outras palavras, podemos dizer que o Lucro Operacional representa 10% do total do faturamento.

Como, em relação às vendas, o custo e o lucro são complementares, podemos dizer que em cada $ 1 de vendas está contido um custo total de 90 centavos.

A margem de lucro aumentou em relação ao exercício anterior de 6,8% para 10,07%.

---

[1]  Alguns autores, com argumentos plausíveis, como já comentamos, preferem utilizar o "LAJIR". Outros preferem usar o Lucro Líquido, o que, a nosso ver, é inadequado, pois engloba as despesas e receitas não operacionais, que nada têm que ver com o faturamento ou com a movimentação dos valores do Ativo da empresa.

[2]   Deve-se trabalhar com a Receita Líquida, que é a receita real e efetiva do período. A Receita Bruta não serve de base para o cálculo de qualquer índice relacionado com a rotatividade e com a rentabilidade pois nela estão contidas receitas que foram anuladas ou reduzidas por devoluções, cancelamentos e abatimentos.

DEMONSTRAÇÕES CONTÁBEIS

## 15.2.2 Rentabilidade (retorno) do investimento total

**a.** *Cálculo*

A comparação do Lucro Operacional com o montante do Ativo revela a capacidade de produzir lucro do total dos capitais aplicados pela empresa.

$$\frac{\text{Lucro Operacional} \times 100}{\text{Ativo (médio)}^3}$$

$$20x1 \quad \rightarrow \quad \frac{30.200 \times 100}{(175.100 + 144.000) \div 2} = \frac{3.020.000}{159.550} = 18,93\%$$

$$20x0 \quad \rightarrow \quad \frac{13.600 \times 100}{(144.000 + 122.000^4) \div 2} = \frac{1.360.000}{133.000} = 10,23\%$$

De acordo com os dados acima, cada unidade monetária investida na ABC produziu 19 centavos de lucro.

Em outras palavras, o total investido no Ativo da empresa produziu 19% de lucro. No ano passado, esse percentual era de pouco mais de 10%.

**b.** *Retorno sobre o investimento total* [5]

O índice do item "a" é também denominado **retorno sobre o investimento**[5], pois informa o número de anos que decorrerão até que os lucros gerados possam cobrir o capital total investido.

- 20x1 → 100% ÷ 18,93% = 5,28 ou pouco mais de cinco anos
- 20x0 → 100% ÷ 10,23% = 9,78 ou quase dez anos

A ABC levará — mantido o atual nível de rentabilidade e sem contar as possíveis reinversões de lucros — pouco mais de cinco anos para receber de volta o valor total do seu investimento. Pelo resultado operacional do ano anterior, esse período seria de cerca de dez anos.

---

[3] Permanecem válidas todas as observações feitas na Seção 14.1.1.c e "e" sobre o Ativo Médio, o Ativo Médio Ponderado e o Ativo Operacional.

[4] Dado extraído do balanço anterior a x0 ou fornecido pela empresa.

[5] Alguns autores diferenciam o "ROI" (retorno sobre o investimento) do "ROA" (retorno sobre o Ativo Operacional). No ROA, o denominador seria formado pelo chamado Ativo Operacional (excluídos os valores não aplicados na atividade principal da empresa), enquanto no ROI o denominador seria o total do Ativo.

### 15.2.3 **Margem de lucro × rotatividade**

Mais importante do que apurar a taxa de rentabilidade (retorno) do investimento é analisar os fatores determinantes desse resultado.

Nos itens anteriores, tivemos (em 20x1):

- Rentabilidade sobre o investimento......18,93%
- Margem de lucro ......................10,07%

Comparando os dois resultados, notamos que a *rentabilidade sobre o investimento* apresenta um índice **1,88** *vezes maior* que a *margem de lucro sobre as vendas*.

Voltando à Seção 14.1.1.b, vamos encontrar o seguinte índice:

- **rotatividade do investimento ......... 1,88.**

Podemos constatar que a proporção existente entre a margem de lucro e a rentabilidade sobre o investimento corresponde exatamente ao valor da rotatividade sobre o investimento.

E isso não acontece por mero acaso. Isso acontece porque a *rotatividade do investimento* é o fator que, atuando em conjunto com a *margem de lucro*, determina o nível da rentabilidade do investimento:

**Margem de lucro × Rotatividade = Rentabilidade do investimento**

Isso nos leva a concluir que a rentabilidade (retorno) do investimento (Ativo) depende basicamente de dois fatores: **margem de lucro** e **rotatividade** (ver Figura 15.1).

Na ABC, em 20x1, tivemos: 10,07 % x 1,88 = 18,93%.

Em 20x0, o resultado foi: 6,8 % x 1,504 = 10,23%

Sempre que analisarmos a *rentabilidade do investimento* deveremos ponderar, em conjunto, esses dois fatores determinantes (*margem de lucro* e *rotatividade*).

Assim, uma firma que tenha uma baixa margem de lucro — por exemplo, os postos de gasolina — pode compensar com uma alta rotatividade e gerar, para o investimento total, um lucro satisfatório.

Ao contrário, atividades que tenham rotatividade muito lenta — como o comércio de jóias — têm de compensar esse aspecto negativo com uma elevada margem de lucro.

## 15.2.4 Rentabilidade do capital próprio

**a.** *Custo do capital próprio*
O custo do capital de terceiros é sempre superior ao do capital próprio, porque ao primeiro devem ser imputadas, também, as despesas financeiras, como juros, taxas, correção monetária e correção cambial.

Não fosse essa circunstância, a rentabilidade percentual do capital próprio seria igual à do capital de terceiros e ambas, conseqüentemente, iguais à do investimento total (ver Seção 15.2.2.a).

Devemos, pois, ao calcular a rentabilidade do capital próprio, ponderar devidamente o fato de que o montante das despesas financeiras representa custo somente do capital de terceiros e, portanto, não deve afetar o cálculo do lucro produzido pelo capital próprio.

**Figura 15.1** ESQUEMA DA RENTABILIDADE (RETORNO)

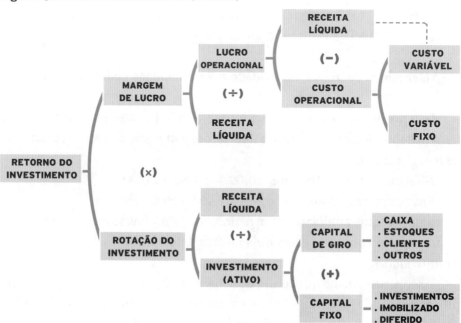

Por esse motivo, na fórmula a seguir, as despesas financeiras aparecem como elemento de correção do Lucro Operacional:

**b.** *Lucro produzido pelo capital próprio*
(Lucro Operacional + Despesas financeiras) ×
(Proporção do capital próprio no investimento)
- em x1 → (30.200 + 6.800) × 0,44 = 37.000 x 0,44[6] = \$ 16.280
- em x0 → (13.600 + 3.500) × 0,32 = 17.100 x 0,32 = \$ 5.472

**c.** *Rentabilidade do capital próprio*

$$\frac{\text{Lucro produzido pelo capital próprio} \times 100}{\text{Capital próprio}^{[6]}\text{ (médio)}}$$

$$20\text{x}1 \quad \rightarrow \quad \frac{16.280 \times 100}{(77.391 + 46.200) \div 2} = \frac{16.280 \times 100}{61.795} = 26,35\%$$

$$20\text{x}0 \quad \rightarrow \quad \frac{5.472 \times 100}{(46.200 + 38.200^{[7]}) \div 2} = \frac{5.472 \times 100}{42.200} = 12,97\%$$

Cada real de capital próprio aplicado no Ativo produz pouco mais de 26 centavos de lucro. No ano anterior, cada real de capital próprio aplicado no Ativo produzia apenas 13 centavos de lucro.

## 15.2.5 **Rentabilidade do capital alheio**[8]

**a.** *Finalidade*
Este índice é importante porque informa ao empresário se o capital de terceiros está produzindo lucro ou se, ao contrário, está com elevado custo financeiro, absorvendo total ou parcialmente o lucro produzido pelo capital próprio.

---

[6] Ver seção 13.2.2.a.
[7] Dado extraído do balanço anterior a x0 ou fornecido pela empresa.
[8] Ver seção sobre alavancagem financeira: 15.6 e 15.7.

**b.** *Lucro produzido pelo capital de terceiros*
[(Lucro Operacional + Despesas financeiras) × (Proporção do capital de terceiros)] – Despesas financeiras
- em X1 → { (30.200 + 6.800) × 0,56 } – 6.800 = $ 13.920
- em X0 → { (13.600 + 3.500) × 0,68 } – 3.500 = $ 8.128

**c.** *Cálculo*[9]

$$\frac{\text{Lucro produzido pelo capital alheio} \times 100}{\text{Capital alheio (médio)}}$$

$$20X1 \rightarrow \frac{13.920 \times 100}{(97.709 + 97.800) \div 2} = \frac{13.920 \times 100}{97.755} = 14,24\,\%$$

$$20X0 \rightarrow \frac{8.128 \times 100}{(97.800 + 83.800^{(10)}) \div 2} = \frac{8.128 \times 100}{90.800} = 8,95\,\%$$

Em x1, cada real obtido com terceiros produz um lucro de cerca de 14 centavos.

Em x0, essa proporção foi menor (quase 9 centavos).

Comparando-se esse resultado (14,24%) com o da rentabilidade do investimento total (18,93%) — ver Seção 15.2.2.a —, notamos que o capital de terceiros utilizado em x1 pela ABC ainda deixa uma razoável margem de Lucro Operacional, em virtude de seus custos financeiros serem relativamente reduzidos (ver Seções 15.6 e 15.7).

Podemos afirmar o mesmo em relação a x0, pois a rentabilidade do capital alheio (8,95%) foi pouco inferior à do total dos capitais investidos (10,23%).

**d.** *Custo do capital alheio*
Para apurarmos o custo do capital alheio basta comparar o total das despesas financeiras com o valor médio das exigibilidades (a curto e a longo prazos):

---

[9] Ver Seção 13.2.2."c" e "d".
[10] Dado extraído do balanço anterior a x0 ou fornecido pela empresa.

$$\frac{\text{Despesas financeiras} \times 100}{\text{Capital alheio (médio)}}$$

$$20\text{x}1 \rightarrow \frac{6.800 \times 100}{(97.709 + 97.800) \div 2} = \frac{680.000}{97.755} = 6,96\,\%$$

$$20\text{x}0 \rightarrow \frac{3.500 \times 100}{(97.800 + 83.800^{[11]}) \div 2} = \frac{350.000}{90.800} = 3,85\,\%$$

No último exercício, cada $ 1 de capital de terceiros utilizado pela empresa teve um custo de cerca de 7 centavos. O aumento em relação ao ano anterior foi pouco expressivo.

# 15.3 Alavancagem operacional

## 15.3.1 Custos fixos e custos variáveis

Quando se calcula a margem de lucro sobre as vendas, pode-se supor, à primeira vista, que o percentual obtido não mudaria, mesmo se o movimento de vendas aumentasse, ou seja, partiríamos da hipótese de que o Lucro Operacional variaria sempre na mesma proporção do aumento da Receita Líquida (vendas).

Essa hipótese só seria verdadeira se *todos os custos operacionais fossem variáveis*, ou, em outras palavras, se todos os custos variassem sempre na mesma proporção que a variação sofrida pela Receita Líquida.

Há certos custos, entretanto, que não acompanham — pelo menos na mesma proporção — a variação da Receita Líquida. É o caso típico da maioria das despesas administrativas, como salários, aluguéis ou juros.

---

[11] Dado extraído do balanço anterior a x0 ou fornecido pela empresa.

## 15.3.2 Aumento percentual das vendas × Aumento percentual dos lucros

Se alguns custos se mantêm relativamente fixos, um aumento percentual na Receita Líquida certamente provocará um aumento percentual menor nos custos totais, o que, evidentemente, provocará um aumento percentual maior no lucro.

Assim, se o lucro operacional crescer em proporção maior que o crescimento da Receita Líquida, é lógico que a *margem de lucro* também será maior.

No caso da ABC, teríamos, analisando a demonstração do resultado[12] e considerando apenas o *custo da mercadoria vendida* ($ 210.000) e as *comissões passivas* ($ 6.100), como **custo variável**:

- custo variável: 216.100 → 72,03 % da Receita Líquida
- custo fixo: $ 53.700 (8.600 + 33.000 + 6.800 + 6.300 - 1.000)
- Receita Líquida: $ . . . . . . 300.000
- Lucro Operacional: $ . . . 30.200
- margem de lucro: 10,067 %

Supondo um acréscimo qualquer na Receita Líquida, digamos de 15%, teríamos: $ 300.000 + $ 45.000 = $ 345.000 (+ 15% *na Receita Líquida*).

Nesse novo nível ($ 345.000), teríamos:

- custo variável (72,03 %): $ 248.500 (72,03% de $ 345.000)
- custo fixo: $ 53.700
- custo total: $ 248.500 + $ 53.700 = $ 302.200
- Lucro Operacional: $ 345.000 (–) $ 302.200 = $ 42.800
- margem de lucro: ($ 42.800 x 100) ÷ 345.000 = 12,41 %

Comparando o novo lucro ($ 42.800) com o anterior ($ 30.200), verificamos que houve um *aumento de 41,72%* → [(42.800 × 100) ÷ 30.200] = 141,72 %; 141,72 % – 100 % = 41,72%.

---

[12] Ver Quadro 5.2.

Comparando o aumento do lucro (41,72%) com o aumento estimado das vendas (15%), concluímos que o aumento do lucro foi **2,78** vezes maior: 41,72 ÷ 15 = **2,78.**

Assim, podemos dizer que, na ABC, a partir do atual nível de operações ($ 300.000), qualquer aumento percentual nas vendas provocará um aumento percentual no lucro 2,78 vezes maior.

Vamos supor que o diretor comercial da ABC está prevendo um aumento percentual nas vendas, em x2, de cerca de 35%. Mantida, em x2, a mesma estrutura de custos, o diretor financeiro (ou o analista) poderá estimar que o aumento percentual do lucro deverá atingir cerca de 97% (35% x 2,78).

A partir de determinado nível de faturamento, o fator de multiplicação obtido é válido para qualquer percentual de aumento das vendas. O valor numérico desse indicador só será alterado se o cálculo passar a tomar como base um novo montante de vendas.

Esse número de vezes que o aumento percentual do lucro é maior que o aumento percentual das vendas é que constitui a **alavancagem operacional**, também chamada simplesmente de **alavancagem** ou de **"leverage"**:

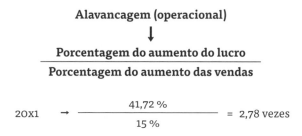

## 15.4 Ponto de equilíbrio

### 15.4.1 Conceito

Corresponde ao nível de vendas em que a empresa não tem lucro nem prejuízo. A Receita Líquida (vendas e/ou serviços) será exatamente o suficiente para cobrir os custos totais.

A partir desse nível, a empresa passa a ter lucro; abaixo desse nível, a empresa opera com prejuízo.

O ponto de equilíbrio existe, basicamente, em função do fato de alguns custos incorridos pela empresa serem fixos, ou seja, não variarem na mesma proporção do aumento das vendas.

Poderíamos afirmar que, se todos os custos fossem variáveis, a margem de lucro não seria afetada pelo aumento das vendas e não haveria ponto de equilíbrio.

Assim, na ABC, em cada unidade monetária vendida (ver Seção 15.3.2), 72 centavos correspondem ao custo variável. Os restantes 28 centavos são destinados à cobertura do custo fixo. Dessa forma, precisamos saber quantas vezes teremos de ganhar esses 28 centavos até atingir $ 53.700 (custo fixo). Basta dividir os $ 53.700 (custo fixo) pelos 28 centavos.

O ponto de equilíbrio pode ser, portanto, determinado, matematicamente, pela seguinte fórmula:

$$\text{Ponto de equilíbrio} \downarrow$$

$$\frac{\text{Custo fixo}}{1{,}00 - \text{Custo variável}}$$

$$20X1 \rightarrow \frac{53.700}{1{,}00 - 0{,}72} = \frac{53.700}{0{,}28} = \$ 191.786$$

Para que a ABC obtenha Lucro Operacional, ela precisa faturar acima de $ 191.786. Isso não é problema para essa empresa, porque seu montante de Receita Líquida atingiu, no último exercício, $ 300.000.

## 15.4.2 Margem de contribuição

**Margem de contribuição** é justamente a diferença entre o valor unitário da mercadoria vendida e o custo variável correspondente. É a sobra unitária que fica disponível para cobertura do custo fixo (1,00 – CVU[13]).

---

[13]  Esse CVU seria: custo variável por unidade monetária, representando sempre uma fração decimal de 1,00.

> Margem de contribuição = 1,00 - CVU

É **margem** porque é uma sobra; e é **de contribuição** porque contribui para a cobertura do custo fixo.

No caso da ABC, seria $ 1,00 – $ 0,72 = **$ 0,28**.

Assim, poderíamos redefinir a fórmula do *ponto de equilíbrio* em termos mais simples e intuitivos.

**Ponto de equilíbrio**

↓

$$\frac{\text{Custo fixo}}{\text{Margem de contribuição}}$$

A determinação do ponto de equilíbrio é importante no estudo da rentabilidade, pois a empresa só pode pensar em lucro sobre as vendas e, conseqüentemente, em rentabilidade do investimento, se as suas vendas superarem o ponto de equilíbrio. A ABC está tendo lucro sobre as vendas (margem de lucro) porque está operando com uma Receita Líquida de $ 300.000, bem acima do ponto de equilíbrio ($ 191.786).

Trabalhando com esses três fatores — vendas, ponto de equilíbrio e margem de contribuição —, o Lucro Líquido pode ser apurado pelo seguinte cálculo:

- (vendas – ponto de equilíbrio) × margem de contribuição
- (300.000 – 191.786) × 0,28 = 108.214 × 0,28 = $ 30.300[14] (Lucro Líquido da ABC em x1)

## 15.4.3 Margem de segurança

Quanto mais acima do ponto de equilíbrio a empresa estiver operando, maior será a sua segurança de que eventuais quedas no faturamento não levarão o resultado operacional para a zona do prejuízo.

A ABC está operando em um nível de vendas de $ 300.000, enquanto seu ponto de equilíbrio é de $ 191.786. Há, portanto, um excesso de

---

[14] Resultado aproximado por causa dos arredondamentos nos cálculos.

$ 108.214. Esse excesso, comparado com o nível operacional da empresa, nos fornece a **margem de segurança**:

margem de segurança = (excesso × 100) ÷ nível das operações

**Margem de segurança da ABC = (108.214 x 100) ÷ 300.000 = 36,07 %.**

A ABC teria de sofrer uma redução maior do que 36% das suas vendas para correr o risco de ter prejuízo operacional. É uma margem relativamente tranqüila.

O mesmo raciocínio pode ser usado para o "ponto de equilíbrio" calculado pelo número de unidades.

## 15.4.4 **Cálculo pelo número de unidades**

**a.** *Cálculo*

Supondo que a ABC tenha vendido, no ano de x1, 10 mil unidades ao preço unitário de $ 30,00, teríamos:

Receita Líquida = $ 300.000
Unidades vendidas = 10.000
Preço de venda unitário = $ 30,00
Custo variável = 72,03 % (ver Seção 15.3.2)
Custo variável unitário = 72,03 % de $ 30,00 = $ 21,60
Custo fixo = $ 53.700

**MARGEM DE CONTRIBUIÇÃO = Preço de venda unitário − Custo variável unitário**
Margem de contribuição = 30,00 − 21,60 = $ 8,40

**PONTO DE EQUILÍBRIO = Custo fixo ÷ Margem de contribuição**
Ponto de equilíbrio (em unidades) = $ 53.700 ÷ $ 8,40 = 6.393 unidades
Ponto de equilíbrio (em reais) = 6.392,857 × $ 30,00 = $ 191.786,00
(confere com o apurado na seção anterior)

**b.** *Margem de contribuição → custo fixo → lucro*

Até atingir o ponto de equilíbrio, a sobra representada pela margem de contribuição será destinada, totalmente, para cobertura do custo fixo. Como, após o ponto de equilíbrio não há mais custo fixo a cobrir, o valor total da margem de contribuição se destinará à formação do Lucro Operacional.

A ABC atingirá o seu ponto de equilíbrio quando vender 6.393 unidades. A partir desse ponto, a margem de contribuição, que já cobriu todo o custo fixo, passa a representar Lucro Operacional. Isso significa que, a partir do ponto de equilíbrio, cada unidade vendida pela ABC proporcionará um lucro de $ 8,40. Se ela tivesse vendido 12.000 unidades em vez de 10.000, o seu Lucro Líquido seria de: (12.000 – 6.393) ×8,40 = $ 47.099.

### 15.4.5 **Aumento das vendas → duplamente importante**

Já tínhamos visto, em seção anterior, que o *aumento do movimento de vendas* (ou da Receita Líquida) *aumenta a rotatividade* e, conseqüentemente, a rentabilidade do investimento total (ver Figura 15.1).

Agora, podemos dizer que o *aumento do movimento de vendas* pode provocar aumento mais que proporcional no lucro, *aumentando, também, a margem de lucro* e, por conseguinte, a rentabilidade do investimento.

Assim, concluímos que o aumento das vendas tem influência positiva nos dois fatores determinantes da rentabilidade (retorno) do investimento: *rotatividade* e *margem de lucro* (ver Figura 15.1).

Haverá aumento da rotatividade quando o aumento das vendas for maior que o eventual aumento que se fizer necessário no investimento, e haverá aumento da margem de lucro quando a empresa estiver operando acima do ponto de equilíbrio.

# 15.5 **Índices de remuneração (retorno)**

## 15.5.1 **Conceito e base de cálculo**

Como já comentamos anteriormente, os índices de *rentabilidade* medem o lucro *produzido* pelo capital (próprio e de terceiros) investido no Ativo, enquanto os índices de remuneração preocupam-se em mensurar o *lucro recebido* pelo capital próprio.

A base de cálculo dos índices de remuneração é o Lucro Líquido — apurado na demonstração do resultado —, pois é esse lucro (e não o operacional) que vai ser acrescido ao Patrimônio Líquido (na conta de Lucros Acumulados) aumentando, assim, a quantidade dos recursos aplicados pelos sócios.

### 15.5.2 Retorno do capital próprio

Mede quanto retornará de lucro ao acionista para cada unidade monetária investida na empresa.

$$\frac{\text{Lucro Líquido}[15] \times 100}{\text{Capital Próprio (média)}}$$

$$20\text{X1} \rightarrow \frac{18.480 \times 100}{(77.391 + 46.200) \div 2} = \frac{18.480 \times 100}{61.795} = 29,90\,\%$$

$$20\text{X0} \rightarrow \frac{9.700 \times 100}{(46.200 + 38.200[16]) \div 2} = \frac{9.700 \times 100}{42.200} = 22,99\,\%$$

O acionista da ABC recebe um retorno de cerca de 30 centavos para cada unidade monetária de capital próprio investido na empresa. Assim, o capital próprio na ABC levará pouco mais de três anos para retornar para os acionistas, na forma de lucro.

Em x0 essa taxa foi um pouco menor: 23%, e o tempo de retorno um pouco maior: 4 anos e 4 meses.

### 15.5.3 Retorno do capital realizado

É um indicador menos importante que o anterior, porque considera apenas o capital inicialmente trazido pelos sócios e seus acréscimos posteriores — e não os recursos totais de que eles já são proprietários na empresa (Capital + Lucros + Reservas)[17].

---

[15]  Ver Quadro 5.2.
[16]  Dado extraído do balanço anterior a x0 ou fornecido pela empresa.
[17]  Ver Quadro 11.1.

$$\frac{\text{Lucro Líquido}[15] \times 100}{\text{Capital Realizado (média)}}$$

$$20\text{x}1 \quad \rightarrow \quad \frac{18.480 \times 100}{(45.000 + 24.800) \div 2} = \frac{18.480 \times 100}{34.900} = 53\,\%$$

Na ABC, cada real de Capital Social integralizado recebe um retorno equivalente a 53 centavos.

### 15.5.4 LPA – Lucro por Ação[18]

É um índice de grande interesse dos investidores no mercado de ações e aplicável somente às sociedades anônimas cujas ações são negociáveis em Bolsa.

O **Lucro por Ação** é um quociente que compara o Lucro Líquido da Demonstração do Resultado com o número de ações emitidas pela empresa:

$$\frac{\text{Lucro Líquido}}{\text{Número de ações}}$$

$$20\text{x}1 \quad \rightarrow \quad \frac{18.480}{10.000} = \$\,1,848$$

Na ABC, cada ação proporciona (em x1) ao seu proprietário um retorno de $ 1,85.

### 15.5.5 Índice preço/lucro (P/L)

A Bolsa de Valores divulga um índice preço/lucro, que nada mais é do que um complemento do último índice comentado:

$$\frac{\text{Cotação da ação}}{\text{Lucro Líquido por ação}}$$

---

[18] Este indicador aparece no final da DRE (ver Quadro 5.2).

O **índice preço/lucro (P/L)** procura mostrar a relação existente entre a cotação da ação e o Lucro Líquido por ação, provando, assim, se a eventual valorização é real ou apenas especulativa.

Se cada ação da ABC estivesse cotada em Bolsa a $ 12,20, teríamos:

$$20x1 \rightarrow \frac{12,20}{1,848} = 6,6 \text{ vezes}$$

Esse resultado indica que o valor de cotação da ação é 6,6 vezes superior ao seu lucro unitário, ou, em outras palavras, que o Lucro Líquido que cada ação produz corresponde a pouco mais de 15% (100% ÷ 6,6) do valor a ser investido.

O mesmo resultado (P/L = 6,6) indicaria, também, que o valor investido levaria mais de seis anos para retornar ao investidor sob a forma de lucro.

Portanto, quanto mais alto for o índice P/L, menos interessante será o investimento, em termos de remuneração.

O índice P/L dará ao interessado na aquisição dessas ações uma idéia aproximada da remuneração que poderá ser obtida com o investimento planejado. Dizemos "idéia aproximada" porque serão os lucros futuros da empresa — e não os que estão sendo objeto de análise — que irão remunerar a aplicação em pauta.

Multiplicando o "P/L" pelo "LPA", obtemos o valor da cotação da ação: 6.6 x 1,848 = $ 12,20.

## 15.5.6 "Dividendo por Ação"

Apesar de o Lucro Líquido aumentar o "patrimônio líquido" ou a "riqueza" do acionista, o que chega às suas mãos é bem menos.

O que o acionista recebe como disponibilidade monetária é chamado de "dividendo", que corresponderia ao **retorno "financeiro"** do capital aplicado.

A diferença entre o "Lucro por Ação" e o "Dividendo por Ação" corresponderia, na realidade, ao Lucro Líquido retido pela empresa (não distribuído). Se todo o Lucro Líquido fosse distribuído aos acionistas (hipótese quase impossível de ocorrer), não haveria diferença alguma entre esses dois indicadores.

Comparando o dividendo total distribuído com o número de ações emitidas pela empresa, apuramos o "Dividendo por Ação":

$$\frac{\text{Dividendo total}}{\text{Número de ações}}$$

$$20X1 \quad \rightarrow \quad \frac{\$\ 4.389}{10.000} \quad = \$\ 0,44$$

# 15.6 Alavancagem financeira
## (pela substituição de capital alheio por capital próprio)

### 15.6.1 Conceito

Consiste no fato de o capital de terceiros utilizado pela empresa produzir lucro, e esse lucro aumentar (alavancar) a remuneração do capital próprio.

Analisando a *rentabilidade do capital de terceiros* (Seção 15.2.5), vimos que esses recursos produziram para a ABC um lucro de $ 13.920, que foi destinado, logicamente, para remunerar o capital próprio.

Assim, a remuneração do capital próprio ficou bem maior do que seria sem esse lucro produzido pelo capital de terceiros.

De forma geral, podemos avaliar se a utilização de capital de terceiros está alavancando os ganhos dos proprietários analisando o índice de *rentabilidade do capital de terceiros* (ver Seção 15.2.5).

Sempre que houver *lucro produzido pelo capital de terceiros*, esse lucro estará alavancando a remuneração do capital investido pelos sócios (capital próprio) e, assim, pelo menos desse aspecto, torna-se interessante a utilização desses recursos[19].

Podemos, também, avaliar esse grau de alavancagem substituindo todo o capital alheio por capital próprio e comparando o resultado com o anterior, para verificar se houve ganho ou perda para os proprietários da empresa.

---

[19]  Devemos ponderar que: (a) o lucro seria ainda maior se a empresa substituísse os recursos de terceiros por recursos próprios; (b) a utilização excessiva de capitais de terceiros pode trazer problemas de liquidez.

## 15.6.2 **Cálculo**

No caso da ABC, a remuneração do capital próprio — ver Seção 15.5.2 — foi de:

$$\frac{\textbf{Lucro Líquido} \times \textbf{100}}{\textbf{Capital próprio médio}}$$

$$20X1 \quad \rightarrow \quad \frac{18.480 \times 100}{61.795} = 29,90\%$$

Substituindo todo o capital de terceiros por capital próprio, teríamos:

- **Capital próprio médio** = 61.795 + 97.755 = 159.550 = **total do Ativo Médio**[20].
- Lucro Líquido + Despesas financeiras = 18.480 + 6.800 = 25.280.

$$\frac{\textbf{Lucro Líquido + Despesas financeiras}}{\textbf{Capital próprio médio (Ativo Médio)}}$$

$$20X1 \quad \rightarrow \quad \frac{25.280 \times 100}{159.550} = 15,84\,\%$$

Assim, podemos concluir que a utilização de capital de terceiros provocou um aumento da remuneração do capital próprio de 15,84 para 29,90:

**Grau de alavancagem financeira**
(substituição de capital alheio por capital próprio)
↓

$$\frac{\text{Resultado normal do índice de remuneração do "CP"}}{\substack{\text{Resultado do índice de remuneração do "CP" com a} \\ \text{substituição de capital alheio por capital próprio}}}$$

$$20X1 \quad \rightarrow \quad \frac{29,90}{15,84} = 1,89$$

Se a ABC não utilizasse capital alheio o retorno dos proprietários seria reduzido praticamente pela metade.

---

[20] Ver Seção 15.2.2.a.

Esse número de vezes que o retorno do capital próprio aumentou — por força da utilização de capital alheio — é o que se denomina "alavancagem financeira".

## 15.6.3 Efeito contrário no retorno sobre o investimento

Muito embora a utilização do capital de terceiros possa provocar aumento no *retorno sobre o capital próprio*, aumentando a remuneração dos proprietários, é certo que essa utilização também provoca um efeito negativo: a redução na *margem de lucro* e, conseqüentemente, no *retorno sobre o investimento*, com possíveis conseqüências graves para a evolução dos negócios da empresa. No caso da ABC, tivemos um retorno sobre o investimento médio de 18,93%.[21]

É certo que se a firma não utilizasse capital de terceiros seu lucro operacional seria maior (as despesas financeiras não teriam sido deduzidas):

$$\$\ 30.200 + \$\ 6.800 = \$\ 37.000 \rightarrow \text{Então, teríamos:}$$

$$\frac{\textbf{Lucro Operacional + Despesas financeiras} \times \textbf{100}}{\textbf{Capital próprio médio (Ativo Médio)}}$$

$$20\text{x}1 \quad \rightarrow \quad \frac{30.200 + 6.800 \times 100}{159.550} = 23,88\ \%$$

Utilizando recursos de terceiros (em vez de só utilizar capital próprio), a ABC reduziu o seu retorno sobre o investimento de 23,88% para 18,93%, diminuindo, assim, suas possibilidades de evolução futura. Em outros casos em que o capital de terceiros fosse mais expressivo ou mais oneroso, a redução poderia ser mais drástica e as conseqüências ainda mais graves.

Concluindo, devemos lembrar que não deixa de ser interessante alavancar os ganhos dos proprietários com a substituição de capital próprio por capital alheio, mas não devemos esquecer as conseqüências negativas em termos de liquidez e de retorno sobre o investimento. Estaríamos aumentando o grau de endividamento da empresa e reduzindo a sua capacidade de acumular lucros para expansão futura das suas atividades.

Na realidade, essa alavancagem não passa de uma ilusão matemática, pois o aumento do percentual de ganho não se dá pelo aumento do Lucro

[21] Ver Seção 15.2.2.a.

Líquido (numerador) mas sim pela redução do montante de capital próprio (denominador). Ora, todos nós sabemos que quanto menor o denominador maior o resultado. Chegaríamos, assim, à "surpreendente" conclusão de que, quanto menos capital próprio a empresa utilizar, maior será o retorno obtido por esses capitais.

# 15.7 Alavancagem financeira
## (pela segregação – na "DRE" – das despesas financeiras)

### 15.7.1 Conceito e cálculo

Nos livros de finanças norte-americanos, a alavancagem financeira aparece como um caso especial da alavancagem operacional.

Adaptando[22] os dados da Demonstração do Resultado do Exercício da Cia. ABC (Quadros 5.2 e 15.7), teríamos, supondo um aumento de 50% nas vendas, o Quadro 15.8:

**Quadro 15.8** ALAVANCAGENS OPERACIONAL, FINANCEIRA E TOTAL

| | | | | | |
|---|---|---|---|---|---|
| Receita de vendas | 300.000 | 450.000 | + 50 % | | |
| (−)Custos variáveis[a] | 216.100 | 324.135 | | Alavancagem operacional = 2,27 vezes [c] | |
| (−)Custos operacionais fixos[b] | 46.900 | 46.900 | | | |
| = LAJIR (v. quadro 15.7) | 37.000 | 78.965 | +113,42% | | Alavancagem total = 2,78 vezes [e] |
| (−) Despesas financeiras[b] | 6.800 | 6.800 | | Alavancagem financeira = 1,225 vezes [d] | |
| = LAIR | 30.200 | 72.165 | | | |
| (−) Imposto de Renda (18,28%) | 5.520 | 13.192 | | | |
| = LUCRO LÍQUIDO OPERACIONAL [f] | 24.680 | 58.973 | +138,95% | | |
| Quantidade de Ações | 10.000 | | | | |
| LUCRO POR AÇÃO | $ 2,47 | $ 5,90 | | | |
| MARGEM DE LUCRO | 8,23 % | 13,10% | | | |
| Ativo médio | $ 159.550 | | | | |
| RENTABILIDADE DO ATIVO | 15,46% | 36,96% | | | |

[22] Trocamos a posição das *despesas financeiras*, colocando-as depois da apuração do Lucro Operacional e, também, não consideramos no cálculo do Lucro Líquido as despesas não operacionais (prejuízo na venda de ações de coligadas).

**(a)** Considerando apenas o CMV e as "comissões passivas" como custo variável:
- Custo variável = 210.000 + 6.100 = 216.100 → 72,03 % da Receita Líquida
- 72,03% de 450.000 = $ 324.135.

**(b)** Não considerando, no cálculo dos custos fixos, as despesas financeiras:
- Custo fixo = 8.600 + 33.000 + 6.300 – 1.000 = $ 46.900.

**(c)** 113,42% ÷ 50% = 2,27.

**(d)** 138,95% ÷ 113,42 = 1,225.

**(e)** 138,95% ÷ 50% = 2,78 → confirmando: 2,27 x 1,225 = **2,78.**

**(f)** Para facilitar as comparações usamos como base dos índices de rentabilidade o "Lucro Líquido Operacional" apurado nos Quadros 15.8 a 15.10.

## 15.7.2 Outra ilusão matemática

Para provar a nossa tese de que a alavancagem financeira não traz vantagem alguma para a empresa, tratando-se apenas de ilusão matemática, vamos apresentar o Quadro 15.8 sem a dedução das despesas financeiras e vamos mostrar que a alavancagem financeira e a alavancagem total caíram, mas a margem de lucro, o LPA e a rentabilidade sobre o investimento aumentaram:

**Quadro 15.9** ALAVANCAGENS OPERACIONAL, FINANCEIRA E TOTAL, SEM AS DESPESAS FINANCEIRAS

| | | | | |
|---|---|---|---|---|
| Receita de vendas | 300.000 | 450.000 | + 50 % | |
| (-)Custos variáveis | 216.100 | 324.135 | | Alavancagem operacional = 2,27 vezes |
| (-)Custos operacionais fixos | 46.900 | 46.900 | | |
| = LAJIR e LAIR | 37.000 | 78.965 | +113,42% | |
| (-)Imposto de Renda(18,28%) | 6.764 | 14.435 | | Alavancagem financeira = 1,0 vez |
| = LUCRO LÍQUIDO OPERACIONAL | 30.236 | 64.530 | +113,42% | |
| Quantidade de Ações | 10.000 | | | |
| LUCRO POR AÇÃO | $ 3,02 | $ 6,45 | | |
| MARGEM DE LUCRO | 10,07% | 14,34% | | |
| Ativo médio | $ 159.550 | | | |
| RENTABILIDADE DO ATIVO | 18,95% | 40,45% | | |

Alavancagem total = 2,27 vezes

DEMONSTRAÇÕES CONTÁBEIS

Como podemos notar, livrando a empresa do ônus das despesas financeiras, apesar de a alavancagem financeira cair de 1,225 para 1,00 e a alavancagem total cair de 2.78 para 2,27, todos os demais indicadores de rentabilidade, na análise projetada, subiram: o lucro por ação aumentou de $ 6,05 para $ 6,62, a margem de lucro aumentou de 13,10% para 14,34% e a rentabilidade sobre o investimento aumentou de 36,96% para 40,45%.

Qual a aparente vantagem de ter uma alavancagem financeira acima da unidade, se a unitária provoca uma situação bem mais favorável em termos de rentabilidade?

Para esclarecer melhor o assunto, vamos supor, agora (Quadro 15.10), que as despesas financeiras fossem o dobro ($ 13.600). O Quadro 15.8 ficaria assim:

**Quadro 15.10** ALAVANCAGENS OPERACIONAL, FINANCEIRA E TOTAL, COM AS DESPESAS FINANCEIRAS REPRESENTANDO O DOBRO DO QUE CONSTAVAM DO QUADRO 15.8.

| Receita de vendas | 300.000 | 450.000 | + 50 % | | |
|---|---|---|---|---|---|
| (-)Custos variáveis | 216.100 | 324.135 | | Alavancagem operacional = 2,27 vezes | |
| (-)Custos operacionais fixos | 46.900 | 46.900 | | | |
| = LAJIR (v. quadro 15.7) | 37.000 | 78.965 | +113,42% | | Alavancagem total = 3,587 vezes |
| (-) Despesas financeiras | 13.600 | 13.600 | | Alavancagem financeira = 1,581 vezes | |
| = LAIR | 23.400 | 65.365 | | | |
| (-)Imposto de Renda (18,28%) | 4.278 | 11.949 | | | |
| = LUCRO LÍQUIDO OPERACIONAL | 19.122 | 53.416 | +179,34% | | |
| Quantidade de Ações | 10.000 | | | | |
| LUCRO POR AÇÃO | $ 1,91 | $ 5,34 | | | |
| MARGEM DE LUCRO | 6,37% | 11,87% | | | |
| Ativo médio | $ 159.550 | | | | |
| RENTABILIDADE DO ATIVO | 11,98% | 33,48% | | | |

Comparando os dois quadros (15.10 e 15.8), podemos notar que a alavancagem financeira e total subiram de 1,225 e 2,78 para, respectivamente, 1,581 e 3,587.

Essa constatação poderia dar a falsa impressão de que a situação da ABC se tornou mais favorável com o aumento das despesas financeiras. Ora, nada mais errôneo, já que todos os demais indicadores de rentabilidade caíram:

314

- o lucro por ação caiu de $ 5,90 para $ 5,34;
- a margem de lucro sobre as vendas caiu de 13,10% para 11,87%;
- a rentabilidade sobre o investimento caiu de 36,96% para 33,48%.

Toda essa incoerência interpretativa acontece por um motivo muito simples: a base de todo aumento percentual é o lucro. Ora, quanto menor for o lucro, qualquer aumento (mesmo se pouco significativo) apresentará, em termos relativos (ou de número de vezes ou de percentuais), um acréscimo muito expressivo. O contrário ocorre com os lucros mais elevados, quando aumentos realmente muito significativos terão, matematicamente, resultados pouco expressivos. A matemática faz com que um reduzido lucro de $ 2.000 aumentando para $ 10.000 caracterize uma elevação de 400%, enquanto outro lucro de $ 50.000 aumentando para $ 100.000 (aumento muito mais expressivo) caracterize uma elevação de apenas 100%.

### 15.7.3 Alavancagem financeira — dois conceitos diferentes

Como vemos, a alavancagem *financeira* possui dois conceitos completamente diferentes.

O primeiro relaciona a *alavancagem financeira* com a substituição de capital próprio por capital alheio e o conseqüente aumento do ganho percentual obtido pelos proprietários.

O segundo separa a *alavancagem financeira* da *alavancagem operacional*, destacando a contribuição de cada um dentro da *alavancagem total*, mas sempre partindo da demonstração do resultado e de um hipotético aumento percentual na Receita Líquida e sua influência num provável aumento percentual dos lucros.

Aliás, esse segundo modo de cálculo já tinha sido aplicado, com igual resultado, quando deduzimos a *alavancagem operacional* na Seção 15.3.2. O resultado então calculado da *alavancagem operacional* (2,78 vezes) foi exatamente igual ao da atual (Quadro 15.8) *alavancagem total* (2,78).

Comparando novamente os dois cálculos, notamos que no primeiro (Seção 15.3) não se leva em consideração o valor do Imposto de Renda. Por que os resultados são iguais se no método atual o Imposto de Renda é considerado? A resposta é simples. Se você calcular, no Quadro 15.8, o aumento percentual do LAIR, vai verificar que o resultado será exatamente igual ao obtido para o Lucro Líquido Operacional. Isso se explica pelo fato de o Imposto de Renda ser proporcional ao LAIR e, assim, afetar igualmente — no mesmo percentual — o resultado líquido dos dois períodos.

Entretanto, qualquer que seja o método utilizado, ficam válidas as restrições já feitas de que os resultados aparentemente favoráveis são enganosos, conforme comentamos nas Seções 15.6.3 e 15.7.2.

ÍNDICES DE RENTABILIDADE

# RESUMO

| Índices de rentabilidade | Fórmula | Significado |
| --- | --- | --- |
| Margem de lucro | Lucro Operacional ÷ Receita Líquida | • Cada $ 1,00 de vendas (Receita Líquida) deixa uma margem de x centavos de lucro e apresenta, por complemento, um custo total de y centavos. |
| Rentabilidade (retorno) do investimento | Lucro Operacional ÷ Ativo ou Margem de lucro × Rotatividade | • Cada $ 1,00 aplicado no Ativo produz um lucro de $ x. • Mede a capacidade de produzir lucro dos capitais investidos na empresa. • Revela o número de anos que o investimento total levará para retornar sob a forma de lucro. |
| Remuneração (retorno) do capital próprio | Lucro Líquido ÷ Capital próprio | • Cada $ 1,00 investido pelos proprietários obtém um retorno de $ x. |
| Rentabilidade do capital de terceiros (Alavancagem financeira) | (Lucro produzido pelo capital de terceiros) ÷ Capital de terceiros | • Cada $ 1,00 de capital de terceiros utilizado produz $ x de lucro. • Mostra se a utilização de capital de terceiros está aumentando a remuneração do capital próprio (alavancagem financeira). |
| Ponto de equilíbrio | Custo fixo ÷ Margem de contribuição | • Nível de vendas em que a receita total é igual ao custo total, não havendo, pois, nem lucro nem prejuízo. |
| Alavancagem operacional | % aumento no lucro ÷ % aumento nas vendas | • Acima do ponto de equilíbrio, qualquer aumento nas vendas provocará um aumento mais que proporcional no lucro. |

DEMONSTRAÇÕES CONTÁBEIS

# TESTES

**1** Faça a correlação:

a. Remuneração do capital próprio.

b. Rentabilidade do capital próprio.

c. Rentabilidade do investimento total.

d. Índice "P/L".

e. Margem de lucro.

(   ) X centavos de lucro em cada $ 1 de mercadoria vendida.

(   ) Lucro/Ativo.

(   ) Lucro obtido pelos recursos aplicados pelos sócios.

(   ) Relação entre a cotação da ação e o Lucro Líquido.

(   ) Lucro produzido pelos recursos investidos pelos sócios.

**2** Com base nesses dados abaixo, complete:

| | Firma A | Firma B | Firma C |
|---|---|---|---|
| • Margem de lucro | 10% | 20% | 30% |
| • Rentabilidade sobre o investimento | 30% | 10% | 20% |
| • Remuneração do capital próprio | 45% | 60% | 40% |
| • Rentabilidade do capital alheio | 20% | – 15% | 10% |

**a.** Os sócios obtêm um rendimento menor (firma     ).

**b.** Apresenta maior capacidade de produzir lucro (firma     ).

**c.** Obtém maior percentagem de lucro sobre as vendas (firma     ).

**d.** A utilização de capital de terceiros não está proporcionando a alavancagem dos ganhos auferidos pelo capital próprio (firma     ).

**3** Os índices a seguir foram extraídos do Boletim da Bolsa de Valores e expressam a relação preço/lucro (P/L) de determinada empresa: 95,5; 50,0; 9,4.

Indicam, respectivamente, a maior e a menor taxa de remuneração:

**a.** 95,5 e 50,0.

**b.** 50,0 e 9,4.

**c.** 95,5 e 9,4.

**d.** 9,4 e 95,5.

**e.** 50,0 e 95,5.

# ÍNDICES DE RENTABILIDADE

**TESTES**

**4** Determinada empresa apresentava:

Faturamento de serviços: 2.000.

Lucro operacional: 200.

Despesas não operacionais: 80.

Total dos recursos aplicados: 1.000.

Total das dívidas: 600.

Despesas financeiras: 210.

Com base nessas informações, calcule:

**a.** Margem de lucro: . . . . . . . %.

**b.** Rentabilidade do Ativo: . . . . . . . %.

**c.** Remuneração do capital próprio: . . . . . . . %.

**d.** Lucro produzido pelo capital de terceiros: $ . . . . . . . .

**e.** Taxa de rentabilidade do capital de terceiros: . . . . . . . %.

**f.** Total do capital + Lucros Acumulados + Reservas diversas: $ . . . . . . . .

**5** No caso da mesma firma do item anterior, sabendo-se que o número total de ações é de 1.200 e que cada ação está cotada em Bolsa por $ 0,45, o índice P/L será:

**a.** 10 **b.** 45 **c.** 26,6 **d.** 2,6 **e.** 4,5

**6** A empresa Sigma tem um P/L de 4,5 e um LPA de $ 5,00. O valor de sua ação ordinária é:

**a.** $ 4,50 **b.** 90% **c.** $ 22,50 **d.** $ 1,11 **e.** $ 0,50

**7** Certa empresa apresentou, em dois exercícios consecutivos, as seguintes taxas:

| | X1 | X0 |
|---|---|---|
| Margem de lucro | 5% | 10% |
| Rentabilidade sobre o investimento | 20% | 15% |

O aumento da capacidade de produzir lucro, de 15% para 20%, deveu-se ao expressivo aumento da . . . . . . . . . . . . . . . , de . . . . . . . . . . para . . . . . . . . . . .

**8** A Cia. W trabalha com uma margem de lucro de 30%. Para que ela atinja um nível de rentabilidade de 15%, a rotação do seu investimento total deve ser de:

**a.** 2 x **b.** 4,5 x **c.** 0,5 x **d.** 1,5 x **e.** 0,3 x

**DEMONSTRAÇÕES CONTÁBEIS**

**9** No planejamento de certa loja de materiais para construção, as vendas anuais foram estimadas em $ 600.000. Que volume de investimento no Ativo será necessário para se obter um nível de rentabilidade de 12%, sabendo-se que a margem de lucro normal para o ramo é de 15%?
**a.** $ 480.000
**b.** $ 600.000
**c.** $ 900.000
**d.** $ 720.000
**e.** $ 750.000

**10** Certa empresa apresentou, em dois exercícios sucessivos:

|  | x1 | x0 |
|---|---|---|
| • Lucro Operacional | $ 25 | $ 50 |
| • Faturamento líquido | $ 250 | $ 500 |
| • Rentabilidade sobre o investimento | 10% | 20% |

O fator determinante da queda da rentabilidade foi:
**a.** A redução da margem de lucro.
**b.** A diminuição da rotatividade.
**c.** O aumento das despesas financeiras.
**d.** O aumento das aplicações no Ativo Fixo.
**e.** O aumento do custo da mercadoria vendida.

**11** Outra empresa apresentou:

|  | x1 | x0 |
|---|---|---|
| • Investimento total (Ativo) | $ 100 mil | $ 250 mil |
| • Rentabilidade sobre o investimento | 20% | 10% |
| • Receita Líquida (vendas) | $ 250 mil | $ 200 mil |

O *principal* fator determinante do aumento da rentabilidade foi:
**a.** A redução das aplicações no Ativo.
**b.** O aumento do movimento de vendas.
**c.** A elevação da margem de lucro.
**d.** A redução dos custos financeiros.
**e.** Outro fator que não os citados.

## ÍNDICES DE RENTABILIDADE

**12** A empresa XX apresentou:

Vendas: 2.000
Despesas financeiras: 130
Despesas administrativas: 220
Receitas de aluguéis : 50
Custo da mercadoria vendida: 1.400
Provisão para Imposto de Renda: 60
Prejuízo na venda de móveis de uso: 40

Sabendo-se que:
Capital próprio: $ 696
Participação do capital de terceiros: 42%

Calcule e complete:
**a.** Margem de lucro: . . . . . . . . %
• cada $ 1 de . . . . . . . . deixa uma margem de lucro de . . . . . . . .centavos e apresenta um custo total de . . . . . . . . centavos.
**b.** Rentabilidade do investimento total: . . . . . . . . . %
• cada $ 1 aplicado no . . . . . . . . . . . . . ., produz . . . . . . . . centavos de lucro.
• o capital investido levará cerca de . . . . . . . .anos para retornar sob a forma de lucro.
**c.** Remuneração do capital próprio: . . . . . . . . %
• cada $ 1 investido pelos sócios . . . . . . . . . .um lucro de . . . . . . . . centavos.
**d.** Rentabilidade do capital alheio: . . . . . . . . %
• cada $ 1 obtido de terceiros . . . . . . . .um lucro de . . . . . . . . centavos.

**13** Lucro operacional que gera caixa para a empresa:
**a.** LAJIR    **b.** EBITDA    **c.** EBIT    **d.** LAIR    **e.** Lucro Líquido

**14** Correlacione
I. Margem de segurança.
II. Ponto de equilíbrio.
III. Margem de contribuição.
IV. Alavancagem.
( ) Receita Líquida = custo fixo + custo variável.
( ) Compara o aumento percentual do lucro com o aumento percentual das vendas.
( ) Nível de operações – ponto de equilíbrio.
( ) Preço de venda unitário – custo variável unitário.

DEMONSTRAÇÕES CONTÁBEIS

**TESTES**

**15** A empresa YY apresentou:
- Custo fixo: $ 22.500
- Custo variável: $ 18.000
- Receita Líquida (vendas): $ 45.000
- Lucro Operacional: $ 4.500
- A margem de contribuição (em cada $ 1 de vendas) é:
  **a.** $ 1,00
  **b.** $ 0,60
  **c.** $ 1,40
  **d.** $ 0,40
  **e.** $ 0,15

**16** O ponto de equilíbrio dessa empresa (YY) é (em valor monetário):
  **a.** $ 37.500
  **b.** $ 40.500
  **c.** $ 3.000
  **d.** $ 45.000
  **e.** $ 30.000

**17** No atual nível de vendas da YY ($ 45.000), a alavancagem operacional é:
  **a.** 2,15 x
  **b.** 4,3 x
  **c.** 3,15 x
  **d.** 4,0 x
  **e.** 6,0 x

**18** A empresa Aracruz apresenta "alavancagem total" e "alavancagem financeira" de, respectivamente, 5,0 e 2,0. O aumento percentual das vendas necessário para elevar o seu LAJIR em 40% será de:
  **a.** 16%
  **b.** 8%
  **c.** 20%
  **d.** 4%
  **e.** 5,7%

# ÍNDICES DE RENTABILIDADE

**19** A Guaíba, um pequeno varejista de posters, vendeu, durante o ano de x1, 450 unidades de posters, com custos operacionais fixos de $ 3.000,00, com preço de venda por unidade de $ 15,00 e com custos operacionais variáveis de $ 5,00 por unidade. Calcule:

**a.** Margem de contribuição: . . . . . . . .
**b.** Ponto de equilíbrio em unidades: . . . . . . . .
**c.** Margem de segurança: . . . . . . . .
**d.** Margem de lucro: . . . . . . . .

**20** Sabe-se que o preço de venda unitário de determinada mercadoria é $ 20,00 e que o custo variável unitário é $ 8,00. Determine:

**a.** Lucro operacional se ela vender 55 unidades acima do ponto de equilíbrio: $ . . . . . . . . . . . . . . .
**b.** Prejuízo operacional se ela vender 30 unidades abaixo do ponto de equilíbrio: $ . . . . . . . . . . . . . . .

**21** Quando a empresa opera acima, mas bem próximo do ponto de equilíbrio:

**a.** o lucro operacional é elevado.
**b.** a alavancagem operacional é elevada.
**c.** a margem de lucro é elevada.
**d.** a margem de segurança é elevada.
**e.** os custos, em relação às vendas, são reduzidos.

**22** A empresa Aracel produz um só produto e possui a seguinte estrutura de preço e custo:

preço de venda por unidade: $ 200,00
custos variáveis por unidade: $ 140,00
custos fixos – totais: $ 120.000,00

Qual deverá ser o volume de vendas, em unidades, que produzirá um lucro antes dos juros e do Imposto de Renda (Lucro Operacional) de 20% das vendas?

**a.** $ 2.000
**b.** $ 4.000
**c.** $ 6.000
**d.** $ 8.000
**e.** $ 10.000

# EXERCÍCIOS

**1** Com base no Balanço Sintético e na Demonstração do Resultado apresentados a seguir, calcule os índices de rentabilidade:

### BALANÇO PATRIMONIAL EM 31/12/X1

| ATIVO | | PASSIVO | |
|---|---|---|---|
| CIRCULANTE | 310 | CIRCULANTE | 200 |
| REALIZÁVEL A LONGO PRAZO | 140 | EXIGÍVEL A LONGO PRAZO | 150 |
| PERMANENTE | 550 | PATRIMONIO LÍQUIDO | 650 |
| total | 1.000 | total | 1.000 |

### DEMONSTRAÇÃO DO RESULTADO DO EXERCÍCIO

| | |
|---|---|
| VENDAS BRUTAS | $ 3.200 |
| (−) Devoluções, cancelamentos e abatimentos | $ 500 |
| (−) Impostos incidentes sobre vendas | $ 700 |
| = VENDAS LÍQUIDAS | $ 2.000 |
| (−) Custo da mercadoria vendida | $ 750 |
| = Lucro bruto | $ 1.250 |
| (−) Salários e encargos | $ 400 |
| (−) Depreciação | $ 100 |
| (−) Comissões sobre vendas | $ 150 |
| (−) Outras despesas operacionais | $ 100 |
| = LAJIR | $ 500 |
| (−) Juros passivos | $ 280 |
| = Lucro operacional | $ 220 |
| (+) Lucro na venda de móveis e utensílios | $ 50 |
| (−) Prov. para Imposto de Renda (20%) | $ 54 |
| = Lucro líquido | $ 216 |

**a)** Rentabilidade do investimento:

$$\rule{4cm}{0.4pt} = \rule{3cm}{0.4pt} = \dots\dots\dots$$

Cada $ 1 aplicado no . . . . . . . . . . . . . . produz . . . . . . . . . . . . centavos de lucro.

**b)** Margem de lucro sobre as vendas:

$$\rule{4cm}{0.4pt} = \rule{3cm}{0.4pt} = \dots\dots\dots$$

Cada $ 1 de . . . . . . . . . . . . deixa uma margem de lucro equivalente a . . . . . . . . . . centavos e apresenta um custo total de . . . . . . . . . . . . . . . . centavos.

# ÍNDICES DE RENTABILIDADE

**c)** Remuneração do capital próprio:

$$\boxed{\rule{6cm}{0pt}} \quad = \quad \rule{4cm}{0.4pt} \quad = \quad \ldots\ldots\ldots$$

Cada $ 1 de recursos . . . . . . . . . . . . . recebe um retorno de . . . . . . . . . . . centavos.

**d)** Rentabilidade do capital alheio:

**d.1)** Lucro produzido pelo capital alheio:
[( . . . . . . . . . . . . + . . . . . . . . . . . ) × . . . . . . . . . . . ] – . . . . . . . . . . . . = $ . . . . . . . . . . .

**d.2)** Cálculo:

$$\boxed{\rule{6cm}{0pt}} \quad = \quad \rule{4cm}{0.4pt} \quad = \quad \ldots\ldots\ldots$$

Cada $ 1 de recursos . . . . . . . . . . . . . produz um . . . . . . . . . . . de . . . . . . . . . . . centavos.

**2** No quadro a seguir, com base nos dados da DRE do Exercício 1, calcule as alavancagens operacional, financeira e total:

| | | | | |
|---|---|---|---|---|
| Vendas líquidas | | | +...........% | |
| (–) Custos variáveis | | | | Alavancagem operacional = ..... vezes |
| (–) Custos operacionais fixos | | | | |
| = LAJIR | | | +...........% | |
| (–) Despesas financeiras | | | | |
| = LAIR | | | | Alavancagem financeira = ..... vezes |
| (–) Imposto de Renda (20%) | | | | |
| = LUCRO LÍQUIDO OPERACIONAL | | | +...........% | |

Alavancagem total = ...... vezes

*(lateral: EXERCÍCIOS)*

# DEMONSTRAÇÕES CONTÁBEIS

**EXERCÍCIOS**

**3** Com base nos dados dos exercícios anteriores (1 e 2) e sabendo que a empresa vendeu 250 unidades de mercadorias no período da DRE, calcule:

**a.** Preço de venda unitário: $ . . . . . . . . . . . . . . . . . .

**b.** Custo variável unitário: $ . . . . . . . . . . . . . . . . .

**c.** Custo fixo total: $ . . . . . . . . . . . . . . . . .

**d.** Margem de contribuição: $ . . . . . . . . . . . . . . . .

**e.** Ponto de equilíbrio em unidades: $ . . . . . . . . . . . . . . . .

**f.** Margem de segurança: $. . . . . . . . . . . . . . . .

**g.** Aumento do LAIR (em $) provocado por um aumento de 150 unidades na venda (passando de 250 para 400) – calcule e justifique raciocinando com a margem de contribuição: $ . . . . . . . . . . . . . . . .

**h.** No mesmo caso do item "g", também em função do LAIR, calcule e justifique raciocinando com o grau de alavancagem total (ver Exercício 2): $ . . . . . . . .

# Capítulo 16

## ÍNDICES DE LIQUIDEZ

LIQUIDEZ CORRENTE

LIQUIDEZ SECA

LIQUIDEZ GERAL

DEMONSTRAÇÕES CONTÁBEIS

# 16.1 Liquidez corrente[1]

## 16.1.1 Objetivo

Permite verificar a *capacidade de pagamento a curto prazo*, ou seja, quanto a empresa tem de valores disponíveis e realizáveis dentro de um ano para garantir o pagamento de suas dívidas vencíveis no mesmo período.

## 16.1.2 Fórmula e interpretação

$$\frac{\text{Ativo Circulante}}{\text{Passivo Circulante}}$$

$$20x1 \rightarrow \frac{120.400}{85.709} = 1,40$$

$$20x0 \rightarrow \frac{107.900}{79.800} = 1,35$$

A ABC conta, na data do balanço, com $ 1,40 de valores circulantes (dinheiro, estoques e créditos) para dar cobertura a cada $ 1 de dívidas (obrigações) vencíveis no período de 12 meses.[2] Não houve, praticamente, alteração em relação ao exercício anterior.

## 16.1.3 Índice-padrão

O Quadro 16.1 mostra como se poderia relacionar o resultado obtido pelo índice de liquidez corrente com a capacidade de pagamento a curto prazo.

---

[1] Ao contrário dos índices de rotatividade e de rentabilidade, os índices de liquidez (assim como os de estrutura) representam indicadores estáticos, ou seja, demonstram a situação da empresa em determinada data. Um dia antes ou um dia depois, a situação pode ser outra bem diferente.

[2] Para os interessados em analisar a relação existente entre os índices de liquidez e os fluxos de caixa, ver Seção 18.4.

**Quadro 16.1** INTERPRETAÇÃO DOS ÍNDICES DE LIQUIDEZ CORRENTE

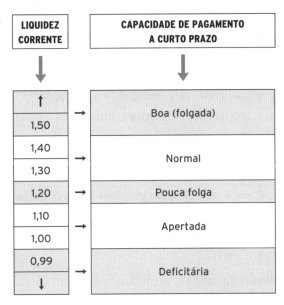

De forma geral, esse índice pode ser considerado favorável quando for maior que 1,00. Os resultados menores que 1 são vistos como desfavoráveis, porque revelam, a curto prazo, insuficiência de recursos para garantir o pagamento dos compromissos.

A flutuação, dentro dessa escala, vai depender de diversos fatores, principalmente da natureza e dos prazos de realização dos valores do Ativo Circulante e da natureza e dos prazos de exigibilidade dos créditos obtidos para o seu financiamento.

### 16.1.4 Casos especiais

No caso de empresas que só vendam à vista ou que não mantenham estoque, como prestadoras de serviços, representantes, fundações ou hospitais, é óbvio que a aplicação da fórmula anterior não apresentará resultados expressivos.

Nessas condições, uma das soluções que poderiam ser adotadas para minimizar o problema seria adicionar ao numerador da fórmula a *receita provável do exercício seguinte* e, ao denominador, *a despesa provável do exercício seguinte.*

Tais valores poderiam ser apurados por estimativa baseada na receita e despesa do exercício em estudo.

Deverão ser excluídas as receitas que não correspondam à entrada efetiva de recursos para o Circulante — doações recebidas de bens de uso — e as despesas que não representarem desembolso de numerário ou acréscimo de obrigações, como depreciação ou amortização.

$$\frac{\text{Ativo Circulante + Receita provável do exercício seguinte}}{\text{Passivo Circulante + Despesa provável do exercício seguinte}}$$

## 16.1.5 Ativo Circulante Líquido

Corresponde à diferença entre o montante do Ativo Circulante e o do Passivo Circulante:

> Ativo Circulante Líquido = Ativo Circulante − Passivo Circulante

Na ABC, temos:

em x1: 120.400 − 85.709 = $ 34.691

Deve ser entendido como a parcela do Ativo Circulante que não é financiada por recursos de terceiros a curto prazo, ou seja, é financiada por recursos próprios e/ou por recursos de terceiros a longo prazo.

Está diretamente relacionado com o índice de liquidez corrente, pois a parcela do resultado deste, que excede 1,00, é justamente a que indica a proporção existente de Ativo Circulante Líquido. Na ABC, para cada $ 1,40 de Ativo Circulante, $ 1,00 é financiado pelo Passivo Circulante e $ 0,40 é financiado por capitais próprios.

Assim, todo índice de liquidez acima da unidade indica a existência de "Ativo Circulante Líquido" e, ao contrário, todo índice igual ou abaixo da unidade sinaliza que todo Ativo Circulante está sendo financiado por capitais alheios a curto prazo.

Como vimos no capítulo 8, a Demonstração das Origens e Aplicações de Recursos procura mostrar, justamente, quais os fatores que determinaram a variação, de um ano para o outro, do "Ativo Circulante Líquido".

### 16.1.6 **Capital de giro próprio[3]**

Como deduzimos na seção anterior, corresponderia à parcela do Ativo Circulante que não é financiada por recursos de terceiros (nem a curto, nem a longo prazos).

Seria apurada pela diferença entre o "Ativo Circulante Líquido" e o montante dos financiamentos de terceiros, a longo prazo, para o giro dos negócios. Os financiamentos de terceiros para o Ativo Fixo não seriam levados em consideração nesse cálculo.

Capital de giro próprio = Ativo Circulante Líquido – Financiamentos a longo prazo para o giro = $ 34.691 – $ zero = $ 34.691

No caso da ABC, teríamos de concluir que todo o Ativo Circulante Líquido está sendo financiado por recursos dos proprietários, já que os financiamentos de terceiros a longo prazo são para o Ativo Fixo (e não para o giro).

O mesmo valor poderia ser apurado comparando-se o capital próprio com o Ativo Não Circulante:

Capital de giro próprio = Capital próprio – (Ativo Não Circulante – Financiamentos para o Ativo Fixo) = $ 77.391 – ($ 54.700 – $ 12.000) = $ 34.691

# 16.2 **Liquidez seca**

### 16.2.1 **Objetivo**

Esse quociente é importante na hipótese de não termos elementos para calcular a rotação dos estoques e, nos seguintes casos, quando os estoques passam a constituir valores de difícil conversão em moeda:

---

[3]  Ver Seção 13.4.1.

a. em épocas de retração do mercado consumidor;
b. para empresas que têm suas vendas concentradas em determinadas épocas do ano, como aquelas que fabricam ou comercializam produtos sazonais: de Natal, carnaval, festas juninas, inverno, verão etc.;
c. quando a rotação dos estoques for muito lenta.

Torna-se, contudo, dispensável quando a rotação dos estoques — revelada pelo índice respectivo — for rápida, ou quando os estoques forem constituídos de mercadorias de fácil comercialização. Nesses casos, a situação financeira a curto prazo poderá ser apreciada apenas por meio do índice de liquidez corrente.

## 16.2.2 Fórmula e interpretação

É comparação quase idêntica à do quociente anterior, com a diferença de que os estoques não são considerados entre os recursos realizáveis do Ativo Circulante:

$$\frac{\text{Ativo Circulante} - \text{Estoques}}{\text{Passivo Circulante}}$$

$$20X1 \rightarrow \frac{120.400 - 70.000}{85.709} = 0,59$$

$$20X0 \rightarrow \frac{107.900 - 80.000}{79.800} = 0,35$$

Mesmo sem contar com a venda dos estoques, a ABC dispõe de $ 0,59 de outros valores do circulante para garantir a solvência de cada $ 1,00 de seus compromissos vencíveis dentro de um ano. No ano anterior, a dependência da venda dos estoques para manter a liquidez era ainda maior.

No caso em estudo, o índice de liquidez caiu muito com a exclusão dos estoques (de 1,40 para 0,59), o que revela que o nível desses estoques é muito elevado, podendo causar sérios problemas financeiros, principalmente se forem representados por mercadorias de difícil comercialização. A comparação com o resultado do exercício anterior indica que essa é uma situação habitual.

### 16.2.3 **Índice-padrão**

De modo geral, podemos considerar normais índices próximos da unidade e, até mesmo, ligeiramente inferiores. Resultados acima da unidade são extremamente favoráveis, porque revelam que a empresa, mesmo sem vender uma só unidade de seu estoque, ainda possui recursos de sobra para a cobertura dos compromissos a curto prazo.

A correta avaliação do maior ou menor grau de dependência da venda dos estoques vai depender menos do valor numérico obtido do que da diferença entre esse resultado e o do índice de liquidez corrente.

Assim, uma queda da liquidez de 1,80 para 0,90 revela maior dependência da venda dos estoques do que uma queda de 1,10 para 0,80, embora esse último índice de liquidez seca (0,80) seja menor que o primeiro (0,90).

### 16.2.4 **Proporção dos estoques**

A proporção dos estoques dentro do Ativo Circulante pode ser determinada pela simples comparação entre os índices de liquidez corrente e seca.

Uma queda de 50% no índice de liquidez seca em relação ao da corrente (por exemplo, de 1,40 para 0,70) revela que os estoques representam exatamente 50% do valor total do Ativo Circulante.

É fácil deduzir que, se os dois índices tiverem o mesmo valor numérico, estará evidenciada a inexistência de estoques.

No caso da ABC, a liquidez corrente foi de 1,40 e a seca de 0,59, revelando uma queda de 58%[4] nos índices e, conseqüentemente, que os estoques representam 58% do total do Ativo Circulante[5].

---

[4]  (0,59 x 100) ÷ 1,40 = 42% ⟶ 100% – 42% = 58%.
[5]  Comprovando o cálculo com os dados do balanço (Quadro 11.1): (70.000 x 100) ÷ 120.400 = 58%.

# 16.3 Liquidez geral

### 16.3.1 Objetivo

O índice de liquidez corrente demonstra a proporção entre o montante dos compromissos vencíveis dentro do exercício seguinte ao do balanço e o total dos recursos disponíveis e realizáveis no mesmo período.

Entretanto, podem existir, também, dívidas vencíveis em prazo superior a um ano que deverão ser pagas, podendo haver, por outro lado, valores conversíveis em moeda em prazo superior a um ano que poderão ser utilizados para o resgate dos compromissos.

O **índice de liquidez geral** não faz restrição de prazo. Compara todas as dívidas (a curto e a longo prazo) com a soma de todos os valores disponíveis e realizáveis em qualquer prazo.

### 16.3.2 Fórmula e interpretação

$$\frac{\text{Ativo Circulante} + \text{Realizável a Longo Prazo}}{\text{Passivo Circulante} + \text{Exigível a Longo Prazo}}$$

$$20X1 \rightarrow \frac{120.400 + 3.800}{85.709 + 12.000} = \frac{124.200}{97.709} = 1,27$$

$$20X0 \rightarrow \frac{107.900 + 4.300}{79.800 + 18.000} = \frac{112.200}{97.800} = 1,15$$

Para cada $ 1 do total de suas dívidas, a empresa em pauta conta, na data do balanço, com $ 1,27 de valores disponíveis e realizáveis a curto e longo prazos. Em x0, a liquidez geral era um pouco menor: 1,15.

### 16.3.3 Índice-padrão

De modo geral, podemos basear nossa apreciação na mesma escala que a apresentada para o índice de liquidez corrente.

Não podemos deixar de ponderar, contudo, que a empresa pode suportar índice de liquidez geral mais baixo que o de liquidez corrente, porque na liquidez geral ela dispõe de mais tempo para resgatar os compromissos.

Devemos ponderar, ainda, a natureza dos financiamentos a longo prazo (se para o Ativo fixo ou para o giro dos negócios), seus prazos de resgate, seus ônus financeiros e a possibilidade de autoliquidação dessas dívidas.

Nesses termos, é mais interessante que a firma tenha a liquidez corrente maior do que a geral (como é o caso da ABC) do que a hipótese contrária.

## RESUMO

| Índices de liquidez | Fórmula | Significado |
|---|---|---|
| Liquidez corrente | Ativo Circulante ÷ Passivo Circulante | • Para cada $ 1 de dívidas vencíveis dentro de um ano, a empresa conta com $ x de valores disponíveis e realizáveis no mesmo período.<br>• Revela a capacidade de pagamento a curto prazo. |
| Liquidez seca | (Ativo Circulante – estoques) ÷ Passivo Circulante | • Para cada $ 1 de dívidas vencíveis dentro de um ano, a empresa tem, sem contar com os estoques, $ x de valores disponíveis e realizáveis no mesmo período.<br>• Revela a capacidade de pagamento a curto prazo, sem contar com os estoques. |
| Liquidez geral | ( Ativo Circulante + Realizável a Longo Prazo ) ÷ ( Passivo Circulante + Exigível a Longo Prazo ) | • Para cada $ 1 do total de suas dívidas, a empresa conta com $ x de valores disponíveis e realizáveis.<br>• Mede a capacidade de pagamento geral. |

# TESTES

**1** Faça a correlação:

A. Liquidez corrente.

B. Liquidez seca.

C. Liquidez geral.

( ) Mede a capacidade de pagamento a curto prazo.

( ) $x de recursos no Ativo Circulante para cobrir cada $ 1 de dívidas vencíveis dentro de um ano.

( ) $ x de recursos disponíveis e realizáveis para cobrir cada $ 1 do total das dívidas.

( ) $ x de recursos, excluídos os estoques, para resgatar cada $ 1 de dívidas a curto prazo.

**2** O balanço de certa empresa apresentou:

| ATIVO | |
| --- | --- |
| Circulante (*) | 60 |
| Realizável a Longo Prazo | 10 |
| Permanente | 90 |
| | 160 |

| PASSIVO | |
| --- | --- |
| Circulante | 50 |
| Exigível a Longo Prazo | 40 |
| Patrimônio Líquido | 70 |
| | 160 |

(*) Estoques = $ 35

Calcular:
**a.** Liquidez corrente: . . . . . . . . . . . .
**b.** Liquidez seca: . . . . . . . . . . . . . . .
**c.** Liquidez geral: . . . . . . . . . . . . . . .

**3** Determinada firma apresentou os seguintes índices:
liquidez corrente = 1,80; liquidez seca = 0,80; liquidez geral = 0,90.
Diga se são falsas (F) ou verdadeiras (V) as seguintes afirmações:
( ) O índice de liquidez corrente revela situação "apertada".
( ) Os estoques representam mais da metade do Ativo Circulante.
( ) Para honrar o total dos seus compromissos, a empresa terá de lançar mão de valores investidos em caráter permanente.
( ) A empresa em pauta quase não recorre a financiamentos de terceiros a longo prazo.

**ÍNDICES DE LIQUIDEZ**

**4** A empresa XX apresentou:
Ativo circulante: 1.200
Liquidez corrente: 1,50
Liquidez seca: 0,90

Com base nesses dados, podemos afirmar que:
**a.** o Passivo Circulante totaliza $ 1.800.
**b.** os estoques representam 60% do Ativo Circulante.
**c.** a liquidez corrente é deficitária.
**d.** os estoques totalizam $ 480.
**e.** o Capital Circulante Líquido totaliza $ 600.

**5** A empresa yy apresentou:
Ativo Circulante: 310
Passivo Circulante: 240
Mercadorias em estoque: 70
Capital de terceiros para o giro dos negócios: 290
AC + RLP: 331

Calcule e complete:
**a.** Liquidez corrente: . . . . . . . . . . . .
Para cada $ 1 de . . . . . . . . . . . vencíveis dentro de. . . . . . . . . . . . ., a
empresa poderá contar com $. . . . . . . . . . . de valores disponíveis e
realizáveis no mesmo período.
**b.** Liquidez seca: . . . . . . . . . . . . .
Para cada $ 1 de . . . . . . . . . . . vencíveis dentro de . . . . . . . . . . ., mesmo
sem contar com a venda dos estoques, a empresa ainda pode dispor de
$. . . . . . . . . . . de outros valores do Ativo Circulante.
**c.** Liquidez geral: . . . . . . . . . . . . .
Para cada $ 1 do total das . . . . . . . . . . . ., a empresa poderá contar com
$. . . . . . . . . . . de valores disponíveis e realizáveis.
**d.** Capital de giro próprio: $. . . . . . . . . . . .

**6** Uma empresa apresentava um índice de liquidez corrente de 1,50. Uma das alternativas abaixo faria o índice cair:

**a.** Venda de mercadorias a prazo.

**b.** Pagamento de uma duplicata.

**c.** Compra, à vista, de móveis e utensílios.

**d.** Recebimento de uma receita.

**e.** Aumento das aplicações financeiras de curto prazo.

**7**

|  | Firma M | Firma N | Firma O |
|---|---|---|---|
| Liquidez corrente | 1,10 | 1,50 | 1,80 |
| Liquidez seca | 0,80 | 1,10 | 0,90 |
| Liquidez geral | 1,30 | 1,50 | 1,30 |

Qual das três empresas apresenta:

**a.** Situação financeira a curto prazo "apertada"? (. . . . . . . .)

**b.** Maior grau de dependência da venda dos estoques? (. . . . . . . .)

**c.** Considerando o total das dívidas, maior capacidade de pagamento? (. . . . . . . .)

**8** Influi no aumento do Ativo Circulante Líquido:

**a.** Venda de mercadorias, à vista.

**b.** Depósito em conta-corrente bancária.

**c.** Pagamento de despesas de salários.

**d.** Recebimento de lucros antecipados.

**e.** Adiantamento recebido de clientes.

**9** Outra empresa apresentou:

Capital próprio: $ 720

Participação do capital de terceiros: 0,40

Passivo Circulante: $ 400

Realizável a Longo Prazo: zero

Liquidez corrente: 1,50

Liquidez seca: 1,05

Calcular e informar o valor:
- **a.** do Ativo Total: $ . . . . . . . .
- **b.** do Exigível a Longo Prazo: $ . . . . . . . .
- **c.** do Ativo Circulante: $ . . . . . . . .
- **d.** dos estoques: $ . . . . . . . .
- **e.** da liquidez geral: . . . . . . . .

**10** Afirmativa FALSA:
- **a.** Liquidez corrente superior a 1,00 indica existência de capital circulante líquido.
- **b.** Liquidez geral superior a 1,00 indica que parcela do capital próprio está financiando os grupos circulante e/ou realizável a longo prazo.
- **c.** Liquidez corrente inferior à unidade indica que parte do Ativo Circulante está sendo financiada por capitais de terceiros a longo prazo ou por capitais próprios.
- **d.** As operações realizadas dentro dos grupos circulantes não afetam o Ativo Circulante Líquido.
- **e.** Liquidez geral inferior à unidade indica que parte dos recursos de terceiros está financiando o Ativo Permanente.

# EXERCÍCIOS

Com base no balanço apresentado a seguir, calcule os índices de liquidez e o Ativo Circulante Líquido:

### BALANÇO PATRIMONIAL EM 31.12.X1

| ATIVO | | PASSIVO | |
|---|---|---|---|
| CIRCULANTE | 310 | CIRCULANTE | 205 |
| Disponibilidades | 20 | Fornecedores | 110 |
| Débitos de clientes | 140 | Títulos descontados | 65 |
| Matérias-primas | 150 | Provisão p/Imposto de Renda | 30 |
| REALIZÁVEL A LONGO PRAZO | 70 | EXIGÍVEL A LONGO PRAZO | 150 |
| Depósitos judiciais | 70 | Empréstimos a longo prazo | 150 |
| PERMANENTE | 305 | PATRIMÔNIO LÍQUIDO | 330 |
| Ações de coligadas | 70 | Capital a realizar | (25) |
| Máquinas e equipamentos | 245 | Capital registrado | 370 |
| Depreciação acumulada | (10) | Prejuízos acumulados | (15) |
| **total** | **685** | **total** | **685** |

**a.** Liquidez corrente:

$$\frac{\rule{4cm}{0.4pt}}{\rule{4cm}{0.4pt}} = \frac{\rule{3cm}{0.4pt}}{\rule{3cm}{0.4pt}} = \dots\dots\dots$$

Para cada $ 1 de . . . . . . . . . . . . . . . . . . . vencíveis dentro de . . . . . . . . . . . . . . . . . ., a empresa poderá contar com $. . . . . . . . . de valores . . . . . . . . . e . . . . . . . . . no mesmo período.

**b.** Liquidez seca:

$$\frac{\rule{4cm}{0.4pt}}{\rule{4cm}{0.4pt}} = \frac{\rule{3cm}{0.4pt}}{\rule{3cm}{0.4pt}} = \dots\dots\dots$$

Para cada $ 1 de . . . . . . . . . . . . . . . . . . . vencíveis dentro de . . . . . . . . . . . . . . . . . ., a empresa poderá dispor, sem contar com os estoques, de $. . . . . . . .

**c.** Liquidez geral:

$$\frac{\rule{4cm}{0.4pt}}{\rule{4cm}{0.4pt}} = \frac{\rule{3cm}{0.4pt}}{\rule{3cm}{0.4pt}} = \dots\dots\dots$$

Para cada $ 1 de. . . . . . . . . . . . . . . . .a empresa poderá contar com $. . . . . . . .de valores disponíveis e realizáveis em qualquer prazo.

# ÍNDICES DE LIQUIDEZ

**d.** Ativo Circulante Líquido:

Ativo Circulante – Passivo Circulante = . . . . . . . . . – . . . . . . . . . = $. . . . . . . .

Do total de $. . . . . . . . aplicados no Ativo circulante, $. . . . . . . . estão sendo financiados por recursos de terceiros a curto prazo e $. . . . . . . . estão sendo financiados
por recursos de terceiros a longo prazo e/ou por capital próprio.

## EXERCÍCIOS (REVISÃO) - CAPÍTULOS 12 A 16

Um contador publicou os demonstrativos financeiros sem classificar as verbas
(no balanço) e sem destacar o lucro operacional (na demonstração do resultado):

| ATIVO | |
|---|---|
| Caixa e bancos | $ 5 |
| Mercadorias[1] | $ 120 |
| Clientes[2] | $ 150 |
| (–) Provisão para devedores duvidosos | $ - 5 |
| Juros a vencer | $ 20 |
| Débitos de sócios | $ 25 |
| Ações de coligadas | $ 20 |
| Móveis e utensílios | $ 235 |
| (–) Depreciação acumulada | $ - 30 |
| Despesas pré-operacionais | $ 60 |
| (Total do Ativo) | $ 600 |

| PASSIVO | |
|---|---|
| Fornecedores[3] | $ 120 |
| Provisão para Imposto de Renda | $ 35 |
| Títulos descontados | $ 25 |
| Empréstimos a longo prazo[4] | $ 40 |
| Capital registrado | $ 280 |
| (–) Capital a realizar | $ - 25 |
| Reservas de capital | $ 20 |
| Reservas de lucros | $ 45 |
| Lucros acumulados | $ 60 |
| | |
| (Total do Passivo) | $ 600 |

(1) Saldo do final do exercício anterior= $ 80.

(2) Saldo do final do exercício anterior= $ 130.

(3) Saldo do final do exercício anterior= $ 140.

(4) Financiamentos para o Ativo Fixo.

| DEMONSTRAÇÃO DO RESULTADO | |
|---|---|
| Vendas (Receita Líquida) | $ 1.200 |
| (–) CMV (Custo da Receita Líquida) | $ - 800 |
| (–) Despesas administrativas | $ - 275 |
| (–) Despesas financeiras | $ 35 |
| (–) Doações de bens de uso | $ - 15 |
| (+) Ágio na venda de ações de coligadas | $ 20 |
| (–) Provisão para Imposto de Renda | $ - 35 |
| = Lucro Líquido | $ 60 |

# DEMONSTRAÇÕES CONTÁBEIS

**EXERCÍCIOS**

**1** Com os dados do balanço, classifique os grupos do Ativo e do Passivo:

| ATIVO | | | PASSIVO | |
|---|---|---|---|---|
| Circulante | $ | | Circulante | $ |
| Realizável a Longo Prazo | $ | | Exigível a Longo Prazo | $ |
| Permanente | $ | | Patrimônio Líquido | $ |
| | $ | | | $ |

**2** Com os dados da demonstração do resultado, calcule o montante do:
Lucro Operacional: $..........

**3.1** Calcule e comente os seguintes índices de estrutura patrimonial:
**a.** Participação dos capitais/ Garantia/ Endividamento:

$$\overline{\rule{4cm}{0pt}} = \overline{\rule{3.5cm}{0pt}} = \cdots\cdots\cdots\cdots$$

- De cada $ 1 aplicado no Ativo, .......... centavos são financiados por recursos .....
.........................e ............... centavos por recursos ........
- Existe $ 1 de valores no Ativo, para garantir ...... centavos de recursos de terceiros.
- Cada $ 1 de Ativo está comprometido com ..... centavos de recursos de terceiros.

**b.** Imobilização do Ativo:

$$\overline{\rule{4cm}{0pt}} = \overline{\rule{3.5cm}{0pt}} = \cdots\cdots\cdots\cdots$$

- Em cada $ 1 de Ativo, ...... centavos são aplicações no ............ e ......
centavos são aplicações no ...........................

**c.** Imobilização do capital próprio:

$$\overline{\rule{4cm}{0pt}} = \overline{\rule{3.5cm}{0pt}} = \cdots\cdots\cdots\cdots$$

...... % dos recursos ............ estão financiando o .................. e
........... % estão financiando o ....................

**3.2** Calcule e comente os seguintes índices de rotatividade:
**a.** Rotatividade do investimento:

$$\overline{\rule{4cm}{0pt}} = \overline{\rule{3.5cm}{0pt}} = \cdots\cdots\cdots\cdots$$

- Cada $ 1 aplicado no ...... produz um movimento de vendas (Receita Líquida)
equivalente a $ .......

ÍNDICES DE LIQUIDEZ

**b.** Rotação dos estoques:

$$\boxed{360 \times \underline{\hspace{4cm}}} = \frac{360 \times \underline{\hspace{3cm}}}{} = \quad \ldots\ldots\ldots$$

- Entre a data da ........... da mercadoria e a data de sua ........... decorre um prazo de ........... dias.

**c.** Recebimento das vendas:

$$\boxed{360 \times \underline{\hspace{4cm}}} = \frac{360 \times \underline{\hspace{3cm}}}{} = \quad \ldots\ldots\ldots$$

- Entre a data da ........... da mercadoria e a data do ................ ......... do valor correspondente, decorre, em média, um prazo de ........... dias.

**d.** Pagamento das compras:

$$\boxed{360 \times \underline{\hspace{4cm}}} = \frac{360 \times \underline{\hspace{3cm}}}{} = \quad \ldots\ldots\ldots$$

- Entre a data da ........... da mercadoria e a data do ................ ......... ao fornecedor, decorre, em média, um prazo de ........... dias.

**e.** Retorno do Ativo Circulante (ciclo operacional):
- ........... dias (rotação dos estoques) + ........... dias (recebimento das vendas) = ........... dias (giro dos negócios).
- A empresa leva ........... dias para receber de volta o valor aplicado na compra de mercadorias e recomeçar um novo giro.

**f.** Financiamento complementar (ciclo de caixa):
- Dos ........... dias que o Ativo Circulante leva para girar, os fornecedores financiam ........... dias, o que leva a empresa a recorrer a capital próprio ou empréstimo bancário ou outro tipo de empréstimo para cobrir os ........... dias restantes.

**3.3** Calcule e comente os seguintes índices de rentabilidade:

**a.** Rentabilidade do investimento:

$$\boxed{\underline{\hspace{4cm}}} = \frac{\underline{\hspace{3cm}}}{} = \quad \ldots\ldots\ldots$$

- Cada $ 1 aplicado no ........... produz ........... centavos de lucro.

**b.** Margem de lucro sobre as vendas:

$$\boxed{\underline{\hspace{4cm}}} = \frac{\underline{\hspace{3cm}}}{} = \quad \ldots\ldots\ldots$$

**EXERCÍCIOS**

- Cada $ 1 de . . . . . . . . . . . . . . . . . . . . . . deixa uma margem de lucro equivalente a . . . . . . . . . . centavos e apresenta um custo total de . . . . . . . . . . centavos.

**c.** Remuneração do capital próprio:

$$\frac{\rule{4cm}{0.4pt}}{\rule{4cm}{0.4pt}} = \frac{\rule{3cm}{0.4pt}}{\rule{3cm}{0.4pt}} = \ldots\ldots\ldots$$

Cada $ 1 de recursos . . . . . . . . . . recebe um retorno de . . . . . . . . . . centavos.

**d.** Rentabilidade do capital alheio:

    **d.1** Lucro produzido pelo capital alheio:

    { (. . . . . . . . . . + . . . . . . . . . .) × . . . . . . . . . . } – . . . . . . . . . . = $ . . . . . . . . . .

    **d.2** Cálculo:

$$\frac{\rule{4cm}{0.4pt}}{\rule{4cm}{0.4pt}} = \frac{\rule{3cm}{0.4pt}}{\rule{3cm}{0.4pt}} = \ldots\ldots\ldots$$

Cada $ 1 de recursos . . . . . . . . . . produz um . . . . . . . . . . de . . . . . . . . . . centavos.

**3.4** Calcule e comente os seguintes índices de liquidez:

**a.** Liquidez corrente:

$$\frac{\rule{4cm}{0.4pt}}{\rule{4cm}{0.4pt}} = \frac{\rule{3cm}{0.4pt}}{\rule{3cm}{0.4pt}} = \ldots\ldots\ldots$$

Para cada $ 1 de . . . . . . . . . . vencíveis dentro de . . . . . . . . . ., a empresa poderá contar com $. . . . . . . . . . . . . . . . . . . . . . . . . . . . . . . de valores . . . . . . . . . . e . . . . . . . . . . no mesmo período.

**b.** Liquidez seca:

$$\frac{\rule{4cm}{0.4pt}}{\rule{4cm}{0.4pt}} = \frac{\rule{3cm}{0.4pt}}{\rule{3cm}{0.4pt}} = \ldots\ldots\ldots$$

Para cada $ 1 de . . . . . . . . . . vencíveis dentro de . . . . . . . . . ., a empresa poderá dispor, sem contar com os estoques, de $. . . . . . . . . .

**c.** Liquidez geral:

$$\frac{\rule{4cm}{0.4pt}}{\rule{4cm}{0.4pt}} = \frac{\rule{3cm}{0.4pt}}{\rule{3cm}{0.4pt}} = \ldots\ldots\ldots$$

Para cada $ 1 . . . . . . . . . . . . . . . . . . . . . a empresa poderá contar com $. . . . . . . . . . de valores disponíveis e realizáveis.

# Capítulo 17

## ESTUDO DA SITUAÇÃO ECONÔMICA

SITUAÇÃO ECONÔMICA X SITUAÇÃO FINANCEIRA

CAPITAL PRÓPRIO – VALOR ABSOLUTO

CAPITAL PRÓPRIO – VALOR RELATIVO

CAPITAL PRÓPRIO – EVOLUÇÃO

RENTABILIDADE

CONCLUSÕES

# 17.1 Situação econômica × Situação financeira

É comum ouvirmos dizer que determinada pessoa está em boa situação econômica, mas sua situação financeira está muito apertada.

O que isso quer dizer?

Isso quer dizer que essa pessoa possui uma expressiva quantidade de bens e de direitos em seu poder (patrimônio bruto) e, desse total, uma grande maioria lhe pertence efetivamente (ou seja, não foi obtida por meio de financiamentos de terceiros).

Esse volume de bens e direitos que o indivíduo tem em seu poder e efetivamente lhe pertence é a medida do seu *Patrimônio Líquido*, ou de sua *riqueza*, ou, ainda, de sua *situação econômica*.

Mas essa mesma pessoa que possui esse vultoso valor de *riqueza* pode, eventualmente, não contar com recursos disponíveis para o pagamento de seus compromissos mais urgentes, caracterizando, assim, uma situação financeira de relativo aperto (que, normalmente, é momentânea, passageira).

Pode ocorrer, também, o contrário, ou seja, o indivíduo não tem problemas de pagamento de compromissos, mas, em compensação, também não tem *Patrimônio Líquido* algum, o que caracterizaria uma situação financeira tranqüila e uma situação econômica de quase absoluta *pobreza*.

Aspecto importantíssimo a ser analisado em relação à situação econômica é o da evolução patrimonial. Assim, dois indivíduos que têm, atualmente, boa situação econômica (o mesmo volume de *riqueza*) podem ter rendas e despesas mensais absolutamente distintas. O indivíduo *a* ganha $ 2.000 por mês e gasta $ 3.000, enquanto *b* ganha $ 2.000 e gasta apenas $ 1.000. Dá para notar, nitidamente, que o indivíduo *b* aumenta o seu Patrimônio Líquido (a sua riqueza), mensalmente, em $ 1.000, enquanto o indivíduo *a* reduz o seu Patrimônio Líquido ou a sua riqueza, mensalmente, em $ 1.000.

É lógico que esse último aspecto também tem de ser levado em consideração quando analisamos a situação econômica, tanto de um indivíduo quanto de uma empresa.

Assim, vamos tentar mostrar que a análise da situação econômica pode se resumir, basicamente, a dois indicadores: **participação do capital próprio** e **rentabilidade (ou retorno) sobre o investimento**[1] — e na análise da evolução histórica desses dois índices.

# 17.2 Capital próprio - valor absoluto

### 17.2.1 Patrimônio Líquido

Já vimos que o Patrimônio Líquido exprime (em termos monetários) a parcela do Ativo que pertence à empresa (ou, em outras palavras, a parcela do Ativo que está sendo financiada por recursos dos proprietários).

Vimos, também, que o Patrimônio Líquido já aparece expresso diretamente pelo valor líquido do grupo de contas respectivo.

Quando os Prejuízos Acumulados forem superiores ao montante das demais verbas de capital e reservas, teremos um *Patrimônio Líquido negativo* (também denominado *Passivo a Descoberto*), situação em que todo o capital investido pelos sócios foi absorvido pelos prejuízos operacionais, que já estão, inclusive, absorvendo os recursos emprestados por terceiros.

Notamos, pois, que a existência de *Patrimônio Líquido* ou de *Passivo a Descoberto* é o elemento inicial para a caracterização da situação econômica como *positiva* ou *negativa*.

### 17.2.2 Capital próprio

Corresponde, de modo geral, ao valor do Patrimônio Líquido acrescido das receitas diferidas líquidas (receitas antecipadas, menos custos respectivos):

> Capital próprio = Patrimônio Líquido (+)
> Resultados de Exercícios Futuros

---

[1] E, também, obviamente, em todos os fatores que determinam os indicadores citados.

Na ABC, apuramos um montante de Patrimônio Líquido e de capital próprio de, respectivamente, $ 75.291 e $ 77.391 (ver Quadro 11.1), o que constitui o primeiro ponto positivo na apreciação de sua situação patrimonial (econômica).

# 17.3 Capital próprio – valor relativo

### 17.3.1 Participação do capital próprio

O Patrimônio Líquido ou o capital próprio nos indicam a situação econômica em termos absolutos, enquanto o quociente *capital próprio/Ativo Total* nos indica a mesma situação em termos relativos.

Assim, um montante de capital próprio de $ 100.000 seria expressivo para uma firma que tivesse investimentos globais (Ativo Total) no valor de $ 150.000, sendo, contudo, irrisório para outra firma cujos investimentos totais atingissem $ 1 milhão.

Isso posto, entendemos por que a simples menção do valor absoluto do capital próprio (ou do Patrimônio Líquido) não é suficiente para opinarmos sobre a situação econômica (patrimonial) de determinada empresa, tornando-se necessária, também, a comparação desse valor com o do total do Ativo.

Na ABC, apuramos um resultado de 0,44 (ver Seção 13.2.2.a), indicando que 44% dos valores investidos nos negócios representam capital próprio da empresa, enquanto 56% desse mesmo total são financiados por recursos de terceiros.

Dessa comparação concluímos que os recursos próprios da empresa em pauta financiam parcela ponderável do conjunto de suas aplicações no Ativo, o que representa um ponto positivo na análise de sua situação econômica.

### 17.3.2 Garantia

Também sob o aspecto *garantia aos capitais de terceiros* podemos considerar tal quociente (0,44) *favorável*, pois indica que, de cada 100 unidades do Ativo, os prejuízos teriam de absorver 44, para então começarem a desfalcar os recursos de terceiros (hipótese que, em situação normal, dificilmente ocorreria).

ESTUDO DA SITUAÇÃO ECONÔMICA

### 17.3.3 **Ponderação**

Apesar de ressaltarmos que elevados índices de participação do capital próprio são desejáveis, principalmente sob o ponto de vista dos credores (pelo aumento da garantia), devemos ponderar que uma empresa utiliza recursos próprios em função de suas necessidades e não em função de um resultado numérico alto ou baixo. Além disso, a apreciação de um índice deve ser feita menos em função de seu valor numérico e mais em função dos reflexos, negativos ou positivos, que esse resultado provoca em outros aspectos, como rentabilidade e capacidade de pagamento.

# 17.4 Capital próprio – evolução

### 17.4.1 **Fatores**

A evolução patrimonial pode ser constatada, de forma prática e objetiva, comparando-se o *Patrimônio Líquido* (ou o *capital próprio*) apurado no balanço atual com o apurado em balanços anteriores, tanto em termos absolutos como relativos.

Na ABC, a participação do capital próprio aumentou de 32%[2] para 44%, e o seu Patrimônio Líquido aumentou de $ 46.200 para $ 75.291 (+ 63%).

Mais importante, contudo, que a apuração do valor monetário do aumento do Patrimônio Líquido é a investigação dos fatores que determinaram esse acréscimo. São os seguintes os fatores que podem isolada ou conjuntamente provocar a elevação[3] em pauta:

- reinvestimento de lucros;
- entrada de novos recursos;
- ajustes de avaliação patrimonial positivos[4];
- ajustes de exercícios anteriores (aumentando o lucro do período)[5].

[2] Ver Seção 13.2.2.a.
[3] Por outro lado, teríamos como fatores de redução do Patrimônio Líquido: (a) redução do Capital Social; (b) prejuízo líquido no exercício; e (c) ajuste de exercícios anteriores (reduzindo o lucro do período).
[4] Ver Seção 4.3.IV.IV. Até 1995 tínhamos de ponderar, também, a correção monetária e, até 2007, a reavaliação de bens do Ativo (extinta pela Lei n. 11.638/07).
[5] Despesas contabilizadas a maior ou receitas contabilizadas a menor, em anos anteriores.

### 17.4.2 **Evolução real**

Dos fatores citados, os dois primeiros (reinvestimento de lucros e entrada de novos recursos) correspondem a acréscimos efetivos de recursos, aumentando, por conseguinte, a capacidade operacional da empresa.

São recursos novos que, vindo somar-se aos já existentes, poderão propiciar, por exemplo, compra de novos equipamentos, ampliação de instalações ou maiores estocagens.

Consideram-se *lucros reinvestidos* aquelas parcelas do resultado líquido que permanecem dentro da empresa, reforçando o montante dos capitais próprios sob a forma de Reservas de Lucros. É o fator mais desejável de acréscimo patrimonial, pois demonstra que a própria movimentação dos negócios gera os recursos necessários ao desenvolvimento da empresa.

Considera-se *entrada de novos recursos* a integralização, pelos sócios ou acionistas, dos aumentos do Capital Social. Geralmente, essa forma de acréscimo patrimonial é utilizada quando as atividades precisam ser expandidas rapidamente, ocasião em que haverá necessidade de um volume maior de recursos dos que os normalmente obtidos pelo reinvestimento dos lucros.

São considerados, também, entrada de novos recursos os aumentos de Ativo decorrentes de ganhos catalogados como Reservas de Capital (ágios na emissão de ações, produto da alienação de bônus de subscrição etc.).

No caso da ABC, tivemos, em x1:

- Lucro Líquido do exercício: $ 18.480
- + integralização de capital: $ 10.700
- + ágio na emissão de ações: $ 9.800
- – dividendos a distribuir: ($ 4.389)
- – depósitos judiciais (considerados como Ativo Fictício): ($ 5.500)
- = entrada de novos recursos operacionais: $ 29.091

### 17.4.3 **Evolução nominal**

Ao contrário do que ocorre com os fatores já comentados no item anterior (reinvestimento de lucros, integralização de Capital e entrada de Reservas de Capital), a simples atualização (para mais) de valores patrimoniais decorrente de sua avaliação a preços de mercado[6] não propiciará condições de incremento ou de redução das atividades. O mesmo ocorre com os *ajustes de exercícios anteriores*[7] e com os *ajustes a valor presente*[8].

Portanto, essas parcelas decorrentes dos ajustes citados devem ser determinadas e separadas, para que possamos, então, visualizar a evolução patrimonial (econômica) real da empresa.

### 17.4.4 Evolução potencial

Considerando que, pelo menos nas firmas de médio e grande portes, a quase totalidade do Lucro Líquido é reinvestida, pode-se julgar, como efetivos indícios de evolução patrimonial futura, o quociente de rentabilidade dos capitais investidos, bem como todos os fatores que influenciam a rentabilidade dos negócios (vendas, custos, despesas etc.).

Igualmente, devem ser ponderadas as possibilidades de a empresa aumentar seu capital social com recursos particulares de seus componentes ou, no caso de sociedade de capital aberto, com a colocação de novas ações no mercado investidor.

Considerando que, dentre todos os fatores de evolução patrimonial, o mais desejável e o que deve merecer maior atenção por parte dos gestores da empresa é, sem dúvida, a rentabilidade, vamos aprofundar, na próxima seção, o estudo desse importante aspecto.

# 17.5 Rentabilidade

### 17.5.1 Margem de lucro e rotatividade

Como já comentamos anteriormente — Seção 15.2.3 —, a capacidade de os capitais investidos na empresa produzirem lucro depende, basicamente, de dois fatores:

---

[6] Incluídas, nesse raciocínio, a correção monetária e a reavaliação de bens do Ativo, que foram extintas.
[7] Ver Seção 6.2.b.
[8] Ver Seção 5.2.g.7.

DEMONSTRAÇÕES CONTÁBEIS

- margem de lucro;
- rotatividade.

Assim, uma empresa pode compensar uma baixa margem de lucro com uma alta rotatividade e vice-versa.

A ABC apresentou, em x1, uma margem de lucro de 10% que, combinada com uma rotatividade de cerca de 1,9 vezes, proporcionou-lhe uma rentabilidade sobre o investimento total de aproximadamente 19%, o que, se não é excepcional, não deixa de ser uma taxa razoável. Além disso, esses indicadores evoluíram, pois em x0 eram bem menores: margem de lucro de menos de 7%, rotatividade de 1,5 vezes e rentabilidade sobre o Ativo de pouco mais de 10%.

A Figura 15.1 dá ao analista a possibilidade de localizar todos os fatores que podem atuar, individualmente ou em conjunto, para aumentar o retorno do investimento total.

Uma redução, por exemplo, no nível dos estoques implicaria redução dos investimentos no Ativo. Se essa redução do Ativo não provocasse redução nas vendas ou provocasse uma redução proporcionalmente menor, é lógico que a rotatividade seria aumentada. Esse aumento da rotatividade, por sua vez, provocaria um aumento da rentabilidade (retorno) do investimento total.

Por outro caminho, se a empresa conseguisse reduzir seus custos, o lucro operacional seria aumentado e, conseqüentemente, o decorrente aumento da margem de lucro sobre as vendas se refletiria diretamente no aumento da rentabilidade do investimento.

## 17.5.2 Aumento da Receita Líquida

O aumento do movimento de vendas (receita) pode aumentar a rentabilidade dos capitais investidos — ver Seção 15.4.5 e Figura 15.1 — atuando sobre os dois fatores: rotatividade e margem de lucro.

Se o aumento das vendas não implicar aumento do investimento ou implicar aumento em proporção menor, estará provocando, certamente, a elevação da rotatividade.

ESTUDO DA SITUAÇÃO ECONÔMICA

Se a empresa estiver operando acima do ponto de equilíbrio, esse mesmo aumento, por força da presença dos custos fixos e do conseqüente efeito "alavancagem", fará com que a margem de lucro tenha um aumento percentualmente ainda maior do que o das vendas.

A combinação do aumento obtido via margem de lucro com o aumento obtido via rotatividade terá um efeito cumulativo no aumento da rentabilidade (retorno) do investimento total.

Na ABC — ver Quadro 5.2 —, as vendas (líquidas) aumentaram de $ 200 mil para $ 300 mil (expressivo aumento de 50%).

### 17.5.3 Ponto de equilíbrio

Para usufruir do efeito "alavancagem", é importantíssimo que a empresa esteja operando acima do ponto de equilíbrio.

A ABC — ver Seção 15.4.4 — tem um ponto de equilíbrio de cerca de 6.400 unidades e está operando bem acima, num nível de 10.000 unidades. Isso faz com que ela tenha uma margem de segurança expressiva de 36%, ou seja, suas vendas poderiam ser reduzidas em até 1/3 sem que ela passasse a apresentar prejuízo em suas operações.

Além disso, pelo efeito alavancagem, qualquer aumento percentual no seu faturamento provocaria — além do aumento da rotatividade — um aumento percentual quase três vezes maior no lucro.

# 17.6 Conclusões

### 17.6.1 Objetivos do estudo

O estudo da situação econômica preocupa-se com o volume de recursos próprios (Patrimônio Líquido ou capital próprio), analisando:

- seu valor absoluto (em unidades monetárias);
- seu valor relativo (comparado com o investimento total);
- sua evolução (passada e futura).

Podemos, pois, dizer que a situação econômica é caracterizada, de forma estática, pelo montante dos recursos próprios existentes e por sua expressão relativa dentre os valores aplicados no Ativo e, de forma dinâmica, pela evolução patrimonial.

## 17.6.2 Situação favorável

Podemos considerar favorável a situação econômica da empresa que apresentar:

- capital próprio em montante expressivo, em face do total dos recursos aplicados e em face das necessidades normais da empresa;
- capital próprio evoluindo por meio do reinvestimento de lucros ou da entrada de novos recursos;
- rentabilidade suficiente para amparar o desenvolvimento normal dos negócios.

## 17.6.3 Caso em estudo

Na ABC, encontramos:

- capital próprio expressivo, financiando 44% dos investimentos no Ativo;
- capital próprio em evolução — de 32% para 44%;
- vendas em evolução — aumento de 50% de x0 para x1;
- nível operacional bem acima do ponto de equilíbrio, oferecendo boa margem de segurança (36%) e um expressivo fator de alavancagem (2,8 vezes);
- rentabilidade razoável — 18,93% — para amparar os planos de desenvolvimento a médio e longo prazos e suficiente para indicar ausência de riscos aos capitais de terceiros;
- rentabilidade em evolução — de 10,23% para 18,93%.

ESTUDO DA SITUAÇÃO ECONÔMICA

# RESUMO

| | ASPECTOS A SER OBSERVADOS | ÍNDICES RESPECTIVOS | |
|---|---|---|---|
| **ESTÁTICO** | **Valor absoluto**<br>• montante dos recursos próprios | • Patrimônio Líquido<br>ou<br>• capital próprio | |
| | **Valor relativo**<br>• recursos próprios comparados com o total do investimento no Ativo | $$\dfrac{\text{Capital próprio}}{\text{Ativo total}}$$ | |
| **DINÂMICO** | **Sentido da evolução**<br>• está crescendo ou diminuindo? | • Comparação com os índices de balanços anteriores | |
| | **Natureza da evolução**<br>• esse crescimento (se for o caso) é efetivo ou apenas nominal? | • **Real** | • reinvestimento de lucros |
| | | | • entrada de novos recursos |
| | | • **Nominal** | • avaliação a preços de mercado (positiva) |
| | | | • ajustes (positivos) a valor presente |
| | **Evolução potencial**<br>• Possibilidades de evolução futura | • Rentabilidade (retorno) do investimento total | |

DEMONSTRAÇÕES CONTÁBEIS

# TESTES

**1** O balanço de certa empresa apresenta, no Passivo, os seguintes itens:

Fornecedores: 300
Financiamentos: 140
Capital realizado: 610
Prejuízos acumulados: 220 (inclusive prejuízo desse exercício)

Calcule:
**a.** Capital próprio (Patrimônio Líquido): $ . . . . . . . . . . ( . . . . . . . . %);
**b.** Capital de terceiros (Exigível total): $ . . . . . . . . . . . . ( . . . . . . . . %).

**2** Sobre a situação econômica da firma do teste anterior, escolha o comentário que julgar mais adequado:

**a.** Apresenta expressivo montante de capital próprio, favorecido, ainda, sob o aspecto dinâmico, por excelente rentabilidade.

**b.** Apresenta montante de capital próprio inexpressivo, comprometido, ainda, pelos sucessivos prejuízos operacionais.

**c.** Apesar de apresentar um montante de capital próprio que poderia ser julgado razoável, sua situação econômica encontra-se, sob o aspecto-dinâmico, seriamente comprometida pelos sucessivos prejuízos operacionais.

**d.** A situação econômica está seriamente comprometida, pois utiliza mais capital alheio do que capital próprio.

**e.** Apresenta passivo a descoberto.

**3** Diga se as afirmações são falsas (F) ou verdadeiras (V):

( ) Os ajustes de avaliação patrimonial provocam variação da capacidade operacional da empresa.

( ) Um índice de participação do capital próprio de 0,68 indica que a empresa possui, em seu Ativo, para garantir cada 32 unidades monetárias de recursos de terceiros, 100 unidades monetárias de bens e direitos.

( ) A evolução "real" do Patrimônio Líquido deve ser medida pelo reinvestimento de lucros e pela integralização de novos capitais.

**4** Dois balanços apresentam:

| | Firma A1 | Firma B1 |
| --- | --- | --- |
| Ativo total | $ 18.000 | $ 36.000 |
| Patrimônio Líquido | $ 12.000 | $ 14.000 |

Qual das duas empresas apresenta situação patrimonial mais sólida?
**a.** A firma B1, porque movimenta mais recursos no Ativo.
**b.** A firma B1, porque apresenta Patrimônio Líquido mais elevado.
**c.** A firma A1, porque utiliza mais recursos próprios do que de terceiros.
**d.** Ambas estão praticamente na mesma situação.
**e.** A firma A,1 porque utiliza maior proporção de capital alheio.

**5** A análise de dois balanços, em três exercícios sucessivos, apresentou:

| | Firma C1 | | | Firma D1 | | |
| --- | --- | --- | --- | --- | --- | --- |
| | x0 | x1 | x2 | x0 | x1 | x2 |
| Participação do capital próprio | 0,30 | 0,40 | 0,50 | 0,75 | 0,65 | 0,55 |

Sob o aspecto dinâmico, qual a situação econômica mais favorável?
**a.** A da firma D1, porque apresenta uma média de índices mais alta.
**b.** A da firma D1, porque o índice atual é mais elevado.
**c.** Ambas estão em idêntica situação, porque os índices tendem a se igualar.
**d.** A da firma C1, porque apresenta nítida evolução patrimonial.
**e.** Nenhuma das duas, porque ambas estão involuindo

**6** Duas empresas aumentaram seu Patrimônio Líquido no último exercício:

| | Firma E | Firma F |
| --- | --- | --- |
| Patrimônio Líquido anterior | $ 200.000 | $ 200.000 |
| Integralização de Capital | $ 100.000 | $ 50.000 |
| Lucro reinvestido | $ 100.000 | $ 200.000 |
| Aumentos do Ativo decorrentes de avaliação a preços de mercado | $ 200.000 | $ 50.000 |
| Patrimônio Líquido atual | $ 600.000 | $ 500.000 |
| (Acréscimo percentual) | 200 % | 150 % |

Qual das duas empresas obteve maior acréscimo de capacidade operacional?
a. A firma E, porque seu Patrimônio Líquido atual é maior.
b. A firma F, porque a soma do lucro reinvestido e do capital integralizado foi maior.
c. A firma E, porque apresentou uma evolução maior (200%).
d. A firma F, porque reinvestiu mais lucro.
e. A firma E, porque integralizou mais capital.

**7** O estudo de dois balanços apresentou:

|  | Firma G | Firma H |
| --- | --- | --- |
| Participação do capital próprio | 0,30 | 0,40 |
| Rentabilidade do investimento | + 20% | – 20% |

Complete os itens a seguir:
a. A empresa G utiliza capitais próprios e de terceiros na proporção, respectivamente, de .............. % e ............... %.
b. Na empresa .............., por força do reinvestimento de lucros, o capital próprio deverá dobrar dentro de, aproximadamente, ............ anos.
c. Na empresa .............., dentro de aproximadamente ............ anos, o capital de terceiros começará a ser absorvido pelos prejuízos.

# Capítulo 18

## ESTUDO DA SITUAÇÃO FINANCEIRA

CAPACIDADE DE PAGAMENTO

CAPACIDADE DE PAGAMENTO – FATORES DETERMINANTES

CONCLUSÕES

LIQUIDEZ → RESSALVAS E EQUÍVOCOS

## 18.1 Capacidade de pagamento

### 18.1.1 Situação financeira

> Quando a nossa análise estiver voltada para o problema da solvência dos compromissos com terceiros, estaremos preocupados em apreciar o aspecto financeiro ou a *situação financeira* da empresa.

Tal análise consiste, pois, na verificação da suficiência ou não de recursos em giro (disponíveis e realizáveis) para o pagamento das dívidas da empresa.

O estudo da situação financeira tem por objetivos: (a) determinar a capacidade de pagamento e (b) localizar os fatores que influenciam, para melhor ou para pior, essa capacidade de pagamento.

### 18.1.2 Capacidade de pagamento a curto prazo

Preocupa-se com a liquidação das dívidas vencíveis dentro do exercício seguinte ao do balanço (até 365 dias). É determinada, em princípio, pelos índices de **liquidez corrente** e **seca**.

**a.** *Liquidez corrente*
Procuramos medir a capacidade da empresa de pagar os compromissos vencíveis dentro de um ano, contando para isso com os valores disponíveis e realizáveis no mesmo período.

A ABC, em 31/12/x1, apresentava, para cada $ 1,00 de dívidas a curto prazo, um montante de valores disponíveis e realizáveis correspondente a $ 1,40, o que mostra, dentro dos padrões tradicionais de análise e antes de outras ponderações[1], uma capacidade de pagamento a curto prazo apenas regular.

* **Ativo Circulante Líquido** – A diferença entre o Ativo Circulante e o Passivo Circulante é denominada Ativo Circulante Líquido e constitui

---

[1] Sobre a relatividade da interpretação dos índices de liquidez, ver Seção 18.4.

parcela básica para a montagem da Demonstração das Origens e Aplicações de Recursos (ver Seção 8.1.4.d,e). Na ABC (ver Quadro 11.1), o Ativo Circulante Líquido é de $ 34.691 ($ 120.400 – $ 85.709).

A determinação do Ativo Circulante Líquido é fundamental para a análise financeira, pois corresponde à parcela do Ativo Circulante que não é financiada por capital alheio a curto prazo, mas sim por capital alheio a longo prazo e/ou por capital próprio.

O montante do Ativo Circulante Líquido é diretamente proporcional ao índice de liquidez corrente, ou seja, quanto maior esse índice, maior será o montante de Ativo Circulante financiado pelo capital próprio e/ou por capital alheio a longo prazo.

**b.** *Liquidez seca*

Excluímos, dos recursos do Ativo Circulante, o valor dos estoques e voltamos a comparar esse novo montante com o valor do Passivo Circulante.

Se a queda do índice de liquidez for muito acentuada, estará indicando que a empresa depende muito da venda de seus estoques para pagar seus compromissos. Se a queda for pequena, pode-se concluir que o volume dos estoques é pequeno e pouco influi na capacidade de pagamento da empresa.

Com a exclusão dos estoques, o índice de liquidez da ABC caiu de 1,40 para 0,59 (ver Seções 16.1 e 16.2), revelando que, não obstante a margem de liquidez corrente superavitária, o volume de estoques é muito elevado e uma eventual retração nas vendas poderá tornar apertada a situação financeira.

Aliás, a proporção dos estoques dentro do Ativo Circulante pode ser determinada, matematicamente, pela comparação dos índices de liquidez corrente e seca. Assim, na ABC, o índice de liquidez caiu, aproximadamente, 58% (de 1,40 para 0,59), o que indica que os estoques representam cerca de 58% do total do Ativo Circulante. Podemos, pois, determinar, matematicamente, que o percentual do estoque dentro do Ativo Circulante é exatamente igual ao percentual da queda da liquidez corrente para a liquidez seca.[2]

---

[2] Ver coluna da "% do grupo" no Quadro 12.1.a. Pequenas diferenças nos resultados, como no caso presente, serão devidas aos arredondamentos efetuados nos cálculos dos índices.

DEMONSTRAÇÕES CONTÁBEIS

- **Índice dispensável** – Quando o quociente de liquidez corrente for bem superior à unidade e/ou os estoques forem constituídos de mercadorias de fácil comercialização, será totalmente dispensável, na análise financeira, o cálculo e a apreciação do índice de liquidez seca.

### 18.1.3 Capacidade de pagamento geral

**a.** *Liquidez geral*
A capacidade de solvência da empresa é medida pelo índice de liquidez geral, que compara todas as dívidas com todos os valores disponíveis e realizáveis, sem preocupação com limites de prazo.

Expressa, pois, a capacidade da empresa de pagar todos os seus compromissos sem ter de lançar mão dos valores aplicados no Ativo Permanente.

Dependendo de outros fatores a serem observados, o resultado apurado na ABC[3] pode ser considerado apenas razoável, pois indica a existência de $ 1,27 de valores movimentados no giro dos negócios para garantir cada $ 1,00 de dívidas[4]. De x0 para x1, houve uma pequena evolução de 1,15 para 1,27.

**b.** *Liquidez corrente x liquidez geral*
Observando as fórmulas de liquidez, podemos concluir que, sempre que o índice de liquidez geral for muito inferior ao de liquidez corrente, essa diferença revelará que a empresa recorre em larga escala aos capitais de terceiros a longo prazo.

O caso oposto — liquidez geral bem superior à corrente — revela que o acréscimo provocado (no numerador) pelos valores realizáveis a longo prazo foi proporcionalmente bem maior que o acréscimo provocado (no denominador) pelas dívidas a longo prazo.

Se os dois índices forem semelhantes, são duas as possibilidades:

- valores a longo prazo não existem ou são inexpressivos;
- percentualmente, em relação aos grupos Circulantes, o Exigível e o Realizável a Longo Prazo se equivalem ou, em outras palavras,

[3] Ver Seção 16.3.2.
[4] Ver Seção 18.4.

o acréscimo ao numerador é proporcionalmente igual ou semelhante ao acréscimo ao denominador.

### 18.1.4 **Grau de endividamento**

É, também, uma medida da solvência geral da empresa, pois determina a proporção do Ativo financiada por capitais de terceiros.

Seria mais útil no caso de a empresa cessar suas atividades, quando então os valores do Ativo serão convertidos em moeda para liquidar as dívidas.

É, entretanto, um fator importante no andamento normal das atividades da empresa, pois pode ser um indicador-chave para que a empresa possa obter novos financiamentos. De fato, a empresa altamente endividada poderá sofrer restrições de crédito e, assim, não obter financiamentos para complementar o giro normal de suas atividades.

No caso da ABC, o grau de endividamento do Ativo é de 0,56, ou seja, 56% dos valores aplicados no Ativo foram financiados por recursos de terceiros.

# 18.2 Capacidade de pagamento – fatores determinantes

### 18.2.1 **Causas e efeitos**

Um baixo índice de liquidez não pode ser considerado, evidentemente, a causa dos problemas financeiros da empresa. O índice apurado constitui uma expressão numérica da capacidade de pagamento, ou seja, é apenas um reflexo dos efeitos provocados por diversos fatores.

Procuraremos, a seguir, analisar cada um desses fatores, determinando de que forma e em que grau eles influenciam na capacidade de pagamento.

### 18.2.2 **Retorno do Ativo Circulante**

Quanto mais a empresa demorar para vender suas mercadorias e para receber o produto dessas vendas, maior deverá ser o montante dos recursos investidos em *estoques* e em créditos concedidos aos clientes.

Ora, como já frisamos, toda aplicação de recursos no Ativo precisa contar com as origens correspondentes, seja sob a forma de capital próprio, seja sob a forma de capital de terceiros.

Assim, toda elevação dos prazos de rotação dos estoques e de recebimento de vendas acarretará, inevitavelmente, aumento da necessidade de financiamento para o giro dos negócios.

Podemos, portanto, concluir que empresas que apresentam demorados prazos de retorno do Ativo Circulante (rotação dos estoques + recebimento das vendas) necessitarão de uma quantidade maior de recursos para financiar os estoques — que ficarão mais tempo parados nas prateleiras — e os créditos com prazos mais longos concedidos aos clientes, e estarão, pelo menos teoricamente, mais propensas a apresentar problemas financeiros.

Se esses problemas surgirão ou não, vai depender da natureza das fontes de recursos utilizadas para atender às necessidades em pauta.

O ciclo operacional da ABC é de 152 dias, o que prenuncia que a empresa necessita de capitais, próprios ou alheios, em montante expressivo.

## 18.2.3 **Prazo de pagamento das compras**

A primeira fonte de que a empresa se utiliza para atender à necessidade de financiamentos para o giro é o crédito concedido pelos próprios fornecedores das mercadorias ou das matérias-primas.

É um tipo de financiamento que pode ser usado sem maiores problemas, pois, além de não ter custo[5] (juros e outras taxas), é rotativo, ou seja, é renovado automaticamente.

Se esses créditos forem suficientes para cobrir as aplicações no Ativo Circulante, poderemos ter, em determinada empresa X, a seguinte situação:

---

[5] Alguns consideram como custo do financiamento do fornecedor o desconto que seria concedido caso o pagamento fosse à vista.

## ESTUDO DA SITUAÇÃO FINANCEIRA

**Quadro 18.1** BALANÇO PATRIMONIAL SINTÉTICO DE UMA EMPRESA "X"

| ATIVO | | PASSIVO | |
|---|---|---|---|
| **Circulante** | | **Circulante** | |
| Estoque | 60 | Fornecedores | 100 |
| Duplicatas a Receber | 40 | | |
| | 100 | | 100 |
| Permanente | 30 | Patrimônio Líquido | 30 |
| | 130 | | 130 |

$$\text{Liquidez corrente} = \frac{100}{100} = 1,00$$

Nesse caso, apesar do baixo índice de liquidez corrente (1,00), teríamos a apontar como aspecto negativo apenas as possíveis dificuldades de pagamento aos fornecedores, decorrentes de eventuais atrasos dos clientes ou de retração nas vendas.

## 18.2.4 Diferença de prazos

A situação mais comum é a de que o crédito concedido pelos fornecedores seja insuficiente para financiar as aplicações no Ativo Circulante, forçando a empresa a recorrer a outras fontes de financiamento.

**Quadro 18.2** FINANCIAMENTO COMPLEMENTAR PARA O GIRO DA CIA. ABC (CICLO DE CAIXA)

| ROTAÇÃO DOS ESTOQUES | RECEBIMENTO DAS VENDAS |
|---|---|
| 107 dias | 45 dias |

| 152 dias (ciclo operacional) | |
|---|---|

| 90 dias | 62 dias |
|---|---|
| PAGAMENTO DAS COMPRAS | FINANCIAMENTO COMPLEMENTAR (CICLO DE CAIXA) |

No caso da ABC, deduzimos que, dos 152 dias que as aplicações (obrigatórias) no Ativo Circulante demoram para ser convertidas em moeda, os fornecedores financiam apenas 90 dias, revelando ponderável necessidade de financiamento complementar (62 dias).

## 18.2.5 Financiamentos complementares — Ciclo de caixa

Para complementar suas necessidades de financiamento, a empresa pode se valer de dois tipos de capital:

- capital próprio (capital de giro próprio);
- outros capitais de terceiros (empréstimos bancários e outras dívidas).

As implicações decorrentes da opção entre esses dois tipos de financiamento podem ser bem ilustradas por meio da comparação entre duas firmas (Y e Z) que apresentam as mesmas aplicações no Ativo (iguais, também, às da firma X já citada anteriormente):

**Quadro 18.3** BALANÇOS PATRIMONIAIS ESQUEMÁTICOS DAS EMPRESAS Y E Z

| ATIVO (FIRMAS Y E Z) | |
|---|---|
| Circulante | |
| Estoques | 60 |
| Duplicatas a Receber | 40 |
| | 100 |
| Permanente | 30 |
| | 130 |

| PASSIVO | Y | Z |
|---|---|---|
| Circulante | | |
| Fornecedores | 60 | 60 |
| Outros financiamentos | - - - - | 40 |
| | 60 | 100 |
| Patrimônio Líquido | 70 | 30 |
| | 130 | 130 |

Liquidez corrente →

$$\text{firma Y} = \frac{100}{60} = 1{,}66$$

$$\text{firma Z} = \frac{100}{100} = 1{,}00$$

Notamos que a firma Y apresenta situação financeira mais folgada, pois seu índice de liquidez é bem mais elevado.

E por que o índice da firma Y é mais elevado?

Porque ela complementou suas necessidades de financiamento com recursos próprios, ao contrário da Z, que recorreu a recursos de terceiros.

Observamos, pois, que, apesar de ambas apresentarem o mesmo volume de aplicações no giro dos negócios e a mesma necessidade de

# ESTUDO DA SITUAÇÃO FINANCEIRA

financiamento complementar, suas capacidades de pagamento são bem diferentes.O fator determinante da situação financeira de cada uma delas foi o tipo de capital utilizado para complementar o crédito concedido pelos fornecedores.

Quando a empresa utiliza, predominantemente, capital próprio (firma Y), o índice de liquidez será elevado e não haverá sinais de possíveis problemas financeiros.

Quando estiverem sendo usados, em maior escala, outros tipos de capital de terceiros (firma Z), o índice de liquidez será baixo, e os problemas financeiros (e, também, de rentabilidade) poderão surgir, maiores ou menores, dependendo da natureza e das condições desses financiamentos.

Já o caso da empresa X (ver Quadro 18.1) é diferente do da empresa Z. Os índices são iguais (1,00), mas a empresa X tem a seu favor o fato de os fornecedores financiarem toda a sua necessidade de capital de giro, o que não acontece com a empresa Z. Ou seja, a empresa X não usa capital de giro próprio porque não necessita, enquanto a empresa Z não tem capital próprio para aplicar no giro.

**Quadro 18.4** ÍNDICES DE LIQUIDEZ E DIFERENÇAS DE PRAZOS

| ÍNDICE DE LIQUIDEZ | DIFERENÇA DE PRAZOS | FINANCIAMENTO COMPLEMENTAR | | Empresa |
|---|---|---|---|---|
| | | CAPITAL PRÓPRIO | CAPITAL DE TERCEIROS | |
| Elevado | Elevada | Muito | Pouco/nenhum | Y |
| Baixo | Elevada | Pouco/nenhum | Muito | Z |
| | Baixa | Pouco/nenhum | Pouco/nenhum | X |
| | | Fornecedores financiam quase todo (ou todo) o Ativo Circulante | | |

## 18.2.6 Capital de giro próprio

Notamos, pois, que o fator mais importante para caracterizar a situação financeira de uma empresa é a existência, ou melhor, a suficiência de capital de giro próprio.

Mesmo quando a empresa necessita de muito financiamento para o giro (porque os prazos de rotação dos estoques e de recebimento de vendas são demorados) e o fornecedor lhe concede pouco financiamento (prazo de pagamento das compras reduzido), a capacidade de pagamento não será afetada, desde que a empresa possua capital de giro próprio suficiente para cobrir essa diferença.

O caso da ABC é intermediário, porque ela cobre parte da diferença de prazos com outros financiamentos de terceiros (principalmente desconto de títulos) e parte com capital de giro próprio.

Como já frisamos no Quadro 13.2, o capital próprio se destina a financiar, basicamente, as aplicações de natureza fixa (Ativo Permanente) — especialmente em bens de uso — e, de forma complementar, as aplicações no giro.

Dessa maneira, todo excesso de aplicações no Permanente, absorvendo maiores quantidades de recursos dos proprietários, reduz a disponibilidade para aplicações no Circulante, com todas as implicações negativas decorrentes.

O *grau de imobilização do capital próprio* nos informa, de um lado, a proporção de recursos próprios investidos no Ativo Não Circulante e, de outro, a proporção destinada a financiar o giro dos negócios. Na ABC, essas proporções foram, respectivamente, de 55% e 45% (ver Seção 13.4.2).

## 18.2.7 Natureza dos financiamentos complementares

É, portanto, essencial — principalmente quando o capital próprio for escasso ou quando a diferença de prazos for muito grande — que o analista proceda a um estudo das verbas integrantes do Passivo Circulante e do Exigível a Longo Prazo, para verificar se a empresa não está lançando mão de capitais de terceiros de natureza inadequada (ver Quadro 13.2) ou em condições anormais.

Excetuando o crédito de fornecedores — já comentado —, analisemos as principais fontes de recursos de terceiros, seu uso normal e seus possíveis inconvenientes:

- Desconto bancário — se usado moderadamente não deve apresentar maiores problemas, além dos seguintes:
  - custo, representado por juros, comissões e taxas;
  - pode ser restringido em épocas de retração de crédito.
- Contas a pagar — normalmente apresenta montante reduzido, pois deve representar o valor das despesas de um mês, como salários, impostos e aluguéis, que deverão ser pagas no mês seguinte.[6]
- Outros financiamentos — utilizáveis somente em situações especiais, devem merecer uma apreciação mais rigorosa. Comumente são financiamentos a longo prazo (o que é benéfico para a empresa) e não rotativos (o que é um perigo para a empresa).

## 18.2.8 Rentabilidade

**a.** *Reforço do capital de giro próprio*
Quando os sócios não retiram os lucros auferidos, adotando a política de reinvesti-los no giro dos negócios, estarão reforçando, evidentemente, o capital de giro próprio da empresa.

Outra forma de aumentar o capital de giro próprio seria transferindo recursos particulares dos sócios para a firma, ocorrência que pode ser, também, determinada indiretamente pela rentabilidade, pois, quanto maior o lucro produzido, maior será o interesse dos proprietários em investir mais recursos na empresa.

**b.** *Autoliquidação*
Normalmente, os empréstimos a longo prazo — sobretudo os destinados a financiar o Ativo Fixo — devem ser liquidados com os recursos gerados pela movimentação dos próprios valores financiados.

---

[6] Se o montante dos impostos e das contribuições a pagar for elevado, pode sugerir que a empresa não vem recolhendo suas obrigações para com os cofres públicos há certo tempo, e, assim, esse total poderá ser acrescido de multa, juros e correção.

Nesses casos, deveremos ponderar a rentabilidade dos capitais investidos, pois, quanto maior o lucro produzido, menores deverão ser as dificuldades para o resgate desse tipo de dívida.

**c.** *Custo do capital de terceiros*
As despesas com juros, correção monetária e outras taxas aumentam o custo operacional. Entretanto, essas despesas (mesmo quando elevadas) podem não afetar a rentabilidade, desde que a margem de lucro seja expressiva, absorvendo, sem maiores problemas, o custo em pauta.[7]

**d.** *Capacidade de pagamento*
Deverá, portanto, o analista ponderar que, a longo prazo, a rentabilidade dos negócios, quando de margem elevada, reforça o capital de giro próprio, melhorando, em decorrência, a capacidade de pagamento da empresa, ajudando-a a sair do círculo vicioso apresentado na Figura 18.1.[8]

## 18.2.9 **Círculo vicioso**

O retorno demorado — aumentando a necessidade de financiamento do giro — pode exigir a utilização de maior quantidade de capital de terceiros; o aumento da utilização de capital de terceiros pode provocar aumento do custo operacional; o aumento do custo pode reduzir o lucro operacional; a redução do lucro, por sua vez, pode determinar a redução da capacidade de geração de capital de giro próprio e o conseqüente aumento da utilização de capital de terceiros.

A imobilização excessiva, a utilização de capital de terceiros oneroso e o baixo nível de rentabilidade podem, também, direta ou indiretamente, contribuir para o agravamento do círculo vicioso ilustrado na Figura 18.1.

---

[7] Ver "alavancagem financeira" e "rentabilidade do capital alheio" nas Seções 15.2.5, 15.6 e 15.7.

[8] O círculo vicioso da Figura 18.1 pode ser apresentado, também, no sentido positivo: o aumento do *capital de giro próprio* reduz a necessidade de recorrer ao *capital de terceiros*; a diminuição da utilização de *capital de terceiros* reduz o *custo*; a redução do *custo* resulta em aumento do *lucro*; o aumento do *lucro* aumenta a disponibilidade de recursos para ser aplicados no Ativo Circulante (*capital de giro próprio*); e, assim, sucessivamente.

**Figura 18.1** CÍRCULO VICIOSO - FATORES QUE AFETAM A CAPACIDADE DE PAGAMENTO

## 18.3 Conclusões

### 18.3.1 Resumo

A necessidade de financiamento para o giro é determinada, em princípio, pelo volume de investimentos no Ativo Circulante (principalmente Estoques e Duplicatas a Receber), volume esse que se reflete nos prazos de rotação dos estoques e de recebimento de vendas.

Essa necessidade é atendida, em primeiro lugar, pelos créditos concedidos pelos fornecedores.

Se o crédito dos fornecedores for insuficiente, a empresa deve complementá-lo com recursos próprios (capital de giro próprio), caso em que o índice de liquidez será elevado.

Se o capital de giro próprio não existir ou for insuficiente, a empresa recorrerá a outras fontes de financiamento, quando, então, o índice de liquidez será baixo, prenunciando eventuais dificuldades de pagamento.

Essas dificuldades de pagamento serão agravadas ainda mais se as fontes escolhidas forem inadequadas ou os financiamentos obtidos forem desvantajosos em termos de condições de resgate e de custo, o que pode comprometer, também, a margem de lucro.

## 18.3.2 Situação desfavorável

Caracteriza uma situação desfavorável a presença de um ou de alguns dos seguintes aspectos:

- Índices de liquidez corrente e geral pouco acima da unidade ou mesmo inferiores, revelando aperto financeiro[9] ou, no segundo caso, insuficiência de recursos para o pagamento dos compromissos (inexistência de *capital de giro próprio* ou de *Ativo Circulante Líquido*).
- Índice de liquidez seca bem inferior ao de liquidez corrente, revelando estoques de volume elevado, que, se forem constituídos por mercadorias de difícil comercialização, agravarão, ainda mais, a situação financeira da empresa.
- Nível de rentabilidade insuficiente para acumular recursos no giro e/ ou para solver os compromissos a longo prazo.

## 18.3.3 Análise comparativa

**a.** *Histórica*
A comparação dos índices atuais com os relativos aos exercícios anteriores tem em mira:
- constatar a evolução financeira da firma em estudo, verificando se a situação atual é crônica ou ocasional e se a tendência é positiva ou negativa;
- descobrir os fatores determinantes da situação atual, da sua evolução ou do seu retrocesso e apontar as correções necessárias.

**b.** *Índices-padrão*
Apesar das dificuldades de se estabelecer índices-padrão, tudo indica que firmas de porte semelhante e de natureza de atividade semelhante apresentarão problemas financeiros também semelhantes.

---

9 Ver Seção 18.4.

Para que o analista julgue se a situação examinada pode ou não ser considerada "normal", é importante que ele conheça o comportamento de outras empresas do mesmo ramo e do mesmo porte.

### 18.3.4 Atividades especiais

Mencionaremos, dentre os vários ramos, aqueles que, por suas características particulares, merecem uma apreciação especial, para que não se chegue a conclusões divorciadas da realidade:

- firmas que produzem ou vendem artigos para determinadas épocas do ano (produtos sazonais), como brinquedos, fogos de artifício e artigos para inverno ou para carnaval;
- empresas que se dedicam à prestação de serviços e, portanto, não apresentam estoques, como sociedades de engenharia, transportadoras e despachantes;
- entidades financeiras, cuja mercadoria é o dinheiro;
- entidades públicas, que se baseiam em "orçamentos" de receitas e gastos;
- entidades sem finalidade de lucro, como associações de classe, clubes e fundações.

### 18.3.5 Índices × Realidade

É interessante que o analista possa confrontar os resultados obtidos com dados ou informações que não constam dos demonstrativos, como:

- conhecimento pessoal da situação da empresa;
- conhecimento pessoal da situação dos sócios e de sua capacidade administrativa e empresarial;
- conhecimento dos problemas específicos do ramo explorado;
- comportamento da empresa na solvência dos compromissos.

Esses elementos servirão para complementar os dados obtidos por meio da análise e comprovar sua veracidade.

Assim, poderemos constatar que, não obstante a analisada apresentar bons índices de liquidez, vem pagando, habitualmente, seus compromissos com considerável atraso. Essa situação pode ser explicada, pelo menos parcialmente, por um ou alguns dos seguintes fatores:

- desorganização geral ou do departamento encarregado dos pagamentos;
- tolerância por parte dos fornecedores;
- alterações na estrutura econômico-financeira da empresa, ocorridas após a data do balanço;
- inexatidão dos dados apresentados nos demonstrativos, principalmente os referentes aos estoques (superavaliados ou obsoletos), caixa (valores fictícios) e clientes (créditos irrecuperáveis).

# 18.4 Liquidez → ressalvas e equívocos

Apesar de termos adotado uma posição tradicionalista na interpretação dos índices de liquidez, sentimo-nos na obrigação de apresentar alguns questionamentos que podem modificar ou até mesmo invalidar parte das conclusões já apresentadas, tanto no Capítulo 16 como no presente capítulo.

## 18.4.1 Dados estáticos

A primeira observação a ser feita é que os índices de liquidez são apurados com base nos dados apresentados em um único dia do ano. No caso da ABC, seria o dia 31 de dezembro.

Não se leva em consideração se esses valores são realmente representativos dos valores de Ativo e Passivo Circulantes mantidos durante o ano, ou se são valores ocasionais que só atingem aqueles montantes no último dia do exercício.

Um dia antes ou um dia depois, os valores e os resultados podem ser completamente diferentes. O pagamento de uma duplicata de valor expressivo ou a compra a prazo de um grande lote de mercadorias pode afetar simultaneamente o Ativo e o Passivo Circulantes e provocar sensíveis modificações no índice de liquidez corrente. Efeito mais drástico ainda teria a entrada de recursos no Ativo Circulante provenientes de empréstimos a longo prazo.

## 18.4.2 Valor de liquidação × Fluxo das operações

Outro argumento ponderável é que os resultados apresentados pelos índices de liquidez só teriam sentido se a empresa fosse liquidada no dia imediatamente seguinte ao do levantamento do balanço. Todos os valores do Ativo Circulante seriam convertidos em moeda, todas as dívidas do Circulante seriam liquidadas e o saldo ou deficit, nessas condições, corresponderia à proporção determinada pelo índice de liquidez.

Na realidade, não são os valores de custo do Ativo Circulante que devem, pela sua realização, gerar recursos para cobertura do Passivo Circulante. Os recursos com que a empresa conta para pagamento de suas dívidas são gerados pelo fluxo operacional do seu Ativo.

Assim, temos de aceitar com reservas a interpretação, como no caso da ABC, de que a empresa possui $ 1,40 de Ativo Circulante para resgatar cada $ 1,00 de dívidas a curto prazo.

## 18.4.3 Liquidez × Fluxo de caixa

Outra interpretação igualmente contestável é a de que um índice de liquidez corrente de 1,40 (caso da ABC) acarreta para a empresa uma folga de caixa de $ 0,40.

É comum e tradicional a afirmação de que essa folga permitiria que a empresa deixasse de receber uma parcela do débito de seus clientes ou deixasse de vender uma parcela de seus estoques dentro dos prazos normais e, mesmo assim, ainda teria condições de cobrir o seu $ 1,00 de dívidas.

Vamos procurar mostrar que, em termos de fluxo de caixa, mesmo com essa sobra revelada pelo índice de liquidez corrente, os montantes mensais de entrada e saída de caixa se equivalem e, portanto, não há, em termos de caixa, sobra alguma.

Aliás, se observarmos o Quadro 18.5, vamos verificar que, em vez de gerar uma sobra, a diferença de prazos gera um deficit inicial que é coberto ou pelo capital próprio, ou pelo capital de terceiros a longo prazo, ou por uma mistura de ambos.

DEMONSTRAÇÕES CONTÁBEIS

## 18.4.4 **Caso hipotético elucidativo**

Vamos supor que uma empresa comercial (Cia. Ômega), que iniciou suas atividades em 31/8/x0, tenha os seguintes prazos de rotação, valores de compra e venda de mercadorias (discriminados no Quadro 18.5):

- compra = $ 100 por mês, pagando dentro de 60 dias;
- prazo de rotação dos estoques = 30 dias;
- prazo de recebimento das vendas = 90 dias.

Vamos supor, também, que a venda seja feita com 50% de lucro (por $ 150), e esse lucro bruto seja todo utilizado para cobrir as despesas operacionais

Como o "custo da mercadoria vendida" já está representado no fluxo pelo pagamento das compras, vamos partir da suposição de que todas as despesas são fixas (salários, aluguéis etc.), que são pagas no próprio mês em que ocorrem e que atingem mensalmente um total de $ 50.

Vamos supor, ainda, que os gastos iniciais (compras e despesas) que não tiverem, total ou parcialmente, cobertura de recebimentos de vendas serão cobertos por capitais próprios.

Para provar a tese de que, a partir de certo momento, os fluxos de entrada e saída de caixa se igualam, vamos montar o Quadro 18.5 com os dados da Cia. Ômega.

Pelo esquema tradicional de análise, o resultado da liquidez corrente obtido no quadro 18.5 seria assim interpretado: "Para cada $ 1,00 real de dívidas vencíveis dentro de um ano, a empresa poderá contar com $ 2,75 de valores disponíveis e realizáveis no mesmo período."

Na realidade, essa interpretação só é válida em termos estáticos, ou seja, nesse momento (31/12) há essa proporção de recursos em relação às dívidas, mas certamente as datas de pagamento e de realização são totalmente diferentes.

ESTUDO DA SITUAÇÃO FINANCEIRA

**Quadro 18.5** ESQUEMA DE PRAZOS DE GIROS E FLUXOS DE CAIXA

| DATA | COMPRA | VENDE 30 DIAS | RECEBE 90 DIAS | PAGA DESPESAS $ 50 | PAGA COMPRAS 60 DIAS | USA CAPITAL DE GIRO PRÓPRIO | CAIXA |
|---|---|---|---|---|---|---|---|
| | | ( + ) | ( – ) | ( – ) | ( + ) | = |
| 31/8/X0 | 100 | - | - | - | - | - | 0 |
| 30/9/X0 | 100 | 150 | - | 50 | - | 50 | 0 |
| 31/10/X0 | 100 | 150 | - | 50 | 100 | 200 | 0 |
| 30/11/X0 | 100 | 150 | - | 50 | 100 | 350 | 0 |
| 31/12/X0 | 100 | 150 | 150 | 50 | 100 | 0 | 0 |
| 30/1/X1 | 100 | 150 | 150 | 50 | 100 | 0 | 0 |
| 28/2/X1 | 100 | 150 | 150 | 50 | 100 | 0 | 0 |
| 31/3/X1 | 100 | 150 | 150 | 50 | 100 | 0 | 0 |
| 30/4/X1 | 100 | 150 | 150 | 50 | 100 | 0 | 0 |
| 31/5/X1 | 100 | 150 | 150 | 50 | 100 | 0 | 0 |
| 30/6/X1 | 100 | 150 | 150 | 50 | 100 | 0 | 0 |
| 31/7/X1 | 100 | 150 | 150 | 50 | 100 | 0 | 0 |
| 31/8/X1 | 100 | 150 | 150 | 50 | 100 | 0 | 0 |
| 30/9/X1 | 100 | 150 | 150 | 50 | 100 | 0 | 0 |
| 31/10/X1 | 100 | 150 | 150 | 50 | 100 | 0 | 0 |
| 30/11/X1 | 100 | 150 | 150 | 50 | 100 | 0 | 0 |
| 31/12/X1 | 100 | 150 | 150 | 50 | 100 | 0 | 0 |
| Ano 20X1 | 1.200 | 1.800 | 1.800 | 600 | 1.200 | 350[10] | 0 |

| ATIVO CIRCULANTE | |
|---|---|
| Caixa | 000 |
| Estoques (30 dias) | 100 |
| Clientes (90 dias) | 450 |
| Total | 550 |

| PASSIVO CIRCULANTE | |
|---|---|
| | |
| Fornecedores (60 dias) | 200 |
| | |
| Total | 200 |

$$\text{Liquidez corrente} \quad = \quad \frac{550}{200} \quad = \quad 2,75$$

Se a firma encerrasse sua atividade, seguramente, dentro de certo período[11], ela contaria com $ 2,75 para pagar cada $ 1,00 de dívidas.

---

[10] Observe que a diferença entre o Ativo Circulante e o Passivo Circulante (550 – 200) é exatamente igual ao valor do capital próprio aplicado inicialmente no giro.

[11] Ressalvamos "dentro de certo período" porque ela teria de aguardar o vencimento das Duplicatas a Receber e converter o seu estoque em numerário (o que nem sempre é tão rápido).

Mas, dentro da dinâmica da entrada e saída de numerário (fluxo de caixa), o correto seria afirmar que ela poderá contar, mensalmente, com $ 1,00 de valores disponíveis e realizáveis para cobrir cada $ 1,00 de dívidas e de despesas correntes.

Notamos, pela análise do Quadro 18.5, que, a partir de certo ponto, as entradas mensais e as saídas mensais se igualam, e aí a suposta folga financeira[12] desaparece. Só ocorreria uma sobra ou um deficit mensal no caso de haver alteração nos prazos considerados, e, mesmo assim, essa defasagem seria temporária, pois a tendência seria, dentro de curto período, voltar a haver equilíbrio entre as entradas e as saídas.

Como vemos, apesar da enorme folga apresentada (2,75 para 1,00), a empresa terá, ao contrário do que parece pelo índice apurado, de contar com todas as vendas e todos os recebimentos programados — e na data certa — para poder honrar em dia os compromissos e as despesas correntes.

Podemos notar, observando o Quadro 18.5, que qualquer colapso no movimento de vendas mensal ou o não-cumprimento dos prazos por parte dos clientes vai provocar um deficit de caixa, para cuja cobertura a empresa terá de recorrer a outros tipos de financiamento de terceiros ou a capital próprio. De qualquer maneira, **cai por terra** a conceituação tradicional de que, quando a liquidez corrente é bem superior à unidade, "a empresa pode deixar de receber boa parte dos débitos de clientes ou deixar de vender boa parcela do seu movimento mensal, sem que isso influencie negativamente sua capacidade de pagamento".

## 18.4.5 **Liquidez operacional — Diferença de prazos**

**a.** *Cálculo*

A **liquidez operacional** é obtida pela comparação entre os prazos médios de rotação do Circulante e o prazo médio concedido pelos fornecedores:

---

[12] Que, aliás, nunca foi realmente folga, mas, ao contrário, um deficit inicial de caixa que foi, no caso da Ômega, coberto por recursos próprios.

ESTUDO DA SITUAÇÃO FINANCEIRA

| Liquidez operacional | = | Rotação dos estoques + Recebimento de vendas / Pagamento de compras | = | (30 + 90) / 60 | = | 2,00 |
|---|---|---|---|---|---|---|

Como podemos perceber, a liquidez operacional da Cia. Ômega é bem semelhante[13] a sua liquidez corrente, o que por si só já demonstra a relação existente entre os prazos de rotação e os valores básicos do Ativo e Passivo Circulantes[14]. Isso acontece a todas as empresas que atendem às necessidades de complementação do financiamento do giro com capital próprio.

**b.** *Paradoxo*

Na análise financeira dos prazos médios do Ativo e do Passivo Circulantes, normalmente, uma expressiva diferença a maior nos prazos do Ativo (120 dias) em relação aos do Passivo (60 dias) é considerada um fator **negativo** (?) para a capacidade de pagamento da empresa.

Contudo, se a firma financia essa diferença com capital próprio, o seu índice de liquidez (por força dessa mesma diferença) será bastante elevado, o que é considerado, na análise tradicional, um fator altamente **positivo** (?) para a capacidade de pagamento da empresa.

De outro lado, a situação oposta, quando o PMPC é maior do que a soma dos prazos do Ativo Circulante (PMRE + PMRV), é considerada **positiva**, enquanto a provável liquidez deficitária decorrente é considerada **negativa**.

## 18.4.6 **Conclusões**

Sempre lembrando que essas análises são válidas para empresas que atendem suas necessidades de financiamento complementar (ciclo de caixa ou

---

[13] A diferença de 0,75 é devida ao fato de na verba *clientes* (Duplicatas a Receber) estar incluído o Lucro bruto de 50% sobre as vendas. Se esse lucro for retirado, a verba passará a expressar um total de $ 300 e o Ativo Circulante, $ 400. Aí, então, a liquidez corrente seria igual à liquidez operacional ($ 400/$ 200 = 2,00). É lógico que esse raciocínio só será válido quando o Ativo Circulante for composto apenas pelas verbas *Estoques* e *Clientes* (Duplicatas a Receber), e o Passivo Circulante pela verba *Fornecedores* (Duplicatas a Pagar).

[14] Se a empresa tiver um crédito rotativo de desconto de duplicatas ou de empréstimos em conta-corrente para o giro, esse prazo obtido dos bancos (sendo constante e habitual) poderá ser ponderado no cálculo da liquidez operacional (somado ao prazo médio concedido pelos fornecedores) e, também, na ponderação sobre a necessidade de financiamento complementar (ver Seções 14.5.4 e 18.2.4).

financeiro) com recursos próprios (capital de giro próprio), podemos tentar estabelecer algumas conclusões:

a. A folga ou o aperto financeiro da empresa pouco têm que ver com o valor numérico dos índices de liquidez corrente.

b. Por meio de esquemas hipotéticos (como o do Quadro 18.5), pode-se provar que firmas com liquidez deficitária podem trabalhar, eventualmente, com sobras de caixa, enquanto outras com liquidez elevada trabalham com caixa "zero".

c. A tendência das sobras de caixa resultantes das atividades operacionais dos grupos circulantes será apresentar saldo "zero" (qualquer que seja o índice de liquidez corrente).

d. Sempre que houver uma mudança na política de um ou de alguns prazos dos grupos circulantes, haverá um desequilíbrio momentâneo no saldo de Caixa, que poderá exigir aplicação de capital de giro próprio ou poderá gerar eventual sobra de Caixa — situação que deverá, automaticamente, ser regularizada (ou seja, o saldo de Caixa voltará a "zero").

e. A análise financeira mais realista será, sem dúvida, aquela feita pela projeção do fluxo de caixa dos circulantes operacionais.

f. A comparação dos prazos de rotação dos Ativos e Passivos Circulantes Operacionais fornece ao analista importantes informações sobre a situação financeira da empresa, principalmente quando confrontados com os índices de liquidez corrente, conforme comentamos na Seção 18.3.1.

ESTUDO DA SITUAÇÃO FINANCEIRA

# RESUMO

| ASPECTOS A SEREM OBSERVADOS | ÍNDICES RESPECTIVOS |
|---|---|
| • Verificar se há recursos em giro suficientes para o resgate dos compromissos a curto prazo. | • Liquidez corrente. |
| • Verificar até que ponto uma retração nas vendas afetará a capacidade de pagamento. | • Liquidez seca. |
| • Verificar se há recursos não imobilizados suficientes para o resgate de todas as dívidas. | • Liquidez geral. |
| • Ponderar os prazos de rotação dos estoques, de realização dos créditos e o prazo concedido pelos fornecedores. | • Rotação dos estoques.<br>• Recebimento de vendas.<br>• Pagamento de compras. |
| • Verificar se a aplicação de recursos em valores fixos está afetando a solvência. | • Imobilização do capital próprio. |
| • Verificar a natureza, o custo e as condições de resgate dos financiamentos de terceiros. | • Passivo Circulante e Exigível a Longo Prazo. |
| • Verificar se o grau de rentabilidade deixa margem suficiente para:<br>• manter e desenvolver o ritmo dos negócios;<br>• liquidar os compromissos a longo prazo. | • Índices de rentabilidade. |
| • Verificar a evolução da situação financeira e seus fatores determinantes. | • Índices e dados comparados. |
| • Confrontar os resultados com a realidade. | • Dados extras. |
| • Confrontar a situação da empresa com a de outras similares. | • Índices-padrão. |
| • Considerar as características peculiares ao ramo explorado. | • Dados extras. |

# TESTES

## 1

| ATIVO | | | | PASSIVO | | |
|---|---|---|---|---|---|---|
| **Circulante** | | | | **Circulante** | | |
| Caixa | 100 | | | Fornecedores | 250 | |
| Estoques | 190 | | | Empréstimos bancários | 140 | **390** |
| Clientes | 280 | **570** | | **Exigível a Longo Prazo** | | **10** |
| **Realizável a Longo Prazo** | | 40 | | **Patrimônio Líquido** | | **420** |
| **Permanente** | | 210 | | | | **820** |
| | | **820** | | | | |

Complete:

**a.** A liquidez corrente, de . . . . . . . . . . . . . expressa situação financeira . .
. . . . . . . . . . . . . . . . . . . . . . . . .

**b.** A liquidez seca, de . . . . . . . . . . . . . revela que a empresa, para liquidação das dívidas a curto prazo, depende da venda de . . . . . . . . . . . . . (pequena/grande) parcela de seu estoque.

**c.** A liquidez geral (. . . . . . . . . . .) é maior que a liquidez corrente, porque o. . . . . . . . . . . . a longo prazo é bem maior que o . . . . . . . . . . . . . a longo prazo.

**d.** O capital de giro próprio, no total de $. . . . . . . . ., é relativamente insuficiente, porque força a utilização de . . . . . . . . . . . . . em larga escala.

## 2

| | Firma O | Firma P |
|---|---|---|
| Prazo de rotação dos estoques | 90 dias | 60 dias |
| Prazo de recebimento das vendas | 30 dias | 180 dias |
| Prazo de pagamento das compras | 90 dias | 100 dias |

Complete:

**a.** O giro mais rápido (. . . . . . . dias) é o da firma . . . . . . . .

**b.** Na falta de capital de giro próprio, a firma . . . . . . . terá de recorrer, em maior escala, a bancos ou financeiras.

**c.** A empresa . . . . . . . está obtendo, proporcionalmente às suas necessidades, financiamentos mais expressivos de seus fornecedores.

**ESTUDO DA SITUAÇÃO FINANCEIRA**

**3** A firma Q apresentou:
Liquidez corrente: 1,80
Liquidez seca: 0,80
Liquidez geral: 0,90

Diga se as afirmações são falsas (F) ou verdadeiras (V):
( ) A curto prazo, a situação financeira pode ser considerada "apertada".
( ) Os estoques representam mais da metade do Ativo Circulante.
( ) A firma recorre muito pouco a financiamentos a longo prazo.
( ) O Passivo Circulante é maior que o Ativo Circulante.
( ) O Ativo Permanente é maior que o Patrimônio Líquido.

**4**

| | Firma R | Firma S | Firma T |
|---|---|---|---|
| Liquidez corrente | 1,00 | 1,80 | 1,20 |
| Liquidez seca | 1,00 | 0,90 | 0,85 |
| Liquidez geral | 0,70 | 1,90 | 0,80 |

Qual dessas três empresas:
**a.** Não mantém mercadorias em estoque? (........)
**b.** Apresenta maior dependência da venda dos estoques para solver os compromissos? (........)
**c.** Deve estar passando por maiores dificuldades financeiras? (......)

**5** Rotação média dos estoques: 8 vezes
Prazo médio de pagamento das compras: 50 dias
Prazo médio de recebimento de vendas: 60 dias
Imobilização de capital próprio: 0,90

Complete:
**a.** ............... (Há/Não há) sobra de capital próprio para o giro.
**b.** Os fornecedores financiam ........ (mais/menos) da metade dos valores em giro.
**c.** Os estoques levam ........ dias para ser vendidos.
**d.** O Ativo Circulante gira a cada ........ dias.
**e.** O prazo concedido aos clientes é de ........ dias.
**f.** Há necessidade de financiamento complementar durante ........ dias.

**6** Considerando o fluxo de caixa operacional, um índice de liquidez de 2,0 significa que a empresa terá mensalmente:
**a.** entrada de $ 1,00 para saída de $ 2,00.
**b.** entrada de $ 2,00 para saída de $ 1,00.
**c.** uma sobra de $ 1,00.
**d.** entrada de $ 1,00 para saída de $ 1,00.
**e.** um deficit de $ 1,00.

**7** Operação que aumenta o índice de liquidez corrente:
**a.** venda de mercadorias a prazo.
**b.** compra de mercadorias à vista.
**c.** adiantamento recebido de clientes.
**d.** adiantamento a fornecedores.
**e.** pagamento de fornecedores.

# Capítulo 19

## CONSIDERAÇÕES FINAIS

PONDERAÇÕES NECESSÁRIAS

VALORES DEFLACIONADOS

FLUXO DOS PROBLEMAS ECONÔMICO-FINANCEIROS

ANÁLISE CONJUNTA DOS ÍNDICES DA ABC

## 19.1 Ponderações necessárias

### 19.1.1 Interpretação conjunta

> Voltamos a insistir no ponto de vista de que os índices só podem fornecer informações valiosas se forem interpretados em conjunto.

Conclusões tiradas da interpretação de um índice isolado podem levar o analista a emitir parecer equivocado e induzir os administradores e empresários a tomarem decisões precipitadas e também equivocadas. O excesso de utilização de capital de terceiros (ou grau de endividamento), por exemplo, só pode ser devidamente apreciado se analisarmos sua influência sobre os índices de liquidez e sobre a margem de lucro (que sofre reflexos das despesas financeiras) ou sobre a própria rentabilidade do capital de terceiros (também chamada de alavancagem financeira).

Além disso, existem índices que só refletem algo importante quando observados em conjunto com outro ou outros. É o caso — só a título de exemplo — dos prazos de rotação de estoques e de recebimento de vendas, que determinam, somados, o prazo do giro dos negócios, e o de pagamento de compras, que determina a necessidade de financiamento complementar. É o caso, também, entre outros, da margem de lucro sobre vendas e da rotatividade do investimento, que determinam, em conjunto, a rentabilidade do investimento.

### 19.1.2 Reflexos

Determinado aspecto da situação econômico-financeira não pode ser considerado positivo ou negativo apenas em função do valor numérico dos índices respectivos.

Os índices absolutamente ou relativamente baixos constituem, na maioria das vezes, apenas um sinal de alerta sobre a possibilidade de estarem ocorrendo determinados problemas.

Mais importante do que apreciar o resultado numérico de um quociente apurado é procurar verificar os reflexos positivos ou negativos que ele está provocando na capacidade de pagamento, na evolução e no resultado dos negócios da empresa.

### 19.1.3 Validade dos dados

Os resultados da análise são comprometidos, também, pelo fato de os demonstrativos contábeis nem sempre registrarem dados dignos de confiança.

Várias operações mercantis — compra e venda — podem não ter sido registradas; valores patrimoniais podem ter sido contabilizados por valor irreal (estoques, caixa e imóveis, por exemplo), créditos elevados podem ser constituídos por valores irrecuperáveis; e assim por diante.

Isso ocorre porque, infelizmente, boa parte do empresariado se preocupa em "mascarar" a real situação da empresa, ou para reduzir o montante do lucro (para pagar menos Imposto de Renda), ou para melhorar artificialmente a situação patrimonial da empresa (para fins de obtenção de crédito).

Assim, a primeira preocupação do analista deve ser investigar se os valores apresentados nos demonstrativos financeiros possuem um mínimo de credibilidade, condição sem a qual será melhor nem iniciar o processo de análise.

### 19.1.4 Fatores externos

Finalmente, devemos ponderar todos aqueles fatores que, embora fujam ao controle dos administradores ou empresários, afetam seriamente o ritmo das atividades da empresa:

- Conjuntura política e econômica (local, nacional e, até mesmo, mundial).
- Política fiscal e financeira do governo.
- Características peculiares ao produto (ou serviço) comercializado:
  - sazonabilidade;
  - perecibilidade;

- grau de necessidade (quanto ao consumo);
- atividades especiais, como agropecuária, bancos e construtoras;
- influência da moda;
- extensão do mercado (local, regional, nacional e internacional);
- dependência de controle ou de verbas governamentais;
- situações excepcionais, como inundações, geadas ou secas.

# 19.2 Valores deflacionados

## 19.2.1 Inflação

Na análise econômico-financeira, para que as conclusões se revistam de um cunho mais preciso, é indispensável ter em conta a influência da perda do poder aquisitivo da moeda.

Atualmente, com a eliminação da correção monetária do Balanço, o problema, que poderia parecer ter sido atenuado, pode ter se tornado mais grave. Sem o processo de correção monetária não há possibilidade de se compensar, na apuração do resultado, a perda de poder aquisitivo do capital de giro próprio, o que pode levar a empresa a ir se descapitalizando paulatinamente.[1]

Muito embora seja proibida por lei para fins de demonstrações legais ou societárias, a correção monetária deve continuar a ser levada em consideração pelo analista. Não basta, por exemplo, dizer que o Patrimônio Líquido cresceu 20% em termos monetários para concluir que houve evolução patrimonial. Se a inflação do período tiver atingido a mesma porcentagem, não terá havido aumento do patrimônio, em termos reais.

Tal procedimento seria importantíssimo, por exemplo, na análise vertical, em que, ao lado da coluna do aumento percentual nominal (comparação do ano-base com 100% e do ano atual com $x$%), teríamos uma coluna com o aumento percentual deflacionado.

---

[1] Uma pequena inflação anual — de cerca de 5% a 10% — pode provocar uma redução na capacidade aquisitiva do capital de giro próprio na mesma proporção, o que, para empresas de médio e grande porte, pode representar uma perda significativa.

### 19.2.2 **Coeficiente deflator**

Podem ser utilizados quaisquer tipos de índice de inflação apurados pelo IBGE ou pela Fundação Getúlio Vargas (INPC, IPC e IGP, por exemplo), e até mesmo os índices específicos do setor em pauta.

Supondo que a inflação apurada no período fosse de 15%, teríamos um coeficiente deflator apurado com a comparação:

100% ÷ 115% = 0,87.

### 19.2.3 **Valores reais**

O coeficiente em pauta, multiplicado pelo valor de qualquer item do exercício mais recente, permite convertê-lo ao nível do exercício anterior, ou seja, elimina o efeito do processo inflacionário.

No Quadro 12.1, o Ativo Circulante aumentou de 107.900 para 120.400 (um aumento percentual de 12%). Entretanto, multiplicando-se o Ativo Circulante de x1 pelo coeficiente hipotético apurado no item anterior, teríamos:

> 120.400 x 0,87 =
> 104.748 (Ativo Circulante de x1, deflacionado).

Voltando a comparar com os dados de x0, veríamos que, na realidade, o Ativo Circulante não teria aumentado para 120.400, mas, sim, diminuído para 104.748 (era 107.900), ou seja, teria havido uma redução real de cerca de 3% (contra um aumento nominal de 12%).

A mesma técnica deverá ser aplicada a todos os valores que se deseje comentar, sempre deflacionando os dos demonstrativos mais recentes.

DEMONSTRAÇÕES CONTÁBEIS

# 19.3 Fluxo dos problemas econômico-financeiros

### 19.3.1 Esquema

Na Figura 19.1, tentamos esboçar o relacionamento de todos os fatores que afetam ou mesmo que determinam a situação econômico-financeira de qualquer empresa.

Na parte superior do quadro, teríamos o que poderíamos chamar de **fluxo financeiro**; na parte inferior, o **fluxo econômico**.

Esses dois fluxos se inter-relacionam:

- no início, quando o volume das vendas influi, diretamente, na rotação dos estoques e, indiretamente, no custo operacional;
- no meio, quando a rotatividade determina a necessidade de capitais (aspecto financeiro) e colabora para a fixação do nível de rentabilidade (aspecto econômico);
- no final, quando ambos os fluxos podem levar a problemas de liquidez (aspecto financeiro) e de custo operacional (aspecto econômico).

### 19.3.2 Fluxo financeiro

As relações que o compõem são:

- o *nível dos estoques* (1) pode influir no *volume de vendas* (2);
- o *volume de vendas* (2) e o *nível dos estoques* (1) determinam a *rotação dos estoques* (3);
- a *rotação dos estoques* (3), o *prazo de vendas* (4) e o investimento no *Ativo Não Circulante* (5) determinam a *rotatividade do investimento*;
- a *rotatividade do investimento* determina a *necessidade de capitais*;
- se a *necessidade de capitais* for atendida pelos créditos dos *fornecedores*, poderemos ter pequenos problemas de *liquidez*;

- se for atendida por *outros financiamentos de terceiros*, poderemos ter sérios problemas de liquidez e, também, de aumento do *custo operacional*;
- se for atendida por *capitais próprios*, não haverá problema algum.

### 19.3.3 Fluxo econômico

É formado pelas seguintes relações:

- O *volume de vendas* (2) influi, por intermédio dos custos fixos, na variação percentual dos *custos operacionais*.
- O *custo operacional* (6) e o *preço de venda unitário* (7) determinam a *margem de lucro*.
- A *margem de lucro* e a *rotatividade* determinam a *rentabilidade do investimento*.
- A *rentabilidade do investimento*, por sua vez, determina:
  - possibilidade de *acumulação de capital de giro próprio*;
  - capacidade de *pagamento das dívidas a longo prazo*;
  - *interesse em novos investimentos*, por parte dos sócios ou dos investidores em geral.
- Se esses três últimos fatores forem positivos, a tendência será o aumento da proporção de capital próprio e a diminuição, conseqüentemente, de capital de terceiros.
- Se forem negativos, a empresa necessitará de maior quantidade de capital de terceiros, levando, provavelmente, a problemas de *custo* e de *liquidez*.

DEMONSTRAÇÕES CONTÁBEIS

**Figura 19.1** FLUXO DOS PROBLEMAS ECONÔMICO-FINANCEIROS

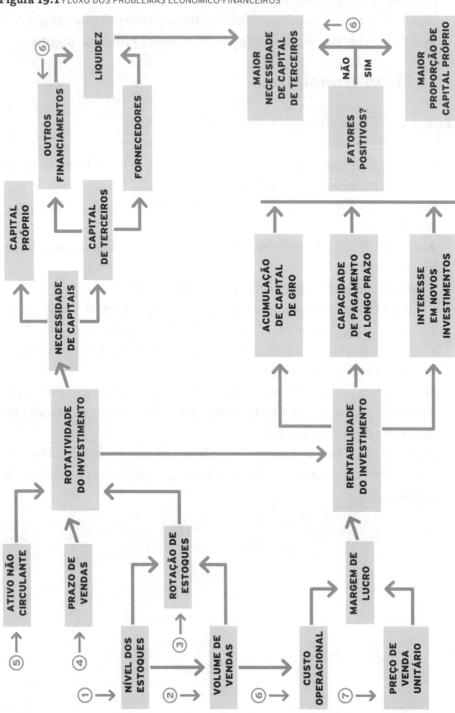

CONSIDERAÇÕES FINAIS

# 19.4 Análise conjunta dos índices da ABC

**Quadro 19.1** RESUMO DOS PRINCIPAIS ÍNDICES DA CIA. ABC

| RESUMO DOS INDICADORES | | ÍNDICES | | – | + OU – | + |
| --- | --- | --- | --- | --- | --- | --- |
| | | 12/X1 | 12/X0 | | | |
| Origem dos Capitais | Capital próprio | 0,44 | 0,32 | | X | |
| | Capital alheio (Endividamento) | 0,56 | 0,68 | | | |
| Aplicação dos capitais | Ativo não circulante | 0,31 | 0,25 | | | X |
| | Giro | 0,69 | 0,75 | | | |
| Destinação do Capital próprio | Para o não circulante | 0,55 | 0,61 | | | X |
| | Para o giro | 0,45 | 0,39 | | | |
| Rotatividade do investimento | | 1,88 | 1,50 | | X | |
| Prazos de | Rotação dos estoques | 107 Dias | 160 Dias | | | |
| | Recebimento das vendas | 45 Dias | 24 Dias | | | |
| | Pagamento das compras | 90 Dias | 82 Dias | | | |
| | Ciclo operacional | 152 Dias | 184 Dias | X | | |
| | Ciclo financeiro | 62 Dias | 102 Dias | | X | |
| Rentabilidade do investimento | | 18,93% | 10,23% | | X | |
| Margem | de lucro sobre as vendas | 10,07% | 6,8% | | X | |
| | de segurança | 36,07% | - - - | | | X |
| Ponto de equilíbrio ($) | | 192.000 | - - - | | | |
| Vendas líquidas ($) | | 300.000 | 200.000 | | | X |
| Alavancagem operacional | | 2,8 X | - - - | | X | |
| Remuneração do capital próprio | | 29,9% | 22,99% | | | X |
| Lucro por ação ($) | | 1,85 | - - - | | X | |
| Dividendo por ação ($) | | 0,44 | - - - | | X | |
| Rentabilidade do capital alheio | | 14,24% | 8,95% | | | X |
| Custo do capital alheio | | 6,96% | 3,85% | | X | |
| Liquidez | Corrente | 1,40 | 1,35 | | X | |
| | Seca | 0,59 | 0,35 | X | | |
| | Geral | 1,27 | 1,15 | | X | |

## 19.4.1 **Estudo da situação econômica**

**a.** *Capital próprio*
- 44% das aplicações no Ativo estão sendo financiadas por capital próprio.
- A utilização de capital próprio aumentou de 32% para 44%.
- Observando a Demonstração das Mutações do Patrimônio Líquido (Quadro 7.2) nota-se que o aumento do patrimônio líquido (ou do capital próprio), na sua quase totalidade, foi provocado pela entrada de recursos que aumentaram a capacidade operacional.[2]

**b.** *Rentabilidade*
- Aumentou de 10,23% para 18,93%.
- Os dois fatores determinantes contribuíram quase igualmente para esse aumento:
- a margem de lucro aumentou de 6,8% para 10,07%;
- a rotatividade do investimento aumentou de 1,5 vezes para 1,88 vezes; o que mais contribuiu para esse aumento foi a redução do ciclo operacional, de 184 para 152 dias.

**c.** *Possibilidade de evolução*
- Se a rentabilidade do investimento continuar subindo, a empresa deverá ter condições de reinvestir substanciais parcelas de lucro e, assim, inclusive, aumentar percentualmente a participação do capital próprio dentro do Ativo.
- A possibilidade de essa lucratividade transformar-se em prejuízo é muito pequena, pois a margem de segurança é de 36%, ou seja, a empresa está operando no nível de $ 300.000, bem acima do ponto de equilíbrio de $ 191.786.
- O crescimento relativo das vendas é evidenciado pelo aumento da rotatividade do investimento, de 1,50 para 1,88 vezes.
- O grau de alavancagem indica que qualquer aumento nas vendas provocará um aumento três vezes maior nos lucros.

---

[2] Reinvestimento de lucros, integralização de capital em dinheiro, ágio na emissão de ações e lucros antecipados — ver Seções 17.4.2 e 17.4.3.

**d.** *Remuneração do capital próprio*

São fatores estimulantes para novas aplicações na empresa:

- o ganho proporcionado aos acionistas, subindo de 23% para 30%;
- o lucro líquido por ação e o dividendo recebido por ação, nos valores, respectivamente, de $ 1,85 e $ 0,44.

## 19.4.2 Estudo da situação financeira

**a.** *Endividamento*

- O grau de endividamento caiu de 68% para 56%, o que pode facilitar, para a empresa, a obtenção, se necessário, de novos financiamentos.

**b.** *Liquidez*

- Dentro dos padrões tradicionais de análise, os índices de liquidez corrente e liquidez geral são relativamente modestos (revelando pouca folga).
- A liquidez seca, por sua vez, é muito baixa (0,59) e está muito distanciada da liquidez corrente (1,40), revelando que o nível dos estoques dentro do Ativo Circulante é muito elevado (58%)[3] e poderá causar problemas para a empresa.

**c.** *Necessidade de capital de giro*

- O ciclo operacional é dilatado — em função, principalmente, do prazo médio de rotação dos estoques (107 dias) —, o que gera para a empresa uma grande necessidade de obter financiamento para o giro dos negócios.
- O ciclo financeiro — apesar de ter diminuído de 109 para 62 dias — ainda é muito elevado, fazendo com que a empresa tenha de recorrer a financiamentos a curto e longo prazos e, também, a capital de giro próprio.

**d.** *Custo do capital alheio*

- A queda da rentabilidade do investimento (18,93%) para a rentabilidade do capital alheio (14,24%) é pequena, o que revela que os recursos

---

[3] 1,40 – 0,59 = 0,81 → (0,81 x 100) ÷ 1,40 = 58% (ver Quadro 12.1.a).

de terceiros utilizados pela empresa não estão sendo onerosos a ponto de comprometer a lucratividade dos negócios (o custo atual do capital alheio é de 7%).

### 19.4.3 Conclusões

- Podemos concluir que a situação da ABC apresenta-se relativamente estável, tanto do ponto vista econômico quanto do ponto de vista financeiro.
- Além disso, os indicadores apresentam nítida evolução, em todos os aspectos.
- Poderíamos ressalvar a necessidade de a empresa preocupar-se apenas com dois aspectos:
  a. racionalização dos estoques, diminuindo, se possível, a quantidade, ou fazendo campanhas promocionais para que haja aumento das vendas e, assim, redução do tempo médio de permanência nas prateleiras;
  b. redução do ciclo financeiro, obtendo maiores prazos de seus fornecedores, reduzindo o ciclo operacional com a redução do prazo médio de rotação dos estoques (ver item anterior) e/ou com a redução do prazo médio de recebimento das vendas.

# EXERCÍCIOS

**1** Faça a análise vertical dos demonstrativos financeiros da firma Aradelta.

| ATIVO | 31/12/X1 | | 31/12/X0 | |
|---|---|---|---|---|
| | $ MIL | % ATIVO | $ MIL | % ATIVO |
| **CIRCULANTE** | **2.762** | | **3.264** | |
| Disponibilidade monetária | 65 | | 4 | |
| Aplicações financeiras | 167 | | 789 | |
| Duplicatas a Receber | 1.227 | | 1.246 | |
| (–) Prov. p/ devedores duvidosos | – 30 | | – 38 | |
| Estoques | 1.333 | | 1.263 | |
| **REALIZÁVEL A LONGO PRAZO** | **1.590** | | **3.971** | |
| Depósitos judiciais | 92 | | 69 | |
| Títulos e valores mobiliários | 1.498 | | 3.902 | |
| **PERMANENTE** | **4.141** | | **4.083** | |
| Investimentos | 1.112 | | 975 | |
| Imobilizado | 3.029 | | 3.108 | |
| Imóveis | 3.538 | | 3.522 | |
| Móveis e utensílios | 310 | | 228 | |
| Máquinas e equipamentos | 3.559 | | 3.476 | |
| (–) Depreciação acumulada | – 4.378 | | – 4.118 | |
| **(Total do Ativo)** | **8.493** | | **11.318** | |

| PASSIVO | 31/12/X1 | | 31/12/X0 | |
|---|---|---|---|---|
| | $ MIL | % PASSIVO | $ MIL | % PASSIVO |
| **CIRCULANTE** | **734** | | **3.492** | |
| Fornecedores | 232 | | 736 | |
| Adiantamentos de clientes | 378 | | 2.003 | |
| Provisões e contribuições | 124 | | 753 | |
| **EXIGÍVEL A LONGO PRAZO** | **240** | | **225** | |
| Débitos com pessoas ligadas | 240 | | 225 | |
| **PATRIMÔNIO LÍQUIDO** | **7.519** | | **7.601** | |
| Capital social | 5.956 | | 4.962 | |
| Reserva de reavaliação | 1.212 | | 1.410 | |
| Reserva de lucros | 351 | | 1.229 | |
| **(Total do Passivo)** | **8.493** | | **11.318** | |

DEMONSTRAÇÕES CONTÁBEIS

**EXERCÍCIOS**

| DEMONSTRAÇÃO DO RESULTADO DO EXERCÍCIO | 31/12/X1 | | 31/12/X0 | |
|---|---|---|---|---|
| | $ MIL | % VENDAS | $ MIL | % VENDAS |
| Receitas operacional líquida | 28.716 | | 26.452 | |
| (-) Custo dos produtos vendidos | - 23.013 | | - 20.592 | |
| **= LUCRO BRUTO** | **5.703** | | **5.860** | |
| Despesas/receitas operacionais | - 6.524 | | -3.452 | |
| Receitas financeiras líquidas | 1.850 | | 1.698 | |
| Despesas  administrativas e mercantis | - 9.169 | | - 8.626 | |
| Outras receitas operacionais | 1.047 | | 3.688 | |
| Outras despesas operacionais | - 252 | | - 212 | |
| **= LUCRO OPERACIONAL** | **- 821** | | **2.408** | |

**1.1.** As aplicações no . . . . . . . . . . . . . . . . . . . (Circulante/Não Circulante) aumentaram de . . . . . . . . . para. . . . . . . . . %, enquanto as aplicações no. . . . . . . . . . . . . . . . . . (Circulante/Não Circulante) diminuíram de . . . . . . . . . % para . . . . . . . . . %.

**1.2.** Dentro do Circulante, a verba que mais variou foi . . . . . . . . . . . . . . . . . . . . . , que . . . . . . . . . . . . . . . . . . . de . . . . . . . . . % para . . . . . . . . . %.

**1.3.** Dentro do Ativo Permanente, o subgrupo que mais variou foi . . . . . . . . . . , que . . . . . . . . . . de . . . . . . . . . % para . . . . . . . . . . %.

**1.4.** Dentro desse subgrupo, a verba que mais variou foi . . . . . . . . . . . . . . . . . . . , que . . . . . . . . . . . . . . . . . . . de . . . . . . . . . % para. . . . . . . . . %.

**1.5.** Com relação às fontes de recursos, tivemos um aumento da participação dos recursos. . . . . . . . . . . . . . . . . . . . . . . . . . . . . (próprios/alheios) de . . . . . . . . . . % para . . . . . . . . . . % e, conseqüentemente, uma redução da participação dos recursos . . . . . . . . . . (próprios/alheios) de . . . . . . . . . . % para. . . . . . . . . . %.

**1.6.** Dentre os recursos de terceiros, a verba que mais variou foi. . . . . . . . . . . . . . . . . . . . . . . . . . . . . . . . , que . . . . . . . . . . de . . . . . . . . . . % para . . . . . . . . . . %.

**1.7.** A margem de lucro operacional . . . . . . . . . . . . . . . . . . . . (aumentou/diminuiu) de . . . . . . . . . . % para. . . . . . . . . . %.

**1.8.** Aponte as principais causas da variação da margem de lucro operacional: . . . . . . . . . . . . . . . . . . . . . . . . . . . . . . . . . . . . . . . . . . . . . . . . . . . . . . . . . . . . . . . . . . . . . . . . . . . . . . . . . . . . . . . . . . . . . . . . . . . . . . . . . . . . . . . . . . . . .

CONSIDERAÇÕES FINAIS

**2** Um analista extraiu das demonstrações financeiras da firma Aramel S.A. os seguintes elementos:

| | 31/12/x1 | 31/12/x0 |
|---|---|---|
| Capital de terceiros | $ 30.000 | $ 12.000 |
| Passivo total | $ 50.000 | $ 30.000 |
| Vendas | $ 100.000 | $ 90.000 |
| Lucro bruto | $ 60.000 | $ 50.000 |
| Lucro Operacional | $ 22.000 | $ 18.000 |
| Ativo Permanente | $ 16.000 | $ 15.000 |
| Ativo Circulante | $ 20.000 | $ 12.000 |
| Liquidez corrente | 0,80 | 1,20 |
| Liquidez seca | 0,80 | 0,80 |
| Duplicatas a Receber (média) | $ 18.000 | $ 6.000 |
| Estoque médio do ano | $ 5.000 | $ 8.000 |

Responda às seguintes questões, preenchendo os itens em branco:

**2.1.** A situação econômica evoluiu?
.......... (Sim/Não), a participação do capital próprio.......... de........% para.......... %.

**2.2.** A capacidade de produzir lucro aumentou ou diminuiu?
...................., de.......... % para.......... %.

**2.3.** Analise os fatores determinantes da variação do item anterior:
A.................... aumentou de.......... % para.......... %;
a.................... diminuiu de.......... vezes para.......... vezes.

**2.4.** Considerando não ter havido, em x1, financiamentos de terceiros para o Ativo Não Circulante:
o montante atual do capital de giro próprio é $.......... .

**2.5.** A capacidade de pagamento a curto prazo melhorou?
.......... (Sim/Não); o índice de liquidez............ (corrente/seca/geral).
......... de.......... para.......... .

**2.6.** Em termos relativos, houve aumento ou diminuição de investimentos no giro (circulante)?
.................... de.......... % para.......... %.

**2.7.** Qual o valor dos estoques em 12/x1 e 12/x0?

$ . . . . . . . . . . . . . . . . . . . e $ . . . . . . . . . . . . . . . . . . . . , respectivamente.

**2.8.** Qual o montante atual do Passivo Circulante?

$ . . . . . . . . . . .

**2.9.** Aumentou ou diminuiu o prazo concedido aos clientes da empresa?

. . . . . . . . . . . . . . . . . . de . . . . . . . . . dias para . . . . . . . . . dias.

**2.10.** Aumentou ou diminuiu o número de dias que os estoques ficam parados nas prateleiras?

. . . . . . . . . . . . . . . . . . de . . . . . . . . . dias para . . . . . . . . . dias.

**3.** Os índices abaixo foram calculados em função dos demonstrativos contábeis da Cia. Aracruz:

|  | 31/12/x1 | 31/12/x0 |
|---|---|---|
| Participação do capital próprio | 0,35 | 0,50 |
| Margem de lucro | 6% | 10% |
| Rentabilidade do investimento | 24% | 20% |
| Remuneração do capital próprio | 65% | 40% |
| Rentabilidade do capital de terceiros | 2% | 17% |
| Custo das vendas/vendas | 70% | 70% |
| Despesas operacionais/vendas | 24% | 20% |
| Liquidez corrente | 1,20 | 1,40 |
| Liquidez seca | 1,00 | 0,90 |
| Liquidez geral | 1,00 | 1,00 |
| Prazo de rotação dos estoques | 30 dias | 50 dias |
| Prazo de recebimento das vendas | 45 dias | 60 dias |
| Prazo de pagamento das compras | 30 dias | 80 dias |
| Permanente/Ativo | 45% | 50% |

Baseado nesses índices, responda de forma bem objetiva e sintética:

**a.** A situação econômica evoluiu?

**b.** A rentabilidade é suficiente para amparar a evolução da empresa?

**c.** Qual o fator que provocou o aumento da rentabilidade? Margem de lucro ou rotatividade?

**d.** Por que a rotatividade melhorou?

# CONSIDERAÇÕES FINAIS

**EXERCÍCIOS**

**e.** Quais as causas da diminuição da margem de lucro?

**f.** De que maneira a diminuição da participação do capital próprio está afetando a margem de lucro?

**g.** Por que a remuneração do capital próprio aumentou tanto?

**h.** A capacidade de pagamento melhorou a curto prazo? E a longo prazo?

**i.** Por que a liquidez seca melhorou, enquanto a liquidez corrente piorou?

**j.** Em resumo, quais são os principais fatores que influenciam negativamente a situação econômico-financeira da empresa em pauta?

**k.** Quais seriam as soluções mais oportunas?

**4.** A Cia. Alfabeta apresentou os seguintes dados extraídos da análise de seus demonstrativos contábeis:

- Grau de aplicações no Ativo Não Circulante: 0,40
- Retorno (rentabilidade) do investimento total: 30%
- Rotatividade do investimento total: 4x
- Liquidez corrente: 2,50
- Liquidez seca: 1,50
- Compras: $ 1.600
- Prazo de pagamento das compras: 18 dias

Com base nesses indicadores, complete os demonstrativos da Cia. Alfabeta:

| BALANÇO PATRIMONIAL | | | |
|---|---|---|---|
| **ATIVO** | | **PASSIVO** | |
| CIRCULANTE | $ 300 | CIRCULANTE | $ |
| Caixa | $ | Fornecedores | $ |
| Estoques | $ | Títulos descontados | $ 25 |
| Clientes | $ 160 | Impostos a pagar | $ |
| REALIZÁVEL A LONGO PRAZO | $ 60 | REALIZÁVEL A LONGO PRAZO | $ 130 |
| PERMANENTE | $ | PATRIMÔNIO LÍQUIDO | $ |
| total do ATIVO | $ | total do PASSIVO | $ |

| DEMONSTRAÇÃO DO RESULTADO | |
|---|---|
| Vendas (receita líquida) | $ |
| (−) Custo da mercadoria vendida | $ |
| = Lucro bruto | $ |
| (−) Despesas operacionais | $ 680 |
| = Lucro operacional | $ |

# Apêndice

## BALANÇO SOCIAL

CONCEITO E OBJETIVOS

NATUREZA E EVIDENCIAÇÃO DAS INFORMAÇÕES

OS BENEFICIÁRIOS

MODELO-BASE

INSTRUÇÕES PARA PREENCHIMENTO

# 1 CONCEITO E OBJETIVOS

Segundo o *Ibase — Instituto Brasileiro de Análises Sociais e Econômicas* —, "o balanço social é um demonstrativo publicado anualmente pela empresa reunindo um conjunto de informações sobre os projetos, benefícios e ações sociais dirigidas aos empregados, investidores, analistas de mercado, acionistas e à comunidade [...]".

"No balanço social a empresa mostra o que faz por seus profissionais, dependentes, colaboradores e comunidade, dando transparência às atividades que buscam melhorar a qualidade de vida para todos. Ou seja, sua função principal é tornar pública a responsabilidade social empresarial, construindo maiores vínculos entre a empresa, a sociedade e o meio ambiente [...]"

# 2 NATUREZA E EVIDENCIAÇÃO DAS INFORMAÇÕES

A NBC T 15, do CFC[1], estabelece procedimentos para evidenciação de informações de natureza social e ambiental, com o objetivo de demonstrar à sociedade a participação e a responsabilidade social da entidade.

"Para fins desta norma, entende-se por informações de natureza social e ambiental [...]: (15.1.2)

a. a geração e a distribuição de riqueza;
b. os recursos humanos;
c. a interação da entidade com o ambiente externo
d. a interação com o meio ambiente.

A Demonstração de Informações de Natureza Social e Ambiental, ora instituída, quando elaborada deve evidenciar os dados e as informações de natureza social e ambiental da entidade, extraídos ou não da contabilidade, de acordo com os procedimentos determinados por esta norma. (15.1.3)

A demonstração referida no item anterior, quando divulgada, deve ser efetuada como informação complementar às demonstrações contábeis, não se confundindo com as notas explicativas. (15.1.4)

A Demonstração de Informações de Natureza Social e Ambiental deve ser apresentada, para efeito de comparação, com as informações do exercício atual e do exercício anterior." (15.1.5)

# 3 OS BENEFICIÁRIOS[2]

"O balanço social favorece a todos os grupos que interagem com a empresa. Aos dirigentes fornece informações úteis à tomada de decisões relativas aos programas sociais que a empresa desenvolve. Seu processo de realização estimula a participação dos funcionários na escolha de ações e projetos sociais, gerando um grau mais elevado de comunicação interna e integração nas relações entre dirigentes e o corpo funcional.

---

[1] Aprovada pela Resolução n. 1.003/04 do Conselho Federal de Contabilidade.
[2] Texto extraído do site <www.balancosocial.org.br> do Ibase – Instituto Brasileiro de Análises Sociais e Econômicas.

APÊNDICE

Aos fornecedores e investidores, informa como a empresa encara suas responsabilidades em relação aos recursos humanos e à natureza.

Para os consumidores, dá uma idéia de qual é a postura dos dirigentes e a qualidade do produto ou serviço oferecido, demonstrando o caminho que a empresa escolheu para construir sua marca.

Ao Estado, ajuda na identificação e na formulação de políticas públicas."

## 3.1 GERAÇÃO E DISTRIBUIÇÃO DE RIQUEZA (15.2.1)

"A riqueza gerada e distribuída pela entidade deve ser apresentada conforme a demonstração do valor adicionado [...]"[3] [Ver Seção 10.3.]

## 3.2 RECURSOS HUMANOS (15.2.2)

"Devem constar dados referentes à remuneração, benefícios concedidos, composição do corpo funcional e as contingências e os passivos trabalhistas da entidade.

Quanto à remuneração e benefícios concedidos aos empregados, administradores, terceirizados e autônomos, devem constar:

a. remuneração bruta segregada por empregados, administradores, terceirizados e autônomos;
b. relação entre a maior e a menor remuneração da entidade, considerando os empregados e os administradores;
c. gastos com encargos sociais;
d. gastos com alimentação;
e. gastos com transporte;
f. gastos com previdência privada;
g. gastos com saúde;
h. gastos com segurança e medicina do trabalho;
i. gastos com educação (excluídos os de educação ambiental);
j. gastos com cultura;
k. gastos com capacitação e desenvolvimento profissional;
l. gastos com creches ou auxílio-creche;
m. participação nos lucros ou resultados.

Estas informações devem ser expressas monetariamente pelo valor total do gasto com cada item e a quantidade de empregados, autônomos, terceirizados e administradores beneficiados.

Nas informações relativas à composição dos recursos humanos, devem ser evidenciados:

a. total de empregados no final do exercício;
b. total de admissões;
c. total de demissões;
d. total de estagiários no final do exercício;

---

[3] Ver Seção 13.1, Quadro 13.2.

405

DEMONSTRAÇÕES CONTÁBEIS

e. total de empregados portadores de necessidades especiais no final do exercício;
f. total de prestadores de serviços terceirizados no final do exercício;
g. total de empregados por sexo;
h. total de empregados por faixa etária, nos seguintes intervalos:
  - menores de 18 anos,
  - de 18 a 35 anos,
  - de 36 a 60 anos,
  - acima de 60 anos;
i. total de empregados por nível de escolaridade, segregados por:
  - analfabetos,
  - com ensino fundamental,
  - com ensino médio,
  - com ensino técnico,
  - com ensino superior,
  - pós-graduados;
j. percentual de ocupantes de cargos de chefia, por sexo.

Nas informações relativas às ações trabalhistas movidas pelos empregados contra a entidade, devem ser evidenciados:

a. número de processos trabalhistas movidos contra a entidade;
b. número de processos trabalhistas julgados procedentes;
c. número de processos trabalhistas julgados improcedentes;
d. valor total de indenizações e multas pagas por determinação da justiça.

Para o fim dessa informação, os processos providos parcialmente ou encerrados por acordo devem ser considerados procedentes."

## 3.3 INTERAÇÃO DA ENTIDADE COM O AMBIENTE EXTERNO (15.2.3)

"Nas informações relativas à interação da entidade com o ambiente externo, devem constar dados sobre o relacionamento com a comunidade na qual a entidade está inserida, com os clientes e com os fornecedores, inclusive incentivos decorrentes dessa interação.

Nas informações relativas à interação com a comunidade, devem ser evidenciados os totais dos investimentos em:

a. educação, exceto a de caráter ambiental;
b. cultura;
c. saúde e saneamento;
d. esporte e lazer, não considerados os patrocínios com finalidade publicitária;
e. alimentação.

Nas informações relativas às interações com os clientes, devem ser evidenciados:

a. número de reclamações recebidas diretamente na entidade;
b. número de reclamações recebidas por meios de órgãos de proteção e defesa do consumidor;

APÊNDICE

c. número de reclamações recebidas por meio da Justiça;
d. número de reclamações atendidas em cada instância arrolada;
e. montante de multas e indenizações a clientes, determinadas por órgãos de proteção e defesa do consumidor ou pela Justiça;
f. ações empreendidas pela entidade para sanar ou minimizar as causas das reclamações.

Nas informações relativas aos fornecedores, a entidade deve informar se utiliza critérios de responsabilidade social para a seleção de seus fornecedores."

## 3.4 INTERAÇÃO COM O MEIO AMBIENTE (15.2.4)

"Nas informações relativas à interação da entidade com o meio ambiente, devem ser evidenciados:

a. investimentos e gastos com manutenção dos processos operacionais para a melhoria do meio ambiente;
b. investimentos e gastos com a preservação e/ou recuperação de ambientes;
c. investimentos e gastos com a educação ambiental para empregados, terceirizados, autônomos e administradores da entidade;
d. investimentos e gastos com educação ambiental para a comunidade;
e. investimentos e gastos com outros projetos ambientais;
f. quantidade de processos ambientais, administrativos e judiciais movidos contra a entidade;
g. valor das multas e das indenizações relativas à matéria ambiental, determinadas administrativa e/ou judicialmente;
h. passivos e contingências ambientais."

## 3.5 INFORMAÇÕES CONTÁBEIS E AUDITORIA (NBC T 15.3 – CFC)

"Além das informações contidas no tópico anterior, a entidade pode acrescentar ou detalhar outras que julgar relevantes.

As informações contábeis, contidas na Demonstração de Informações de Natureza Social e Ambiental, são de responsabilidade técnica de contabilista registrado em Conselho Regional de Contabilidade, devendo ser indicadas aquelas cujos dados tenham sido extraídos de fontes não-contábeis, evidenciando o critério e o controle utilizados para garantir a integridade da informação. A responsabilidade por informações não contábeis pode ser compartilhada com especialistas.

A demonstração de informações de natureza social e ambiental deve ser objeto de revisão por auditor independente e ser publicada com o relatório deste, quando a entidade for submetida a esse procedimento."

# 4 MODELO-IBASE

Desde 1997, o sociólogo Herbert de Souza e o Ibase já vinham chamando a atenção dos empresários e de toda a sociedade para a importância e a necessidade da realização do balanço social das empresas em um modelo único e simples. No modelo sugerido pelo Ibase, a sociedade e o mercado são os grandes auditores do processo e dos resultados alcançados.

DEMONSTRAÇÕES CONTÁBEIS

MODELO DE FORMULÁRIO SUGERIDO PELO IBASE

## BALANÇO SOCIAL ANUAL / 2007

| EMPRESA | | | |
|---|---|---|---|
| **1 - Base de Cálculo** | **2007 Valor (Mil reais)** | | |
| Receita líquida (RL) | | | |
| Resultado operacional (RO) | | | |
| Folha de pagamento bruta (FPB) | | | |
| **2 - Indicadores Sociais Internos** | **Valor (mil)** | **% sobre FPB** | **% sobre RL** |
| Alimentação | | | |
| Encargos sociais compulsórios | | | |
| Previdência privada | | | |
| Saúde | | | |
| Segurança e saúde no trabalho | | | |
| Educação | | | |
| Cultura | | | |
| Capacitação e desenvolvimento profissional | | | |
| Creches ou auxílio-creche | | | |
| Participação nos lucros ou resultados | | | |
| Outros | | | |
| Total – Indicadores sociais internos | | | |
| **3 - Indicadores Sociais Externos** | **Valor (mil)** | **% sobre RO** | **% sobre RL** |
| Educação | | | |
| Cultura | | | |
| Saúde e saneamento | | | |
| Esporte | | | |
| Combate à fome e segurança alimentar | | | |
| Outros | | | |
| Total das contribuições para a sociedade | | | |
| Tributos (excluídos encargos sociais) | | | |
| Total – Indicadores sociais externos | | | |
| **4 - Indicadores Ambientais** | **Valor (mil)** | **% sobre RO** | **% sobre RL** |
| Investimentos relacionados com a produção/ operação da empresa | | | |
| Investimentos em programas e/ou projetos externos | | | |
| Total dos investimentos em meio ambiente | | | |
| Quanto ao estabelecimento de "metas anuais" para minimizar resíduos, o consumo em geral na produção/operação e aumentar a eficácia na utilização de recursos naturais, a empresa | ( ) não possui metas  ( ) cumpre de 51 a 75% ( ) cumpre de 0 a 50%  ( ) cumpre de 76 a 100% | | |
| **5 - Indicadores do Corpo Funcional** | **2007** | | |
| Nº de empregados(as) ao final do período | | | |
| Nº de admissões durante o período | | | |
| Nº de empregados(as) terceirizados(as) | | | |
| Nº de estagiários(as) | | | |
| Nº de empregados(as) acima de 45 anos | | | |
| Nº de mulheres que trabalham na empresa | | | |

*continua*

APÊNDICE

*continuação*

## BALANÇO SOCIAL ANUAL / 2007

| | |
|---|---|
| % de cargos de chefia ocupados por mulheres | |
| Nº de negros(as) que trabalham na empresa | |
| % de cargos de chefia ocupados por negros(as) | |
| Nº de pessoas com deficiência ou necessidades especiais | |

| 6 - Informações relevantes quanto ao exercício da cidadania empresarial | 2007 | | |
|---|---|---|---|
| Relação entre a maior e a menor remuneração na empresa | | | |
| Número total de acidentes de trabalho | | | |
| Os projetos sociais e ambientais desenvolvidos pela empresa foram definidos por: | ( ) direção | ( ) direção e gerências | ( ) todos(as) empregados(as) |
| Os pradrões de segurança e salubridade no ambiente de trabalho foram definidos por: | ( ) direção e gerências | ( ) todos(as) empregados(as) | ( ) todos(as) + Cipa |
| Quanto à liberdade sindical, ao direito de negociação coletiva e à representação interna dos(as) trabalhadores(as), a empresa: | ( ) não se envolve | ( ) segue as normas da OIT | ( ) incentiva e segue a OIT |
| A previdência privada contempla: | ( ) direção | ( ) direção e gerências | ( ) todos(as) empregados(as) |
| A participação dos lucros ou resultados contempla: | ( ) direção | ( ) direção e gerências | ( ) todos(as) empregados(as) |
| Na seleção dos fornecedores, os mesmos padrões éticos e de responsabilidade social e ambiental adotados pela empresa: | ( ) não são considerados | ( ) são sugeridos | ( ) são exigidos |
| Quanto à participação de empregados(as) em programas de trabalho voluntário, a empresa: | ( ) não se envolve | ( ) apóia | ( ) organiza e incentiva |
| Número total de reclamações e críticas de consumidores(as): | na empresa ..... | no Procon ..... | na Justiça ..... |
| % de reclamações e críticas atendidas ou solucionadas: | na empresa .....% | no Procon .....% | na Justiça .....% |

| Valor adicionado total a distribuir (em mil R$) | Em 2007 | | |
|---|---|---|---|
| Distribuição do Valor Adicionado (DVA): | .... % governo    .... % colaboradores(as) .... % acionistas    .... % terceiros    .... % retido | | |
| 7 - Outras Informações | | | |

DEMONSTRAÇÕES CONTÁBEIS

# 5 INSTRUÇÕES PARA O PREENCHIMENTO

INSTRUÇÕES DO IBASE PARA O PREENCHIMENTO DO FORMULÁRIO DO BALANÇO SOCIAL ANUAL

| ITENS DO BALANÇO SOCIAL | INSTRUÇÕES PARA O PREENCHIMENTO |
|---|---|
| Realização | Esse balanço social (BS) deve apresentar os projetos e as ações sociais e ambientais efetivamente realizados pela empresa. Sugestão: Esse BS deve ser o resultado de amplo processo participativo que envolva a comunidade interna e externa. |
| Publicação | Esse BS deve ser apresentado como complemento em outros tipos de demonstrações financeiras e socioambientais; publicado isoladamente em jornais e revistas; amplamente divulgado entre funcionários(as), clientes, fornecedores e a sociedade. Pode ser acompanhado de outros itens e de informações qualitativas (textos e fotos) que a empresa julgue necessários. |
| Selo Balanço Social Ibase/Betinho | A empresa que realizar e publicar o seu balanço social utilizando esse modelo mínimo sugerido pelo Ibase, poderá adquirir o direito de utilizar o Selo Balanço Social Ibase/Betinho nos seus documentos, relatórios, papelaria, produtos, embalagens, site etc. RESTRIÇÕES: o Selo Ibase/Betinho NÃO será fornecido às empresas de cigarro/fumo/tabaco, armas de fogo/munições, bebidas alcoólicas ou que estejam envolvidas em denúncias e/ou processos judiciais relativos à exploração de trabalho infantil e/ou qualquer forma de trabalho forçado. |
| **1. Base de cálculo** | **(itens incluídos)** |
| Receita líquida | Receita bruta excluída dos impostos, contribuições, devoluções, abatimentos e descontos comerciais. |
| Resultado operacional | Este se encontra entre o lucro bruto e o Lair (Lucro antes do Imposto de Renda), ou seja, antes das receitas e despesas não operacionais. |
| Folha de pagamento bruta | Valor total da folha de pagamento. |
| **2. Indicadores sociais internos** | **(itens incluídos)** |
| Alimentação | Gastos com restaurante, vale-refeição, lanches, cestas básicas e outros relacionados à alimentação de empregados(as). |
| Previdência privada | Planos especiais de aposentadoria, fundações previdenciárias, complementações de benefícios a aposentados(as) e seus dependentes. |
| Saúde | Plano de saúde, assistência médica, programas de medicina preventiva, programas de qualidade de vida e outros gastos com saúde, inclusive de aposentados(as). |
| Educação | Gastos com ensino regular em todos os níveis, reembolso de educação, bolsas, assinaturas de revistas, gastos com biblioteca (excluído pessoal) e outros gastos com educação. |
| Cultura | Gastos com eventos e manifestações artísticas e culturais (música, teatro, cinema, literatura e outras artes). |
| Capacitação e desenvolvimento profissional | Recursos investidos em treinamentos, cursos, estágios (excluído os salários) e gastos voltados especificamente para capacitação relacionada com a atividade desenvolvida por empregados(as). |
| Creches ou auxílio-creche | Creche no local ou auxílio-creche a empregados(as). |

*continua*

410

APÊNDICE

*continuação*

| Participação nos lucros ou resultados | Participações que não caracterizem complemento de salários. |
|---|---|
| Outros benefícios | Seguros (parcela paga pela empresa), empréstimos (só o custo), gastos com atividades recreativas, transportes, moradia e outros benefícios oferecidos a empregados(as). |
| **3. Indicadores sociais externos** | **(itens incluídos)** |
| Total das contribuições para a sociedade | Somatório dos investimentos na comunidade que aparecem discriminados. Os itens na tabela aparecem como indicação de setores importantes onde a empresa deve investir (como habitação, creche, lazer e diversão, por exemplo). Porém, podem aparecer aqui somente os investimentos focais que a empresa realiza regularmente. |
| Tributos (excluídos de encargos sociais) | Impostos, contribuições e taxas federais, estaduais e municipais. |
| **4. Indicadores ambientais** | **(itens incluídos)** |
| Investimentos relacionados com produção/operação da empresa | Investimentos, monitoramento da qualidade dos resíduos/efluentes[4], despoluição, gastos com a introdução de métodos não poluentes, auditorias ambientais, programas de educação ambiental para os(as) funcionários(as) e outros gastos com o objetivo de incrementar e buscar o melhoramento contínuo da qualidade ambiental na produção/operação da empresa. |
| Investimentos em programas/projetos externos | Despoluição, conservação de recursos ambientais, campanhas ecológicas e educação socioambiental para a comunidade externa e para a sociedade em geral. |
| Metas anuais | Resultado médio percentual alcançado pela empresa no cumprimento de metas ambientais estabelecidas pela própria corporação, por organizações da sociedade civil e/ou por parâmetros internacionais como o Global Reporting Initiative (GRI). |
| **5. Indicadores do corpo funcional** | **(itens incluídos)** |
| Nº de negros(as) que trabalham na empresa | Considerar como trabalhadores(as) negros(as) o somatório de indivíduos classificados/autodeclarados como de pele preta e parda (conforme a RAIS). |
| **6. Informações relevantes** | **(itens incluídos)** |
| Relação entre a maior e a menor remuneração | Resultado absoluto da divisão da maior remuneração pela menor. |
| Número total de acidentes de trabalho | Todos os acidentes de trabalho registrados durante o ano. |
| Normas | Conforme as Convenções 87, 98, 135 e 154 da Organização Internacional do Trabalho (OIT) e os itens da norma Social Accountability 8000 (SA 8000). |
| Valor adicionado | Mais informações: <www.balancosocial.org.br/cgi/cgilua.exe/sys/start.htm?infoid=9&sid=13> (vide seção anterior→ DVA). |
| **7. Outras informações** | **Esse espaço está disponível para que a empresa agregue outras informações importantes quanto ao exercício da responsabilidade social, ética e transparência.** |

[4] Efluentes são gases ou líquidos que emanam invisivelmente de certos tipos de resíduos industriais ou domésticos.